不纯正不作为犯新解

以因果性为焦点的理论展开

刘之雄 著

BUCHUNZHENG BUZUOWEIFAN XINJIE
YI YINGUOXING WEI JIAODIAN DE
LILUN ZHANKAI

法律出版社
LAW PRESS · CHINA
北京

图书在版编目(CIP)数据

不纯正不作为犯新解：以因果性为焦点的理论展开 / 刘之雄著. -- 北京：法律出版社，2024
ISBN 978-7-5197-9189-6

Ⅰ. ①不… Ⅱ. ①刘… Ⅲ. ①犯罪学-研究 Ⅳ. ①D917

中国国家版本馆 CIP 数据核字（2024）第 104654 号

不纯正不作为犯新解
——以因果性为焦点的理论展开
BUCHUNZHENG BUZUOWEIFAN XINJIE
—YI YINGUOXING WEI JIAODIAN DE LILUN ZHANKAI

刘之雄 著

策划编辑 陈昱希
责任编辑 陈昱希
装帧设计 鲍龙卉

出版发行 法律出版社
编辑统筹 法规出版分社
责任校对 冯高琼
责任印制 耿润瑜
经　　销 新华书店

开本 710 毫米×1000 毫米 1/16
印张 24　**字数** 393 千
版本 2024 年 6 月第 1 版
印次 2024 年 6 月第 1 次印刷
印刷 天津嘉恒印务有限公司

地址：北京市丰台区莲花池西里 7 号(100073)
网址：www.lawpress.com.cn
投稿邮箱：info@lawpress.com.cn
举报盗版邮箱：jbwq@lawpress.com.cn

销售电话：010-83938349
客服电话：010-83938350
咨询电话：010-63939796

书号：ISBN 978-7-5197-9189-6
定价：88.00 元
凡购买本社图书，如有印装错误，我社负责退换。电话：010-83938349

序 言

不纯正不作为犯无疑是刑法学领域最为晦暗不明的范畴。尽管学界一直在为撩开其神秘面纱做不懈探索，但其面容至今仍然隐藏在层层迷雾中。长期以来，各种学说为其描画的形形色色的形象，犹如一群在“假面舞会”中陆续登场的“假面舞者”，难见真容。

彻底揭开不纯正不作为犯的神秘面纱，是我为本书确立的研究目标。这意味着，本书所做的研究是相较于过往学说的系统性创新。这种创新的核心要义，就是揭示不纯正不作为犯在结果制造上的因果性，为对其予以结果归责提供实质根据。这种因果性绝非传统理论中所谓“假定的因果关系”，即“假如作为则结果就很可能不会发生”的防果可能性，而是以行为人的风险创设为前提条件的真实的因果性。因此，本书在明确区分因果性与防果可能性的基础上，将单纯的防果不作为排除在不纯正不作为犯的范畴之外。

这种因果性要求，也为保障义务（保障人地位）的界定提供了实质根据，即只有当行为人通过风险制造或者风险承诺创设了某种应予以防控的潜在风险时，其风险防控不作为才具有法律评价上对于危害结果的原因性。这就是说，不纯正不作为犯的保障义务只能是行为人通过风险制造或者风险承诺的自我设定。这使得传统理论中漫无边际的作为义务被实质地限定在一个能明确界定的有限范围内，并明确地与纯正不作为犯的作为义务加以区隔。

刑法学上的因果关系本属于刑法学的难题，既往的条件说、原因说、相当说以及当代声名鹊起的客观归责理论虽然从不同角度为因果原理贡献了智识，但皆难以为刑法上的因果判断提供周全的理论方案。这意味着，揭示不纯正不作为犯特殊的因果性还得先翻越刑法上因果原理的理论高地。本书以因果判断的事实根据和规范评价的双层结构为视角对因果原理的基础性研究，也是本书创新性的一个重要方面。

不纯正不作为犯的结果犯属性，是其同单纯违反作为义务的纯正不作为犯相区别的基本根据，也是刑法将其与作为的结果犯置于同一罪刑规范的原因所在。而当一个罪刑规范同时包含作为犯与不作为犯时，就意味着其规定的不法类型不具有行为方式的限制。基于这种不限行为方式的“纯粹的结果犯”属性，本书首次清晰地说明了不纯正不作为犯在刑法上的规范依据及具体的存在范围，并因此彻底消解了这一范畴是否突破罪刑法定原则的疑虑。这也意味着不纯正不作为犯的内涵和外延被清晰地界定。

由于这一论题所具有的理论辐射性，本书的研究内容还涉及结果犯与行为犯、犯罪故意与过失、共同犯罪等论题。对这些基础性范畴的原理性创新与完善，也彰显了本书具有的创新价值。

人文社会学科乃是以人及其所属的社会为对象的“软科学”，其复杂程度远超（人类感官所及的）自然科学，且其研究结论的可靠性也不像自然科学那样能被实证性地证明。法学当然也不能例外。而当其学术成就不是需要被“证明”而是需要被“圈内人”认可时，这一领域更甚于自然科学领域的学术异化也就难免了。然而，这并不意味着法学研究就无从判断其成果的妥当性。从思维形式上看，一个妥当的法学命题必须是可普遍化的。这首先要求命题得以适用的标准具有统一性，而不是变幻莫测地使用不同的判断标准；同时还要求命题具有周延性，即一个标准一致的命题必须能无遗漏地适用其应指涉的全部对象。简言之，一个妥当的命题对其应当纳入的判断事项不能搞例外论。从实质内容上看，一个命题的妥当性取决于其在普遍化中的合理性。也就是说，一个具有统一标准的命题须得在适用其指涉范围内的各种具体事项时都能得出合理结论，才算具有妥当性。简言之，全面一致的合理性乃是判断法学命题妥当性的内在根据。虽然合理性本身也是一个难以精确定义的范畴，但在法律实践领域，针对某个具体事项，一个基于常识、常理、常情等社会通念及“法直觉”的合理性判断总是可能的。而如果我们深究，则会发现在社会通念和“法直觉”的背后，其实都有其不曾明言的内在根据。使这种内在根据得以显明，正是法学理论应承担的任务。法学研究的要义，不在于编织一套有别于大众思维的“精英话语”，而在于深入大众的法律直觉的背后，探寻那些支配人们直觉判断的内在根据，并检视其在当下的妥当性。其实，法学人最大的担当不在于“发明”某种理论以引领社会思潮，更不是居高临下地指点江山，而是就法律判断、法律评价提供符合大众期待和时代精神的理论根据，以此协助法律实务人守护当下的法律正义。

同样，对不纯正不作为犯的创新研究，要旨在于探究在各种具体场合下，躲藏在符合大众期待的直觉判断背后的具有普适性的内在根据。本书聚焦于不纯正不作为犯的因果性，就是基于结果归责须以因果关系为条件这一朴素道理。同样朴素的道理是，一个单纯不阻止结果发生的不作为，不能同那种导致结果的原因相提并论。这些道理，为我们得以符合社会通念地将那些缺乏原因性的不作为排除在结果归责的范围之外，提供了牢靠的理论支撑。

当然，本书展现的研究成果须经得起严肃的学术批判，更须经得起实践合理性的检验。我将欣然面对学界同仁和法律实务工作者的批评和质疑，期待在同大家的深入交流中促进我们在这一领域取得共同的学术进步，为刑法的合理适用做出法学人应有的贡献。

目　录

导 论

一、不纯正不作为犯的基本课题与理论焦点

1 不纯正不作为犯的核心论题，是不作为在何种条件下需要对一个危害结果的发生承担结果制造的刑事责任，也就是在什么条件下应当把那个危害结果视为不作为的“作品”从而对其予以结果归责。譬如，在何种条件下能够将某个人的死亡归责于不作为从而对不作为者追究故意杀人罪或者过失致人死亡罪的刑事责任。

2 这一核心论题的两翼，有三个关系论题。其一，不纯正不作为犯与纯正不作为犯的区别何在？这一论题具有的重要实践意义在于，在需要对作为义务人的不作为予以刑事追究时，究竟是单纯地就其义务违反予以刑事归责，还是需要从结果制造的意义上予以结果归责？这对于刑法的合理适用至关重要。例如，一个丈夫在妻子自杀或者身处险境时袖手旁观地不予施救，究竟是定性为违反扶养义务的遗弃还是定性为不作为的故意杀人，是关乎刑法合理适用的重要问题。其二，不纯正不作为犯同积极制造危害结果的作为犯之间何以能够在刑法上相提并论？或者说，究竟是根据什么能够将消极的不作为同积极制造危害结果的作为在刑法上同等处置（适用同一罪刑规范）？这便是不纯正不作为犯的“等置根据”论题，这一论题与核心论题所要回答的问题具有同质性。其三，不纯正不作为犯同作为的结果犯的界限何在？这涉及的不仅仅是作为与不作为的区分，更重要的问题是，一个故意或者过失的不法作为之后的施救不作为是否具有进一步构

成不纯正不作为犯的可能性？譬如对一个失火行为之后的不灭火能否就其不灭火另行予以“不作为”的不法评价，从而认定为不作为的放火罪？

3 上述核心论题及关系论题，乃是不纯正不作为犯理论的基本课题，也是长期困扰刑法理论与实务的难题。如果着眼于结果归责，那么因果性就成为这一课题中的焦点。申言之，对不纯正不作为犯予以结果归责，应当建立在不作为与结果之间具有因果性的基础之上，这既是说明不纯正不作为犯区别于纯正不作为犯的关键所在，也是说明不纯正不作为犯何以能等置于作为犯的关键所在。同时，如何看待一个不法作为之后的施救不作为，关键也在于如何看待那个不法作为及其后的施救不作为同危害结果之间的因果关系。至于不纯正不作为犯的范畴、规范依据、共同犯罪等长期争论不休的问题，也必须在上述论题被正确解题后才能得以澄清。因此有理由认为，不纯正不作为犯的因果性证明乃是不纯正不作为犯理论从混沌状态通往澄明之境的一扇有待开启的大门。

4 然而，刑法上的因果关系又恰恰是刑法学的一大难题。面对事物之间普遍而复杂的联系，迄今为止的刑法理论尚未能周延地为刑法上的因果关系提供符合刑事归责需要且具有逻辑一致性的理论说明。也就是说，在那扇有待开启的不纯正不作为犯的因果性大门之前，还横亘着一道难解的因果原理难题。这也意味着不纯正不作为犯的理论研究所具有的艰巨性。如果说，刑法上的因果关系是刑法学领域需要艰难攀登的理论高地，那么不纯正不作为犯就是巍然耸立在这片高地上的山峰。

二、不纯正不作为犯的学说反思

（一）主流学说反思

5 传统上居于主流地位的“形式的作为义务说”及当今流行于大陆法系学界的“功能二分说”未能聚焦于不纯正不作为犯的因果性难题，而是将理论重心放在了作为义务或者保障人地位的范围上，并且试图根据作为义务来说明不纯正不作为犯的因果性，即按照“假定作为义务人实施了被要求的作为就能避免结果”的所谓“假定的因果关系”来解读不纯正不作为犯的因果性，也就是用通过履行作为义务避免危害结果的可能性判断替代因果关系的判断。在这样的思考方式下，不纯正不作为犯同纯正不作为犯之间的界限就混淆不清了，因为纯正不作为犯的成立也是以作为义务的不履行为基本根据的。比如，那个对因自杀而生命垂危的妻子不予施救的丈夫无疑是有作为义务的（扶养义务当然包含危难时的施救义务）；一个值勤的警察对于正在发生的暴力伤害行为不予制止，但他的确在职务上有阻止违法犯罪的义务。如果按照传统理论的逻辑，那个丈夫的不作为以及那个警察的不作为同危害结果之间也具有因果性，并因此承担不作为的故意杀人罪或者故意伤害罪的刑事责任。但这样的结论既违反常识，也有悖于刑法的立法精神。我国刑法关于玩忽职守罪，环境监管失职罪，食品、药品监管渎职罪，放纵走私罪，放纵制售伪劣商品犯罪行为罪以及徇私舞弊不征、少征税款罪的规定，就清楚地表明，不阻止犯罪的职务渎职只能构成纯正不作为犯，而非构成基于结果归责的不纯正不作为犯。

在传统理论的思考方式下，不纯正不作为犯与作为的结果犯之间的界限 6
也是模糊不清的。当一个不法行为被当作作为义务的产生根据时，就会逻辑地根据一个过失的作为犯演绎出一个故意的不作为犯，或者根据一个较轻的作为犯演绎出一个性质严重的不作为犯。比如，一个过失引起火情的行为人如果不采取灭火措施，放任火情蔓延的，或者一个交通肇事的行为人对交通肇事中的被害人不予施救，放任其死亡的，按照传统理论之逻辑，由于行为人先前的行为使法益处于危险中从而产生保护法益的作为义务，因而失火后的灭火不作为或者交通肇事后的施救不作为就构成故意的不作为犯，即分别构成不作为的放火罪、故意杀人罪。再如，一个故意伤害罪的行为人在造成他人伤害后不予施救，放任流血不止的被害人死亡的，就构成不作为的故意杀人罪（逻辑上如此）。诸如此类的逻辑演绎在刑法学界甚为流行。然而，这样的理论逻辑实际上是将由不法作为制造的因果流程虚拟为不作为制造的因果流程（因果流程的重复评价），并且将不可罚的事后态度混同于犯罪故意，其结论自然会违背刑法的立法精神。比如，我国刑法关于交通肇事逃逸致人死亡的规定就清楚地表明，交通肇事行为人在交通肇事后对被害人不予施救而逃逸，造成被害人死亡的，属于交通肇事罪的加重处罚情节，而非构成不作为的故意杀人罪。这一规定就是对传统的不纯正不作为犯的理论逻辑的否定。

7 由于传统理论并不严格区分不纯正不作为犯与纯正不作为犯的作为义务，并且将作为义务的范围不断扩张，使不纯正不作为犯领域成为罪名滥用（尤其是故意杀人罪的滥用）的重灾区。比如，一个儿子因为嫌弃他身患重病的老父亲而不予送医，放任其父亲在病痛中死亡的，其违反法定的扶养义务而在逻辑上构成不作为的故意杀人罪；一对同居伴侣中的一方如果对处于危难中的对方不予施救而放任其死亡的，就会因为“紧密生活共同体”产生的作为义务而逻辑地构成不作为的故意杀人罪；一个保姆如果没有对病重或者自杀的雇主采取施救措施，就会因为不履行“契约义务”而逻辑地构成不作为的故意杀人罪；一个出租车司机如果没有将已经上车去就医的患者或者伤者送到医院而弃置于途中的，一旦被害人因病或者因伤不治，该司机就会因为违反“契约义务”或者违反“先前行为产生的义务”而构成不作为的故意杀人罪；一个好心人去照顾了因病不能生活自理且无人照顾的邻家老人，却又中途放弃照顾的，如果那个老人因无人照顾而死亡，该人就可能因为“自愿承担”产生的作为义务而构成不作为的故意杀人罪；一个父亲不去阻止他人对子女的侵害或者强暴，就可能因为居于保障人地位而构成不作为的故意杀人罪、故意伤害罪或者强奸罪。诸如此类违反常理甚至是匪夷所思的定罪逻辑，广泛流行于学界。在这里，我们感受到的是刑罚的无理性扩张，而丝毫看不到刑法学界宣扬的“刑法谦抑主义”精神。尤其令人不安的是，这种理论逻辑对司法实务产生了广泛影响，有悖常理的涉及不纯正不作为犯的司法判决屡见不鲜，对司法的公正性、合理性造成了不小的冲击。

8 为了限制不纯正不作为犯的不合理扩张，一种要求不纯正不作为犯与作为犯具有“等价性”的理论被当作传统作为义务理论的补充登上了学术舞台。提出等价性要求无可厚非：既然刑法将不纯正不作为犯与作为的结果犯置于同一个罪刑规范中予以同等处置，就说明两者在非价判断上具有等同性。然而，“等价性”是有待证明的对象，而非证明的根据。这意味着该理论除了提出等价性要求外，并不能为限定不纯正不作为犯的范围提供有实际意义的帮助。至于学界试图从“主观等价”“整体等价”“形态等价”等不同角度发现等价根据的努力，都不足为据。

（二）支配理论反思

支配理论的核心范畴是“支配”（或“控制”）。按照德国学者许乃曼提 9
出的“原因支配说”，一个危害结果只能归责于对引起结果的原因具有支配力的人。因此，对不纯正不作为犯予以结果归责的实质根据要么是不作为者对危险来源有支配，比如一个牵着具有攻击性的狗散步的人对狗的支配力就是对危险源有支配的例证；要么是不作为者对法益的无助状态有支配，比如一个哺乳期的母亲对其婴儿的无助状态拥有的支配力就是对法益的无助性有支配的适例。在这一理论方案中，所谓“支配”是从不作为者“有支配力”或者“能支配”的意义上理解的，也就是用支配可能性的判断替代了现实的因果支配的判断，从而偏离了从归因的意义上为不纯正不作为犯寻找结果归责根据的理论初衷。尤须指出，所谓“有支配力”是在“防果支配”的意义上而言的，即指不作为者能够通过作为改变那个已经开启的因果进程，从而防止危害结果的发生，这就将防果性支配与因果性支配混为一谈了，也就是将能干预因果进程的阻碍力与开启因果进程的原因力混为一谈了。这使他所谓的“原因支配”变成了“防果支配”，并用防果支配可能性判断替代了现实的因果支配性判断。这种偏离也就意味着该理论方案并不具有对不纯正不作为犯的因果性的解释力。比如，在狗伤人的事件中，不仅是狗的主人能阻止狗伤人的因果进程，而且其他在场的人也可能阻止该因果进程，比如能使唤那条狗的邻居如果在场的话，也可能唤回那条正在伤人的狗，甚至其他在场的人也可能去拽住拴狗绳阻止该因果进程。同样地，在母亲饿死婴儿的事件中，不仅是母亲有能力阻止婴儿饿死的因果进程，而且其他任何有责任能力的知情者都有可能阻止该因果进程，但我们不会对狗伤人案中在场的邻居或者其他人的不阻止认定为故意伤害，也不会对饿死婴儿案的任何知情者的不干预认定为故意杀人。于是，问题就又回到了作为义务（保障人地位）的判断上，如此，“原因支配说”就难免陷入传统的作为义务理论的窠臼。

在日本学者西田典之提出的“排他性支配及支配领域说”中，有两种类 10
型的支配：一是基于自己的意思而排他性地支配了直至结果的因果过程（排他性支配），比如，基于合同关系而负责照顾婴儿者，却中止保护行为，或者收治了病人者而放弃照顾病人等场合；二是并非基于自己的意思而获得排他性支配的场合（支配领域性），比如母亲不给新生婴儿喂奶，或者负责夜间巡逻者明明看到有人放火而引发了火灾，却不参与救火等场合。在支配领域性的场合，由于不作为人缺乏支配的意思，就需要用某种规范性要素作为替代，如父子、建筑物的所有人、租借人、管理员等基于身份关系、社会地位而在社会生活中所承担的持续保护、管理义务。这一理论方案中最为突出的问题，是所谓“支配领域性”的场合下的“支配”根本就不是关于因果支配的判断，而是关于作为义务的判断，也就是把由身份关系、社会地位决定的作为义务当作“排他性支配”的根据。这就使其主张脱离了因果性说明的轨道，而与传统的作为义务理论趋同了。另外，在基于自己的意思的“排他性支配”场合，也存在将施救不作为纳入其中从而导致过于宽泛的问题。因为一个基于自己的意思的义务承诺，既可以是以防范危险为内容，也可以是以救助（因果干预）为内容，但对于后者而言，一个不干预因果进程的施救不作为根本就不具有对于结果的原因性支配。

11 按照黎宏教授提出的“排他支配设定说”，不纯正不作为犯的作为义务的实质根据在于行为人主动设定了对法益的排他性支配，这种排他性支配的设定有两种方式。一是中途介入面向结果的因果进程。这指的是，虽然因果进程不是由不作为人引起，但在中途介入的情况下，就取得了支配因果进程的地位。比如，一个医生如果已经接手救治病人，就意味着病人的生死已经现实地依赖于那个接手治病的医生了，若该医生中途放弃或者中止医疗行为，就足以被评价为剥夺病人生命的杀人行为。二是基于先行行为的危险制造及危险支配。例如，行为人不小心引发火情后，有意利用或者放任该火情，结果造成火灾的，就属于先行行为制造危险的排他支配的设定，完全可以评价为不作为的放火。这一理论方案也不能为不纯正不作为犯的认定提供周延且逻辑一致的根据。首先，在中途介入因果进程的场合，持论者所谓的“支配”是指通过作为阻碍因果进程的可能性，但正如前所述，对因果进程的阻碍性支配不同于对因果进程的原因性支配，因而不能将一个单纯不阻碍因果进程的不作为视为结果发生的原因。比如，一个警察在去处理一起家庭暴力案件的过程中，对正在发生的严重家暴行为未予以制止，以致暴力行为造成被害人重伤的情形下，就不能说那个警察的不作为是被害人重伤的原因。因为一个原因行为要么是现实地开启了因果进程，要么是现实地加功于因果进程。因此，不能以所谓中途介入（接手案件）为由而认定其构成不作为的故意伤害罪，而只能就其义务违反以渎职论处（就像刑法规定的放纵走私罪那样）。其次，在先行行为的场合中，如果不加甄别地将不法行为当作先行行为，就会导致如同传统理论一样对犯罪的重复评价和刑罚的过度适用问题，就像持论者将失火后的不灭火演绎为不作为的放火罪那样。

（三）前行为理论反思

前行为理论的旨趣在于从前行为中为不纯正不作为犯的因果性寻找根据。 12
日本学者日高义博提出的“原因前行为说”以起因、被害人、不作为人之间的三重关系为分析框架，他认为，与作为犯相比较，不纯正不作为犯在存在结构上的空隙，是起因与不作为人之间的关系。起因有四种形态：一是由于自然现象；二是由于被害人的故意或者过失；三是由于不作为人的故意或者过失；四是第三人的故意或者过失。这四种情形中，只有当不作为人由于自己的故意或过失设定了起因时，才能填补不纯正不作为犯在存在结构上的空隙，并因此对其后的不作为予以结果归责。在他看来，过往的学说存在的问题，就是将其他三种类型的起因也当作不纯正不作为犯的定罪根据。

何荣功教授提出的“利用前行为说”与日高义博的主张近似，他认为， 13
不纯正不作为犯实际上是不作为人利用或放任了自己的故意或过失行为能够造成法益侵害的客观事实而实现对法益的侵害。据此，他对由于雷击引起火灾或者由他人放火造成火灾的情形以及配偶自杀的情形，排除了由不作为构成不纯正不作为犯的可能性。但对于年幼的子女掉入湖中后父母不予施救的，则认为可以推定是其父母故意或过失行为引起的，应认定为不作为的故意杀人。

黄荣坚教授提出的“因果前行为说”也是将不纯正不作为犯的定罪根据 14
建立在不作为人自己的前行为制造危险的基点上，即只有在由于自己的行为制造了危险，却对该危险不予防范以致造成危害结果的，才可能构成不纯正不作为犯。与日高义博的主张有所不同的是，黄荣坚教授所谓的前行为不限于故意或者过失的不法行为，也包括不具有违法性的行为，甚至包括仅仅是制造了允许性风险的行为。另外，他认为父母生育子女也是制造风险的前行为，父母因此有防范子女遭遇不测以及防范子女侵害他人利益的义务，并可能因为这种义务的不履行而构成不纯正不作为犯。

15 在前行为理论中，行为人的行为与结果之间的因果性不存疑义：既然是自己的行为制造了危险却不防止这种危险造成危害结果，那么对这种结果承担责任就理所当然。然而，前行为理论存在的突出问题是，未能对前行为予以恰当界定并因此存在宽严失度的错误：一方面是失之于宽，也就是将故意或者过失的不法作为不加区分地纳入前行为的范畴，混淆了作为犯与不作为犯的界限，不恰当地扩张了不纯正不作为犯的范围，造成如前所述的重复评价和过度处罚问题。另一方面是失之于严，也就是将前行为限于制造风险的行为，未能将风险承诺纳入其中，不恰当地限缩了不纯正不作为犯的范围。比如，铁路上的扳道工不及时扳道岔或者铁道路口的看守人员不及时放下路口栏杆等可能构成不纯正不作为犯的情形，在前行为理论中就不能得到合理解释。

三、不纯正不作为犯的结果犯属性

16 结果归责这一核心论题，意味着不纯正不作为犯的结果犯属性。在德国和意大利学界，将不纯正不作为犯归入结果犯的范畴是主流认识。但在日本学界及我国国内学界，对此多有疑问。鉴于这一问题关乎不纯正不作为犯的范畴界定，有必要说明之。

（一）原理性说明

17 不纯正不作为犯的结果犯属性是其有别于纯正不作为犯的基本特征，也是其不纯正性的基本内涵之一。如果说纯正不作为犯的可罚根据在于纯粹的义务违反，因而属于违背作为义务的行为犯，那么不纯正不作为犯的可罚根据则不仅是违背作为义务，更重要的是其结果制造，即通过不作为造成法益危害结果。这就是说，不纯正不作为犯的结果犯属性，意味着不作为在非难根据上的不纯正性（不纯正的另一内涵是不作为在原因上的不纯正性，见边码 53、54）。就像一位父亲不救助其子女那样，如果我们只是追究其义务违反的责任，那么就应当对其不作为以遗弃论；而如果我们认为是其不作为造成了其子女死亡的结果，那么就应当对其不作为造成死亡结果追究其故意杀人的责任。正是在结果犯的意义上，结果归责才成为不纯正不作为犯的核心论题。

国内学界通常从不纯正不作为犯与作为犯共用一个罪刑规范的意义上解读其不纯正性，并据此说明其与纯正不作为犯的差异是不得要领。某个事物是否纯正，只取决于它自身的特点，而不是取决于该事物是否与其他事物被相同对待。如果一个退伍军人能够在购买车票时与老年人享受同样的优先待遇，并不说明退伍军人或者老年人有什么不纯正。同样，一个不作为的犯罪也不能根据它是否与作为犯适用同一个罪刑规范来说明其是否纯正。比如，妨害传染病防治罪的不法行为既可以表现为“准许或者纵容传染病病人、病原携带者和疑似传染病病人从事国务院卫生行政部门规定禁止从事的易使该传染病扩散的工作”的作为，也可以表现为“拒绝按照卫生防疫机构提出的卫生要求，对传染病病原体污染的污水、污物、粪便进行消毒处理”的不作为。但由后者构成的不作为犯，并没有什么不纯正可言，而是属于可罚根据上的纯正不作为犯。再如虐待罪，其不法行为既可以表现为殴打、责骂等作为的虐待，也可以表现为不给饭吃、不给予治疗等不作为的虐待，但由后者构成的犯罪也属于纯正不作为犯。如果因为与作为犯适用同一罪刑规范而将不作为犯称为不纯正不作为犯，那么与不作为犯适用同一罪刑规范的作为犯就该称为不纯正作为犯了，但显然人们不会如此称谓之。 18

（二）结果犯的结果

明确结果犯的结果，是界定结果犯的必要前提。首先，结果犯的结果，应当从不法行为对法益造成实际损害的实质意义而非从行为对象改变的意义上理解之。比如以不动产为对象的诈骗，其结果不在于造成行为对象的改变（对象并无改变），而在于对财产所有权人的财产权益造成损害。在这种实质意义上，脱逃行为造成的行为人脱离监管机关控制的状态、强奸行为造成的性器奸入、非法侵入住宅造成的侵入住宅之效果都是法律意义上的结果，也正是根据这种结果才得以区分其既遂与未遂。 19

其次，结果犯的结果必须具有司法上的可证明性。如果不法行为造成的结果在司法上难以证明，就像侮辱造成的他人精神伤害、诽谤造成他人的形象贬低难以证明那样，就不可能发挥结果犯的结果应有的犯罪评价功能，也就不会被罪刑规范预设为一个犯罪要素。 20

再次，结果犯的结果有别于作为客观处罚条件的后果。所谓客观处罚条 21

件，是为了限制刑事责任的范围而由刑法附加的客观条件。其中最常见的是附加的后果条件，比如我国《刑法》第 129 条规定的丢失枪支不报罪，就在丢失枪支不及时报告这一不法构成之外，附加了“造成严重后果”这一处罚条件。与结果犯的结果不同的是，此类后果超出了不法构成的范畴，因而不属于犯罪故意及过失的对象；同时，此类后果同不法行为之间并不存在刑法上的因果关系，因而在司法实务中无须进行因果关系的认定。对于设置了此类后果性客观处罚条件的纯正不作为犯，比如丢失枪支不报罪、教育设施重大安全事故罪、玩忽职守罪等，不能与结果犯混为一谈。

22 最后，结果犯的结果有别于结果加重犯的加重结果。前者是犯罪的基本结果，即某种犯罪在规范上预设的逻辑结果，亦即刑法禁止该种犯罪所意图防止的法益危害结果。结果加重犯的加重结果，则超出了基本结果的范畴，是在本来的法益侵害之外造成的其他作为加重刑罚根据的危害结果，比如非法拘禁造成被害人重伤的结果、强奸致人死亡的结果等。加重结果不是界定结果犯的根据。

（三）结果犯的界定

23 结果犯，是指以规范上预设的能够司法证明的逻辑结果作为罪刑评价要素的犯罪。结果犯是罪刑规范上的不法类型，其中的结果是规范上预设的不法行为的逻辑结果，而非指现实案件中实际发生的结果。因此，不能把结果犯同既遂犯混为一谈，或者把犯罪的未完成形态同行为犯混为一谈。比如故意杀人罪，无论行为是否既遂，都是规范意义上的结果犯。结果犯包括以下三种类型：

24 一是以基本结果为犯罪成立要件的结果犯。这首先指过失的结果犯，如过失致人死亡罪、过失致人重伤罪、交通肇事罪等以发生特定危害结果为犯罪成立要件的犯罪。在故意犯罪中，也有少数犯罪以发生基本结果为其犯罪成立要件。例如，生产、销售不符合安全标准的产品罪是以造成严重后果为犯罪成立要件；破坏计算机信息系统罪是以造成计算机信息系统不能正常运行、后果严重为成立要件。此类犯罪属于故意的结果犯。

25 二是以基本结果为犯罪既遂标准的结果犯。这是就那些需要区分犯罪既遂与未完成形态的故意犯罪而言的，如故意杀人罪、盗窃罪、诈骗罪等犯罪。

如前文所述，强奸罪、非法侵入住宅罪、脱逃罪都是以发生特定结果为既遂标准，因而也属于结果犯。后一类犯罪的特殊性只在于其结果与行为之间在时空上不可分离，因而无须再单独进行因果关系的判断。

三是以基本结果严重与否为根据设置基本法定刑的结果犯。这是指我国刑法规定的某些危害公共安全罪，包括放火罪、决水罪、爆炸罪、投放危险物质罪、以危险方法危害公共安全罪、破坏交通工具罪、破坏交通设施罪、破坏电力设备罪、破坏易燃易爆设备罪。此类犯罪的可罚根据并非单纯的行为非价，而是同故意杀人罪、故意伤害罪等典型的结果犯一样，在于不法行为会现实地造成法益危害结果。然其特殊性在于，刑法并不按照区分犯罪既遂与犯罪未遂的一般原理决定其刑事责任，而是直接根据是否造成严重后果分别规定法定刑。其中，“尚未造成严重后果的”就包括事实上的犯罪未遂的情形，这意味着《刑法》总则中未遂犯的处罚规定不再适用于这类犯罪，但预备犯、中止犯的处罚规定仍有适用的余地。刑法如此规定的道理在于，此类犯罪的危害结果具有不确定性，如果只是从是否造成危害结果的意义上判断既遂与未遂并据此决定刑罚，就不尽合理。比如，假如放火行为造成了价值微小的财产损失，如果按照一般原理区分既遂与未遂，对于合理适用刑罚而言就没有实益。因此，相较于适用既遂犯与未遂犯的划分原理及其处罚原则，刑法对此类犯罪根据后果是否严重分别设置法定刑，是一种更为合理的选择。 26

四、不纯正不作为犯的保障义务

基于结果归责的因果性要求，不纯正不作为犯的保障义务只能是基于行为人通过作为的自我设定。自我设定保障义务的方式包括风险制造和风险承诺。 27

（一）因风险制造设定保障义务

风险制造，是指通过作为制造法秩序所禁止因而必须加以防范的风险。制造风险的行为原则上限于合法的作为，如在道路上施工、工程爆破、采矿、房屋建造、饲养犬类等。这些作为本身并不违法，但其制造的潜在风险不为法秩序所允许，因而必须采取适当的措施予以防控，避免因此造成实害。例 28

如，在道路上施工，就需要根据实际情况采取安装护栏、设置警示标志等措施对施工造成的危险加以防范。也就是说，具有风险性的道路施工设定了道路施工者的风险防控保障义务。一名护士根据处方对患者注射抗生素，当然是法律所允许的，但如果其注射的抗生素具有过敏风险，那该护士在注射前就应当通过过敏试验防范这种风险，也就是说，该护士注射具有过敏可能性的抗生素的业务行为设定了该护士防范过敏风险的保障义务。

29 一个不法的作为造成危害结果的，无论这个结果是即时发生还是延后发生，也无论行为人事后是否积极施救，通常都只能将该结果归责于那个不法的作为，而不能虚构一个不作为的因果流程并将事后态度当作认定犯罪故意的根据，从而又臆造出一个不纯正不作为犯。只有当不法作为制造了超出其不法内涵的额外风险，才需要在不法作为之外，就行为人对额外风险的防控不作为另行予以不作为不法的评价。比如，行为人在非法拘禁一对夫妻期间，该夫妻告知行为人其家中还有无人照管的婴儿，如果行为人仍然继续其非法拘禁行为又不对该婴儿采取保护措施，致其死亡，那么由于造成婴儿死亡的结果已经超出了非法拘禁的不法范畴，应当就其不作为另行定罪。

30 如果行为制造的风险为法秩序所允许，就不产生保障义务。比如，一个卡车司机将卡车符合规范地停在路边的停车位上，另一人不谨慎地骑摩托车撞上了卡车并因此身负重伤，对于卡车司机而言，其停车行为制造的风险处于法秩序允许的风险范围内，因而不仅不能就其停车行为追究法律责任，而且也不能就其不救助伤者而追究其不作为的刑事责任。同样，一个拳击手在符合规则的拳击比赛中可能造成对方身体伤害甚至死亡的风险并不产生保障义务。因此，如果在符合规则的拳击比赛中一方导致对方受伤后不予施救，就只具有道义上的可谴责性，而不能追究其不作为的刑事责任。正当防卫在必要限度内造成不法侵害人损害的风险不产生保障义务，因此，正当防卫人在必要限度内造成不法侵害人伤害的，就不存在因不予施救而构成不纯正不作为犯的可能性。至于紧急避险，由于刑法要求造成损害是“不得已”，意味着只要是能够避免的损害都是超过必要限度的不应有的损害，也就是说，凡是能够挽回损失却没有挽回的，都属于避险过当。因此，紧急避险只有过当与不过当之分，而不存在构成不纯正不作为犯的余地。

31 父母生育子女，是一种特殊类型的风险制造。父母在给予子女生命的同时，也一并创设了这个生命诞生后无法独立生存的风险并因此产生风险防控义务。其义务内容有二：一是保障子女生存的养育义务；二是避免子女遭遇生存危机的管理义务。基于前一种义务，父母必须对幼年子女尽哺养之责，直到其获得基本的生存能力为止。基于后一种义务，父母对于懵懂无知的幼年子女可能遭遇的自然风险及生活风险须尽必要的防范之责，直到其获得相应的风险防范意识为止。如果父母对幼年子女不尽哺养之责或者不尽风险管理义务，以致造成严重后果的，就具有构成不纯正不作为犯的可能性。人们之所以普遍将父母故意饿死自己的幼儿视为杀人，其观念上深层的依据正在于此。

但父母生育子女所制造的子女侵害他人利益的风险不构成对父母的保障 32
义务的设定。对于已经具有责任能力的子女来说，应当把他作为一个独立的责任主体看待，因而其不法行为只能自我负责。就幼年子女而言，一方面是其严重危害法益的可能性极小；另一方面是基于保障子女身心健康成长的需要，社会不可能要求父母像对待宠物狗那样，通过物理性措施将孩子控制在身边，而是需要给孩子适当的自由空间。这意味着，法律不会为了防范极小的风险而牺牲掉孩子们健康成长的条件。因此，子女在一个健康成长所需要的条件范围内对社会的潜在风险，对于父母而言就是法秩序允许的风险。在此范围内，即使子女造成了某种法益损害，父母也只承担相应的民事责任，而无须承担刑事责任。当然，如果父母在场，就有义务阻止其幼年子女侵害他人利益。但这种义务属于监护人的法定义务，就像其他法定监护人承担的义务一样。对于监护人不阻止被监护人侵害法益的刑事责任问题，应当由刑法通过设置专门的纯正不作为犯的罪刑规范予以明确。

（二）由风险承诺设定保障义务

风险承诺，是指就涉及潜在风险的安全保障事项所做的风险管理承诺， 33
包括防范特定法益遭遇不特定风险的承诺（如承诺看护邻居家的幼童）和防范特定危险源对不特定法益造成风险的承诺（如保障铁道路口安全的职务承诺）。风险承诺设定保障义务的法理在于，基于社会交往的信赖原则，风险承诺会产生风险创设的效果。这种风险创设有两种方式：一是通过风险防范承诺使法益主体甘愿处于某种风险之中。例如，邀约不习水性的人去河里游泳并承诺保障其游泳时的人身安全，如果受邀者基于这种承诺下河游泳，就在事实上陷入溺水的风险之中。二是通过风险管理承诺解除或者排除他人的风险管理责任，使法益脱离既有的安全保障而处于潜在风险之中或者使危险源脱离既有的危险防控保障而处于造成法益危害的风险中。例如，一个承诺看护邻家儿童的人，因其承诺临时解除了孩子父母照护其孩子的风险管理义务，一旦孩子的父母在得到承诺后离开孩子，就使其孩子处于不受父母保护的风险之中，并因此使承诺人产生防控风险的保障义务。

34 风险承诺与自愿承担不能混为一谈。自愿承担既可能是基于风险承诺的承担，也可能是无风险承诺的自愿承担。对于无风险承诺的自愿承担，譬如无因管理，由于其并不导致法益陷入风险中，也不导致他人风险管理责任的解除和转移，因而并没有创设或者升高法益的风险，而是降低风险，也就不产生风险防控的保障义务。

35 风险承诺应区别于欺骗性承诺。如果一项承诺是基于不法的意图而具有欺骗性，本身就应当以不法作为评价之。例如，一位医生为了延误患者的治疗，对患者做了虚假的承诺，而后通过持续的虚假治疗使患者放弃了另行求医，结果患者因病情恶化而死亡，该医生的欺骗性承诺及其后的虚假治疗构成作为的不法，应评价为作为的故意杀人罪。再如，假意承诺带他人的孩子去学游泳并保障其安全，实则是为了陷那个儿童于溺水的风险中，那么这个欺骗性承诺本身就构成杀人的手段行为，属于作为的不法。

36 风险承诺包括契约上的风险承诺、职务上的风险承诺和基于信赖关系的风险承诺三种类型。但无论哪种类型，其承诺内容都只限于风险防控，即防范潜在的风险转化为现实的因果流程。与风险防控承诺不同的是，一个阻止因果进程或者施救的承诺（如消防员接受灭火的任务或者医生接诊病人）由于并不创设或者增加法益的风险，而只是可能影响他人去干预因果进程，因而不构成对不纯正不作为犯的保障义务的设定。

37 风险承诺对保障义务的设定以承诺人在事实上的接手为据，因此，一方面，假如一个保姆没有按照合同的约定按时到岗，而雇主擅自将其幼童置于家中去工作了，那么由此造成的幼童在人身安全上的危险就应当由雇主而非那个违约的保姆负责。另一方面，如果那个保姆在合同约定的工作期满后，擅自撇下幼童离去，就应当对由此造成的幼童在人身安全上的危险承担责任。

结婚或者未婚同居不构成对配偶或者同居伴侣在人身安全上的风险承诺，因为结婚当事人或者同居者通常都有责任能力，各自都应当对自己的人身安全自我负责，结婚或者同居事实既没有解除配偶自身的自我保护责任，也没有创设新的人身安全风险，也就不构成对保障义务的设定。至于配偶之间的扶养义务，属于法定义务，只能成为认定遗弃罪的义务根据。 38

就“落难共同体”而言，由于其成员之间不存在事实上的风险承诺，因而不构成对保障义务的设定。例如，在一起海难的遇险者之间，或者在一同被困于火场的人之间，就不存在相互保护的风险防范承诺，因而不存在相互间的保障义务。 39

五、因果原理与不纯正不作为犯的因果性

对不纯正不作为犯予以结果归责，不仅要求不作为人对保障义务自我设定，而且还必须证明其不作为对于造成结果的原因性。不过，讨论这一论题须先得破解刑法学上因果原理的理论困局。 40

（一）关于因果原理的学说简评

刑法学上关于因果关系的“条件理论”为刑法上的结果归责提供了事实关联上的根据，但对危害结果予以刑事归责的客观根据不能只是建立在一个事实性的条件关系之上。因此，试图将原因行为从条件行为中分离出来的各种“原因理论”应运而生，然其种种努力都归于失败。曾经占据主流学说地位的“相当性理论”则试图在条件关系的基础上，通过“相当性”判断为刑事归责提供因果性根据。然而，建立在概率理论基础上的“相当性”概念所具有的高度模糊性，使得相当性理论在学术上的影响力在当下已经日渐式微。而在关于“相当性”讨论的基础上逐渐形成的“客观归责理论”则将相当性判断引向了规范评价的领域，并确立了较之“相当性”更为明确的归责评价根据，从而取代了相当性理论曾经的主流地位。 41

在客观归责理论中，客观归责的根据被明确地区分为事实性归因和评价性归责两个领域。事实性归因的任务是根据符合法则条件说确定行为与结果之间的事实性条件关系。评价性归责的任务是根据规范目的对具备条件关系的行为进行合目的的筛选，从而将那些超出罪刑规范规制范畴的行为排除在 42

归责范围之外。这种将规范性评价同事实性归因判断加以区分的思考方式，使长期以来对因果关系的事实判断与规范评价混而不清的局面得到根本改变，也因此彰显了客观归责理论的学术价值。

43 然而，客观归责理论中的客观归责条件所处理的仍然是因果关系问题。所谓“基于规范目的”的归责条件，不过是法律上原因判断的不确切表达。正如有学者所言，客观归责理论实为因果理论。比如，客观归责理论所要求的“禁止性危险实现于结果中”这一客观归责条件，实际上就是要求不法行为造成的禁止性危险现实地对结果的发生发挥了作用的原因性判断。在所谓“行为构成（构成要件）的作用范围”这一归责条件中，将促使或者参与他人的故意自危、自损等情形排除在刑事归责的范畴外，也只能从缺乏法律上的原因支配的角度给出合理解释。就像一个在他人的鼓动下走上危险冰面的成年人那样，真正支配他的行为的是他自己的决定，而那个鼓动者并不具有对其行为的决定性支配。

44 但遗憾的是，客观归责理论未能直面这种规范上的原因判断，而是诉诸“规范目的”这一抽象的范畴，不仅遮蔽了法律上的原因判断问题，而且由于缺乏原因判断的视角而难免误入歧途。比如，客观归责理论将“同意他人造成的危险”不加区分地纳入自我负责的范畴就不可接受。即使被害人同意他人造成危险，但如果危险行为人操控了因果进程（如司机根据乘客的要求超速驾驶），那么操控因果进程的危险行为所造成的危害结果（如因超速造成车祸致乘客死亡）当然要由危险行为人承担责任，而不是由同意危险的被害人自我负责。再如，对于职务行为中的自危（如警察超速驾驶追赶现行犯或者消防员进入火场救人），客观归责理论并没有从原因判断的角度加以区别对待，而是以“对他人责任范围的分配”为由一律纳入自我负责的范畴，其结论同样不可接受。比如，将消防员奉命进入火场救人而牺牲的情形视为需要自我负责的自危行为，并因此排除放火或者失火行为人对该结果的责任就不可接受。此外，对于“震惊性损害”和“后果性损害”所得出的结论，也因为偏离了原因判断的视角而存在不妥之处。

（二）因果判断的双层结构

45 刑法上的因果判断具有如下双层结构：首先是确定行为与结果之间存在

条件关系（因果性的事实根据）；其次是对具备条件性的行为进行法律上的原因性判断（因果性的规范评价）。

条件关系是具备因果性的事实基础。正如“符合法则条件说”所表达的那样，对于结果的发生而言，一个事实性的条件关系不是根据“假如该条件不存在则结果就不会发生”的条件公式得出的逻辑结论，而只能根据科学方法和人类生活的经验法则确定之。因为，如果我们不知道某个因素是否对结果的发生发挥了实际作用，我们就无从知道如果该因素不存在，结果会不会发生。比如，如果我们不能通过科学方法确定某种药物能够导致胎儿畸形，那么我们也就无从知道如果不对孕妇使用该药物，胎儿会不会畸形。因此，事实性条件关系的确定，通常有赖于司法鉴定。 46

对具备条件关系的行为进行法律上的原因判断，也就是根据社会生活准则和社会观念对具备条件关系的行为做规范上的原因性评价。一个具备条件性的行为是否具有法律上的原因性，应根据下述规则予以判断。 47

第一，排除允许性风险对于结果的原因性。这其中的法理蕴含在基于人类理性的信赖原则中。由于风险在人类行为中的普遍性以及事物之间普遍的联系性，人的任何行为都可能为其他人的行为或者自然因素导致损害结果创造条件。然而，人类正常的生活需求决定了人不能总是无所作为或者对各种风险承担全方位的谨慎义务。这意味着，人类必须接受某些风险的存在，并因此将风险防控义务限制在必要限度内；这也意味着，一个正常的社会必须建立在信赖基础上，即一个人实施一个只是制造了允许性风险的正常行为时，总是建立在信赖其他人能够合乎规范地谨慎行事的基础之上。因此，对一个导致异常结果的因果进程而言，责任就只应分配给制造了禁止性风险的行为人，而不会将一个正常行为所制造的允许性风险视为结果发生的原因。比如，在一起溺水事故中，人们不会认为修建水库或者修建运河的行为是被害人死亡的原因。就一起持刀杀人案而言，制造刀具或者卖刀的商业行为就不会被视为被害人死亡的原因。 48

第二，原因行为制造的禁止性风险对于因果进程的支配性。一个法律上的原因行为，不仅是制造了禁止性风险，而且该禁止性风险还必须现实地支配了因果进程。否则，即使行为制造了禁止性危险，也不具有法律上的原因性。例如，某人酒后驾驶汽车当然是制造了禁止性风险，但随后发生的车祸 49

并非由于他受酒精影响而缺乏谨慎，而是因为行人突然跑到他的车前所致，那么他的酒后驾驶行为就不是发生车祸的原因。即使是制造禁止性风险的行为条件性地对因果进程发挥了作用，但如果该禁止性风险缺乏因果支配性，也应排除其原因性。例如，一个故意杀人未遂案的被害人前往医院疗伤而死于医院火灾的事件中，那么先前的杀人未遂行为就因缺乏因果支配性而不构成被害人死于火灾的原因。单就火灾事故而言，支配因果进程的，要么是纵火行为或者失火行为，要么是电路故障或者其他原因。就被害人死于火灾这一特定的因果进程而言，起支配作用的除了火灾原因外，还有就医或者送医行为。然而，就医或者送医行为具有正常性，并没有制造法秩序禁止的危险，因而不是被害人死于火灾在法律意义上的原因。至于先前的杀人行为对被害人生命制造的危险，既没有支配那场火灾事故，也不具有对于送医行为的支配性，只是对送医或者就医构成一种条件关系并偶然地与被害人死于火灾相关联。这里需要注意把单纯的条件关系同间接的因果支配关系区别开来，后者呈现为原因→结果（原因）→结果的支配链条。禁止性风险对于因果进程的间接支配不排除可归责性。例如，行为人甲对汽车驾驶人乙使用暴力，导致乙驾驶失控致汽车撞击到路边的电线杆，结果电线杆倒下将路人砸死的情形，被害人的死亡就是甲的行为间接支配的结果。在所谓“后果性损害”的情形下，如果先前行为的后果又支配性地导致了新的危害结果，则先前的行为就是该结果的间接原因。例如，伤害行为导致被害人失血过多，而失血过多又导致被害人在就医途中晕倒跌入水渠而溺亡，这种结果之结果也应当归责于先前的伤害行为。

50 第三，排除非支配性地参与他人自主支配的自损、自危行为的原因性。虽然人的行为存在受他人影响的可能性，但对于一个有完全责任能力的人而言，在他面临已知的危险却故意地将自己置于危险之中以致造成损害，或者故意地自残、自杀，那么只有他自己的决定才是他采取行动及其后果的原因，因而应当对其行为的后果自我负责。因此，对于那些通过鼓动、挑逗、相约、打赌等方式参与其中但没有操控因果进程的行为，应排除在结果归责的根据之外。这便是所谓“自损人自我负责”的原理。自损人自我负责的根据在于自我决定下因果进程的自主支配，即那个基于自主决定且自我支配的自损、自危行为，乃是那个损害结果的原因。当然，一个自我负责的自主决定只能出自一个有自主决定能力（责任能力）的人，且其决定是基于对真相的了解以及不具有被迫性。因此，如果以唆使、挑逗等方式参与无责任能力者的自危、自损，或者欺骗性、强迫性地参与他人自危、自损，就具有对于他人自危自损的原因性，并需要因此承担相应的法律责任。一个自我负责的自损或者自危，不仅要自主决定，而且是自主支配了因果流程。比如，在知道真相的情况下同艾滋病患者发生性行为就是对因果进程的自我支配，因而应当自我负责。相反，虽然被害人具有对危险的认知及同意，但却由他人现实地支配因果进程的，那么支配因果进程的行为就是结果发生的原因。比如，出租车司机应乘客的要求超速驾驶以致乘客在车祸中死亡的，当然需要对这一结果负责。职务行为中的自危是否应当自我负责，也需要从因果关系上区别对待。例如，消防人员在灭火过程中由于不小心从云梯上摔下而亡的后果就应当自我负责，而不能归咎于放火或者失火行为人；但如果消防员受命进入火场救人而死于火场中，其原因归属就不一样了。因为面对火灾造成的生命危险，消防机构及消防员所承担的社会责任要求他进入危险不受他控制的火场中，也就是说，是放火或者失火行为造成的严重情势迫使具有灭火职责的人将自己置于不受控的危险中，因而该放火或失火行为对于消防员的死亡就具有原因性。

第四，自然因素的介入不影响对行为的原因评价。例如，行为人以谋杀 51
之目的将被害人推下悬崖致被害人昏迷，而后被害人被经过这里的棕熊咬死，行为人就需要对此承担故意杀人罪既遂的刑事责任。

（三）不纯正不作为犯的因果性

不纯正不作为犯的因果判断，也需要在确定事实性条件关系和原因行为 52
的法律判断的双层结构中完成。

对不纯正不作为犯而言，事实性条件关系同保障义务的自我设定在判断 53
根据上具有同一性。申言之，行为人通过作为的风险制造或者风险承诺既是设定保障义务的根据，也是因果判断中存在事实性条件关系的根据。比如，行为人在道路上进行施工作业，既是对其防范施工所致风险的保障义务的设定，同时也为其通过风险防控不作为导致交通事故创造了客观条件。再如，行为人承诺看护邻家的小孩，既是对其保护小孩人身安全的保障义务的设定，也因为造成小孩脱离父母照护的事实而创设了因其不作为而使小孩陷入险境的条件。如果缺乏这种条件关系，就没有因果关系可言。

54 可见，不纯正不作为犯的因果性与作为的结果犯的因果性都是建立在真实的事实性条件关系的基础上，所不同者只在于评价对象上的差异。在作为犯中，造成结果的条件行为同时也是法律上的原因判断的对象。而在不纯正不作为犯中，那个具有条件性的作为不是不法评价的对象，也不是法律意义上的原因。在法律意义上，风险防控保障人的不作为才是原因。比如，在道路上施工作业的行为虽然为风险防控不作为导致交通事故创造了条件，但不是法律意义上造成事故的原因；在法律上应受谴责并构成事故原因的行为是风险防控不作为。这表明，不纯正不作为犯的因果性，需要在通过作为的风险制造或者风险承诺与通过不作为的原因设定的关联评价中得以确定。易言之，不纯正不作为犯的危害结果，乃是通过作为的风险设定与风险防控不作为相结合共同作用的结果。这种不作为在原因性上对于风险制造或者风险承诺行为的依赖性，也是不纯正不作为犯的不纯正性的内涵之一。

55 鉴于风险制造和风险承诺这一事实性条件在前述“不纯正不作为犯的保障义务”中已有说明，下面只是根据因果原理中原因的法律判断规则对不纯正不作为犯的不作为在法律上的原因性予以说明。

56 首先，一个对于自己制造的允许性风险的防控不作为不具有法律上的原因性。比如，规范停车的卡车司机在不谨慎的摩托车手撞上卡车受伤后的不予施救，不是摩托车手死亡的原因。正当防卫行为人在必要限度内造成不法侵害人伤害后的不予施救也不是不法侵害人随后死亡的原因。

57 其次，原因性不作为以具有现实的因果支配性为必要。就像铁道上的扳道工通过扳道岔或者不扳道岔来支配列车的行进轨道那样，或者像一位母亲通过哺乳或者不哺乳来决定其婴儿的生死那样，其不作为具有规范逻辑上的因果支配性，如果缺乏这种因果支配性，那么不作为就不是法律意义上的原因行为。例如，在受关注的“山羊毛案”中，工厂主不对羊毛消毒的不作为就没有支配工人感染炭疽杆菌的因果进程，因为当时的消毒剂对炭疽杆菌根本不起作用，因此工厂主并不能通过消毒或者不消毒来左右由炭疽杆菌感染导致工人死亡的因果进程。

58 再次，自主支配下自损、自危行为的自我负责原理同样适用于不纯正不作为犯。也就是说，如果一个具有责任能力的人自主地支配了自损、自危的因果进程，那么由此导致的损害就应当归咎于他自己的自我决定及自主支配。因此，如果有人以鼓动、挑逗等非支配性方式参与其中，就既不能就其参与行为追究其作为犯的刑事责任，也不能就其不对自损、自危者施救而追究其不纯正不作为犯的刑事责任。即使是认为此种见危不救有必要予以刑法规制，也只能在见危不救的意义上，通过设置纯正不作为犯的罪刑规范予以规制，而不能与不纯正不作为犯混为一谈。

最后，自然因素的介入不影响不纯正不作为犯的原因判断。例如，道路 59
施工者对道路施工中的风险防控不作为导致交通事故后，事故中受伤的被害人因为伤口感染致命性病菌而死亡的，那么这一死亡结果仍然要归责于那个施工者的风险防控不作为。

（四）原因不作为与施救不作为及行政监督不作为的区分

一个支配因果进程的原因不作为应区别于施救不作为，后者应排除在不 60
纯正不作为犯的因果范畴之外。首先，原因不作为只能是行为人对自己制造的禁止性风险的防控不作为，或者是基于风险承诺而设定了对风险防控的支配关系下的风险防控不作为；而施救不作为既不以行为人自己的风险制造为必要条件，也不是建立在通过承诺取得对风险防控的支配性基础之上。其次，在原因不作为的场合，行为人未履行的作为义务是通过作为来避免潜在风险转化为现实的因果流程，因而行为人的不作为在法律上被视为开启因果进程的原因；而在施救不作为的场合，导致结果的因果流程已经现实地由他人或者自然因素所开启，或者已经由自己的不法作为所开启，不作为者的作为义务是积极地干预这个已经开启的因果流程以避免结果的最终发生。这就是说，原因不作为乃是作为因果关系中的原因因素支配了因果进程；而施救不作为则处于因果范畴之外，或者说那个被期待但未履行的防果作为只是一个可能的干扰因果进程的外在因素。据此，对于亲属之间的不作为、职务上的不作为以及契约上的不作为，应当区分原因不作为与施救不作为，并将后者排除在不纯正不作为犯的范畴之外。例如，照护幼儿的保姆基于风险承诺接管了父母防范幼儿人身安全风险的责任，如果其不对幼儿尽看护之责而导致幼儿死亡的，就属于原因不作为。与此不同，负责照顾老人生活的保姆在老人自杀时未予干预、施救的，其不作为就不具有原因性，而是属于施救不作为。

61 原因不作为还应区别于行政监督不作为，后者也应当排除在不纯正不作为犯的范畴之外。行政监督的功能在于促使被监督者履行义务，比如，税务机关通过税务检查促使纳税义务人履行纳税义务，环保管理机关通过环保监督促使涉污企业或者个人履行环保义务，消防管理部门通过消防安全检查促使单位或个人履行消防义务。此类职务并不包含对具体风险事项的管理，职务承诺人承诺的义务只是督促相关责任人履行义务。这种督促虽然有助于促使责任人落实风险防范责任，但对于风险管理责任人能否防范异常因果流程并不具有支配性作用。只有风险管理责任人才是管理风险事项的责任主体，并通过其作为或者不作为支配风险的走向。因此，当风险管理责任人不履行风险防控义务而造成严重危害时，即使有关行政部门未尽监督职责，也只能将风险管理责任人的不作为视为结果发生的原因，而不能将行政监督不作为视为结果发生的原因。对于后者而言，可责难的根据在于对行政义务的违反，即玩忽职守。至于风险管理责任人不作为造成的严重危害，对于行政监督上的玩忽职守而言，就属于客观处罚条件，而不存在因果判断的问题。

六、不纯正不作为犯的共同参与

62 以不纯正不作为犯参与他人犯罪，应当按照共同犯罪的原理及我国《刑法》关于共同犯罪的规定认定是否构成共同犯罪。我国《刑法》明确将共同犯罪限制在故意犯罪中，其功能意义在于：一是确定共同犯罪的责任人，即明确在何种条件下的不法应当纳入共同犯罪的评价范畴，以确定共同犯罪的责任主体范围；二是合理评价共同犯罪中各责任主体的刑事责任，即一方面根据“部分行为全部责任”的原理就共同犯罪造成的危害全面评价各参与人的刑事责任，另一方面又根据各参与人的行为在共同犯罪中的具体作用评价其责任程度，以实现刑罚上的区别对待。这意味着，只有故意的同质性共同犯罪才是我国刑法上的共同犯罪。

63 一个不作为是否能够为他人犯罪提供帮助从而构成帮助性的不纯正不作为犯，是极具争议的问题。按照流行的见解，具有阻止犯罪义务的人或者具有保护法益义务的人不阻止犯罪人对法益的侵害，就构成不作为的帮助犯，并因此需要对犯罪实行者造成的结果承担刑事责任。然而，这样的认识及其结论实际上是让一个并没有参与犯罪的人对他人的犯罪及其结果承担刑事责任，不仅违反了共同犯罪的基本原理，也有悖于罪责自负原则。其症结所在，就是将“不阻止犯罪”同“帮助犯罪”混为一谈。帮助行为，必须是对实行犯罪具有加功意义，而不阻止犯罪的不作为，既没有加功于他人的犯罪，且对于法益遭受犯罪侵害也不具有任何意义上的原因性，应排除在原因行为的范畴之外。即使那个不作为者具有保护法益或者阻止犯罪的义务，也只能就其义务违反承担纯正不作为的责任，而不能将其不阻止犯罪同帮助犯罪相提并论，并据此追究其共同犯罪的刑事责任。我国《刑法》第 411 条放纵走私罪、第 414 条放纵制售伪劣商品犯罪行为罪的规定，已经清楚地表明立法上将不阻止犯罪同帮助犯罪加以区别的立场。

对于共同犯罪中部分犯罪人的实行过限，其他知情的共同犯罪人未予阻 64
止的，不能以“容忍”、“不作为的精神支持”以及“先前行为”为根据，认定所谓不作为的帮助犯。容忍只是一种主观态度，而不具有客观上的帮助性。一个不作为不可能为犯罪人提供精神支持。至于先前的共同犯罪行为，也不能成为认定不作为的帮助犯的根据，即使是先前的共同犯罪行为为实行过限提供了客观上的便利也是如此。因为共同犯罪人在先前实施共同犯罪行为时并非出于为实行过限提供帮助的故意，故不属于实行过限的共同犯罪行为；而之后不阻止实行过限的不作为又因缺乏客观上的帮助性而不构成帮助犯。那种基于先前行为的帮助犯论证，实际上是在时点上错位地把客观上提供了便利的先前行为同之后不阻止过限犯罪的态度（放任）相嫁接得出的错误结论。

一个不作为的帮助，要么是通过预备性的犯意联络（通谋）为实行犯提 65
供了精神上的支持而具有帮助性，要么是基于片面的共同犯罪故意，通过不作为为实行犯提供客观上的便利，从而对实行犯罪具有加功作用。后者如，单位的仓库管理员在无意中得知其朋友打算盗窃该单位的财物后，故意在下班时不对仓库门上锁，以此为其朋友的盗窃提供便利。显然，这种具有加功意义的不作为有别于单纯的不阻止犯罪。

数个不作为之间成立共同正犯，必须以犯意联络（通谋）为条件。这首 66
先是因为，在缺乏犯意联络的情况下，各个不作为人都只是不履行自己的作为义务，而不是通过相互加功协作性地实施犯罪，因而不存在客观上的犯罪共同性，而只存在犯罪的同时性。其次刑法关于共同犯罪立法的意义之一，在于根据犯罪参与人在犯罪中的作用合理确定其相应的刑事责任，而对于数个不作为人而言，如果他们是在缺乏犯意联络的情况下各自不履行作为义务，就不存在共同参与下的责任分配问题，而是各自就其不作为分别承担刑事责任。比如，夫妻二人闹离婚，双方都不愿意照管年幼的孩子，假如其孩子因无人照顾而死亡，那么夫妻二人应各自承担不作为造成孩子死亡的责任，而无关共同犯罪的责任评价。

七、不纯正不作为犯的定义及其规范依据

67 基于上述，不纯正不作为犯就可以在下述内涵上被界定了：首先，不纯正不作为犯的不法根据及结果归责的对象是不作为。这是其有别于作为犯的基本特征。其次，不纯正不作为犯属于以结果非价为可罚根据的结果犯。这是其有别于纯正不作为犯的基本特征。最后，不纯正不作为犯的因果性须在通过作为的风险制造或者风险承诺和通过风险防控不作为的因果设定的关联评价中得以证明，亦即，其不作为的原因性须以通过作为的风险制造或者风险承诺为条件。这一特征揭示了不纯正不作为犯独特的因果构造，既表明了不纯正不作为犯得以等置于作为的结果犯的因果性根据，同时也进一步说明了不纯正不作为犯与纯正不作为犯及非罪的不作为之间的界限。根据不纯正不作为犯的上述特征，可对其定义如下：不纯正不作为犯，是指以风险制造或者风险承诺自我设定保障义务为条件，故意或者过失地通过不履行风险防控保障义务而设定危害法益的因果进程的结果犯。

68 不纯正不作为犯并非对罪刑规范中不法类型的扩张或者类推解释，更非超越刑法规定的理论拟制，而是被逻辑地涵摄于罪刑规范中，并且其在规范上的存在范围也是能够明确界定的。其界定根据就在于其结果犯属性以及规范上的任意手段犯特征。也就是说，一个对行为方式不予限制的结果犯规定，逻辑地同时包含了作为的结果犯和不作为的结果犯（不纯正不作为犯）。鉴于不纯正不作为犯的结果犯属性已有说明，这里只就任意手段犯予以简要说明。

69 根据刑法设置的不法类型是否有行为方式的限制，不法构成有限制手段犯与任意手段犯之分。前者的不法构成有具体的作为方式或者不作为方式的明确限定，比如盗窃、诈骗、抢夺、强奸等就是对作为方式及其具体手段的

明确限定；逃避纳税义务、战时逃避服役、对无独立生活能力的人不尽扶养义务等就是对不作为方式的明确限定。就结果犯而言，限制手段犯只能由作为构成，而不存在成立不纯正不作为犯的可能性（所谓“不作为的诈骗”在骗取财物的意义上实为作为犯）。任意手段犯的不法构成则没有行为方式及其具体手段的限制，也就意味着其不法构成同时包含了作为与不作为。比如故意杀人罪中的“杀人”是指非法剥夺他人生命，至于剥夺他人生命的行为方式及手段，则在所不问。因此，无论是通过作为的方式还是通过不作为的方式非法剥夺他人生命，都可能构成故意杀人罪。再如“非法拘禁他人或者以其他方法非法剥夺他人人身自由”这一罪状就没有对剥夺他人人身自由的行为方式予以限定，因而不论是作为还是不作为地非法剥夺他人人身自由也能构成非法拘禁罪，比如监狱等监管场所的工作人员对应予释放的在押人员不予释放，就是不作为的非法拘禁。

基于上述根据，包括放火罪、爆炸罪、决水罪、投放危险物质罪、以危 70
险方法危害公共安全罪、故意杀人罪、故意伤害罪、非法拘禁罪、非法侵入住宅罪、故意毁坏财物罪、破坏生产经营罪、职务侵占罪、贪污罪、挪用单位资金罪、挪用公款罪、脱逃罪、故意损毁文物罪、故意损毁名胜古迹罪、污染环境罪、故意泄露国家秘密罪、私放在押人员罪以及过失结果犯在内的任意手段犯，都存在认定不纯正不作为犯的可能性。

如此，那种质疑不纯正不作为犯因缺乏规范依据而涉嫌违反罪刑法定原 71
则的论调，就当休矣。至于从不纯正不作为犯缺乏规范明确性的角度提出的违反罪刑法定原则之疑问，也有苛责之嫌。虽然刑法的确没有对不纯正不作为犯在罪刑规范中予以明确表述，就此可以认为其缺乏规范上的明确性，然而明确不纯正不作为犯特殊的不法构造，首先是刑法理论的任务。在刑法理论对此形成清晰的认识之前，要求立法对其予以明确规定是不现实的，也是草率的。德国刑法关于不纯正不作为犯的“相当性”条件的规定①就提供了反面的示例。这就是说，如果理论上的难题不解决，要求立法明确就不现实。

---

① 《德国刑法典》第 13 条规定：“依法有义务防止犯罪结果发生而不防止其发生，且其不作为与因作为而实现犯罪构成要件相当的，依本法处罚。”参见《德国刑法典》，徐久生、庄敬华译，中国法制出版社 2000 年版，第 47 页。

而且，即使不纯正不作为犯的疑难问题在理论上得到澄清，但要将其不法构造明确表述在罪刑规范中也存在立法技术上难以克服的困难。因此，刑法学人与其苛责立法，不如扎扎实实地为合理司法贡献经得起检验的理论方案。

第一章　不纯正不作为犯的理论困惑与实务难题

内容提要

不纯正不作为犯是刑法学中最具争议的领域，不仅存在诸多悬而未决的理论困惑，更有许多迄今为止尚无合理解决方案的实务难题。 72

不纯正不作为犯长期处于纷争中的理论悬案主要包括：一是类型归属上的作为犯说与不作为犯说之争，以及结果犯说与不限于结果犯说之争。二是其概念界定缺乏实质内涵，不仅使其称谓难以统一，更使其在犯罪种类上的外延模糊不清。三是其在刑法上的规范依据未在理论上得到合理说明，以致其司法认定是否涉嫌违反罪刑法定原则仍然是理论上未能清楚说明的问题。四是其得以同作为犯相同处置的“等置根据”这一核心问题虽受到高度关注，但理论上仍然未能根据其自身构造予以合理说明。五是对其予以结果归责所需的因果性，是理论上长期未能突破的难题，而学界流行的“假定的因果关系说”，实际上混淆了因果与防果两个不同的范畴。 73

一个陷入困境的理论自然难以对司法实务提供有益的指导，甚至还可能对司法实务造成误导或干扰。面对下列实务问题，司法机关长期面临司法裁判上的难题：一是区分不纯正不作为犯与纯正不作为犯的难题，例如配偶之间的见死不救究竟是构成不作为的故意杀人罪还是构成遗弃罪？二是区分过失犯罪与不作为的故意犯罪的难题，如因为过失导致火情后放任不管的是否构成不作为的放火罪？三是区分罪与非 74

罪的难题，如一名出租车司机在经营中对车内发生的险情不予干预，究竟是道义上的不作为还是构成不纯正不作为犯？四是共同犯罪的认定难题，如保安放任窃贼盗窃是否构成盗窃的共犯？面对这些难以达成共识的难题，司法实务难免各行其是。

第一节 不纯正不作为犯的理论困惑

75 不纯正不作为犯作为一个学术范畴进入刑法学视野以来，经过一个多世纪的艰难探索，迄今仍然是刑法学中最具争议的领域，不仅其内涵和外延至今都不甚了然，以致理论上对其称谓和类型归属都难以达成基本共识，甚至学界对此类犯罪是否具有刑法上的规范依据也长期存在争议。至于对其予以刑事归责的根据和条件这一核心问题，学界提出的多种理论方案都难言合理且难以自洽。不夸张地说，有关不纯正不作为犯的学术领域仍是一片荒芜之地，这从学界关于不纯正不作为犯的诸多基本问题的争议中可见端倪。

一、作为犯抑或不作为犯的归属之困惑

76 虽然学界通常对此类犯罪冠之以“不纯正不作为犯”或“不真正不作为犯”之名，但对其究竟是归属于作为犯还是归属于不作为犯，理论上却多有争议。这种争议关乎对作为犯与不作为犯划分标准的合理解读，也关乎此类犯罪的体系归属以及同称谓之间的协调性问题。

（一）作为犯说及其困境

77 最早提出划分纯正不作为犯与不纯正不作为犯的卢登（Luden）是从作为犯的意义上看待不纯正不作为犯的。“他发现纯正不作为犯的本质在于，它们仅存在于对要求的违反上，而不是以侵害他人的主观权利为目的，而‘以不作为方式实施的重罪’，是以法益侵害为其方向的。不纯正的不作为犯的‘不纯正性’在于，行为人不限于纯粹的不服从，而是以不作为实现一通常由积极的作为才能实现的结果。根据这一观点，不纯正不作为犯是‘真正

的’作为犯。”① 引述这一观点的学者对此持赞同态度，认为“不纯正的不作为犯‘本来’是作为犯”，只是，“由于传统的语言使用习惯是如此地深入人心，以至于似乎不应当放弃这种不正确的说法”②。按照日本学者日高义博的理解，在德国占通说地位的“保障人说”中，“不真正不作为犯是以不作为的‘作为犯’来把握的，所以，适合与作为犯同样的理论。不作为和作为都包括在‘行为’这一概念中，不真正不作为犯和作为犯一样，是违反禁止规范的行为”③。

在国内，也有人支持作为犯说。例如，黎宏教授认为，“不真正不作为 78
犯，作为最终依照作为犯条款处罚的犯罪形式，其本质上是作为犯，因此，在不真正不作为犯的认定上，应当淡化其不作为犯的形式特征，而回归其作为犯的实质特征，重视其因果关系”④。

持“作为犯说”者是着眼于此类犯罪同作为犯在罪刑规范上的相同处 79
置，但其面临无解的困境：第一，作为与不作为是对行为的表现形式所作的划分，而作为犯与不作为犯也是着眼于行为的表现形式所作的犯罪分类。但持“作为犯说”者一方面认为此类犯罪的行为表现形式是不作为，另一方面又将其归入作为犯，这就不免自相矛盾。第二，所谓“以不作为实现作为犯的构成要件”之说也难以自洽。毕竟，不作为犯与作为犯具有不同的构造和成立条件，无论如何，一个不作为不可能实现作为犯的构成要件。事实上，承认此类犯罪有别于作为犯，乃是学界的普遍共识，而只要正视两者之间的差别，就不可能得出由不作为实现作为犯的构成要件的结论。第三，以“不纯正不作为犯要依照作为犯的条款处罚”为由将其归入作为犯，乃是一种逻辑上的循环论证。因为正常的逻辑应当是先说明此类犯罪属于作为犯，而后才能将其适用作为犯的条款处罚；而不能说因为要将它依照作为犯的条款处罚，所以它是作为犯。这种循环论证隐含了如下假定：能适用于不纯正不作

---

① ［德］汉斯·海因里希·耶赛克、［德］托马斯·魏根特：《德国刑法教科书：总论》，徐久生译，中国法制出版社2001年版，第726～727页。

② ［德］汉斯·海因里希·耶赛克、［德］托马斯·魏根特：《德国刑法教科书：总论》，徐久生译，中国法制出版社2001年版，第728页。

③ ［日］日高义博：《不作为犯的理论》，王树平译，中国人民公安大学出版社1992年版，第29页。

④ 黎宏：《刑法总论问题思考》（第2版），中国人民大学出版社2016年版，第113页。

为犯的罪刑规范都是专为作为犯设置的。但这一假定是不真实的（见边码497以下）。

（二）不作为犯说及其难题

80 将不纯正不作为犯当作不作为犯看待，在德国具有代表性的是阿明·考夫曼（Armin Kaufmann）和韦尔策尔（Welzel）。在他们看来，“不真正不作为犯不是作为犯，实际上是‘不作为犯’的真正情形”①。日本学者山口厚也将其归入不作为犯，他反对所谓“出于不作为而实施的作为犯”的说法，认为，“不真正不作为犯应该理解为这样的场合，即其是以不作为的方式实现了构成要件，由此该当了处罚通过行为（作为或者是不作为）而实现构成要件的罚则”②。

81 在国内，刑法学教材通常将不纯正不作为犯置于不作为犯的范畴下予以讨论。从专题研究不纯正不作为犯的学术文献看，也大多将其纳入不作为犯的范畴。有学者明确主张：“不真正不作为犯属于不作为犯的一种，而非属于作为犯。”③ 有学者认为：“从不纯正不作为犯违反的法律规范角度看，其与纯正不作为犯一样都违反了命令规范，从这个角度看，应当将不纯正不作为犯的本质界定为不作为犯更为妥当。”④ 有学者讨论不纯正不作为犯与作为犯的区别，也是基于同样的认识。⑤ 还有人对“不真正不作为犯”这一称谓不予认同，认为“不真正”容易给人一种误解，好像不真正不作为不是一种不作为，相较而言，“不纯正不作为犯”这一称谓较为贴切。⑥ 这表明其也是将此类犯罪归入不作为犯的范畴。

82 持“不作为犯说”者是着眼于此类犯罪行为的表现形式属于不作为，这与划分作为犯与不作为犯的根据保持了一致，也使此类犯罪的类型归属同称谓之间保持了一致。但有待说明的问题是，既然此类犯罪是不作为犯，它又

① ［日］日高义博：《不作为犯的理论》，王树平译，中国人民公安大学出版社1992年版，第29页。

② ［日］山口厚：《刑法总论》，付立庆译，中国人民大学出版社2018年版，第76页。

③ 李金明：《不真正不作为犯研究》，中国人民公安大学出版社2008年版，第46页。

④ 许成磊：《不纯正不作为犯理论》，人民出版社2009年版，第76页。

⑤ 参见刘士心：《不纯正不作为犯研究》，人民出版社2008年版，第23页以下。

⑥ 参见郝艳兵：《不纯正不作为犯的作为义务适用论》，法律出版社2015年版，第12～13页。

何以是“不纯正”或者“不真正”的？既然是不作为犯，为什么不对其适用不作为犯的罚则，却反而与作为犯相提并论？或者说，将此类犯罪同纯正不作为犯予以区别对待而与作为犯相提并论的根据何在？对此，理论上至今未能提供合理且透彻的解释。

二、称谓及概念界定之困惑

（一）称谓之困惑

“不纯正不作为犯”和“不真正不作为犯”是国内学界对此类犯罪最常见的两种称谓，这两种称谓之间在语词上的差异，是对外国文献的不同译法造成的。对日语文献的翻译，通常译为“不真正不作为犯”，这同日文语词的含义保持了一致。不过，日本刑法学的这一术语是对德国刑法学的继受，而国内对德语文献的翻译则有“假性不作为犯”[①] 和“不纯正的不作为犯”[②] 等不同译法。从德语词汇的原意看，“不真正不作为犯”或者“假性不作为犯”的翻译要更为准确，[③] 但问题是，如此称谓能否恰当达意？ 83

所谓“不真正不作为犯”，其构词是难以理解的。因为“不真正”意味着实际上的“假”，如果用其修饰不作为犯，就是对不作为犯的否定。而不作为犯是作为犯的对应物，如此，从语言逻辑上看，不真正不作为犯也就是实际上的作为犯。对这一语言逻辑问题，该术语的使用者不可能不察。之所以采用这种否定之否定的表达式，应该是为了发挥其区分功能，即以此区别于“真正不作为犯”和“真正作为犯”。但问题是，在这一称谓之下，这类犯罪的类型归属就成为悬疑问题：它既不是真正的作为犯，也不是真正的不作为犯，或者它介于作为犯与不作为犯之间。显然，这两种解释都难以成立。 84

正因为“不真正不作为犯”存在语言逻辑问题，国内学界多称为“不纯正不作为犯”。在汉语语境下，“不纯正不作为犯”就应当是指这类犯罪虽然 85

---

① ［德］弗兰茨·冯·李斯特：《德国刑法教科书》，徐久生译，法律出版社2000年版，第197页。

② ［德］汉斯·海因里希·耶赛克、［德］托马斯·魏根特：《德国刑法教科书：总论》，徐久生译，中国法制出版社2001年版，第726页。

③ 在德语中，是用unechte Unterlassungsdelikte这一语汇指涉此类犯罪的。根据精通德语的学者分析，“不真正不作为犯”更符合德语词汇本来的含义。

属于不作为犯，但却掺有影响其成色的成分，或者是部分要素欠缺。那么，这里的“不纯正”所指为何呢？有人做了如下解读：“纯正不作为犯只能以不作为构成，并只能以法律明确规定的形式体现出来；而不纯正不作为犯不仅可以不作为的方式体现，更主要的或者更通常体现为作为的方式，并且法律通常并不作明确规定而是蕴含于刑罚法规中。”① 另一种解读是：“不纯正不作为犯成立与否的判断是规范性命题，并不存在清晰、精确的判断标准……相反，判断不纯正不作为犯的过程所面对的，正是事实与规范的不对称性。”② 此类解读很难说言之成理。第一，说不纯正不作为犯不仅可以表现为不作为，而且通常表现为作为，显然不能成立。第二，即使其要表达的意思是“不纯正不作为犯所触犯的罪名通常由作为犯构成”，也与此类不作为犯是否纯正无关。因为纯正与否只取决于它自身的构成因素，而不是由它与作为犯共用一个罪刑规范所决定。第三，即使是法律没有对此类犯罪作明确规定，也不涉及犯罪类型上的纯正与否。第四，不仅是此类犯罪，而是所有的犯罪都属于规范性命题，只要是规范性命题都会存在难以精确界定的问题，而且这也无关此类不作为犯的纯正与否。第五，说这类犯罪存在“事实与规范的不对称性”，如果是指这类犯罪超出了罪刑规范的范畴，岂不意味着认定这类犯罪将有违罪刑法定原则？而且，这同“不纯正”也扯不上关系。总之，如何看待不纯正不作为犯的“不纯正”，是刑法学上一个不甚了然的问题。

86 除上述两种较常见的称谓之外，还有人基于“作为犯说”的立场，主张用“不纯正（不真正）作为犯”称谓之。例如，林山田教授认为，“自不法构成要件的犯罪类型而言，这种不作为犯系以不作为而违犯通常以作为才能违犯的犯罪，则与作为犯较为接近，似宜称为‘不纯正作为犯’。因此，将这种行为形态与犯罪类型不相符合的不作为犯，命名为‘不纯正’不作为犯，似有其不妥之处。唯学说上沿用至今，久已成习，迄今绝大多数学者亦仍以不纯正不作为犯为名，故本书亦从通说，称为不纯正不作为犯”③。如此称谓，意味着这类犯罪的类型转换，即由不作为犯转变为作为犯。而这种类

---

① 许成磊：《不纯正不作为犯理论》，人民出版社2009年版，第76页。

② 杨军：《不纯正不作为犯概念之修正》，载《大连海事大学学报（社会科学版）》2019年第3期。

③ 林山田：《刑法通论》（下册），北京大学出版社2012年版，第145页。

型转换的根据在于此类犯罪触犯的是通常由作为犯构成的罪刑规范，也就是说，其作为犯属性不是基于这类犯罪自身的特点，而是基于它与作为犯共用一个罪刑规范。正如前述，这样的论证逻辑难以成立。

面对上述称谓的分歧，还有学者采取了一种两可的态度。例如，黄荣坚 87
教授认为：从此类犯罪原始的行为上看，称为不作为犯的确比较恰当，但从其触犯的是处罚作为犯的法规上看，称为作为犯比较恰当。因此，称为“不纯正不作为犯”或是称为“不纯正的作为犯”皆可，重要的是理解当中的实质意义。[①] 日本学者大塚仁教授也有这种倾向，他将此类犯罪称为“不真正不作为犯”或者“基于不作为的作为犯”。[②] 此类认识存在两个问题：其一，认为不作为犯触犯的是作为犯的法规，不仅逻辑上说不通，也有违背罪刑法定原则之虞。因为既然某一罪刑规范是专门用于处罚作为犯的，又怎么能说不作为犯也触犯了该规范呢？其二，这种两可的态度意味着这类犯罪的类型归属被悬置，即无从确定其究竟是作为犯还是不作为犯。

（二）内涵界定之困惑

如何定义不纯正不作为犯，理论上有各不相同的主张。由于此类犯罪在 88
刑法上的归责根据和判断标准仍是理论上的悬案，故现有的各种定义都未能恰当揭示此类犯罪的实质内涵。综观各种定义，可归纳为下述三种观点。

1. 不作为实现作为犯的构成要件说

这是日本学界较为流行的观点。照此观点，不纯正不作为犯是指由不作 89
为实现被规定为作为犯的构成要件的犯罪。例如，大塚仁教授认为，在不作为犯中，“由不作为实现被规定为作为犯的构成要件的情形”，就是不真正不作为犯。[③] 山口厚教授认为，与真正作为犯不同的另一种不作为犯是，“不作为并没有明示地作为构成要件要素加以规定的犯罪，以不作为的方式实现了通常是由作为所实现的构成要件的场合，这称为不真正不作为犯”[④]。

---

① 参见黄荣坚：《基础刑法学》（下），中国人民大学出版社 2009 年版，第 446 页。

② 参见［日］大塚仁：《刑法概说：总论》，冯军译，中国人民大学出版社 2003 年版，第 135 页。

③ 参见［日］大塚仁：《刑法概说：总论》，冯军译，中国人民大学出版社 2003 年版，第 135 页。

④ ［日］山口厚：《刑法总论》，付立庆译，中国人民大学出版社 2018 年版，第 74 页。

90 此类定义存在的问题是：其一，逻辑不通。既然认为法定的构成要件本来是为作为犯设置的，并不包含不作为，那么不作为又怎么能实现作为犯的构成要件呢？其二，缺乏实质内涵。此类定义除了说明犯罪的不作为形式之外，并没有说明界定该犯罪类型的实质根据以及由此决定的犯罪范围。其三，如果说法定的构成要件是针对作为犯设置的，那么将本不被构成要件包含的不作为适用作为犯的规定，违背罪刑法定原则。

2. 不作为与作为均可实现说

91 这是国内学界常见的观点。根据这种观点，与作为犯共用一个罪刑规范的不作为犯，就是不纯正不作为犯。其具体的表述方式又不尽一致。

92 第一种表述是如果犯罪构成“既可以由作为实现，也可以由不作为实现，行为人实际上以不作为形式实现的犯罪”，就是不纯正不作为犯。①

93 第二种表述是“不纯正的不作为犯，指以不作为的方式实施通常由作为实施的犯罪”②。或者认为，“不真正不作为犯，是指刑法分则没有规定保证人与不作为内容，但行为人以不作为实施了通常由作为实现构成要件的犯罪”③。这种表述虽没有明确指出犯罪既可由作为构成也可由不作为构成，但所谓“通常由作为实施”，隐含了“可以由并不通常的不作为实施”的意思。

94 第三种表述是针对前两种表述存在不够严谨的问题所做的修正。其主张者认为，“不纯正不作为犯的概念应当修正为：以不作为的行为形态实施了典型行为类型为作为犯的构成要件的犯罪”④。这种表述的特别之处主要在于将作为犯视为罪刑规范中的典型行为类型，将不作为犯视为非典型行为类型。

95 这类表述虽然避免了违背罪刑法定原则之嫌，但也存在以下问题：第一，完全缺乏实质内涵。第二，会造成同纯正不作为犯之间的混淆。因为，并非罪刑规范中同时包含作为与不作为的犯罪，由其中的不作为构成的犯罪就一定是不纯正不作为犯。例如，我国《刑法》第330条规定的妨害传染病防治

---

① 参见高铭暄、马克昌主编：《刑法学》，北京大学出版社、高等教育出版社2017年版，第70页。

② 贾宇主编：《刑法学：总论》（上册），高等教育出版社2019年版，第117页。

③ 张明楷：《刑法学》，法律出版社2021年版，第194页。

④ 杨军：《不纯正不作为犯概念之修正》，载《大连海事大学学报（社会科学版）》2019年第3期。

罪，就既可以由“准许或者纵容传染病病人、病原携带者和疑似传染病病人从事国务院卫生行政部门规定禁止从事的易使该传染病扩散的工作”的作为构成，也可以由“拒绝按照疾病预防控制机构提出的卫生要求，对传染病病原体污染的污水、污物、场所和物品进行消毒处理”的不作为构成。这其中的不作为的不法当属于纯正不作为犯，而非不纯正不作为犯。因此，不能认为凡是同时包含了作为与不作为的犯罪，由其中的不作为构成的犯罪，就是不纯正不作为犯。第三，就第三种表述而言，所谓“典型行为类型”与“非典型行为类型”之说也难言合理。比如过失致人死亡罪，为何说作为的过失致人死亡就是典型行为类型，而不作为的过失致人死亡就不典型？事实上，由不作为致人死亡并不见得比通过作为致人死亡更为少见。

3. 结果犯说

这是德国和意大利学界的通说。按照这种观点，不纯正不作为犯是指以不作为构成的结果犯。例如，德国学者耶赛克、魏根特在其著作中对区分纯正不作为犯和不纯正不作为犯做了如下说明：对于前者而言，“立法者并没有将避免结果的发生规定为不作为行为人的义务，因而，也不能将特定结果的发生作为构成要件的要素。因此，纯正不作为犯是纯粹行为犯的对应物”，“相反，在不纯正的不作为犯情况下，‘保证人’被赋予了避免结果发生的义务。结果的发生属于构成要件，违反避免结果发生义务的保证人，应当承担构成要件该当结果的刑法责任。因此，不纯正的不作为犯是结果犯的对应物”①。基于同样的认识，意大利学者帕多瓦尼教授指出：“‘纯正的不作为犯’是以不作为方式实施的纯粹的行为犯……‘不纯正的不作为犯’则是由不作为方式构成的结果犯（亦称以不作为方式构成的作为犯）。”② 96

这种观点将不作为的行为形式和结果犯属性当作界定不纯正不作为犯的两个根据，对此类犯罪的范围做了初步限定。不过，是否所有的结果犯都存在不纯正不作为犯，则缺乏理论上的明确性。而且，德国学界对“结果犯”的界定也不尽一致，这使德国学界所谓的“不真正不作为犯”仍然存在概念 97

---

① ［德］汉斯·海因里希·耶赛克、［德］托马斯·魏根特：《德国刑法教科书：总论》，徐久生译，中国法制出版社 2001 年版，第 727 页。

② ［意］杜里奥·帕多瓦尼：《意大利刑法学原理》，陈忠林译，法律出版社 1998 年版，第 114 页。

上的模糊性。

（三）外延界定之困惑

98 不纯正不作为犯究竟存在于哪些种类的犯罪之中，也是刑法学至今未能清楚说明的问题。

99 德国、意大利学界的主流观点是将不纯正不作为犯限定在结果犯的范畴，但这不仅有赖于对结果犯的合理解读，而且结果犯是否都存在不纯正不作为犯，也是一个悬而未决的问题。而在国内及日本学界，“结果犯说”遭到了广泛质疑，更为流行的观点是认为行为犯中也存在不纯正不作为犯的可能性。譬如日本学界以非法侵入住宅罪为例，来说明不纯正不作为犯存在于行为犯中的可能性。① 国内学者的质疑则有不同角度：有以“不纯正不作为犯同结果犯之间不具有对应关系”为由质疑者；② 有基于对“结果犯”的另类解读而质疑者；③ 有通过对个罪的解读而质疑者，比如以参加恐怖组织罪或者参加黑社会性质组织罪为例，认为当行为人在知道其参加的组织是恐怖组织或黑社会性质组织后而不退出，便是由不作为构成的行为犯。④

100 无论是否将不纯正不作为犯限于结果犯，理论上都需要明确不纯正不作为犯在犯罪种类上的具体存在范围以及确定范围的标准。但学术上对此鲜有说明，且即使是涉及这一问题者，所提供的方案也难言可取。有学者为解决“不纯正不作为犯泛滥”的问题，主张“应当否认重罪存在不纯正不作为犯，把一些需要处罚的不纯正不作为犯解释为作为犯和过失犯”⑤。然而，将重罪排除在不纯正不作为犯的范围之外，并不合理。比如，对一个为制造列车事故而故意不扳道岔的不作为，难道不能以危害公共安全的重罪论处？至于说把需要处罚的不纯正不作为犯解释作为犯，实际上是回避问题，且无实益。还有学者主张，“不真正不作为犯”只能被视为附属于作为犯的补充型犯罪，

---

① 参见［日］日高义博：《不作为犯的理论》，王树平译，中国人民公安大学出版社 1992 年版，第 83 页。

② 参见张明楷：《刑法学》，法律出版社 2021 年版，第 194 页。

③ 参见李金明：《不真正不作为犯研究》，中国人民公安大学出版社 2008 年版，第 51 ~ 52 页。

④ 参见陈荣飞：《不纯正不作为犯的基本问题研究》，法律出版社 2010 年版，第 81 页。

⑤ 高艳东：《不纯正不作为犯的中国命运：从快播案说起》，载《中外法学》2017 年第 1 期。

故罪名适用范围的确应有所限制，即限制为侵害个人法益类的犯罪。至于其具体范围，可以通过“发现真正不作为犯的立法规律，从而反推不真正不作为犯的罪名适用空间”，“例如，刑法规定了拒绝提供间谍犯罪、恐怖主义犯罪、极端主义犯罪证据罪，就表明相应的不作为包庇行为不能成立包庇罪”①。但这种主张的合理性存疑。如果按照这种反推法，意味着在侵害个人法益的各种不法类型中，只要是在立法上没有对应性地规定纯正不作为犯，就都存在认定不纯正不作为犯的可能性。换言之，所有的不法类型都可以由不作为构成：要么由不作为构成法定的纯正不作为犯；要么由不作为构成不纯正不作为犯，这显然会导致不纯正不作为犯的过分扩张。另外，将不纯正不作为犯限制为侵害个人法益的犯罪是否妥当，以及该如何界定侵害个人法益的犯罪（比如危害公共安全罪以及组织、领导、参加黑社会性质组织罪是否属于侵害个人法益的犯罪），也是可议的话题。

三、罪刑规范依据之困惑

与纯正不作为犯不同，不纯正不作为犯并没有在罪刑规范中被明确描述。 101
这带来的问题是，我们能否以及依据什么对其予以刑事追究？这涉及此类犯罪能否得到承认以及认定此类犯罪是否违反罪刑法定原则的重大问题，这一问题长期困扰着刑法理论。虽然承认此类犯罪一直是刑法学的主流，但对于此类犯罪是否涵摄于罪刑规范中，仍然是迄今为止在刑法学界未能达成共识的争议话题。

（一）规范依据否定论

持否定态度者认为，不纯正不作为犯超越于罪刑规范之外，乃“类推解 102
释”之结果。例如，德国学者格林瓦尔德（Grünwald）认为，处罚不作为犯所依据之构成要件，皆系作为之构成要件，而其实际所适用者，乃未明文之不作为构成要件，实则是对作为之构成要件的改造形式。例如，将“杀人者，处……”改造成“不防止他人死亡者，处……”之形式。② 德国学者阿

① 姚诗：《不真正不作为犯的边界》，载《法学研究》2018 年第 4 期。

② 参见许玉秀：《当代刑法思潮》，中国民主法制出版社 2005 年版，第 626～627 页。

明·考夫曼认为，不作为犯是根据判例、学说创制的，它们处于法律之外。[①]金泽文雄教授等少数日本学者基于同样的认识，认为处罚不纯正不作为犯违反罪刑法定主义。[②] 在国内，也有学者将此类犯罪称为“非法定的不作为犯”。[③]

103 更常见的是，不少学者虽然语言上避免使用“类推解释”或者“违反罪刑法定原则”评价之，但观念上却将不纯正不作为犯置于刑法规范之外。德国学者耶赛克和魏根特在其著作中认为，“通常情况下，刑法规定只记述由积极作为所引起的结果的情形，对可期待的作为因不作为而不加以阻止结果的发生，则不予记述”[④]。国内也有学者将此类犯罪看作刑法上的漏洞，认为：“不属于纯正不作为犯的条文是在处罚行为人积极制造法益侵害的行为，而不是在处罚行为人的消极行为。那么依照罪刑法定主义的意思，法律对于不作为没有刑罚的规定，不作为就不会构成犯罪……这样的一个结果，从法益保护的需求来看，往往是一个很大的漏洞。”[⑤] 还有学者将此类犯罪视为超越刑法规范的“目的论扩张解释”，认为：“在不纯正不作为犯中，刑法规定的犯罪构成在行为规范层面上是禁止规范，原本含义仅指作为犯，并不包括不作为行为……刑法处罚不纯正不作为犯不是其原本属于作为犯构成要件的涵盖范围，而是基于其违法价值与构成要件预定的作为行为相同，而对作为犯的构成要件作出的目的论扩张解释。”[⑥] 不难发现，如此理解已经超出了“扩张解释”的范畴。

（二）规范依据肯定论

104 在持肯定态度者看来，此类犯罪与作为犯被同一个罪刑规范所涵摄，因

① 参见［德］汉斯·海因里希·耶赛克、［德］托马斯·魏根特：《德国刑法教科书：总论》，徐久生译，中国法制出版社2001年版，第729页。

② 参见［日］日高义博：《不作为犯的理论》，王树平译，中国人民公安大学出版社1992年版，第167页。

③ 参见白建军：《论不作为犯的法定性与相似性》，载《中国法学》2012年第2期。

④ ［德］汉斯·海因里希·耶赛克、［德］托马斯·魏根特：《德国刑法教科书：总论》，徐久生译，中国法制出版社2001年版，第731页。

⑤ 黄荣坚：《基础刑法学》（下），中国人民大学出版社2009年版，第452页。

⑥ 刘士心：《不纯正不作为犯研究》，人民出版社2008年版，第57~58页。

而并不违反罪刑法定原则。不过，这里面临一个需要回答的问题：如果说那个被适用的罪刑规范没有明文描述不作为，何以认为这个罪刑规范就是此种不作为犯的法定依据呢？对此，肯定论者提出了各不相同的解释。

有人给出的理由是，此类犯罪与作为的犯罪具有相同的犯罪构成要件， 105
"只不过，不纯正不作为犯罪违反刑法的样态有所变形。行为人的行为完成于危险状态产生之前，同时行为人在这一危险状态与现实的危害结果之间的时空间隔中有履行特定义务的现实可能性，其履行特定义务不仅足以产生避免危害结果出现的可能性，还足以表明行为人对危害结果的发生并不抱希望或放任的态度（相对于故意犯罪而言），或对危害结果的发生已尽到足够的注意义务（相对于过失犯罪而言）。但是行为人并不履行该特定义务，危害结果也符合规律地发生了。这样，行为人在危险状态产生之前的'作为'与之后的'不作为'结合成一个完整的行为体系，且与危害结果之间存在因果关系，其行为与作为犯罪的行为一样，符合犯罪的全部构成要素。因此，应当认为，不纯正不作为犯罪的定罪完全统一于罪刑法定原则"①。这一见解是基于因果关系的分析，即认为此类犯罪同由作为构成的犯罪具有相同的因果构造。而其立论根据是，此类犯罪中先有作为，后有不作为，由作为和不作为共同造成了危害结果。这意味着此类犯罪必须基于先行的作为才能成立。然而，在说明作为义务来源时，持论者又将法定义务、职业义务乃至公共秩序和社会公德要求的义务都纳入此类犯罪的定罪根据中，认为不履行这些义务也能构成不作为的犯罪。② 这使其主张难以自圆其说。

有人给出的理由是，此类犯罪同作为犯具有等价性。"只要具有构成要 106
件的等价值性，限定处罚不真正不作为犯，就并不违反罪刑法定主义。既然以构成要件的等价值性为标准解决等置问题，就说明了处罚不真正不作为犯的逻辑必然性，能够提供构成要件恰当解释的基础。"③ 这一见解并没有正面说明罪刑规范是否涵摄此类犯罪的问题，而是采用了类举（类推）的思维方式，即因为此类犯罪同作为犯具有相当性（等价性），因而应当与作为犯同

① 贾宇主编：《刑法学：总论》（上册），高等教育出版社 2019 年版，第 117～118 页。

② 贾宇主编：《刑法学：总论》（上册），高等教育出版社 2019 年版，第 114～116 页。

③ ［日］日高义博：《不作为犯的理论》，王树平译，中国人民公安大学出版社 1992 年版，第 184 页。

等对待。至于等价性如何判断，将在后述有关部分予以述评（见边码 235 以下）。

107 有人认为，“问题的症结出现在如何认识和看待刑法分则规定的罪刑规范本身。以刑法规定的故意杀人罪为例，故意杀人罪意在保护人的生命权，至于剥夺他人生命的方式则多种多样，既可以表现为作为，也可以表现为不作为。尽管在实践中杀人通常表现为以作为的方式杀人，但无法否认不作为杀人的存在。在立法上，囿于立法技术，无法通过具体的罪刑条款对以不作为方式实施的杀人行为的条件进行具体规定，但不能认为故意杀人罪的罪刑规范只规定了禁止性规范，而没有规定命令性规范，因为无论是以作为还是不作为的方式杀人，其违法性的实质是相同的，即都侵害了他人的生命法益”①。应当说，这种针对故意杀人罪的解读的确具有合理性。问题是，这样的解读能适用于哪些犯罪以及适用的前提条件是怎样的。例如，窝藏、包庇罪是否也能解释为包含了不作为，比如父母对子女的犯罪行为知情不举是否构成窝藏、包庇罪？或者，警察发现犯罪嫌疑人后却放任不管，究竟是属于窝藏、包庇还是属于玩忽职守？再如，银行工作人员因为疏忽多支付了存款，取款人发现后不退还的，究竟是属于不当得利还是诈骗？这里提出的问题是，究竟根据什么来判断某个罪刑规范同时包含了作为和不作为两种行为类型？

四、“等置根据”之困惑

108 长期以来，刑法理论将焦点置于此类犯罪与作为犯的比较中，试图发现其得以同作为犯同等处置的根据，即所谓“等置根据”。对那些认为罪刑规范同时包含作为犯与不作为犯的人而言，探讨等置根据要回答的是，刑法将不作为与作为置于同一个罪刑规范中予以同等处置的根据何在？对那些认为不纯正不作为犯缺乏罪刑规范依据的人而言，探讨等置根据要回答的是，将不作为适用于作为犯的构成要件并与作为犯同等处置的根据何在？当然，无论是在前者那里还是在后者那里，等置根据具有的实质意义是一致的，不同者只在于，前者是基于规范内的视角，后者是基于超规范的视角。如此，寻找等置根据遂成为关于不纯正不作为犯的全部理论中最根本的任务。甚至可

① 郝艳兵：《不纯正不作为犯的作为义务适用论》，法律出版社 2015 年版，第 26 页。

以说，不纯正不作为犯的理论发展史，就是以等置根据为理论焦点的理论演进史。然而，虽然迄今为止的各种学说为此奉献了难以备述的多种理论方案，但仍未能实现理论上的根本性突破。综观有关等置根据的各种学说，其理论探索呈现出两种不同的努力方向：一是向外求索，即试图从社会关系中寻找根据；二是向内发现，即希望从此类犯罪的特殊构造中发现其内在根据。下面对“等置根据”理论困境的说明只是概要性的，具体的分析是下一章的任务。

（一）以社会关系为视角的理论努力及其困境

从社会关系中为不纯正不作为犯寻找等置根据，是同不纯正不作为犯的 109
论题相伴而生的一种理论方向，其侧重于从不作为者的社会角色及其义务关系中求证不纯正不作为犯的等置根据。

早先登场的是“形式的作为义务说”，就是把不作为具有刑事可罚性的 110
根据建立在社会要求的作为义务上。对于不纯正不作为犯而言，一个不作为如果是基于对特定义务的违反，并且履行该特定义务是防止结果发生的一个条件，那么对该结果的发生就具有了同作为犯一样予以刑事归责的根据。至于特定义务的确定，是按照作为义务在规范上的来源形式予以说明的，如法律规定的义务、契约上约定的义务、职业上要求的义务、基于密切的生活关系产生的义务、基于先行行为产生的义务等。由于这种理论只是列举作为义务的形式来源，而不说明这些具有不同形式来源的义务何以能担当不纯正不作为犯的等置根据，因而被称为“形式的作为义务说”，并因此在当代大陆法系刑法理论中被边缘化。

后期成为大陆法系主流见解的是“功能二分说”。这种理论将“保障人 111
地位”视为不纯正不作为犯成立的特别条件及等置根据。保障人地位按其应有的功能分为两类。一类是保护特定法益的保障人地位，包括：根据法律或者生活关系而居于保护法益的保障人地位，如对家庭成员具有保护义务而取得保障人地位；基于密切的共同体关系（如同居）而取得保障人地位；基于自愿接受（如无因管理）而居于保障人地位等。另一类是管控特定危险源的保障人地位，包括：因先行行为产生危险而形成管控危险的保障人地位；对自己控制领域内的危险源（如自己养的狗）具有的保障人地位；因对他人具有监督责任（如监护人对被监护人、船长对船员、军队长官对下级等）而居于保障公众免于受被监督者侵害的保障人地位等。[①] 这一理论从保护特定法益和管控特定危险源这两种不同的社会功能为根据来确定保障人地位，故被称为“功能二分说”或者“功能说”，也被部分学者视为关于作为义务根据的实质理论。其实，这一理论同“形式的作为义务说”并无实质的差异，只是从法益保护义务和危险管控义务的角度对不同的义务来源做了归类整理，且基于这两个视角进一步扩张了作为义务的范围。至于被纳入其中的形形色色的作为义务（保障人地位）如何能堪当不纯正不作为犯的等置根据，这一理论并未提供有实质意义的说明。

112 无论是已经式微的“形式的作为义务说”还是当下仍然流行于大陆法系学界的“功能二分说”，都存在难以克服的理论障碍。其中最突出的问题是，确定作为义务或者保障人地位的依据在不纯正不作为犯与纯正不作为犯之间缺乏明确的区分，比如被视为不纯正不作为犯的义务来源的法定义务、职业义务也是纯正不作为犯的义务根据，这种义务根据上的不加区别导致的结果就是两类不作为犯的界限混淆。比如医生违反职业义务不救治患者，是构成不作为的医疗事故罪还是构成不作为的故意杀人罪？消防员违反职业义务拒不参加灭火，是构成渎职犯罪还是构成放火罪？夫妻之间见危不救，是构成遗弃罪还是构成故意杀人罪？诸如此类在理论上尚未清楚说明的问题，在很大程度上是理论上未能对不纯正不作为犯的作为义务或者保障人地位的实质根据予以实质性揭示的结果，这也造成了不纯正不作为犯的范畴在理论阐释和司法实务中的过度扩张。

113 为了解决不纯正不作为犯的过度扩张问题，关于不纯正不作为犯的“等价性”条件被提了出来，也就是在作为义务或者保障人地位之外，进一步要求不纯正不作为犯与作为犯之间应具有“等价性”，才能将其与作为犯相同处置。然而，等价性的判断又成为一个无解的难题（见边码 242 以下）。至于在学术上影响相对有限的“较密切的社会关系说”“事先存在的密切关系说”“公共福祉和社会角色说”等社会群体关系理论，[②] 也是立足于不作为者

---

① 参见［德］汉斯·海因里希·耶赛克、［德］托马斯·魏根特：《德国刑法教科书：总论》，徐久生译，中国法制出版社 2001 年版，第 746 ~ 758 页；［德］克劳斯·罗克辛：《德国刑法学总论：犯罪行为的特别表现形式》（第 2 卷），王世洲译，法律出版社 2013 年版，第 539 ~ 583 页。

② 参见许玉秀：《当代刑法思潮》，中国民主法制出版社 2005 年版，第 641 ~ 660 页。

在社会关系中的社会角色来为不纯正不作为犯的刑事可罚性提供说明，并不具有相对于上述两种理论更大的优势。

（二）寻找内在根据的理论努力及其难题

从不纯正不作为犯自身的构造中发现其得以等置于作为犯的根据，是晚近刑法学界的一个重要动向。德国学者许乃曼提出的“原因支配说”①、日本学者西田典之提出的“排他性支配及支配领域说”②、日本学者日高义博提出的“原因前行为说”③，以及我国学者黎宏教授提出的“排他支配设定说”④、黄荣坚教授提出的“因果前行为说”⑤ 等，就代表着这种努力方向。应当说，这种寻找内在根据的努力方向值得肯定。但遗憾的是，迄今为止在这一方向上取得的研究成果尚不能令人信服地说明对不纯正不作为犯予以结果归责的正当性根据。 114

“原因支配说”“支配领域说”“排他支配设定说”等支配理论试图从不作为具有对于结果的原因性支配或者从不作为者支配了因果进程的意义上，说明不作为能够同作为一样，需要对基于这种支配关系的结果制造承担刑事责任。然而，作为其核心范畴的“支配”并不具有清晰、确定的内涵，并且游移于现实性支配与支配可能性之间：在面对因先行行为创设危险后的不作为时，所谓“支配”，是指现实发生的因果性支配，即行为人先前的作为和之后的不作为共同支配了因果进程；而在面对其他类型的不作为时，所谓“支配”就是指能支配。后者如医生对于就医的患者不予救治而发生患者因病死亡事故的，被视为医生支配了患者的死亡，这里的支配就是指那个不作 115

---

① 参见［德］班德·许乃曼：《不纯正不作为犯及以不作为实施犯罪之形式》，王莹译，载梁根林主编：《当代刑法思潮论坛：刑法体系与犯罪构造》（第 1 卷），北京大学出版社 2016 年版，第 219～242 页；［德］许乃曼：《德国不作为犯学理的现况》，陈志辉译，载陈兴良主编：《刑事法评论》（第 13 卷），中国政法大学出版社 2003 年版，第 375～408 页。

② 参见［日］西田典之：《共犯理论的展开》，江溯、李世阳译，中国法制出版社 2017 年版，第 165～217 页；［日］西田典之：《不作为的共犯》，王昭武译，载《江海学刊》2006 年第 3 期。

③ 参见［日］日高义博：《不作为犯的理论》，王树平译，中国人民公安大学出版社 1992 年版，第 106～112 页。

④ 参见黎宏等：《不作为犯研究的新展开》，北京大学出版社 2022 年版，第 105～115 页；黎宏：《刑法总论问题思考》（第 2 版），中国人民大学出版社 2016 年版，第 125～134 页

⑤ 参见黄荣坚：《基础刑法学》（下），中国人民大学出版社 2009 年版，第 477～486 页。

为的医生本来可以通过作为避免患者病故，也就是“能掌控”结果的发展趋势。这使“支配”偏离了现实性因果支配的意涵，从而将防果性支配同原因性支配相混同，也因此而扩张了不纯正不作为犯的范畴。例如，医生不救治就医的患者，消防员不及时组织灭火，税务官不征收税款而致逃税漏税，缉私人员放任走私等不作为，就都可能在后一种“支配”的意义上被不恰当地纳入不纯正不作为犯的范畴中。

116 “原因前行为说”“因果前行为说”等前行为理论是将行为人先前行为的原因设定或者先前行为的危险制造视为不纯正不作为犯得以同作为犯等置的实质根据，亦即只有当行为人通过前行为设定了导致结果的起因条件，才能就其后的不作为予以结果归责。从因果关系的角度来看，前行为理论最具说服力。然而，如何合理地界定“前行为”是上述前行为理论未能解决的难题。首先，从事某种职业、订立契约、自愿承担、结婚、同居、打赌、挑逗等行为是否属于原因前行为以及在何种条件下属于原因前行为，在前行为理论中未得到清晰的界定。其次，前行为理论不加区分地将故意或者过失的不法行为纳入原因前行为范畴，将导致作为犯与不作为犯以及过失犯罪与故意犯罪的界限混淆，例如将交通肇事逃逸致人死亡混同为不作为的故意杀人罪。最后，一个制造允许性风险的行为是否属于原因前行为，在日高义博教授那里是不清楚的，而黄荣坚教授将其纳入因果前行为的范畴，显失妥当。

五、因果关系之困惑

117 不纯正不作为犯与危害结果之间是否具有因果性，以及如何认定其因果性，也是长期困扰刑法理论的问题。

（一）因果性的理论证明之困境

118 早期的不作为犯理论试图证明不作为如同作为犯一样，具有在现实意义上对于结果的原因性。有人认为，这种原因性的根据不在于不作为本身，而在于先前发生的行为。有人认为，不作为犯的原因性是身体上的原因，即义务人的不作为使局外人形成是他造成结果的想法。有人将不作为犯的原因性归结为行为人对积极防止危害结果的意志的阻碍或者压制，认为这种对防果意志的阻碍就是结果发生的现实条件。然而，这些为证明不作为犯对于结果具有原因性的讨论，被李斯特和施密特认为是“刑法学迄今为止所进行的一个最没有成效的争论”①。今天，在现实作用力的意义上，不作为对于结果的原因性已经为大多数人所否定。“因为，作为存在范畴的因果关系，要求一个能够带来力量消耗的事实上的能量源，而在不作为情况下正是欠缺这一点。”②

然而，一旦否定不纯正不作为犯的因果性，也就否定了对其予以结果归 119
责的正当根据：既然那个不作为不是结果发生的原因，那么将危害结果归责于那个不作为，就难有正当性可言。鉴于此，主流学术界不得不在放弃从自然意义上发现其因果性的同时，转而从规范评价的意义上说明此类犯罪与结果之间的因果性。根据广为流行的见解，这种因果性不是力学意义上的，而是只取决于不作为人的可能的行为是否能够避免结果的发生。申言之，如果有作为义务的人通过实施被要求的作为能够避免结果的发生，那么他的不作为同结果之间就具有了法律上的联系，即法律意义上的因果关系；否则，就仅构成未遂罪。③ 在这里，基于义务性要求的作为被预设为避免结果发生的一个条件，而这个条件的缺乏则被视为结果发生的原因。但是，这样的思考方式已经偏离了因果范畴。因果关系中的“因”是起因，即促成结果发生的积极因素。而避免结果发生的条件属于防果条件，是阻碍因果进程的因素。这就是说，因果与防果是对立的范畴，不能将原因性条件与防果性条件相提并论，也不能将不阻碍因果进程的不作为与开启、促成因果进程的原因混为一谈。比如，张三放火才是造成严重火灾事故的原因，而消防队未在火情早期及时组织灭火就不能说是造成严重火灾事故的原因，即使是如果及时组织灭火能避免严重损失也是如此。也正因此，作为原因的放火行为与消防队的灭火不作为不能相提并论，对于后者就只能追究有关责任人员违背作为义务的渎职责任。可见，这种试图从纯规范评价的意义上说明不纯正不作为犯的

① ［德］汉斯·海因里希·耶赛克、［德］托马斯·魏根特：《德国刑法教科书：总论》，徐久生译，中国法制出版社2001年版，第741页。

② ［德］汉斯·海因里希·耶赛克、［德］托马斯·魏根特：《德国刑法教科书：总论》，徐久生译，中国法制出版社2001年版，第741~742页。

③ 参见［德］汉斯·海因里希·耶赛克、［德］托马斯·魏根特：《德国刑法教科书：总论》，徐久生译，中国法制出版社2001年版，第742页。

因果性的努力并不成功。

120 近年来出现的一种学术动向，是试图搁置关于不纯正不作为犯的因果性的争议。在持这种立场的学者看来，有关的学术争议很难判断对错，且是否承认此类犯罪的因果性也不是问题的关键所在。“当人们在一个较狭窄的因果概念的基础上否认不作为的一种因果性时，也仍然不妨碍在法定条件存在的条件下，应当把这个结果归责于那个没有阻止其发生的人。一个归责并不当然需要与这种因果性相联系……也就是说，人们本来能够把这个争论的问题予以搁置。”① 而且，即使是承认不作为存在因果性的可能性，也必须意识到实行（作为）的因果性与不作为的因果性之间的差异：“实行的因果性，除了行为人的举止行为与结果之间的合法性关系之外，还以一种主动‘积极的’能量投入作为条件，而不作为的因果性就仅仅限制在不作为与结果之间的合法联系上了。”② 在这种立场下，因果性对于不纯正不作为犯就成为一个可以被悬置的问题，需要证明的只是不作为与结果之间在法律上的联系。然而，这并不能使问题得到解决。人们有理由追问，不作为与结果之间具有合乎法律的联系所依凭的事实根据是什么？因为规范性判断总是建立在事实基础上的，即对客观事实的规范评价，如果行为人的行为同某个结果之间并无事实性的因果联系，就根本谈不上两者之间的“合法联系”了。

（二）因果关系的判断根据之困惑

121 由于主流观点把义务人不防止结果视为结果发生的原因，所以从逻辑上说，只要证明了不作为和结果的存在，也就等于证明了不纯正不作为犯对于结果的原因性，但这会导致因果判断与不作为判断的混同以及因果判断的虚无化。为了避免这种混同，主流理论将义务人能否通过作为避免结果确定为不作为犯是否存在因果关系的根据，即如果能避免而不避免者，就存在因果关系；如果因不能避免而发生结果者，就不存在因果关系。

122 然而，这并非不作为同结果之间的因果判断，而是一个假设的通过作为

---

① ［德］克劳斯·罗克辛：《德国刑法学总论：犯罪行为的特别表现形式》（第2卷），王世洲译，法律出版社2013年版，第482～483页。

② ［德］克劳斯·罗克辛：《德国刑法学总论：犯罪行为的特别表现形式》（第2卷），王世洲译，法律出版社2013年版，第483页。

避免结果发生的可能性评估，是对判断对象的认知错位，也混淆了结果避免可能性与因果现实性这两个不同的范畴，而且将涉及不可抗力（无法避免）的罪责判断问题与因果判断相混淆。不仅如此，这样的“因果判断”还会陷司法于困境之中。因为那个事实上不作为的人能否通过作为避免结果，处于未然的假设性范畴而非客观事实的领域，完全不同于已经客观发生的因果联系，因而是难以客观证明的。也就是说，对一个未然事件的可能性判断永远只是一个可能性大小的评估，而非真实的因果判断。也正因此，理论上不得不以“假定的因果关系”冠名之。

为了解决这种可能性判断的难题，德国司法机关采取所谓“高度可能 123
性”（十拿九稳）或者“较高可能性”的判断标准，即如果实施作为具有避免结果发生的高度可能性（或较高可能性），就应当认定不作为同结果之间的因果关系，否则就应当否定这种因果关系。① 这种判断标准也为主流刑法理论所接受。且不说这种判断标准存在的模糊性和不确定性，单说这一标准本身的合理性就存疑。譬如，一个父亲对身染重疾的幼年孩子不送医救治，以致孩子病故，如果按照“高度可能性”标准，那么父亲的不作为同其孩子的病故之间是否具有因果性就取决于送医能否“十拿九稳”地保住孩子的性命。然而，这种高度可能性并不取决于送医行为（因为已经假定他及时送医了），而是取决于现有的医疗条件和医疗技术，也就是说，要根据医疗条件与技术来决定父亲的不作为是否具有原因性以及是否构成犯罪既遂。这其中的不合理性已经不言而喻了。

第二节　不纯正不作为犯的实务难题

一、同纯正不作为犯的界分难题

长期以来，刑法理论对不纯正不作为犯与纯正不作为犯的作为义务根据 124
不加区分，也未能明确说明这两类不作为犯的界限何在，这就造成了部分案

---

① 参见［德］克劳斯·罗克辛：《德国刑法学总论：犯罪行为的特别表现形式》（第 2 卷），王世洲译，法律出版社 2013 年版，第 483 页。

件的定性在不纯正不作为犯与纯正不作为犯之间的抉择难题。这在遗弃罪、玩忽职守罪、医疗事故罪同故意杀人罪之间的界限划分上尤为突出。

［例1-1］妻子投河自尽，丈夫见死不救案

125 2000年4月25日，天津市某村26岁的王男某与妻子王女某因家务事发生争吵。被邻居劝开后，两人又边吵边来到某村西污水河旁。一气之下的王女某跳进深约1米的污水河，把头探进水中，自寻短见。王男某见状也跳进河中劝说，但王女某不听。王男某随即独自回到岸上自行离去，先到亲戚家讲了妻子跳河的事，又给派出所打了电话。当民警和他的亲戚赶到时，时间已经过去近1小时，王女某已经死亡。法院经审理认定，被告人王男某与王女某是夫妻关系，负有特定义务，当王女某在河中时，王男某明知危害结果可能发生，却自行离去，对妻子采取漠不关心的态度，放任结果发生，其行为已构成故意杀人罪。鉴于其犯罪后有自首情节，判处有期徒刑6年。①

126 与这一案件类似，因不救助妻子、丈夫、父母以及保姆不救助雇主而被认定为不作为的故意杀人罪的案件并不少见。问题是，此类见危不救的不作为究竟是构成纯正不作为犯（遗弃）还是构成不纯正不作为犯（故意杀人）？在上述案件中，法官定性为故意杀人而非遗弃的根据究竟何在？如果说夫妻之间的扶助义务是认定故意杀人的根据，那是不足为凭的。因为这种扶助义务也是构成遗弃罪的义务根据，也就是说，以不履行扶助义务为由，也完全可以定性为遗弃，那么法官为什么选择认定为故意杀人而非遗弃？如果说发生死亡结果是认定故意杀人罪的根据，被告人也有理由提出疑问：妻子的死亡是自杀所致而非由他造成，他只是没有救人为什么就等同于杀人？

127 其实，从因果关系的角度来看，将一个不具有原因性的见死不救的不作为同故意杀人行为相提并论，明显违反常识。而夫妻之间的扶助义务也不能为一个结果归责提供原因上的根据。法官作出违反常识的判决，正是基于不纯正不作为犯学说中的“作为义务理论”（或者“保障人地位理论”）。如果按照这样的逻辑，用某种外在的义务替代因果关系的判断，就难免遭遇诸多实务上的难题或者造成误判。例如：如果警察见危不救或者医生不救治患者，

---

① 参见许成磊：《不纯正不作为犯理论》，人民出版社2009年版，第344～345页。

一旦发生死亡结果就构成故意杀人罪吗？消防员拒绝参加救火或者值班人员不报告火警，就构成放火罪吗？海关工作人员放纵走私，就构成走私罪吗？负有环境资源保护监督管理职责的国家机关工作人员对污染事件放任不管，就构成污染环境罪吗？面对诸如此类的情形，根据现行的“作为义务理论”，是难以提供能够自圆其说的定性答案的。

二、故意犯罪与过失犯罪的界分难题

按照流行的见解，“先行行为”乃是产生作为义务或者保障人地位的根 128
据之一。所谓先行行为包含不法行为或者限于不法行为。这意味着，如果一个过失行为开启造成结果的因果进程后，行为人采取放任态度不阻止结果发生的，就将进一步构成故意的不作为犯。比如，一个失火行为造成火患后，行为人放任不管的，就可能因为这种放任而构成不作为的放火罪。又或者，一个过失行为造成交通事故后，行为人对伤者不予救治，以致伤者死亡的，就可能构成不作为的故意杀人罪。如此，司法实务就将面临故意犯罪与过失犯罪之间的界分难题。

［例1-2］丁某交通肇事逃逸案

2002年4月22日零时许，被告人丁某驾驶出租车行驶至一座小桥下坡 129
处，将醉倒在此地的被害人李某某碾压于车下。肇事后，被告人下车查看，发现有一人躺在车下，便用车上的千斤顶将车顶起，将被害人从车底拉出来丢弃在路边，随后驾车逃离现场。被害人后经抢救无效于当日死亡。法院经审理认定，被告人丁某在发生交通事故后，作为驾驶员必须保护现场，抢救伤员，而被告人却将伤者弃置于路边，驾车逃离现场，没有履行法定的救助义务，对死亡结果的发生抱着任其自然的心态，属于间接故意杀人。遂以故意杀人罪判处丁某有期徒刑3年。①

此案的定性就涉及故意犯罪与过失犯罪的界分问题。假定该交通事故是 130
由于被告人丁某的不谨慎造成，那么就造成交通事故而言，无疑属于过失，而且刑法已经将交通肇事逃逸致人死亡当作交通肇事罪的加重情节作了明文

---

① 参见《案例刑法学：总论》，中国法制出版社2010年版，第87页。

规定，据此，丁某的行为应认定为交通肇事罪。那么，法官为什么舍弃这一规定不用，而定性为故意杀人罪呢？从判决理由看，法官的定性是就丁某肇事后的放任态度所作的评价，即以“不作为”为其定罪根据。而其理论依据显然来自不纯正不作为犯的学说：先行行为使法益处于危险中因而产生保护法益的义务，如果义务人故意不履行这种义务以致发生法益危害结果的，就构成不作为的故意犯罪。这样，本来是由一个过失造成的事故，就会因为事后的态度而变成了故意犯罪。

131 问题是，这种根据行为人在过失行为后对于结果的态度认定不纯正不作为犯的理论逻辑究竟有没有合理性可言。作为对照，如果行为人在交通肇事后没有下车查看，而是不管不顾地开车逃逸，或者行为人直接将被害人碾压致死后逃逸，理论上的结论就只是构成交通肇事罪，而不会认定为故意杀人罪。然而，人们有理由怀疑如此差别处理的合理性。如果行为人的事后态度能够成为认定不作为犯的根据，那么，一个故意伤害案的行为人在造成他人伤害后逃离，对被害人不予施救的，一旦被害人因伤不治，岂不是又构成不作为的故意杀人罪？当然，对于后一种情形，司法机关会根据行为人行凶时的伤害故意认定为故意伤害罪，而不是根据事后态度认定为不作为的故意杀人罪。但问题是，为什么前一种情形下定罪的根据是事后的“不作为”及其主观态度，而后一种情形下，定罪的根据就是不法作为本身，而非事后的“不作为”及其主观态度？这样的疑问有待刑法理论的回答。

三、罪与非罪的界分难题

132 由于理论上未能就此类犯罪的认定提供能贯彻到底的实质根据，且各种学说往往对此类犯罪作过于宽泛的解读，导致对此类犯罪的界定扩张至违法甚至是不道德的领域，从而造成司法实务的困扰。

［例 1－3］洪某弃置伤者案

133 洪某驾驶出租车在大街上揽客，何某将一大量失血并已昏迷的老人抱上车，说是自己撞伤的，要求洪某驱车前往医院抢救。当车行驶 10 分钟之后，何某要求停车，找借口离开。洪某等候 30 分钟后，见已经到了深夜，就怀疑何某已经逃逸，便将重伤老人弃于附近大街。第二天交警发现老人尸体，经法医鉴定是失血过多而死亡。检察机关以故意杀人罪对何某和洪某提起公诉，法院最后对何某作了故意杀人的有罪判决，宣布洪某无罪。[1]

对于此案，除了何某是否构成故意杀人罪存疑外，更受关注的是检察机关对洪某以故意杀人罪提起公诉。显然，所谓故意杀人是就其不作为而言。虽然法院没有对洪某定罪，但这已经说明了司法机关对洪某弃置伤者在定性上的认识分歧。而这种分歧与流行的不纯正不作为犯学说相关。因为，按照所谓“先行行为说”“自愿承担说”等主张，都可能将洪某的行为逻辑地纳入不作为犯的范畴。 134

有学者认为，本案中的洪某因先行行为产生了作为义务。如果他当初不接受肇事者的要求送被害人去医院，那可能属于道义上的责任问题；但他在接受请求之后没有将伤者送医院救助而致使其死亡，这属于对先行行为所生义务的不履行，因而应当承担刑事责任。[2] 135

有学者认为，对于法益的危险发生领域的支配性也会产生作为义务，即对自己支配的建筑物、汽车等场所内的危险的阻止义务，因此，在肇事者下车后，受伤者仍存在于司机独立支配的领域内，司机因此具有救助义务。[3]如此，洪某就需要对被害人的死亡承担责任。 136

也有学者否定了洪某不作为的犯罪性质，理由是：“就出租车司机洪某而言，尽管被害人身在其车厢之内，在事实上他对于被害人的生死具有排他性支配，但是这种排他性支配的取得并不是基于洪某本人的意愿而形成的，而是由于乘客何某带人上车这种极为偶然的原因形成的，实际上，就像是自己的院子里突然有一个受伤的人闯进来了一样。”[4] 不过，这样的解释与事实相左。因为事实上，就是基于洪某的同意，何某才将伤者抱进其出租车的。 137

围绕此案的解读和争议，折射出理论主张与常理之间的背离：按照主流 138

① 参见黎宏：《“见死不救”行为定性分析——兼论不真正不作为犯的作为义务的判断》，载《国家检察官学院学报》2011 年第 4 期。

② 参见孟庆华：《犯罪构成适用重点疑点难点问题判解研究》，人民法院出版社 2006 年版，第 50 ~ 51 页。

③ 参见张明楷：《刑法学》，法律出版社 2011 年版，第 159 页。

④ 黎宏：《“见死不救”行为定性分析——兼论不真正不作为犯的作为义务的判断》，载《国家检察官学院学报》2011 年第 4 期。

学说的逻辑，洪某会被以故意杀人定罪；然而，将一个只是违反道义的不作为认定为故意杀人罪，显然违反常理。

［例1－4］船主不营救落水游客案

139 吴某在某旅游风景区经营水上脚踏船业务。1998年5月30日6时许，吴某的女儿将3条双人脚踏船租给了6位游客。7时许，因风速超过警戒线，当地旅游部门通知吴某停业。随后吴某发现6名游客驶出警戒线，便乘4人脚踏船追上他们，并与其中4人换船，驶回岸边。由于风力太大，只有4人脱险。脱险的游客要求吴某救他们的同伴，但吴某没有采取营救措施。19时，两名游客的尸体被发现。对于此案，一审法院以过失致人死亡罪判处吴某有期徒刑6年，并赔偿两名死者家属经济损失3万余元。吴某不服判决，提起上诉。经中级人民法院审理，认定吴某将游船出租给游客后就产生了救助义务，而吴某明知游客遇险，却没有履行义务，其行为是不作为的故意犯罪。鉴于其积极赔偿，可从轻处罚，遂以犯故意杀人罪判处吴某有期徒刑3年，缓刑3年。①

140 对于此案，二审法院否定一审法院认定的过失致人死亡罪有其道理。从案情资料看，吴某经营正常的旅游服务项目，没有违反必要的谨慎注意义务，并无过失可言。至于突起大风导致游客溺水，对于吴某而言，属于意外事件。从另一个角度说，这种在正常的经营中遭遇突发自然灾害的风险属于法秩序允许的风险，不处于过失犯罪中谨慎注意义务的范围。另外，游客驶出警戒线也不能成为认定吴某构成过失犯罪的根据。因为，既然吴某设置了警戒线，就表明其已经尽到注意义务。根据自危者自我负责的法理，游客擅自超越警戒线的责任应当由游客自己承担。况且，游客超越警戒线这一因素并不是导致游客溺水的原因。因此，一审法院的判决的确欠妥。

141 然而，二审法院认定吴某构成不作为的故意杀人罪就更不能接受。从判决给出的理由看，吴某是因为将游船出租给游客而产生了救助义务，也就是套用了“先行行为说”这一理论根据。这意味着，一个法律允许的正常行为，即使行为人没有过错，也能产生不纯正不作为犯的作为义务。照此逻辑，

① 参见许成磊：《不纯正不作为犯理论》，人民出版社2009年版，第346页。

某人将汽车借给他人驾驶，就有保障借车人人身安全的义务，如果借车人发生交通事故，出借者不予救助的，就可能构成不作为的故意杀人罪。基于同样的逻辑，供电单位有保证用户安全用电的义务，如果用户不谨慎或者由于自然因素发生用电安全事故致人死亡的，供电单位的相关人员就可能因为不予救助而构成不作为的故意杀人罪。显然，这样的结论完全偏离了常识。

这里涉及不纯正不作为犯理论中一个长期存在争议的问题，即所谓先行 142
行为究竟该如何界定的问题。正如下一章所表明的那样，既有的各种学说都未能就此提供恰当的理论答案。

四、不作为的共犯认定难题

一个父亲在看到他人伤害或者杀害自己的孩子时不予制止，是否构成了 143
故意伤害罪或者故意杀人罪的共犯？一个丈夫在看到他人强奸自己的妻子时不予过问，是否构成强奸罪的共犯？一个保安通过视频监控设备发现窃贼在盗窃公司财物时却放任不管，是否构成了盗窃罪的共犯？

提出这些在常理上看似荒唐的问题，却有其学术背景。因为按照学界流 144
行的学说，上述情形都会逻辑地被纳入不纯正不作为犯的范畴，而且事实上，此类情形被视为“不作为的共犯”乃是共同犯罪理论中常见的认识。德国学者耶赛克、魏根特认为，以不作为的形式提供帮助，只要对被帮助者负有保证人义务，就构成不作为的帮助犯，并列举了德国的部分司法判例作为例证。例如，监管人员在犯人狱外劳动期间容忍犯人的盗窃行为，是盗窃罪的帮助犯；船长允许船员走私的，是逃税犯罪的帮助犯；已婚男人的情人未阻止他杀害其发妻的，可能成为谋杀的帮助犯，等等。[①] 在日本学界，从共同犯罪的角度承认此类“不作为的犯罪”已经成为主流认识，学界更多关注的是此类不作为究竟是共犯还是正犯的问题。[②]“以母亲远远地眼看着陌生人杀害她的孩子而不予阻止为例，原则正犯说主张母亲构成故意杀人罪的正犯，而原则帮助犯说则认为母亲构成不作为的帮助犯，义务二分说则会认为母亲的不

---

① 参见［德］汉斯·海因里希·耶赛克、［德］托马斯·魏根特：《德国刑法教科书：总论》，徐久生译，中国法制出版社 2001 年版，第 845～846 页。

② 参见［日］西田典之：《共犯理论的展开》，江溯、李世阳译，中国法制出版社 2017 年版，第 182～186 页。

作为成立正犯。"[①] 在国内，学界对于不阻止犯罪能构成帮助犯持肯定态度者也不在少数。有学者认为，"帮助行为固以积极作为居多，但亦可能系消极的不作为，只要帮助者具有保证人地位，例如为他人保管财物之人，知道有窃贼正在行窃，故意不加询问，便利窃贼遂行犯罪者，应成立盗窃罪的帮助犯"[②]。还有学者认为，"不作为的帮助犯应当得到肯定。例如，剧场负责人目睹演员演出淫秽节目而不制止的，就成立不作为的帮助犯"[③]。

145 在司法实务界，德国、日本的司法判决对此类不作为的共犯的认定并不鲜见，但在我国，此类不作为的共犯概念在司法实务中通常不被接受。这表明，一个不作为是否能以共犯的形式构成不纯正不作为犯的定罪根据，既是刑法理论也是司法实务必须面对的一个难题。

146 上述司法实务难题，对不纯正不作为犯的学说构成了根本性挑战，表明迄今为止的不纯正不作为犯的学说尚不能为此类犯罪的认定提供合理根据，也意味着不纯正不作为犯尚待理论上的根本性创新。

---

① 张伟：《不作为帮助犯研究》，载《法学论坛》2013 年第 2 期。

② 林山田：《刑法通论》（下册），北京大学出版社 2012 年版，第 77 页。

③ 张明楷：《刑法学》，法律出版社 2021 年版，第 591 页。

第二章　不纯正不作为犯的等置理论述评

内容提要

探索不纯正不作为犯被等置于作为犯的根据，在过往的 147
不纯正不作为犯理论中占据核心地位，但迄今为止取得的学术成就却不尽如人意。早期处于主导地位且至今仍然流行于国内学界的“形式的作为义务说”，既不区分不纯正不作为犯与纯正不作为犯的义务来源，也不区分原因不作为与施救不作为，导致不纯正不作为犯与纯正不作为犯之间以及不纯正不作为犯与作为犯之间、故意犯罪与过失犯罪之间乃至罪与非罪之间的界限混淆。建立在保障人理论基础上的“功能二分说”以保障人地位所具有的功能为根据，将保障人的保障义务区分为对法益无助性的照料义务和对危险源的监管义务。但这一学说只是对不同形式的义务来源做了功能上的分类，而未能揭示不纯正不作为犯的作为义务何以产生的根据，也就无从对作为义务的范围予以实质性限定，因此也未能解决“形式的作为义务说”所存在的问题。

为了解决不纯正不作为犯在范围上的过分扩张问题而出 148
现的“等价性理论”，试图以“同作为犯具有等价性”为条件对不纯正不作为犯予以范围上的合理限制。如果将等价性作为证明的对象，要求不纯正不作为犯与适用同一罪刑规范的作为犯具有等价性自然无可厚非，但如果将等价性作为认定不纯正不作为犯的根据，那么等价性的判断就成为理论上无解的难题。无论是整体等价说，还是主观等价说抑或形态等价说，都难免陷入理论泥淖而不能自拔。

149 近年来出现的一种值得重视的学术动向，是从不纯正不作为犯的自身构造中探索其得以等置于作为犯的内在根据。“原因支配说”“排他性支配及支配领域说”“自愿支配说”“排他支配设定说”等支配理论以及“原因前行为说”“因果前行为说”“利用前行为说”等前行为理论就是在这一方向上的有益尝试，也在一定程度上为合理限制不纯正不作为犯的范围做出了一定的理论贡献。不过，这些学说仍然未能周全地说明对不纯正不作为犯予以结果归责的因果根据，因而难以逻辑自洽地对不纯正不作为犯的范围予以合理限定。此外，还有形形色色的试图杂糅不同理论根据的主张，但这种折中主义立场不仅无益，还会造成理论与实务上的更多困惑。

150 至于试图将传统理论与探索内在根据的学说结合起来的折中主义立场，除了徒增理论困扰之外，并无实益。

第一节 形式的作为义务说述评

一、形式的作为义务说综述

151 形式的作为义务说，因其只是罗列不作为犯中作为义务的形式来源，而不说明这种作为义务被纳入刑法范畴的实质根据而得名。按照这种传统的学说，对于不纯正不作为犯而言，义务人不履行法秩序要求的某种作为义务，就是其得以与作为犯同等对待的根据。因此，作为义务的确定，就成为定罪的关键。

152 形式的作为义务说是伴随着不作为犯理论的初创形成的。由于早期的理论并不区分纯正不作为犯与不纯正不作为犯，因而学界对作为义务的讨论是就一个整体的“不作为犯”而言的。及至后来对这两类不作为犯在理论上做了划分，但其作为义务的讨论仍然混而不分。在此背景下，意味着不纯正不作为犯同纯正不作为犯的作为义务根据具有共通性。

153 最早关注不作为犯的作为义务的费尔巴哈（Feuerbach）强调，不作为必须要有“特殊的法根据”，他因此将作为义务的根据限制为法律和合同。在此基础上，斯蒂贝尔（Stübel）又加上了先行行为。自此，理论上就把法律、合同和先行行为当作防止结果发生义务的三大根据，早期的作为义务理论由此形成，并在 1930 年前后占据了理论主导地位。尔后，所谓“紧密生活共同体和危险共同体”又被作为一种义务根据添列其中。①

随着不作为犯在不同国家和地区刑法学界的广泛讨论，加之后来提出的 154
保障人理论的影响，作为义务来源被多样化地调整，使形式的作为义务说呈现出各不相同的面貌。如果累计不同国家和地区在学术上提出的各种作为义务来源，有十数种之多。② 由这些不同种类的作为义务搭配组合所形成的不同主张难以备述，其中最常被提及的作为义务主要有以下几种：一是法定义务；二是契约义务（法律行为产生的义务）；三是职业义务；四是前行为引起的义务；五是基于紧密生活共同体和危险共同体的义务。

在我国，长期居于主流地位的正是形式的作为义务说。由于学界对两种 155
不作为犯的作为义务根据不加区分，因而理论上往往是在“不作为的作为义务”的范畴中笼统讨论之。③ 而对于作为义务的范围界定，最为流行的观点是“四义务来源说”，即认为作为义务包括以下四个方面的来源：一是法律规定的义务；二是职业上要求的义务；三是法律行为引起的义务；四是先行行为引起的义务。④ 此外，还有主张将“公共秩序和社会公德要求承担的义务”纳入其中者。⑤

正像学界对其命名所表明的那样，这一理论对作为义务的列举具有形式 156
化色彩。人们无从得知，这些作为义务对于不纯正不作为犯的认定发挥作用的机制和法理根据何在；为什么并非由刑法规定的某种义务能够成为不纯正不作为犯的定罪根据；不纯正不作为犯的刑事归责根据与纯正不作为犯的刑事归责根据之间，以及与其他法律责任乃至道义责任的根据之间的界限何在。

---

① 参见［德］克劳斯·罗克辛：《德国刑法学总论：犯罪行为的特别表现形式》（第 2 卷），王世洲译，法律出版社 2013 年版，第 535 ~ 536 页。

② 对此所做的资料整理，参见许成磊：《不纯正不作为犯理论》，人民出版社 2009 年版，第 247 ~ 254 页；刘士心：《不纯正不作为犯研究》，人民出版社 2008 年版，第 107 ~ 113 页。

③ 参见高铭暄、马克昌主编：《刑法学》，北京大学出版社 2017 年版，第68 ~ 70 页；贾宇主编：《刑法学：总论》（上册），高等教育出版社 2019 年版，第 113 ~ 116 页。

④ 参见高铭暄、马克昌主编：《刑法学》，北京大学出版社 2016 年版，第68 ~ 70 页；陈兴良：《判例刑法学：教学版》，中国人民大学出版社 2012 年版，第 35 ~ 37 页。

⑤ 参见贾宇主编：《刑法学：总论》（上册），高等教育出版社 2019 年版，第 116 页。

从司法实务的角度来看，这种缺乏实质根据的作为义务理论，为不纯正不作为犯的不合理扩张提供了广阔空间。下面笔者将针对国内主流观点主张的义务来源，做检讨性分析。

二、法定的义务来源之质疑

157 如果就纯正不作为犯而言，将法定义务的不作为当作其定罪根据，当然不成问题。正像丢失枪支不报罪，逃税罪，遗弃罪，拒绝提供间谍犯罪、恐怖主义犯罪、极端主义犯罪证据罪等犯罪那样，对法定义务的违反，已经通过罪状描述被明确地呈现在罪刑规范中。

158 但对于不纯正不作为犯而言，将违反法定义务作为其定罪根据，既缺乏罪刑规范上的依据，也缺乏实质合理性。因为不纯正不作为犯的可罚根据不在于单纯的义务违反，而在于行为的结果制造，对其予以结果归责应当建立在因果关系的基础上，而非以违反某种法定的作为义务为其定罪根据。以学界公认的存在不纯正不作为犯的故意杀人罪为例，刑法所关注的乃是行为人的行为对他人生命法益的危害，即通过作为或者不作为非法剥夺他人的生命，故只有当行为人的行为具有剥夺他人生命的性质时，才能定性为故意杀人，而这种行为性质是不可能在对法定义务的违反中找到根据的。

159 **[例2-1]** 男士李某在妻子突发心脏病时，因心存怨气不予救助，而是外出散步。结果其妻子死于心脏病。

160 **[例2-2]** 警察钱某在治安巡逻途中遇见一名因交通事故受重伤的被害人，但他怕麻烦不予救助。结果该被害人死亡。

161 **[例2-3]** 路人孙某发现某工厂的火情，但他觉得与自己无关，甚而幸灾乐祸地观望，而不报告火警，也不参与救火。

162 上述事例中的李某、钱某、孙某都存在对法定义务的违反：李某不救助妻子，违背了婚姻家庭法上对家庭成员的扶助义务；警察钱某违背了人民警察法要求警察在他人遭遇危难时必须救助[①]的义务；路人孙某违背了消防法

① 《人民警察法》第21条第1款要求“人民警察遇到公民人身、财产安全受到侵犯或者处于其他危难情形，应当立即救助”。

要求的报告火警及参加灭火工作①的义务。如果将法定义务的不作为当作不纯正不作为犯的定罪根据，上述事例就会逻辑地被纳入此类犯罪的范围之中：李某违反法定义务，放任其妻子死亡结果的发生，逻辑上就属于不作为的故意杀人。警察钱某违反法定义务，对伤者不予救助且对其死亡结果持放任态度，逻辑上也构成不作为的故意杀人罪。孙某违反法定义务，放任火情发展为严重火灾，逻辑上属于由不作为构成的放火罪。

然而，这样的结论由于缺乏行为与结果间的因果性而不可接受。显然， 163
这里存在两个方面的界限混淆。其一，不纯正不作为犯与纯正不作为犯的界限混淆，就像警察钱某的不作为那样，本属于不履行职责的玩忽职守，却在逻辑上被演绎成不作为的故意杀人罪。其二，罪与非罪的界限混淆，就像孙某不报告火警那样，本来不属于犯罪，但按照形式的作为义务说，也能被逻辑地纳入犯罪的范畴。这样的理论逻辑造成的界限混淆，势必对现实案件的定性造成困扰。事实上，国内学界依照形式的作为义务说的理论逻辑来解释个案的主张，至今仍然极为常见。司法实务中，正像［例 1－1］（见边码125）的司法判决那样，依照这种理论将不救助配偶或者不救助父母于危难的不作为，认定为故意杀人罪的司法判决并不鲜见。这种将两类不同的不作为犯混为一谈，甚至混淆罪与非罪界限的理论逻辑及司法判决，是令人遗憾的。

正是意识到根据法定义务认定不纯正不作为犯可能造成的扩大化，有学 164
者试图通过限制法定义务的范围来避免不恰当的定罪结论。比如，有学者在讨论丈夫不救妻子于危难的不作为是否构成故意杀人罪的个案时，做了如下分析：“根据《婚姻法》的规定，夫妻之间负有相互扶养的义务。如果不履行这种义务，应有可能构成遗弃罪。法律没有规定夫妻之间的救助义务，那么，夫妻之间的救助义务是法律义务还是道德义务呢？显然，由于法律没有规定，因而救助只是夫妻之间道德关系的内容，而非法律上的义务。扶养与救助两者相比较而言，扶养是基本要求，因而作为法律义务予以明文规定。救助只是在个别情况下偶然发生的要求配偶一方实施的行为，法律未予规定。对于这种法律未予规定的情况，能否通过类推解释涵括在内呢？例如，通过

① 《消防法》第 5 条规定：“任何单位和个人都有维护消防安全、保护消防设施、预防火灾、报告火警的义务。任何单位和成年人都有参加有组织的灭火工作的义务。”

‘举轻以明重’的方法，认为夫妻之间具有扶养义务，在发生生命危险的情况下，救助义务更应当承认。据此，从夫妻之间的扶养义务中推论出救助义务。我认为，这种推论是不可取的。尤其是在罪刑法定原则的支配下，在法律解释上不能采取类推解释方法……因此，我认为，本案之作为义务不可能是法律明文规定的义务。”①

165 上述见解试图通过限缩法定义务的范围来否定丈夫不救妻子的不作为构成故意杀人罪的结论，显然是意识到这一结论不合理，但其通过对法定义务予以限缩解释来解决问题的路径，则行不通。第一，将救助义务排除在扶养义务之外的见解，实不可取。救助义务不仅是扶养义务的当然内容，而且是最起码的扶养义务。如果在配偶处于危难之际都无义务救助，还有什么扶养义务可言？因此，把不救助当作扶养义务的不作为，并不需要借助“举轻以明重”的解释方法，更非类推解释。第二，法律不可能将扶养义务的内容做罗列式的规定，因而不能以法律没有明文规定救助义务为由，将其排除于扶养义务之外。否则，人们就可以用同样的理由，将扶养义务的内容掏空。比如，法律没有明文规定夫妻之间有照护患病配偶的义务，那么，是不是也要以法律没有规定为由，将照护患病配偶的义务排除在扶养义务之外呢？如此，扶养义务就将失去意义。第三，如果将救助义务排除于扶养义务之外，也就否定了夫妻之间见危不救的不作为构成遗弃罪的可能性，因为构成遗弃罪是以不尽扶养义务为根据的。但这样的结论显失妥当。

166 其实，问题不在于法定义务如何取舍，而在于一个纯粹由法律赋予的作为义务根本就不能成为不纯正不作为犯的定罪根据。申言之，一个法定义务的不作为，其可罚根据只在于对法定义务的违反，而不是基于对危害结果的制造。因为这种不作为对于结果的发生没有任何意义上的原因性，因而不能成为结果归责的根据。无论如何，一个法定义务的不作为（哪怕是消极地不防止危害结果），都不能视同为制造了一个危害结果，此乃基本常理。因此，对法定义务的不作为，只具有构成纯正不作为犯的可能性，而不能当作不纯正不作为犯的定罪根据。上述事例中，李某的妻子死于突然发作的心脏病，而非李某所致。虽然说李某如果采取适当施救措施，其妻子有可能不会死亡，

① 陈兴良：《判例刑法学：教学版》，中国人民大学出版社2012年版，第38页。

但这不等于说他制造了死亡结果，而仅仅是没有采取措施阻止死亡结果。因此，其可罚性只在于对法定义务的违反（不尽扶养义务），而不能同故意杀人相提并论。这正是普通民众基于法的直觉而不能接受故意杀人罪定性的原因所在。同理，警察钱某的不作为也不可能构成故意杀人罪，而只能评价为渎职。至于路人孙某不报告火警的不作为，更不可能在任何意义上被评价为犯罪。

或许会有人联想到母亲饿死自己的婴儿就可能构成故意杀人罪。的确，此 167
种情形不排除构成故意杀人罪的可能性，但作为定罪根据的前提义务并非基于法律的规定，而是以父母对孩子生命风险的创设为根据（见边码558、559）。

三、职业上的义务来源之检讨

违反职业义务，虽不排除构成不纯正不作为犯的可能性，但如果不能清 168
楚地说明违反职业义务构成此类犯罪的机理，而是不加区分地将其视为此类犯罪的定罪根据，则势必造成此类犯罪同纯正不作为犯的混淆。因为刑法中许多纯正不作为犯的规定就是针对违反职业义务的不作为，比如玩忽职守罪，失职致使在押人员脱逃罪，徇私舞弊不移交刑事案件罪，环境监管失职罪，食品、药品监管渎职罪，传染病防治失职罪，放纵走私罪，放纵制售伪劣商品犯罪行为罪以及徇私舞弊不征、少征税款罪等。那么，一个职业义务的不作为，在何种情况下应定性为纯正不作为犯，在何种情况下应认定为不纯正不作为犯呢？对此，形式的作为义务说未能给出明确的答案。

［**例2－4**］消防队队长赵某在接到火情警讯后，因陷入家庭纠纷，不及 169
时组织灭火工作。直至再接到上级命令，赵某才组织消防队员赶赴现场灭火，但为时已晚，火势已经迅速蔓延，损失重大。

此例中赵某的不作为无疑属于职务上的不作为，那么这种不作为究竟是 170
构成纯正不作为犯还是不纯正不作为犯呢？单从结论上说，赵某的不作为当属于渎职，而非不作为的放火，这在理论界和实务中都不存在争议。然而，为什么此种情况下违背职务要求的不作为就不能定性为不纯正不作为犯呢？对此，形式的作为义务说并不曾提供有价值的说明。这就难免造成在其他场合下的理论纷争及司法实务困扰。

171 [例2-5] 医生吴某同就诊患者的家属发生口角，当该患者病情危急时，吴某因心有怨气而拒绝紧急治疗，结果该患者在未得到及时救治的情况下病故。

172 [例2-6] 某公司保安严某值夜班时，通过视频监控系统发现窃贼进入公司库房盗窃财物，但他放任不管，任由窃贼窃取了价值不菲的财物。

173 对这两例中的不作为该如何定性，就可能出现认识分歧。医生吴某的不作为涉及医疗事故罪与不作为的故意杀人罪之间的界限之争。保安严某的不作为涉及一般的渎职与盗窃罪共犯之间的界限之争。在国内的司法实践中，对类似于这两例中的不作为，通常不会认定为不纯正不作为犯。但在学界，将此类不作为视为不纯正不作为犯，则是一种较流行的看法。学界的这种倾向，就是简单地将职业义务纳入不纯正不作为犯的义务根据中予以逻辑演绎的结果。比如医生吴某，其客观上有基于职业义务的不作为，并因此“造成”了病人死亡的结果，主观上对这一结果持放任态度，因而符合故意杀人罪的构成要件。而所谓“造成结果”的判断，是以不纯正不作为犯学说中的“假定的因果关系”为理论根据的。不难发现，这里的症结仍然同法定义务违反说一样，是把消极地不防止结果同积极地制造结果等同看待的。然而，从因果关系的角度看，患者的死亡是疾病所致，而非由医生吴某造成。吴某的可罚之处，在于他未履行职业上的作为义务去救治患者，故应评价为业务渎职，当以医疗事故追究其责任。

174 对于保安严某的不作为，如果按照现行学说，由于其客观上不履行职业义务，为窃贼提供了便利，主观上对窃贼非法占有公司财物持放任态度，因而在理论逻辑上就构成盗窃罪的“片面共犯”。但这样的逻辑推论不能成立。一个帮助犯罪的行为，必须是能够加功于他人的犯罪，即为他人犯罪提供了助力。而严某不阻止盗窃的不作为，并不能加功于他人的盗窃犯罪，而只是没有使他人的犯罪受到干扰，因而并不具有对犯罪的帮助性。总之，“不干预”同“提供帮助”不能相提并论。

175 众所周知，职业义务不仅种类繁多，范围极其广泛，而且义务的内容构成也极为复杂。其中既包括事务性的职业义务，也包括监督管理性的职业义务；既包括公职人员的公务性职业义务，也包括非公务性的职业义务。显然，将各种职业义务纳入此类犯罪的作为义务根据中是不可取的。这就需要从理论上明确究竟在何种条件下，什么样的职业义务的不作为才能构成不纯正不作为犯。但这恰恰是形式的作为义务说未能解决的问题。

四、基于法律行为的义务来源之检讨

176 现行学说中的“法律行为”通常指民事法律行为和自愿承担行为，故所谓法律行为引起的作为义务，通常是指因民事契约和自愿承担所产生的作为义务。按照形式的作为义务说，这两种义务的不作为，都可能构成不纯正不作为犯。下面就这两种不作为的刑事可罚性问题做检讨性分析。

（一）关于契约义务

177 讨论契约义务的不作为的刑事可罚性所面临的基本问题是，民事合同上的作为义务是如何进入到刑法范畴从而成为刑事责任的根据的？有学者就此指出，“在一般情况下，合同一方当事人不履行合同所规定的一定义务，只产生违约的法律后果，并不产生不作为犯罪的作为义务。但当不履行合同所规定的义务给刑法所保护的社会关系造成严重危害时，这一义务才能成为不作为犯罪的作为义务”①。常被用作例子的是，受雇照护他人孩子的保姆基于雇佣合同产生看护孩子的作为义务，如果保姆不尽看护义务而致小孩死亡，就构成不纯正不作为犯。这其中的逻辑是：合同产生作为义务，因义务的不作为造成了危害刑法法益的结果的，不作为者就需要对危害结果承担刑事责任。

178 如果接受这一逻辑，就意味着民事合同义务与刑事责任衔接的根据在于合同义务的不作为对于危害刑法法益的结果制造。然而，一个契约义务的不作为，如何能够造成以及在何种意义上被视为造成了那个刑法上的结果呢？此乃形式的作为义务说不曾合理解释的问题，这就难免带来个案定性的困扰。

179 **［例2－7］** 雇主雇请刘某担任保镖，以保护其人身安全。但当雇主遭遇两名抢劫犯袭击时，随行的刘某为求自保，龟缩在旁，结果雇主身负重伤，

---

① 陈兴良：《判例刑法学：教学版》，中国人民大学出版社2012年版，第36页。

随身财物也被抢走。

180 基于合同，保镖刘某的确具有保护雇主人身安全的作为义务，那么他对契约义务的不作为该如何评价呢？能否因为雇主被抢劫以及身负重伤而认定刘某构成了不作为的抢劫罪或者故意伤害罪呢？在常识上，结论应当是否定的。因为刘某的不作为并不构成对抢劫犯的帮助，而只是未阻止抢劫犯罪行为，属于本书第五章所述的施救不作为（见边码 813 以下），因而不可能构成抢劫罪的帮助犯。即使认为对刘某的不作为有必要予以刑罚处罚，也只能通过纯正不作为犯的立法规定之。与此类似的是，保姆发现受照顾的老人吞服了大量安眠药却不予施救，结果老人死亡，从因果关系的角度看，老人死亡是他自己吞服大量安眠药所致，而保姆的不作为并不具有原因性，因而只能就其违反作为义务承担涉嫌遗弃罪[①]的法律责任，而非构成故意杀人罪（见边码 826 以下）。

181 从根本上说，对契约义务的违反并非不纯正不作为犯的定罪根据，即便是一个与契约义务相关联的不作为能够被认定为不纯正不作为犯，其不作为的实质根据也不在于违反契约义务。对此，德国学者莎夫斯泰因和纳格勒在20世纪上半叶就通过变形案例做了论证。在第一个变形案例中，保姆在同雇主订立合同后，却违反合同不到岗。在第二个变形案例中，保姆根据合同开始承担照看孩子的责任，而实际上那个合同是一个无效合同。在第一个案例中，如果雇主因保姆不到岗，而不得不将自己的小孩独自留在家中，以致小孩出现意外的，并不能就此根据契约义务追究保姆的刑事责任。相反，如果第二个案例中的保姆在照看小孩时对小孩放任不管，以致发生不测事故的，也不能基于合同无效而排除保姆的责任。这就说明，归责根据并非基于契约，契约义务只是伴随于其他归责根据的一个附随现象而已。[②]

① 《刑法》第 261 条规定："对于年老、年幼、患病或者其他没有独立生活能力的人，负有扶养义务而拒绝扶养，情节恶劣的，处五年以下有期徒刑、拘役或者管制。"这其中的"负有扶养义务"，包括基于契约承担的扶养义务。

② 参见［德］班德·许乃曼：《不纯正不作为犯及以不作为实施犯罪之形式》（第 1 卷），王莹译，载梁根林主编：《当代刑法思潮论坛：刑法体系与犯罪构造》，北京大学出版社 2016 年版，第 225 页。

（二）关于自愿承担

所谓自愿承担（自愿接受），是指在缺乏其他义务根据的情况下，自愿地担负起对法益的保护责任。根据国内学界的主流观点，这种自愿承担也是一种法律行为，会产生法律上的作为义务，进而也能产生刑法上的作为义务。理由是：“法益处于无助、危险或者脆弱状态时，行为人基于自愿承担保护义务，使法益的保护依存于自己，行为人就必须继续承担保护义务，即行为人通过自愿接受这一法律行为自我设立了一种积极作为的义务。”① 例如，将路边奄奄一息的陌生老人带回家里照顾，就产生继续保护的义务；将弃婴领回家中，就产生抚养义务；登山队员约定互助的，也是一种自愿承担，因而产生彼此照顾、保护的义务。② 182

这种不加区分地将自愿承担当作刑事责任根据的主张，并不可取。这里首先需要划分两种不同意义上的自愿承担，即基于风险承诺的自愿承担和无风险承诺的自愿承担（见边码615）。前者是指，自愿承担者对原保障义务人作出了风险承诺。例如，父母出门办事，将小孩临时托付给邻居照看，如果邻居愿意受托照看小孩，就意味着受托人对小孩的父母作出了风险承诺。因为这种自愿受托解除了小孩父母在一定时间内照护孩子的责任，创设了小孩因脱离父母照护所产生的人身安全风险，因而受托人有义务保护孩子的人身安全。如果受托人在作出承诺后不履行保护义务，就不排除对因此造成的危害结果承担刑事责任的可能性。 183

相反，如果是无风险承诺的自愿承担，例如，好心地主动照顾了邻居家无人照管的老人或者临时喂养了邻居家嗷嗷待哺的婴儿，就不产生继续照顾或者喂养的义务，也就无作为义务可言。如果将这种自愿承担也当作不纯正不作为犯的作为义务根据，是不可接受的。其一，它将行善者置于一个不利的境地，等于是要求打算行善的人，必须事先谨慎地评估自己是否有足够的能力、充分的条件和坚韧的毅力将一个善举进行到底，否则就应当对自己的善举承担不利的后果，甚至是刑罚上的后果。面对这样的后果，恐怕大多数 184

① 贾宇主编：《刑法学：总论》（上册），高等教育出版社2019年版，第115页。

② 参见贾宇主编：《刑法学：总论》（上册），高等教育出版社2019年版，第114～115页。

人都会在法益需要伸出援手时望而却步。这其中错误的社会导向和对正义情感的践踏，是不言而喻的。其二，从法理上看，社会危害性（危害刑法法益）是犯罪的本质特征，一个救助他人的善举，即使没有进行到底，也不是对法益的危害，相反是对法益的保护，其有何社会危害性可言？按照当代刑法学的共识，一个行为对法益制造（或增加）法秩序禁止的危险，是对其进行刑事归责的必要条件。这其实是对社会危害性在判断根据上的具体化。因此，一个救助法益的行为，即使只是暂时缓解法益面临的危险，甚至客观上未能缓解这种危险，但只要没有制造或者增加危险，就没有法律责难的余地，更不应当诉诸刑事非难。相反，一个善意的自愿承担行为，应当得到社会的鼓励和褒奖。当然，如果一个自愿承担行为创设或者增加了法益的危险，就另当别论了。比如，将路边已经丧失行动能力的陌生老人带回家里照顾几天后，又将老人弃置于某个难以被发现的偏僻地点，致使老人不能获得其他人帮助而死亡的，就不再是一个纯粹的自愿承担，而是在客观上增加了老人死亡风险的不法作为。

五、基于先行行为的义务来源之检讨

185 按照形式的作为义务说，如果一个先前实施的行为，导致刑法保护的法益处于危险状态时，行为人就负有排除危险、防止危害结果发生的作为义务。如果行为人能够履行这种义务却不作为，以致造成危害结果的，就具备了成立不纯正不作为犯的客观根据。

186 从因果关系的角度看，这一主张似乎不成问题：既然自己的先前行为造成法益危险，却又不防止这种危险，而任其发展为实害结果，由于存在明确的因果关系，所以将危害结果归责于行为人，自是理所当然。然而，如果简单地将这一主张运用于不纯正不作为犯，则仍然会造成不纯正不作为犯的过度扩张，不合理地加重行为人的责任负担。其中的关键所在，是那个危害结果究竟是应当归责于那个“先前作为”，还是应当归责于之后的“不作为”？这一极为重要的问题，在形式的作为义务理论中是不清楚的，这就会造成过失犯罪与故意犯罪之间界分的困难，甚至造成对于同一个危害结果在作为和不作为两种行为形式上予以双重评价的局面。

[**例2-8**] 工人罗某不谨慎地丢弃烟头，引燃工厂财物，当他发现火情后，虽然明知是其丢弃烟头所致，却未予扑救即逃跑。结果火灾造成重大损失。 187

对于罗某的行为，如果着眼于先前丢弃烟头的作为，属于失火；而如果套用形式的作为义务说，着眼于发现火情后的“不作为”，就会被演绎为由不作为构成的放火罪。与此类似的是交通肇事逃逸案。就像[例1-2]（见边码129）丁某交通肇事逃逸案的判决那样，这样的演绎在司法实务中并不鲜见。而在学界，这样的逻辑则更为常见，尤其是在刑法典将交通肇事“逃逸致人死亡”明确规定为交通肇事罪的加重情节之前，学界将逃逸后被害人死亡的情形解释为不纯正不作为犯的观点甚为流行。而且即使在上述规定出台后，关于这一问题的讨论仍不绝于不纯正不作为犯的学说中。 188

这里暂不全面讨论这种从作为向不作为的简单演绎存在的法理问题（见边码306），单从这一主张不能贯彻到底的效果看，就表明其难以自圆其说。比如，一个故意伤害行为或者过失致人伤害后不予救助而致被害人死亡的，能构成不作为的故意杀人罪吗？甚至，人们会基于相同的逻辑提出如下问题：一个挪用公款的人致使公款不能追回且其拒绝赔付的行为，又能够构成贪污罪吗？显然，不会有人对这些问题给出肯定性的结论。然而，同样是一个不法作为后的“不作为”，为什么有时需要专门针对那个“不作为”独立评价为不纯正不作为犯，而有时又不能将那个“不作为”当作不纯正不作为犯处罚？如果不能对此提供恰当的理论根据，基于先行行为的不纯正不作为犯的认定，就难以让人信服。 189

或许是意识到这一问题，学界出现了关于“先行行为是否包括犯罪行为”的讨论。有人提供了如下方案：对于故意犯罪，如果刑法规定了结果加重犯或因发生严重结果而成立重罪时，由于可以将加重结果评价在相应的结果加重犯或者另一重罪中，就不需要再评价对重结果的不作为。例如，交通肇事逃逸致人死亡，就属于交通肇事罪的结果加重犯；故意伤害致人死亡，就属于故意伤害罪的结果加重犯。再如，使用暴力非法拘禁造成被害人有死亡危险的情况下，行为人不予救助任其死亡的，转化为故意杀人罪。相反，如果刑法对故意犯罪没有上述规定，那么先前的犯罪行为导致另一法益处于危险状态时，应认为行为人负有保护义务。例如，行为人盗伐珍贵林木，树 190

木倒下砸中他人头部，行为人不予救助导致被害人死亡的，成立危害国家重点保护植物罪和不作为的故意杀人罪或者不作为的过失致人死亡罪。而对于过失犯罪而言，则同过失违法行为一样，都可以成为作为义务的根据。例如，行为人过失地致人伤害，产生死亡危险时，行为人故意不救助而导致他人死亡的，成立不作为的故意杀人罪。①

191 这一见解并没有提供解决问题的恰当思路，而且认知混乱，部分结论也有悖于常理。其一，交通肇事罪本属于过失犯罪，却被当作故意犯罪看待，即错误地认为交通肇事逃逸致人死亡的，属于故意犯罪的结果加重犯。其二，如果说只是因为刑法对交通肇事罪设置了结果加重犯，所以交通肇事逃逸致人死亡的，就不需要再评价交通肇事后的“不作为”构成故意杀人罪的可能性，那是不能令人信服的。人们要问，刑法为什么要将一个不作为构成的重罪，降格设置为结果加重犯？而且，为什么刑法只对某些犯罪如此对待，而一旦刑法没有如此规定，就需要对犯罪之后的“不作为”再独立定罪？难道刑法不讲理吗？结论显非如此。刑法如此规定，恰恰是表明，立法上并不认同将此类犯罪之后的“不作为”另外评价为犯罪。其三，故意伤害致人死亡，之所以被刑法规定为故意伤害罪的结果加重犯（而非故意杀人罪），是因为行为人实施伤害行为时缺乏杀人的故意。这同样说明，刑法是基于作为时的罪过心理而非之后的“不作为”进行罪刑评价的，易言之，对于此类犯罪之后的“不作为”，再评价为另一种犯罪，刑法是持否定态度的。其四，刑法规定，使用暴力非法拘禁致人死亡的，按故意杀人罪论处，是因为从因果关系上看，那个死亡结果本来就是行为人的暴力（作为）所致，而不是取决于行为人没有实施救助，因而无关不纯正不作为犯的问题。刑法如此规定，意义在于从主观上推定行为人对于使用暴力造成死亡结果的故意，以减轻检控机关在故意认定上的证明负担。② 其五，盗伐树木时树木倒下砸中他人头部，除非是意外事件，本身就存在一个致人死亡的过失，无论行为人之后是否施救，一旦发生死亡结果，就可以根据行为人在盗伐树木时对造成死亡结

① 参见贾宇主编：《刑法学：总论》（上册），高等教育出版社 2019 年版，第 115 ~ 116 页。

② 参见刘之雄：《法律推定的故意伤害罪、故意杀人罪研究——以聚众斗殴致人重伤、死亡为焦点》，载《法学家》2018 年第 1 期。

果未尽必要的注意义务认定为过失致人死亡罪，而无须借助于不作为的判断。其六，认为所有的过失犯罪以及刑法未就结果设置结果加重犯的故意犯罪，都能产生不纯正不作为犯的作为义务，一旦行为人事后“不作为”就构成不作为的故意犯罪，既不能在司法裁判中得到验证，也违背社会常理。

其实，正像刑法关于交通肇事逃逸致人死亡以及故意伤害致人死亡的规定所表明的那样，如果一个不法作为造成危害结果的，那么这个结果就应当归属于那个不法作为，而不存在认定不纯正不作为犯的余地。道理不难理解：在那个作为和危害结果之间，并不需要依赖一个不作为来说明犯罪的非难根据。如果在其中置入一个“不作为”评价，不仅违背法理，也会造成罪刑评价上的失衡。下述两种情形的对比，就能说明问题： 192

［例2－9］张三不慎将他人撞落于人行天桥下，致被害人当即死亡。 193

［例2－10］李四不慎将他人撞落于人行天桥下，致被害人重伤。虽然李四听到被害人的痛苦呻吟，但却置之不理地离去，放任被害人不治身亡。 194

从客观上看，后一种情形比前一种情形并没有增加什么，唯一的差异就是结果与行为之间间隔的时长不同。但显然，这种时长差异对犯罪评价毫无意义。或许有人会说，正是这种时长差异，使李四具备了救助被害人的可能性。然而，这种可能性仍然不是行为人的不救助构成另一个重罪的恰当理由。这是因为，假如情况相反，李四通过施救防止了被害人的死亡，则其行为不构成过失致人死亡罪，或者他的施救即使未能防止被害人的死亡，但其施救行为也是从轻处罚的酌定情节。这就是说，行为人的积极施救行为构成其罪轻甚至无罪的根据，这也意味着根据行为人的不法作为及其造成的危害结果对其定罪处罚，本身就包含了对其未阻止危害结果的非难。简言之，事后施救是责任轻缓的根据，不施救只是意味着这种轻缓根据的缺乏，而不是对行为人另行定罪的理由。 195

从主观上看，后一种情形下，李四有一个对因果进程放任不管的态度；而前一种情形中，由于危害结果当即发生，张三没有机会产生对因果进程的态度。然而，行为人在行为之后对因果进程的态度，同样不能成为再增加一个不纯正不作为犯的根据。首先，一个单纯的态度不能成为定罪的根据，此乃刑法的基本原理。其次，正如德国学者许乃曼指出的那样，“把先前的非 196

故意的积极作为视为等价性的根据，等于处罚事后的态度，这就违反了罪责原则”①。易言之，犯罪行为后对结果的态度，属于事后心理，不能决定罪过形式，此乃刑法的基本原理。最后，这种态度并不表明李四一定比张三具有更大的主观恶性，因为张三也许在后一种情形下也会放任不管，又或者张三虽然致被害人当即死亡，但事后发现被害人是其情敌，因而倍感欣慰。总之，这种态度至多只是量刑的酌定情节，不构成独立定罪的理由。

197 综上所述，并不是完全否定前行为对于认定此类犯罪所可能具有的意义，而是要表明，简单地在一个前行为和其造成的结果之间插入一个“不作为”的评价，并据此认定不纯正不作为犯的思考方式是欠妥的。真正重要的是，应明了前行为和之后的不作为在因果流程中的作用机制。

六、总结

198 上述分析表明，形式的作为义务说存在的问题极为突出。被其视为定罪根据的各种作为义务，既缺乏刑法上的依据，也缺乏恰当的法理根据。人们不清楚，究竟是依据什么将那么多的作为义务纳入不纯正不作为犯的评价范畴，甚至将社会公德要求也当作不纯正不作为犯的作为义务根据。这就难免导致在个案处理上的简单化，亦即只要存在一个对“作为义务”的能作为而不作为，就能够将其与作为的结果犯等同视之了，而全然不顾行为人的行为是否以及怎样对因果流程发挥了作用。

199 上述问题造成的结果，就是不纯正不作为犯的无底线扩张，并因此使针对个案的分析结论严重偏离社会的基本常识和常理。比如，将一个父亲在女儿遭到强奸时的不敢施救，解释为是以不作为的方式构成的强奸罪共犯。再如，［例 1 - 3］洪某弃置伤者案（见边码 133），只因为他答应了送医（所谓先行行为或者自愿接受），就成为他“不作为”的根据，并因此要对伤者的死亡承担刑事责任。尽管此类结论并非为这一学说的所有言说者所认同，但它完全符合形式的作为义务说的逻辑。这样的逻辑结论，已然偏离了常识。

200 刑法作为法律体系中的保障法、补充法，应具有谦抑性，即只有在其他

① ［德］班德·许乃曼：《不纯正不作为犯及以不作为实施犯罪之形式》，王莹译，载梁根林主编：《当代刑法思潮论坛：刑法体系与犯罪构造》（第 1 卷），北京大学出版社 2016 年版，第 226 页。

法律不足以为法益提供保护而需要刑罚介入时，才予以犯罪的评价。这一当代刑法学的基本共识既是对立法的要求，也构成了对司法的制约。但在形式的作为义务说中，我们看到的不是刑法的谦抑，而是无节制的张扬，以致一个仅具有道义非难性的行为，甚至一个行善不彻底的行为，都被以不纯正不作为犯之名，纳入刑罚制裁的范畴。即使不谈刑法的谦抑性，仅从法律正义的基本要求看，将那么多作为义务当作不纯正不作为犯的定罪根据，也不可接受。

第二节　功能二分说述评

一、功能二分说综述

（一）保障人与保障人地位的提出

201 鉴于形式的作为义务说缺乏合理性，大陆法系晚近的刑法理论已放弃这一传统认识，转而从所谓“保障人地位”[①] 的意义上，寻求不纯正不作为犯的义务根据，即仅当行为人有依法保障构成要件结果不发生的义务，才成立不纯正不作为犯。理论上将保障这种结果不发生的义务人称为保障人，将保障人之保障义务称为保障人地位。[②]

202 保障人说，由德国学者那格勒（Nagler）所倡立。其基本主张是，只有居于“保障人地位”的不作为才能与作为同等看待。所谓保障人，是指有特别作为义务之人，即“应当在法上为结果的不出现承担责任”之人。[③] 在那格勒看来，除少数例外，犯罪构成要件皆为作为而设定，故原则上只有作为才能实现各该犯罪构成要件。而要将不作为等同于作为，须以不作为能够实现为作为而设定的犯罪构成要件为前提。他认为，在犯罪构造上，不作为的

① 国内文献多译为“保证人”“保证人地位”。就中文而言，使用“保障人”“保障人地位”称谓之在语词上要更为贴切。

② 参见［德］乌尔斯·金德霍伊泽尔：《刑法总论教科书》，蔡桂生译，北京大学出版社 2015 年版，第 368 页。

③ 参见［德］克劳斯·罗克辛：《德国刑法学总论：犯罪行为的特别表现形式》（第 2 卷），王世洲译，法律出版社 2013 年版，第 535 页。

原因力、违法性和罪责方面与作为无异，其与作为所不同者，只在于行为构成。因此，应当从行为构成上去寻找两者等置的根据。他从一些规定不作为的犯罪类型中发现，其中的不作为者，乃依法应保障构成要件之结果不发生的保障人，因而将行为构成上的等置根据，归结为不作为者应是具有特别法律地位之保障人。① 至于将作为义务限于保障人地位的理论根据何在，那格勒承袭了冯·布利（Buri）区分起果条件和防果条件的观点，认为在一般社会现象中，必然同时存在引起特定结果之积极条件和阻止结果发生之消极条件。据此，具有抑制一定结果之功能者，仅限于负有防止结果发生的特别任务之人，即保障人。故唯有保障人的不作为才能实现作为之构成要件。这也意味着，刑法上的禁止规范包含命令规范，即禁止引起一定结果的禁止规范，同时包含禁止一定结果的不防止。此乃不作为能实现作为之构成要件的根本道理所在。②

203 将保障人地位作为问题的出发点，尽管在学界赢得了广泛认同，但那格勒的“保障人说”并没有为不纯正不作为犯的刑事可罚性提供有价值的说明，因为在什么条件下才能肯定一种保障人地位的问题，并没有在保障人地位这一概念中得到回答。③ 事实上，除了强调保障的内容是防止构成要件结果不发生外，所谓保障人地位并未提供比之前的“作为义务”更有价值的说明。此外，那格勒一方面认为不作为的原因力与作为无异，另一方面又借助“防果条件”来说明保障人地位的根据，实际上还是从因果关系的角度寻求支撑，显然存在矛盾。更重要的是，究竟应当根据什么来确定只有那个“保障人”的作为义务是防果条件因而具有保障人地位，而其他人的作为义务就不是防果条件，因而不具有保障人地位？这一至关重要的问题，在“保障人说”那里也是不清楚的。因此，“保障人说”的提出，意义只在于其开启了摆脱形式的作为义务说的探索之路，而未能实质地解决不纯正不作为犯的等置根据问题。不过，“保障人地位”这一术语已为学界广泛接受，其后的理论演进也多以保障人地位为基石概念。

---

① 参见许玉秀：《当代刑法思潮》，中国民主法制出版社 2005 年版，第 621 ~ 624 页。

② 参见许玉秀：《当代刑法思潮》，中国民主法制出版社 2005 年版，第 621 ~ 625 页。

③ 参见［德］克劳斯·罗克辛：《德国刑法学总论：犯罪行为的特别表现形式》（第 2 卷），王世洲译，法律出版社 2013 年版，第 535 页。

（二）功能二分说的形成

当代德国学界关于保障人地位的主流理论，是由阿明·考夫曼教授开创的功能二分说。[①] 考夫曼虽然对那格勒的保障人说持批判态度，但接纳了保障人和保障人地位的概念。他试图从社会防卫功能的意义上说明保障人地位的根据，将保障人的保障功能归结为两个方面：对法益的照料和对危险的监管。保障人地位就是建立在这两种保障功能的基础上，易言之，各种作为义务（保障义务），要么是针对法益无助性的照料，要么是针对危险源的控制。因此，作为义务从其功能意义上被区分为两类（功能二分）：第一类是对特定法益的保护（法益照料义务）；第二类是对危险源的监管（危险管控义务）。在涉及第一类义务的案件中，就像父母对其子女，或者像夫妻之间，当对方的人身或者财产法益处于危险中而需要提供保护时，一个应当对处于其保障范围内的法益加以保护的保障人地位得以建立。在涉及第二类义务的案件中，这个保障人就应当仅仅看管那个特定的危险源，例如，在自己土地上的通行安全，或者自己有可能给第三人造成损害的孩子或宠物，或者通过自己的先行行为造成的危险。[②] 204

然而，尽管这一理论给予了作为义务以不同的称呼，人们还是不能看出，这些义务是在哪些条件下产生的，以及是以哪些法律原因为基础的。[③] 尤其是第一类义务，究竟是根据什么要求那个保障人对特定的法益予以保护，是完全不清楚的。因此，所谓基于法益照料的保障人地位和基于危险管控的保障人地位之范围，仍然是在对传统理论中不同义务来源的具体分析中予以说明的。这就导致人们对于这两类义务的具体界定出现诸多认识分歧。因此，进一步探索保障人地位的实质根据，乃是刑法学未竟的事业和继续努力的方向。雅各布斯（Jakobs）、许乃曼（Schünemann）、金贝尔纳特（Gimbernat） 205

---

① 参见［德］汉斯·海因里希·耶赛克、［德］托马斯·魏根特：《德国刑法教科书：总论》，徐久生译，中国法制出版社 2001 年版，第 746 页以下。

② 参见［德］克劳斯·罗克辛：《德国刑法学总论：犯罪行为的特别表现形式》（第 2 卷），王世洲译，法律出版社 2013 年版，第 536 页。

③ 参见［德］克劳斯·罗克辛：《德国刑法学总论：犯罪行为的特别表现形式》（第 2 卷），王世洲译，法律出版社 2013 年版，第 540～541 页。

等人基于不同的立场对此做出了不同的努力。[1] 这些各不相同的努力使保障人地位的理论根据多样化，也使德国的保障人理论呈现出不尽相同的面貌。

206 不过，在保障人地位的根据上所做的努力，仍然是以功能二分说开创的二分法框架为基础的。从保障人地位涉及的具体范围看，不同解释根据之下所讨论的内容也大体一致。可以说，阿明・考夫曼开创的功能二分说为当今德国的保障人理论奠定了基础，而其他人在这一方向上做出的努力，共同参与塑造了今日德国刑法学上保障人理论的基本面貌。今日德国主流的刑法学教材中的保障人理论，仍然是按照功能二分说的方案展开的，而这一理论的重要影响也早已超越了德国学界。在东亚地区的刑法学著述和教材中，人们就能看到，不作为犯的理论也在功能二分说的影响下已经或者正在被重塑。

（三）功能二分说的保障人地位之界定

207 以功能二分说为基础，大陆法系的当代主流理论将保障人地位按其功能分为保护性（照料性）保障人地位和监管性保障人地位两大类。尽管保障人的保障义务的具体范围仍然是学术上争论不休的问题，但各种保障义务都能在这两种保障功能中找到各自的归属。下面根据德国学者的著述[2]简述之。

1. 保护性保障人地位（法益照料义务）

208 对于保护性保障人地位的具体范围，理论上通常从以下几方面予以界定。

（1）家庭成员间的保护关系

209 将父母对子女的保护纳入家庭成员间的保护关系中，在理论上最不具争议。这不仅因为有民法的明文规定为支撑，而且即使认为民法义务不是决定性的，也应当看到，父母对其子女行使着照顾性控制，而子女的无助性也完全要依靠父母的保护。不过，父母对子女的保护所涉及的法益范围和条件，仍然是理论上的争议话题。至于其他亲属关系，通常被限制在家庭生活关系的范围内。但理论上对负有保护义务的家庭成员范围，以及保护的法益范围，

---

① 参见［德］克劳斯・罗克辛：《德国刑法学总论：犯罪行为的特别表现形式》（第2卷），王世洲译，法律出版社2013年版，第539～542页。

② 参见［德］汉斯・海因里希・耶赛克、［德］托马斯・魏根特：《德国刑法教科书：总论》，徐久生译，中国法制出版社2001年版，第746～758页；［德］克劳斯・罗克辛：《德国刑法学总论：犯罪行为的特别表现形式》（第2卷），王世洲译，法律出版社2013年版，第543～588页。

均存在显著的认识分歧。

（2）密切的共同体关系

210 这主要是用来说明同居伴侣之间、危险共同体成员之间的相互保护义务。而后期出现的一种趋势，是将其也用来说明共同生活的家庭成员之间的关系（父母对子女除外）。也就是说，除父母对子女外，家庭成员之间的相互保护义务也是基于密切的共同体关系而产生的。① 不过，理论上对密切的共同体关系这一保障人地位的根据和范围的说明，至今仍然是见仁见智。

（3）对保护功能的接管

211 这主要是指源于合同的保障人地位。例如，医生对于他的病人，游泳教练对于跟他学游泳的学生，保姆对于她所照看的孩子，就存在对保护功能的接管，因而处于保障人地位。当然，这不是把合同当作保障人地位的根据，而是因为事实上接管了保护功能而形成保障人地位。此外，有学者将密切的共同体关系也置于对保护功能的接管这一根据之上。

（4）基于组织地位和职责义务形成的法益保护义务

212 这大致类同于传统理论中所谓职务、业务上要求的义务。例如，税务官不征收特定的税收，或者有意对虚假报税不持异议，其就通过不作为对逃税负有罪责；狱警对犯人的逃跑不予制止，其就对脱逃负有罪责。

2. 监管性保障人地位（危险监管义务）

213 对于监管性保障人地位的具体范围，理论上通常从以下几个方面予以说明。

（1）对自己控制领域内的危险源的监管义务

214 基于每个人都应当对处于其控制领域之内的动产和不动产加以监护的要求，就能确定对于危险源承担监管义务的保障人地位。例如，使用车辆的人，应有防范驾驶车辆所生危险的义务；对于自己用于出租的房屋，如果存在安全风险，就有采取防护措施的义务；对于在地上挖的沟就必须设置防护装置；对自己喂养的狗，就必须采取看护措施。

（2）对第三人违法行为的监管义务

215 这种监管义务，是以存在控制关系为前提的，即存在对于缺乏责任能力

① 参见［德］克劳斯·罗克辛：《德国刑法学总论：犯罪行为的特别表现形式》（第2卷），王世洲译，法律出版社2013年版，第543～548页。

者的监护关系，或者存在上级对于下级的控制关系，如船长与船员的关系或军事长官与下级的关系。在这种控制关系中，就存在控制者对于防止受控制者侵害法益的保证义务。

（3）基于先行行为的防果义务

216 基于先行行为的保障人地位，是学术上颇具争议的问题，“不仅是其存在而且还有其根据以及内容，在细节上都饱受争议而毫无得到解决的希望”①。尽管如此，大部分人仍然接受由先在的作为中产生保障人地位的可能性。因此，主流刑法理论仍然将其视为危险源监管义务的根据之一。

（4）刑法上的产品责任

217 这被认为是刑法学上最少得到澄清的问题之一。这一问题是这样提出来的：对某种产品而言，“如果导致有害后果的可能性从一开始就是可以看出来的，而在这种后果广为人知之后，仍然没有采取任何防止结果出现的努力（通过召回产品或者警告消费者），那么，一种在可能的情况下是故意的不作为的构成行为就能够存在。防止结果出现的义务能够从先实施的可归责的作为中引导出来”②。不过，对如何说明这种产品的生产者具有保障人地位的根据，理论上的看法却十分不同。

二、与“形式的作为义务说”之比较

218 同“形式的作为义务说”相比，功能二分说除了用“保障人地位”取代“作为义务”之外，还存在下述差异：

219 第一，将各种保障人地位（义务来源）归于法益照料和危险管控这两个根据上，以此为作为义务的说明提供理论基点。这是功能二分说不同于形式的作为义务说的最主要特色。的确，从设定作为义务所期待发挥的作用看，各种作为义务要么是对特定的法益提供保护，要么是对特定的危险源予以管控。这使各种作为义务都有了功能上的归属点，也使理论上对保障人地位（作为义务）的说明更具条理性。

① ［德］克劳斯·罗克辛：《德国刑法学总论：犯罪行为的特别表现形式》（第2卷），王世洲译，法律出版社2013年版，第570页。

② ［德］克劳斯·罗克辛：《德国刑法学总论：犯罪行为的特别表现形式》（第2卷），王世洲译，法律出版社2013年版，第583页。

第二，将法定义务和民事合同排除在保障人地位的根据之外，用“保护功能的接管”取而代之。形式的作为义务说主张的法定义务，除家庭成员间的保护义务得以保留外，其他法定义务的不作为被“逐出”此类犯罪的定罪根据之外。至于家庭成员间的保护关系，在理论解释上并非以法律规定为根据，而是以法益保护的社会防卫功能或者对法益无助性的控制为根据的。也正因此，并非全部的家庭成员之间都存在这种保护关系。至于家庭成员之间的保护关系如何具体确定的问题，除父母对子女的保护关系在理论上没有争议外，其他亲属之间的保护义务的范围和根据，则在理论上存在认识分歧。按照主流见解，家庭成员之间的保护关系限于共同生活的家庭成员之间，其根据是保护功能的接管。与此类似，形式的作为义务说主张的契约义务，也被所谓保护功能的接管所替代。这使原先漫无边际的合同义务，被限制在对特定法益的保护功能的接管上。当然，保护功能的接管不限于合同，在形式的作为义务说中被当作法律行为看待的自愿承担，也属于对保护功能的接管。 220

第三，以对保护功能的接管为根据，将未婚同居、同性恋伴侣等所谓特殊的共同体关系纳入保障人地位的根据之中。“因为两人彼此信赖彼此照顾，就像在婚姻中一样。缺乏官方机构出具的结婚证，一点都不能改变双方隶属于对方保护范围之内的事实……只要有那种必要的紧密的生活共同体（共同持家、共同安排业余生活，等等）”①。基于同样的理由，“婚姻的‘破裂’并不能取消保证人地位，只要这个生活共同体还存在”②。 221

第四，对第三人违法行为的监管义务，被纳入保障人的保障义务之中。如果被监护者（子女、精神病人）缺乏责任能力，那么监护人就是防范其实施侵害法益行为的保障人。还有人认为，基于法上的上位关系（上级对下级的支配关系），也能产生这种保障人地位。如果保障人对自己观察到的被监督人的不法行为能够干预而不干预的，也需要为此承担法律上的责任。 222

第五，法益照料领域的法益保护范围被扩展。除了保护被保护人的人身安全之外，法益照料保障人还被赋予了保护被保护者的财产安全的作为义务。 223

---

① ［德］克劳斯·罗克辛：《德国刑法学总论：犯罪行为的特别表现形式》（第 2 卷），王世洲译，法律出版社 2013 年版，第 548 页。

② ［德］克劳斯·罗克辛：《德国刑法学总论：犯罪行为的特别表现形式》（第 2 卷），王世洲译，法律出版社 2013 年版，第 547 页。

比如，父母保障子女的财产不受损失，夫妻之间或者同居伴侣之间（除非有例外约定）保障对方的财产不受损失也是保障人的作为义务。如此，如果父母不防止子女的财产被侵占，或者夫妻、同居伴侣一方不阻止他人盗窃、诈骗对方的财物，也具有构成不纯正不作为犯的可能性。

224 第六，将产品责任纳入不纯正不作为犯的范畴。如果产品制造者对产品的缺陷具有认识可能性，那么在这种缺陷暴露出来后，产品制造者未采取措施防止这种缺陷造成危害结果的，就具有构成不纯正不作为犯的可能性。

三、功能二分说评析

225 虽然功能二分说对于保障人地位的根据和作为义务范围开展了广泛的学术讨论，并因此将保障人理论研究引向深入，但并没有在解决不纯正不作为犯的等置根据问题上取得实质性进展。即使是在这一领域引领潮流的德国学者也不得不承认，“在不纯正不作为犯罪中的等同问题，在今天仍然是总论信条学中最有争议和最不清晰的一章”①。

226 尤其令人遗憾的是，功能二分说不仅没有解决“形式的作为义务说”存在的问题，而且使问题更加突出。这一学说不仅借助法益保护功能和危险监管功能这两个宽泛的理论范畴，使形式的作为义务说主张的大部分作为义务得以在“保护功能的接管”等名目下改头换面地成为保障人地位的根据，而且进一步将“第三人违法行为的监管义务”“产品责任”等名目纳入保障人地位的根据中，这使功能二分说在不合理扩张不纯正不作为犯的道路上走得比形式的作为义务说更远。鉴于上一节已经对部分作为义务根据的妥当性做了批判性分析，这里没有必要再就功能二分说中各种保障人地位的妥当性问题予以逐一分析，只需要指出确定保障人地位存在的共性问题就够了。

227 首先是保障人地位的实质根据缺失。正如批评者指出的那样，功能二分说中的法益照料义务和危险管控义务，只是对义务的分类，并未对保障人的法理根据提出有实质意义的说明。② 这种分类所依凭的标准，实际上只是保

---

① ［德］克劳斯·罗克辛：《德国刑法学总论：犯罪行为的特别表现形式》（第2卷），王世洲译，法律出版社2013年版，第535页。

② 参见许玉秀：《当代刑法思潮》，中国民主法制出版社2005年版，第682页。

护的法益是否特定化：所谓法益照料义务，就是针对特定法益，防范任何对于该法益的危险；所谓危险管控义务，就是针对特定的危险源，防范其对任何法益的危险。然而，重要的不是判断某种义务是法益照料还是危险管控，而是要说明为什么这种法益照料义务和危险管控义务的不作为能够成为结果归责的根据。而功能二分说恰恰未能对此提供实质性的说明。因此，其理论方案的具体展开，仍然未能摆脱形式的作为义务说的窠臼，即立足于社会规则或者道义要求（国民情感），为其主张的义务来源予以就事论事的说明。这使“形式的作为义务说”所认可的义务根据，大多在不同的名义下，又在功能二分说中重新找到了归属。许乃曼就此评论道：德国的典范教科书，在保障人的问题上臣服于无理论的折中主义，而且多半躲藏在形式的法律义务理论中。①

其次是思维逻辑形式化。正因为未能实现探索实质根据的突破，功能二 228
分说只能将不纯正不作为犯的等置根据完全托付于保障人地位的确证：一旦认定不作为人居于保障人地位，那个不作为未防止的结果就会在“假定的因果关系”的名义下从责任上归属于保障人的不作为，不纯正不作为犯的等置根据就此确立。在这里，人们并不清楚，为什么一个保障人地位就使一个不作为能够在结果制造的意义上，同那种通过积极的作为制造危害结果等量齐观？而那个保障人地位，在这种结果制造的等同性中究竟发挥了怎样的作用则并不清楚。比如，为什么就因为是父母，在其子女遭受暴力侵害时的不作为，就能与他自己伤害或者杀害子女同等看待？为什么就因为有同居关系，那个在同居伴侣遭到生命威胁时不施以援手的不作为，就能如同不作为者自己杀死了同居伴侣一样？如此等等。这里的疑义并不是针对不作为人在法律或者道义上应承担的作为义务，而是要追问，各式各样的保障人义务是如何使一个不防止结果的不作为，能够等同于通过积极作为造成该种结果的。这正是功能二分说不能合理回答的问题。

由上述两个缺陷所决定，功能二分说之下的不纯正不作为犯，同纯正不 229
作为犯以及同非罪之间的界限就会模糊不清，相应地，刑事责任的不合理扩

① 参见［德］许乃曼：《德国不作为犯学理的现况》，陈志辉译，载陈兴良主编：《刑事法评论》（第13卷），中国政法大学出版社2003年版，第398～399页。

张也就在所难免了。这里不需要再做过多的铺陈，只需要将前面所举的部分案例置于这一理论框架中，看看其逻辑上的结论就足以说明问题。[例 2-1]（见边码 159）中的李某不救助突发心脏病的妻子，以及［例 2-5］（见边码 171）中的医生吴某拒绝救治患者，在功能二分说中，就会在“保护功能的接管”这一根据下，进入到不纯正不作为犯的评价范畴。[例 2-2]（见边码 160）中的警察钱某不救助受重伤的被害人，以及［例 2-4］（见边码 169）中的消防队队长赵某不及时组织灭火，也能在“职责义务形成的法益保护义务”这一根据下，逻辑地纳入不纯正不作为犯的范畴。如此，不纯正不作为犯与纯正不作为犯之间的界限就混而不清了。［例 2-7］（见边码 179）中的保镖刘某不救助遭遇抢劫犯袭击的雇主，也会根据“保护功能的接管”而纳入不纯正不作为犯的范畴。甚至［例 1-3］（见边码 133）中的出租车司机洪某在送医途中将与已无关的伤者弃置于路边，也能根据“保护功能的接管”，在逻辑上被纳入不纯正不作为犯的范畴。如此，罪与非罪之间的界限就被混淆了。[例 2-8]（见边码 187）中的工人罗某不谨慎地丢弃烟头引发火情后逃跑，也能在“先行行为产生保障义务”的根据下，进入不纯正不作为犯评价的视野。如此，故意犯罪与过失犯罪之间的界限划分，就成为问题了。

230 需要指出，德国学界对不纯正不作为犯的过度扩张，同德国的立法是相互影响的。《德国刑法典》第 13 条第 1 款规定，“依法有义务防止犯罪结果发生而不防止其发生，且其不作为与因作为而实现犯罪构成要件相当的，依本法处罚”。第 2 款进一步规定，“不作为犯罪可依第 49 条第 1 款减轻处罚”。而第 49 条第 1 款规定的减轻幅度是很大的，比如终身自由刑这一德国刑法中最重的刑罚由 3 年以上自由刑替代。这种立法上的宽待很难找到其他理由，无非是不纯正不作为犯在理论上和实务中过度扩张背景下的无奈之举。而如此立法，又为不纯正不作为犯的扩张提供了一种在刑罚上予以平衡的出路，从而使得不纯正不作为犯的扩张在个案评价上的严酷性与不合理性在一定程度上得到缓解，但这又反过来对刑法理论造成影响：不仅使得主流的保障人理论得以不受触动地继续维持，而且还为那种从根本上否定不纯正不作为犯的等价诉求的观点（见边码 268、269）提供了支撑。

第三节　等价性理论述评

一、等价性理论概述

（一）等价性与等置问题

在不纯正不作为犯的学说中，等价性（或称等值性）指的是不纯正不作为犯同作为犯在非价判断上的相当性，即要求不纯正不作为犯在非价判断上应当同作为犯具有相当的可谴责性。等价性理论，就是主张把这种等价性当作不纯正不作为犯的成立条件的理论。 231

学术上对“等价性”与“等置”之间的关系有不同的理解。一种观点是将两者区别看待。日本学者日高义博在其著作中，就是在不同的意义上分别使用两个词汇，将等置问题与等价性问题区别开来。[①] 在区别使用的意义上，“等置”是就从法律上将不纯正不作为犯与作为犯同等对待的效果（适用同一罪刑规范同等处置）而言；而“等价性”则被理解为法律将两者等置的根据或条件。易言之，不纯正不作为犯只有同作为犯等价，才能在罪刑规范上与作为犯等置。另一种观点则是将两者不加区分地一同看待，认为“等价性”和“等置”只是称谓不同。[②] 还有人使用“等置性”这一术语，将其与“等价性”混用。[③] 在这种混用的意义上，不纯正不作为犯的等置根据就是“等价性”。因此，有关此类犯罪的各种等置根据理论，皆属于等价性理论的范畴。这使得“等价性”成为不纯正不作为犯的核心命题。正是基于此，有人将不纯正不作为犯的各种理论问题，全部纳入“等价性问题”的讨论范围。[④] 232

---

① 参见［日］日高义博：《不作为犯的理论》，王树平译，中国人民公安大学出版社 1992 年版，第 76 页以下。

② 参见许成磊：《不纯正不作为犯理论》，人民出版社 2009 年版，第 153 页注①。

③ 参见孙晶晶：《不纯正不作为犯的等置性分析》，载南京师范大学法学院《金陵法律评论》编辑部编：《金陵法律评论》2014 春季卷，法律出版社 2014 年版，第 322 页以下。

④ 参见王珏：《不纯正不作为犯的等价性问题研究》，黑龙江大学 2018 年博士学位论文，第 62 页以下。

233 为免生歧义，也便于学术交流，本书将“等价性”同“等置”加以区别。也正是基于这种区别，本书得以将等价性理论同其他等置根据理论加以区隔。此外，如果不加区别地将两者混同使用，还会造成学术交流上的其他障碍。比如，有学者并不反对刑法将不纯正不作为犯等置于作为犯，但却根本否定两类犯罪的等价性。如此视角下，如果混用两个概念，正常的学术对话就难以进行。

（二）等价性问题的由来

234 等价性问题的提出，初衷是通过等价性判断，实现对不纯正不作为犯在范围上的合理限制。正如后述，不纯正不作为犯与作为犯被纳入同一罪刑规范同等对待，在于两者能实现相同的结果制造。然而，不纯正不作为犯的结果制造，显然不能仅仅从“因为不作为而造成危害结果”的意义上看待，而只能从“应当作为而不作为因而造成危害结果”的意义上予以把握。但长期以来，“应当作为”的根据及其对因果关系的意义并未得到合理说明。鉴于传统的作为义务理论难免导致不纯正不作为犯的不合理扩张，就需要在作为义务或者保障人地位这一根据之外，再寻找不纯正不作为犯与作为犯等置的根据，以为补充。这便是等价性理论产生的缘由。

235 等价性理论发端于德国，[①] 并一度在德国成为一种有影响力的主张，进而对德国刑法典的修订产生了影响。在 1959 年 3 月 10 日联邦德国大刑法委员会召开的会议上，加拉斯（Gallas）就刑法典草案提出了不纯正不作为犯的等价性提案，即在违反保障人义务的要求之外，还应当把不防止结果的出现限制在与积极作为造成结果能够等同的情况下。这一提案被联邦司法部在

① 至于等价性理论为何人首创，受资料所限，无从考证。有学者认为，德国学者阿明·考夫曼和亨克尔最先明确地提出了等价性问题。考夫曼认为，保障人的义务，必须在不法内容上与作为同价值才能被确定。参见黎宏：《不作为犯研究》，武汉大学出版社 1997 年版，第 109 页。日本学者日高义博在其著作中指出，对于不纯正不作为犯的成立条件：“阿明·考夫曼提出由以下三个标准来确定：第一，有处罚侵害法益或给法益带来危险的作为构成要件。第二，有防止这种侵害法益的命令。第三，违反这一命令与第一点的符合作为构成要件的作为在不法内容及责任内容（随之在当罚性）上几乎相等。”参见［日］日高义博：《不作为犯的理论》，王树平译，中国人民公安大学出版社 1992 年版，第 30 页。

1959年《刑法典》草案第二稿中全盘接受。① 至1975年，当立法者在《德国刑法典》总则中第一次为不纯正不作为犯设立一个专门条文时，通过“相当性”表述，使等价性要件法定化。这一立法进一步提升了等价性理论的影响力。

236 在东亚地区，等价性理论得到不少学者的支持。日本学者大塚仁将不作为与作为在法律上的同价值，视为不作为与作为的等置原则。② 大谷实强调，“在判断不真正不作为犯的构成要件符合性的时候，在探讨是否满足该构成要件的各个要素之外，等价性的判断必不可少”③。我国有学者视等价性为不纯正不作为犯的成立条件，④ 其中在我国台湾地区，有部分学者明确地将等价性当作不纯正不作为犯的构成要件。⑤

（三）等价性理论的焦点

237 在等价性理论的演进过程中，等价性的判断对象、判断根据以及与之关联的等价性的地位问题，乃是理论焦点。对此的见解可谓众说纷纭，其中涉及的基本问题如下：

238 第一，等价性究竟是一种整体性的判断，还是一个独立的要件？如果是一个独立要件，其判断根据何在？是主观恶性的等价，还是客观行为的等价，抑或其他因素的等价？

239 第二，等价性与作为义务或者保障人地位之间是何种关系？等价性是通过作为义务或者保障人地位得到说明的吗？或者，等价性是对作为义务或者保障人地位的进一步限制吗？又或者，等价性同作为义务或者保障人地位之间是各自独立的要件吗？

---

① 参见［德］克劳斯·罗克辛：《德国刑法学总论：犯罪行为的特别表现形式》（第2卷），王世洲译，法律出版社2013年版，第588～589页。

② 参见［日］大塚仁：《刑法概说：总论》，冯军译，中国人民大学出版社2003年版，第140～141页。

③ ［日］大谷实：《刑法总论》，黎宏译，法律出版社2003年版，第110页。

④ 参见熊选国：《刑法中行为论》，人民法院出版社1992年版，第163页；林亚刚、黄鹏：《等价性在不纯正不作为犯罪中理论地位研究》，载《西部法学评论》2014年第4期。

⑤ 参见林山田：《刑法通论》（下册），北京大学出版社2012年版，第163～164页；林钰雄：《新刑法总则》，台北，元照出版有限公司2009年版，第540～541页。

240 第三，等价性判断的适用范围如何？是适用于全部的不纯正不作为犯，还是仅适用于“限制手段犯”？

241 对上述问题的不同回答，形成了各不相同的理论主张。下面将对这些不同的主张予以简要述评。需要说明的是，严格意义上的等价性理论并不否定作为义务或者保障人地位对于不纯正不作为犯的必要性，而是认为作为义务或者保障人地位不足以解决等置问题，因而需要附加一个等价性判断。因此，那种只是把作为义务或者保障人地位当作等置根据的主张，以及从行为结构上寻找等置根据的主张，意味着否定等价性判断的独立意义，因而不处于等价性理论的范畴中。故此，本节对其不予置评。

二、整体等价说述评

（一）整体等价说的基本主张

242 整体等价说，是从综合评价的意义上理解不纯正不作为犯同作为犯的等价性，即要求不纯正不作为犯整体的可责难程度同作为犯相当。

243 联邦德国《1962 年刑法典草案》的立法说明，就体现了整体等价的立场。该说明指出，法官在确定行为人必须负责之后，还应当进行“总体评价”：“如果行为构成是以特殊的对不法有影响的行为特征为条件的，而这些行为特征又不能通过一种不作为的构成行为看出来，那么，这个行为构成就能通过保障人更大的义务性约束，或者通过其他提高不法程度的情节来加以平衡。”① 这一立法说明，在一定程度上反映了当时德国学界的流行认识。日本学者内藤谦也持整体等价说的立场。他认为，除保证人义务外，还要把等价性作为不纯正不作为犯成立的要件。关于等价性的判断标准，他指出，“通过全盘考虑包括构成要件的特别行为要素在内的各种场合的事实，对于其类型化了的违法、责任应解释为必须与由作为实现的构成要件价值相等”②。

① ［德］克劳斯·罗克辛：《德国刑法学总论：犯罪行为的特别表现形式》（第 2 卷），王世洲译，法律出版社 2013 年版，第 588～589 页。

② ［日］日高义博：《不作为犯的理论》，王树平译，中国人民公安大学出版社 1992 年版，第 108 页。

虽然整体等价说在学界的地位已经式微，然其影响犹存。尤其在国内学界，整体等价的主张不时出现在学术文献中。比如，有人主张等价性的判断，应当考虑犯罪的全部情况，予以综合评价。这要求在由不作为构成犯罪的场合，只有其社会危害性达到一定程度，才能构成相应的犯罪。① 有人认为，“以不作为的方式实施由作为方式构成的犯罪，应当是在整体属性上与作为犯相当。而不能仅仅理解为不纯正不作为行为在客观上造成或者可能造成作为犯之法定的犯罪结果”②。有人强调，“等价性是犯罪可罚的等价性……所谓等价性问题就是定罪正当且合理的问题。而定罪的法律根据则是刑法规定的具体犯罪构成，它包括客体、客观方面、主体、主观方面等四个方面的要件。因此，以不作为实施的犯罪事实要与以作为实施的犯罪事实在这四个方面的犯罪构成上同价值”③。有人认为，等价性并非不纯正不作为犯的独立构成要件之一，而是对不纯正不作为犯形态的各种构成事实特征的综合判断。这种等价性是一种价值判断，它以不作为事实结构要素齐备为前提，进而把那些具备形式特征但不符合实质条件的不作为排除在处罚范围之外。这正是等价性理论的用意所在。④ 244

（二）整体等价说评析

整体等价说试图通过整体的等价性判断，合理限缩不纯正不作为犯的范围，以解决单纯将作为义务当作此类犯罪的等置根据所带来的过度扩张问题，动机值得肯定。然其最大的问题，是缺乏判断标准。当人们将等价性诉诸“社会危害性程度”“可罚性程度”“价值判断上的可谴责性程度”“犯罪构成同价值”“实质条件等价”等抽象说辞，而不能提供相对具体的判断指标时，不过是诉诸我们的整体“感觉”。尽管这种“感觉”往往与我们的道德情感和法正义感联系在一起，因而并非不可理喻，但道德情感或者法正义感 245

---

① 参见熊选国：《刑法中行为论》，人民法院出版社1992年版，第163页。

② 曲新久：《论间接故意之不纯正不作为犯》，载陈兴良主编：《刑事法评论》（第3卷），中国政法大学出版社1998年版，第243页。

③ 林亚刚、黄鹏：《等价性在不纯正不作为犯罪中理论地位研究》，载《西部法学评论》2014年第4期。

④ 参见王珏：《不纯正不作为犯的等价性问题研究》，黑龙江大学2018年博士学位论文，第86～87页。

的生成，总是有其（往往是未曾言明的）内在根据，而理论的任务，恰恰在于使这些根据得以显明。因此，一个合格的理论主张，不能是随波逐流地建立在某种整体感觉上，而必须发掘出感觉背后的根据，否则就丧失了应有的理论品格，其结果是导致法律的判断建立在一种高度的不确定性上。

246 而当我们试图将所谓整体等价性的判断具体化时，就会面临等价性判断同其他等置根据之间的关系问题。如果我们能够发现将不纯正不作为犯等置于作为犯的其他根据，就意味着等价性自身作为等置标准失去了实际意义。

247 那种把等价性判断诉诸所谓犯罪构成（四要件体系）同价值的主张，看似提供了判断根据，实则经不起推敲。这里首先面临的，是这一主张语焉不详的问题。所谓“犯罪构成同价值”，究竟是指犯罪构成整体上的同价值，还是指犯罪构成的各个要件同价值？所谓“同价值”，究竟是指犯罪构成或其要件的性质相同，还是指其性质不同但可以视为相同？视为相同的根据又该如何把握？所有这些问题都经不起追问。如果“同价值”是指不纯正不作为犯与作为犯的犯罪构成或其各要件性质相同，那就意味着两者之间在犯罪构成上并无差异，所谓等价性判断也就失去了意义。然而，等价性问题的提出，正是基于两类犯罪在成立条件上的差异。如果“同价值”是指此类犯罪虽然不具备作为犯的犯罪构成，但需要我们将其同等看待，则是违背犯罪构成的基本原理的。因为，所谓“要件”者，即不可或缺的必要条件；一个要件只存在“具备与否”的判断，而不存在“视为具备”或者“相当于具备”的判断。否则，无异于指鹿为马。

248 同样不可接受的，是从综合情节的意义上理解的整体等价。这并不是否定情节因素对于犯罪评价的意义，而是要认识到，综合性的情节评价是在不法构成要件（罪质要素）具备的基础上，对不法行为可罚性程度（罪量评价）的整体判断。[①] 然而，此类犯罪同作为犯之间，恰恰是不法构造上的差异。试图通过综合性情节评价，取代不法构成上的认定的做法，同样有指鹿为马之虞。

249 正因为整体等价说缺乏合理性和可操作性，在其发源地德国，这一主张

---

① 参见刘之雄：《阶层犯罪论的阶层崩塌与犯罪论的应然逻辑》，载《法商研究》2022 年第 5 期。

已被学界彻底抛弃。①

三、主观因素等价说述评

（一）主观因素等价说的观点述要

主观因素等价说，并非要求此类犯罪与作为犯在主观恶性上相当，而是主张通过额外增加此类犯罪的主观恶性因素，使之在不法评价上能够同作为犯等价。至于被视为等价根据的主观因素为何，又有不同的主张。 250

率先提出主观因素等价性标准的迈耶（Hellmuth Mayer），是将“法敌对的意思力”视为此类犯罪等价于作为犯的根据。他认为，构成此类犯罪与作为犯等价之障碍者，在于主观上“法敌对的意思力”不同：作为，乃是行为人同法敌对的一种“意思的努力”；不作为，则不过是行为人未付诸“足以满足一般意思要求之努力”的一种薄弱意思而已。他由此得出结论：“不纯正之不作为，如具有同程度之‘与法敌对之意思力’时，则此不纯正不作为，在法的意义上，即可谓与‘作为’同等，从而，可以将不纯正不作为犯与作为犯予以等价。”② 251

在日本学界和司法实务界，曾经流行将“积极利用的意思”或者“确定的故意”当作此类犯罪的等价性根据的见解。藤木英雄将不纯正不作为犯的故意限于确定的故意，从而将未必故意排除在外。他说，“如果是未必故意就可以了，恐怕会无限地扩张”。比如，就不作为构成放火罪的可能性而言，“对于行为人而言，只要具有利用已经出现的火力的意思，并放任结果发生，而且对于这一结果有着强烈的积极态度，以此就可以认定不作为的放火与作为的放火违法性的程度是相同的”③。在此类观点的影响下，彼时的日本《刑法》预备草案第 11 条关于“不真正不作为犯”的规定中，使用了“蓄意”一词，相关说明报告对此的解释是：“必须存在利用已经发生的危险的积极 252

① 参见［德］克劳斯·罗克辛：《德国刑法学总论：犯罪行为的特别表现形式》（第 2 卷），王世洲译，法律出版社 2013 年版，第 590～591 页。

② 洪福增：《刑法理论之基础》，台北，三民书局 1997 年版，第 198～199 页。

③ ［日］日高义博：《不作为犯的理论》，王树平译，中国人民公安大学出版社 1992 年版，第 97 页。

意思，不是未必故意”[①]。受此影响，日本大审院的判决曾明确要求构成此类不作为犯必须有“利用已发生火灾的意思”“利用已发生危险的意思”。而所谓利用意思的内容，则是指利用火灾、危险实现其他目的，如销毁罪证、骗取保险金等。[②]

253 总体来看，主观因素等价说在学界的影响有限。在今天，主观因素等价说因为再无人支持而成为过时的理论。

（二）主观因素等价说评析

254 主观因素等价说已经过时的事实，就意味着对其合理性的否定。其根本问题在于，对不纯正不作为犯与作为犯之间的差异出现了方向上的认知偏差，即将两者在行为构造及因果关系上的差异，置换为主观方面的差异。其实，迈耶对其主张的说明，本身就自相矛盾。他一方面认为，不纯正不作为犯等置于作为犯的障碍在于“法敌对的意思力”有别，作为是积极努力的强意思，而不作为是不努力的弱意思；另一方面，又要求不纯正不作为犯在“法敌对的意思力”上同作为犯相当。这等于是要求一个本不存在的东西的存在，自然难以圆说。

255 至于将不作为者“利用危险实现其他不法目的之意思”当作不纯正不作为犯的成立条件，实际上是为犯罪设置了一个不具确定性的“主观的超过要素”，不仅缺乏法律依据，而且违反刑法原理。如果按照这一标准认定不纯正不作为犯，就难免导致不合理的结论，使那些本应认定为犯罪的不作为，因为缺乏这一“主观的超过要素”而被排除在犯罪之外。比如，故意饿死自己婴儿的母亲，如果没有实现其他不法目的的意思，就会否定其构成不纯正不作为犯的可能性。相反的是，一个本不构成此类犯罪的行为人，也会因为存在“利用的意思”或者“法敌对的意思力”，而被当作不纯正不作为犯处罚。就像日本的司法判例那样，本来是一个无意间的失火，就因为行为人在火情出现后，临时产生了让失火达成其他目的的想法，就被认定为一个由不

① 参见［日］日高义博：《不作为犯的理论》，王树平译，中国人民公安大学出版社 1992 年版，第 97 页。

② 参见［日］日高义博：《不作为犯的理论》，王树平译，中国人民公安大学出版社 1992 年版，第 97～98 页。

作为构成的放火罪。

此外，主观因素等价说仅仅是将视野局限于故意犯罪。如果将过失犯罪纳入讨论范围，这一主张就必将面临两难困境：要么其主张不能贯彻到底，要么按其主张将过失犯罪全部排除在不纯正不作为犯的范畴之外。 256

四、形态等价说述评

（一）形态等价说的基本主张

形态等价说是目前德国学界的主流理论。[①] 按其主张，等价性对于不纯正不作为犯的认定，并不具有普遍意义。对于“纯粹的结果犯”（只规定结果，而不限制行为方式的犯罪）而言，只要保障人不防止结果的发生，就相当于积极的作为，因而不存在等价性判断的问题。只有那些“与举止行为相联系”的犯罪（刑法明确规定了行为方式的犯罪，即限制手段犯），其不纯正不作为犯的认定，才需要从行为形态上进行等价性判断。[②] 257

所谓形态等价，是就如下意义而言：那些对行为方式有限制的结果犯，刑法除要求造成结果外，还要求确定的行为形态，如诈骗罪之“欺骗”、抢劫罪之“暴力”“胁迫”等，这使保障人地位不足以独立担当不纯正不作为犯同作为犯等置的根据，因而还需要判断一个不作为是否相当于一个作为的“欺骗”“暴力”“胁迫”等，如果相当，就意味着行为形态的等价，否则就排除不作为构成不纯正不作为犯的可能性。至于如何判断形态是否相当，并不具有任何一般的标准，而是需要在《刑法》分则中予以个别的判断。[③] 258

由于德国刑法学在大陆法系地区巨大的影响力，形态等价说的影响早已越出德国学界，并在东亚学界获得了部分学者的认同。韩国学者李在祥就是 259

---

① 参见［德］克劳斯·罗克辛：《德国刑法学总论：犯罪行为的特别表现形式》（第2卷），王世洲译，法律出版社2013年版，第590页。

② 参见［德］克劳斯·罗克辛：《德国刑法学总论：犯罪行为的特别表现形式》（第2卷），王世洲译，法律出版社2013年版，第590页。

③ 参见［德］克劳斯·罗克辛：《德国刑法学总论：犯罪行为的特别表现形式》（第2卷），王世洲译，法律出版社2013年版，第590页；［德］乌尔斯·金德霍伊泽尔：《刑法总论教科书》，蔡桂生译，北京大学出版社2015年版，第363页。

在形态等价的意义上，解释不纯正不作为犯的等价性的。① 我国台湾地区部分学者跟随德国学界的理论动态，在后期接受了形态等价说。②

（二）形态等价说评析

260 形态等价说，实为德国学界对于《德国刑法典》第 13 条中“相当性”规定的妥协之产物。德国刑法学向来秉持遵从立法的法教义学风格，因此，虽然德国学界逐步认识到，在保障人地位之外，再进行“相当性”或者“等价性”判断，既缺乏可操作性，也无实益，但刑法教义学仍然需要解读刑法中的“相当性”规定。鉴于“纯粹的结果犯”完全是通过保障人地位确立不纯正不作为犯的等置根据，相当性判断对其无用武之地，学界便将“相当性”判断保留在颇有争议的限制手段犯的领域。因此，目前的德国刑法学教材大多是从行为的“形态等价”的角度解释刑法上的“相当性”规定。

261 但即便是这种意义有限的形态等价说，也受到德国学者的质疑。罗克辛教授就明确指出，“一个限制在实行性犯罪所具有的附加行为形态上的相当于条款，也不能对不作为刑事可罚性进行一般限制的可能性提供根据”③。比如诈骗罪中的“欺骗”这种行为形态，在防止结果出现的作为义务中，是不可能存在相当于它的形态的。“在现实中，这种欺骗仅仅是一种对以认识错误为条件的自我损害的故意引起，并且，人们也看不出，为什么这种主动引起就不能像其他犯罪一样，应当通过违反保障人义务的对结果出现的不防止（这就存在于一种以认识错误为条件的自我损害中）来加以代替。”④ 依据这一见解，即使是以“欺骗”之类的行为形态为要求的犯罪，也应当是根据保障人不履行防止结果发生的义务，使不作为能够等置于作为犯，因而与“单纯的结果犯”无异。如此，形态等价说也就无立足之地了。

---

① 参见［韩］李在祥：《韩国刑法总论》，［韩］韩相敦译，中国人民大学出版社 2005 年版，第 117 页。

② 参见林山田：《刑法通论》（下册），北京大学出版社 2012 年版，第 163 ~ 164 页；林钰雄：《新刑法总则》，台北，元照出版有限公司 2009 年版，第 540 ~ 541 页。

③ ［德］克劳斯·罗克辛：《德国刑法学总论：犯罪行为的特别表现形式》（第 2 卷），王世洲译，法律出版社 2013 年版，第 591 页。

④ ［德］克劳斯·罗克辛：《德国刑法学总论：犯罪行为的特别表现形式》（第 2 卷），王世洲译，法律出版社 2013 年版，第 591 页。

在本书的立场上，限制手段犯因其手段在刑法上的特别限制，不存在由不作为构成的余地，这将在下一章中做具体分析（见边码 501 以下）。根据这一立场，针对“限制手段犯”的形态等价说同样无立足之地。如果承认“限制手段犯”由不作为构成的可能性，就意味着对刑法设置限制性手段的否定，导致“限制手段犯”的认定会超越刑法允许限度的扩张。 262

五、等价性之我见

如果将等价性视为对不纯正不作为犯的一般要求，那么等价性就属于证明的对象，而非证明的根据或者标准。因此，将等价性设定为不纯正不作为犯的（整体的或者具体的）要件，是不可取的。 263

（一）作为等置要件的等价性之否定

提出和支持等价性理论者，是意识到传统的作为义务理论和保障人理论并不能为不纯正不作为犯得以等置于作为犯提供足够的理论支撑，因而试图在作为义务或者保障人地位之外，再增加一个价值判断标准，从而将不纯正不作为犯限缩在一个合理范围内。应当说，从弥补传统的作为义务理论及保障人理论之不足，以合理限缩不纯正不作为犯的范围这一动机看，等价性理论有其可取之处。然而，用一个价值非难上的相当性，作为解决不纯正不作为犯的等置根据问题的努力，注定是没有出路的。 264

不可否认，每一个罪刑规范都表达了某种价值判断，认定犯罪就是以价值判断为导向的。鉴于此，我们有理由要求一个不法事实同法定的犯罪之间具有价值非难根据上的相同性，才能被评价为犯罪。然而，这并不能导致如下结论：这个价值非难上的相同性，就是犯罪成立的一个要件。恰恰相反，这种价值非难上的相同或者相当，是通过刑法设置的构成要件得到说明的。从司法的角度看，人们是通过犯罪构成要件的该当性，来确证价值非难上的相当性。当然，在判断犯罪构成各要件该当性的过程中，刑法的价值目标又 265

具有导向性。这里所体现的乃是“诠释学循环”① 的思维范式。概言之，虽然定罪是根据刑法所做的价值判断，但并非直接确定不法事实同法定犯罪之间价值非难的相当性，并将这种相当性当作犯罪成立的条件，而是相反，只有在不法事实该当于犯罪构成要件时，这种价值非难上的相当性才得以证立。

266 因此，对于不纯正不作为犯，重要的是从构成要件上发现刑法将其与作为犯做相同非价判断的根据，而非直接诉诸一个价值非难上的相当性。如果找不到这种构成要件上的根据，等价性就不可能得到证立。这正是等价性理论始终走不出理论泥淖的原因所在。而如果一旦找到这种根据，则该根据本身就直接回答了等置问题，而无须一个等价性条件作为中介，如此，等价性就失去了作为等置要件的意义。

（二）作为基本诉求的等价性之肯定

267 既然要将不纯正不作为犯与作为犯等同视之，就意味着它们之间具有相同的价值非难根据，人们就有理由要求两者之间的等价性。因此，如果将等价性当作对不纯正不作为犯的基本要求看，这种等价性诉求是不应当被否定的。否则，不仅意味着理论上可以放弃对此类犯罪何以等置于作为犯的探索，也意味着将处罚此类犯罪置于显失公平的危险之中。

268 然而，在对等价性理论的批判中，出现了一种极端的观点，即从根本上否定此类犯罪同作为犯之间的等价性要求。根据这种观点，将不作为纳入刑法规范，并不表示不作为已和作为等价，也不表示不纯正不作为犯能完全实现构成要件，而完全是立法技术上的便宜之策。因为，作为是积极地操控法益受害的因果流程，这一因果流程是可以在物理上加以检验的；不作为则是消极地不介入法益受害流程，其对法益受损的因果作用，只是“假设”出来的。就对法益的侵害强度而言，作为通常要大于不作为。这指的是，外在的干扰因素要破坏作为制造的因果流程，比要破坏不作为所制造的因果流程，得付出大得多的代价，因为原来的不作为对积极介入的作为没有反制力量。

① “诠释学循环”乃是哲学诠释学的核心范畴，它揭示了人类得以“理解”的真实思维图景。参见［德］汉斯-格奥尔格·加达默尔：《真理与方法：哲学诠释学的基本特征》（上卷），洪汉鼎译，上海译文出版社2004年版，第343页以下。

法律不该无视这个现实。因此，不作为不可能也不应该和作为等价。只要能说清楚不作为对法益的侵害和应该入罪化的理由，达到保护法益的目的即可，而不一定要强将不作为和作为作相等的评价。① 其结论就是："不作为不需要为了和作为等价而去寻找保证人地位、而去寻找保证人地位的实质法理基础，不作为应该为自己能具备刑法的可归责性而寻找保证人地位、而寻找保证人地位的法理根据。"②

这一观点意味着，人们可以而且应该心安理得地接受这样一种现实：即 269
使一个在价值非难程度上同作为完全不具有可比性的不作为，也是能够在法律的处置上同作为相同对待的。但显然，这不是一个以崇尚正义和理性自居的法学能接受的结论。自然，该观点所依凭的理由也是靠不住的。

就与因果流程的关系而言，我们的确应该正视作为与不作为之间的差异， 270
但如果是说，只有作为才操控因果流程，而不作为似乎本来与因果流程无关，只是没有干扰因果流程，并以此作为否定两者之间等价的根据，则是存在问题的。的确，迄今为止的刑法理论将不纯正不作为犯的因果关系看作"假设"的，这种假设性在于，不作为人并没有操控因果流程，而仅仅是没有干预那个已经出现的因果流程，以致发生法益危害结果，而假定行为人予以干预，则危害结果很可能不致发生。然而，这样的认识恰恰是不纯正不作为犯的学说至今仍然深陷泥潭的一个症结所在。可以说，从"相同的结果制造"这一刑法规范上的等置根据出发，探求此类犯罪独特的因果操控机制，乃是刑法理论在这一领域得以走出困境的关键所在，也是本书确立的基本目标。如果单从"不作为"看，的确只是未干预因果流程，但问题是，法律为什么要求那个特定的人通过干预因果流程以防止危害结果的出现？唯一能与作为犯作相同评价的根据，就是那个特定的人通过其风险创设，参与了因果进程的操控（见边码 796 以下）。因此，基于一个不成熟的认识，来论证不纯正不作为犯无须同作为犯具有价值非难根据上的相当性，自然是缺乏说服力的。

就外在因素干预因果进程的难度而言，并没有足够的事实能够支撑这样 271

① 参见许玉秀：《当代刑法思潮》，中国民主法制出版社 2005 年版，第 730～734、747～748 页。

② 许玉秀：《当代刑法思潮》，中国民主法制出版社 2005 年版，第 738 页。

的结论：干预一个作为制造的因果流程，一定会付出相较于干预一个不作为情况下的因果流程要大得多的代价。对此无须太多的论述，只要想象一下，那个不作为的铁路扳道工不扳道岔，以致列车驶入错误轨道发生重大事故的事件中，外在因素干预那辆驶入错误轨道的列车发生事故的难度，就足以对上述结论产生疑义。事实上，无论是通过错误地扳道岔还是通过不扳道岔制造列车相撞事故，人们实在看不出，外在因素干预因果进程的难度和付出的代价到底有什么不同。

272 总之，虽然将等价性当作不纯正不作为犯的成立要件的等价性理论并不可取，但如果将等价性视作此类犯罪予以刑事归责的基本要求，则无可厚非。正是这一基本要求，成为刑法理论对此类犯罪的等置根据进行不懈探索的动力之源。

第四节　国外探索内在根据的学说述评

273 无论是形式的作为义务说还是功能二分说，都是以社会关系为视角来探讨不纯正不作为犯的作为义务或者保障人地位。这种纯规范的评价不仅在结果归责上缺乏因果事实的支撑，也难免超越刑法的范畴，其结果自然是深陷困境而难以自拔。鉴于此，学界出现了从不纯正不作为犯的构造中探索其刑事归责的内在根据的努力，并提出了各具特色的多种学说。应当说，此种努力代表了一种更为合理的研究方向。虽然迄今为止的理论研究尚未取得突破性成就，然其理论视野为后来者提供了借鉴。本节对国外学者提出的具有一定学术影响力的几种学说予以述评，国内学者在这一领域的研究成果留待下一节述评。

一、原因支配说述评

（一）原因支配说述要[①]

274 原因支配说，或称原因控制说，由德国学者许乃曼所创立。许乃曼把他

---

① 参见［德］班德·许乃曼：《不纯正不作为犯及以不作为实施犯罪之形式》，王莹译，载梁根林主编：《当代刑法思潮论坛：刑法体系与犯罪构造》（第1卷），北京大学出版社2016年版，第119～242页；［德］许乃曼：《德国不作为犯学理的现况》，陈志辉译，载陈兴良主编：《刑事法评论》（第13卷），中国政法大学出版社2003年版，第397～408页；［德］克劳斯·罗克辛：《德国刑法学总论：犯罪行为的特别表现形式》（第2卷），王世洲译，法律出版社2013年版，第539～540页。

的学说建立在功能二分说的基础上，也就是认同对法益的照料义务和对危险源的监管义务这两个方面的保障人根据。但他认为阿明·考夫曼提出的功能二分说只具有形式的意义，而没有说明这两类根据的物本逻辑。因此，他提出的方案是，要将对特定法益的保护义务和对特定危险源的监管义务，“由一个偶然的形式上的分类转化为一个反映现实事实进程支配的体系：对结果原因的支配力可以被划分为对陷入困境的法益的支配（包括生活共同体、危险共同体以及承担保护困境的法益的保证人地位）与对关键的结果原因的支配（包括负有监管义务的保证人地位，如控制危险的物体、人员或设备形成的保证人地位）”①。因此，功能二分说中的两种保证人地位，“就是二种存在论上可能支配形式的直接结论，不论是对于危险来源有支配，或者对法益的无助状态有支配”②。

原因支配说的核心范畴是“支配”，这种支配乃是不纯正不作为犯能够 275
等置于作为犯的实质根据。在许乃曼看来，由目的行为论发展出来的行为支配概念，在此可以作为一个沟通作为与不作为的关键桥梁。“作为犯的犯罪不在于简单的因果关系，而在于由积极的作为体现的行为人对导致法益侵害的整体事件过程的支配力。只有当不作为的行为人对导致法益侵害的整体事件过程具有支配控制的地位，该支配如同作为犯对作为的支配一样是真实的，不可与潜在的（假设的）控制相混淆，才能够从行为支配角度把不作为与作为相提并论。”③ 易言之，“作为犯行为人的身体动作只有在具有行为支配力时才能被视为引起结果的原因，而在不作为犯中，不作为行为人的保证人地位必须对整体事件进程的关键性部分具有现实的支配力，才能认定不作为与结果之间具有与作为犯所类似的联系”④。他由此得出一个普遍原则：“将结

---

① ［德］班德·许乃曼：《不纯正不作为犯及以不作为实施犯罪之形式》，王莹译，载梁根林主编：《当代刑法思潮论坛：刑法体系与犯罪构造》（第 1 卷），北京大学出版社 2016 年版，第 229 页。

② ［德］许乃曼：《德国不作为犯学理的现况》，陈志辉译，载陈兴良主编：《刑事法评论》（第 13 卷），中国政法大学出版社 2003 年版，第 399 页。

③ ［德］班德·许乃曼：《不纯正不作为犯及以不作为实施犯罪之形式》，王莹译，载梁根林主编：《当代刑法思潮论坛：刑法体系与犯罪构造》（第 1 卷），北京大学出版社 2016 年版，第 228 页。

④ ［德］班德·许乃曼：《不纯正不作为犯及以不作为实施犯罪之形式》，王莹译，载梁根林主编：《当代刑法思潮论坛：刑法体系与犯罪构造》（第 1 卷），北京大学出版社 2016 年版，第 228 ~ 229 页。

果归责给对引起结果的原因具有支配力的人。”①

276 何谓“支配力”“有支配”呢，许乃曼主要通过事例予以说明。就所谓对法益的支配而言，适当的例子是：“孕妇对无助的胎儿和新生儿拥有本质的先天的支配力，因此无论她通过积极的作为闷死婴儿还是以不作为的方式任婴儿死亡，都应该按照故意杀人罪处罚。同样哺乳的母亲对她的婴儿也拥有本质上的支配力，因此通常不对婴儿哺乳任其饿死的母亲也构成故意杀人。事实上承担了照看婴儿责任的保姆也应当因其守护支配力对婴儿的死亡事故负责，只要事故是因婴儿陷入困境而引起，而无论其关于职责的合同是否具有民事效力。”② 就所谓对危险源的支配而言，适当的例子是：“牵着具有攻击性的狗散步而在狗攻击路人的时候不把它叫回来，承担不作为的故意伤害的责任，对此没有人提出怀疑。”③ 此外，在手术关键时刻外科医生拿着手术刀袖手旁观，或者汽车驾驶人看到有路人跌倒却不刹车等不作为，皆因为“对造成结果的原因有支配”而应当认定为不纯正不作为犯。④ 相反的是，“不听主人命令而逃走的狗，主人日后看见他的狗四处狂奔伤人，而不用恰巧带在身边的枪打死狗，不承担不纯正不作为犯的责任。因为他对狗这一危险源的支配力已经丧失很久，对事件的进程来说像其他任何人一样与之毫无关联”⑤。

（二）原因支配说的是非之争

277 一方面，在为保障人地位寻找实质根据的各种努力中，原因支配说获得了相对较大的学术影响力。罗克辛教授就把支配理论同功能二分说相嫁接，

---

① ［德］班德·许乃曼：《不纯正不作为犯及以不作为实施犯罪之形式》，王莹译，载梁根林主编：《当代刑法思潮论坛：刑法体系与犯罪构造》（第1卷），北京大学出版社2016年版，第228页。

② ［德］班德·许乃曼：《不纯正不作为犯及以不作为实施犯罪之形式》，王莹译，载梁根林主编：《当代刑法思潮论坛：刑法体系与犯罪构造》（第1卷），北京大学出版社2016年版，第229页。

③ ［德］班德·许乃曼：《不纯正不作为犯及以不作为实施犯罪之形式》，王莹译，载梁根林主编：《当代刑法思潮论坛：刑法体系与犯罪构造》（第1卷），北京大学出版社2016年版，第229页。

④ 参见［德］许乃曼：《德国不作为犯学理的现况》，陈志辉译，载陈兴良主编：《刑事法评论》（第13卷），中国政法大学出版社2003年版，第399～400页。

⑤ ［德］班德·许乃曼：《不纯正不作为犯及以不作为实施犯罪之形式》，王莹译，载梁根林主编：《当代刑法思潮论坛：刑法体系与犯罪构造》（第1卷），北京大学出版社2016年版，第229～230页。

将照料性保障人地位视为“对法益无助性的控制”，将监护性保障人地位视为“对危险源的控制”，并在讨论具体的保障人地位时，尝试将“对造成结果的原因有控制”同保障人地位的确定关联起来。① 日本学者山口厚也是基于原因支配说的立场，系统分析了“对危险源的支配”和“对法益脆弱性的支配”这两种保证人地位的根据。②

另一方面，原因支配说也遭到学界的诸多质疑。质疑所针对的主要是涉及方法论和支配概念本身的问题，由此引发了许乃曼同质疑者之间的学术争鸣。③ 278

关于方法论，许乃曼自称，其理论是要在自然主义的存在论与纯规范主义之间寻求一种平衡。他试图运用“类型学思维”④ 的方法，基于根据经验上可得掌握的实际状况（事物本质），将构成寻法（法律发现）基点的立法者决定（将不作为与作为等置）加以具体化，以求为不作为寻找符合立法价值判断的“存在论结构”。根据基于事物本质的类型思维，他认为，要求保障人的不作为同作为之间的对等，并不是要求对于结果归责之重要关系的完全相同，而是要求“充分的相似性”。这就是说，他将“对原因的支配”看作一个基于相似性的类型描述。学界对此提出的疑义是，许乃曼的支配理论缺乏对“事物本质”的内涵、适用对象和适用范围的说明，“事物本质”成为一种内涵完全不明的“现象”；而且，与事物本质密切结合的“类型思维”是无法理解的。对于上述疑义，许乃曼回应道，这种无法理解，只是质疑者自己未能理解的问题。事实上，学术上的进展已经使得类型学思维的运用可 279

---

① 参见［德］克劳斯·罗克辛：《德国刑法学总论：犯罪行为的特别表现形式》（第2卷），王世洲译，法律出版社2013年版，第539页以下。

② 参见［日］山口厚：《刑法总论》，付立庆译，中国人民大学出版社2018年版，第89～93页。

③ 参见［德］许乃曼：《德国不作为犯学理的现况》，陈志辉译，载陈兴良主编：《刑事法评论》（第13卷），中国政法大学出版社2003年版，第400～405页。由于译文过于晦涩，本书作者未全盘摘录原文，部分内容是根据自己的理解转述之，然又深恐不能恰当地反映原意，如有疑惑，读者可参酌译文。

④ 类型学思维，或称类型思维，是相对于传统法学的概念思维的一个法律方法论范畴。德国学者亚图·考夫曼教授在初版于1965年的关于类推的著作中，系统阐述了他的类型思维理论。参见［德］亚图·考夫曼：《类推与“事物本质”——兼论类型理论》，吴从周译，台北，学林文化事业有限公司1999年版。

以被精确化。许乃曼坚信，介于自然主义和规范主义之间的中间道路仍然是唯一根本正确的寻法方法。

280 对于在“类似性规则”下，将不作为置于“支配”类型中，学界提出的批评是，我们不能将不作为模仿为作为，而且在不作为中，“实际支配”的概念将会始终只是修正作为犯地被使用。此外，即使是作为犯中，就像义务犯那样，实际支配也不是唯一的归责理由。许乃曼辩解道，他不是将不作为模仿为作为，而是发展“类似性规则”，因为在指导性的评价观点之下，一定程度上修正“类似性规则”完全是允许的。而且类似性规则的发展当然只能在由立法规定为基础的作为犯中开花结果，以便从中通过一般化发展出“对造成结果的原因有支配”这一上位概念，并再度往不作为的方向去具体化。至于“义务犯”这个特别的类型，可以从义务犯隐藏在保障人身份犯这一表达方式下，视为特别的支配犯。

281 对于“支配”这一“臆想的概念”，学界批评其缺乏确定性。因为支配概念在使用中时而实际，时而规范，因而可以任意变换，或者依附于某种既定的义务性规范。许乃曼的回应是，这种批评是因为没有正确理解类型学寻法的逻辑。他指出，根据从作为犯的构造中发展出来的类似性规则，“支配”在核心上当然意味着一种实际的、会对社会产生作用的意志力（Willensmacht），而此种实际性当然也以法律上的可能性为基础。一个类型学的寻法中，在语意上出现模糊领域是自然的，这种模糊领域是在解释被法律使用的生活语言的内涵时形成的，也会在具体化过程中逐步递减。正如许多明显的支配关系（母亲与婴儿、医生与病人、驾驶人与交通工具、狗的所有人与狗）所表明的那样，一种对社会领域具有实际支配（意志力、控制）的概念，拥有非常宽广的意义核心，而且自始就具有牢固的“延伸饱和度”（extensionale Sättigung），这种饱和度会随着具体化和去规范化的过程持续增加。因此，指责支配概念的不确定性，是因为对寻法的语言哲学基础有原则上的误解。

282 支配概念最受质疑者，是所谓“对被害人无助状态有支配”这一类别。批评者认为，支配概念和无助状态格格不入，而且，也不能把这种无助状态称为“造成结果的原因”，比如小孩掉入未做好安全措施的池子里陷入无助状态，这种无助状态就不能作为原因解释其死亡。许乃曼却认为，“如果我们已经把问题推到哲学层面，把被害人特定的处置行为也称为法益侵害的原因，事实上并不存在最小的疑虑"；"相较于作为犯的作为或者监督类型保证人地位的外部因果历程的阶段，被害人的无助状态对于'造成结果的原因'具有不是不太大的重要性……因为关键点正好在于，被害人的命运不再或至少（不再[1]）单独受自己控制，而是婴儿的命运在母亲或者保姆的手上、病人的命运在外科医生手上、业余登山者的命运在登山向导的手上，以及最后两个彼此用绳索绑在一起的登山者的命运总是部分掌握在另一个人的手上"[2]。

（三）原因支配说评析

原因支配说试图将不纯正不作为犯等置于作为犯的根据，建立在"对造成结果的原因有支配"这一作为与不作为共同的基点上。如果从结果归责应具备因果性的立场看，"对造成结果的原因有支配"这一理论出发点已经开始触及不纯正不作为犯因果性这一关键问题了，这是其最值得肯定的地方。 283

但遗憾的是，原因支配说并没有在因果关系上深度发掘对不纯正不作为犯予以结果归责的根据，并以此检视各种保障人地位之根据的合理性，而是立足于为那些流行于学界的保障人地位贡献一个单一化的理论基点。易言之，原因支配说不是将主流的功能二分说认可的保障人地位作为其批判性检视的对象，而是以对那些保障人地位的大体接纳为前提，因而终不能摆脱功能二分说和其他折中主义观点的羁绊。其结果是，原因支配说既未能解决不纯正不作为犯的过度扩张问题，还因为同功能二分说的嫁接而难以自圆其说。 284

首先，用"对造成结果的原因有支配"来解释所谓照料性保障人地位，是不可接受的。所谓不作为"对法益无助性的支配"，本身就是违反常识的"无中生有"。当一个法益的无助性已经存在于那里时，只有积极的干预才构成一种支配，而当某个人面对这种法益的无助性什么都不做时，何来支配可言？从许乃曼对于具体事例的解读来看，所谓"对法益无助性的支配"，实 285

---

① 此处括号及括号内的"不再"是引者所加。

② ［德］许乃曼：《德国不作为犯学理的现况》，陈志辉译，载陈兴良主编：《刑事法评论》（第13卷），中国政法大学出版社2003年版，第404～405页。

则指有干预因果进程的规范期待和现实可能。这就存在如下问题：其一，混淆了“现实的支配”与“对因果流程能支配”两种不同的判断，前者是指已经发生的支配事实，属于现实的范畴；后者是指干预因果流程的预期，属于可能的范畴。其二，将支配的根据建立在对因果流程的支配性预期上，无疑是说，所谓有支配，就是人们期待不作为者的支配，这就意味着，支配不再是一个客观的范畴，而是一种规范上的要求（应当支配）。在这里，人们无从知道，为什么是那位母亲而不是在场的其他人支配了婴儿的生命？以及，为什么是那个同居伴侣而不是其他也在现场的人支配了那个落水者的人身安全？如果我们能找到所谓“亲子关系”或者“保护功能的接管”之类的理由，那恰恰说明不是“支配”决定其他根据，而是其他根据决定是否存在“支配”。

286 其次，就监护性保障人地位而言，所谓“对危险源的支配”，同样存在规范期待与事实相混淆的问题。比如，为什么是狗的主人而不是也能使唤狗并且当时在场的邻居支配了对于法益的危险？为什么是建筑物的所有人，而非建筑物的租户或者其他人，对建筑物的危险有支配？人们所能得到的答案，无非那个被要求作为的人同那个危险源之间存在特定关系因而应当对危险源进行管理性“支配”。故所谓支配，在这里实际上就是应当支配的规范判断，而不是存在论上的事实性支配。这意味着，是否有支配是由规范上的支配义务决定的。这就使问题又回到了如何确定作为义务或者保障人地位这一原点上。这也恰好能解释，为什么原因支配说不能超越既有理论而为解决不纯正不作为犯的等置问题做出突破性贡献了。

287 再次，由于无法从客观上说明“对造成结果的原因有支配”，故许乃曼寻求在“意志力”上对支配关系的说明，但这不仅无济于事，而且将等置根据引向了主观等价说的歧途。在许乃曼那里，支配概念的核心，一方面意味着对社会产生作用的“意志力”，要求不作为具有与此种支配在强度上可相比较的“意志力”；另一方面又要求支配是“对事件有实际的控制”。在这里，支配究竟是一个主观的范畴还是一个客观的范畴，就让人费解了。其实，源于德国民法理论中的意志力（意思力，Willensmacht），乃是一个主观权利的范畴：如果从权利人在特定领域的意思自治层面看待权利，那么权利就被认为是法律赋予权利人为实现其利益而在特定领域内自主行为的意思力，即由权利人自己自主关照并实现特定利益的能力和权限。[①] 此种意义上的意志力，的确具有自主支配的意蕴，但此种支配，是就权利人的权利范围（权利上可支配的范围）而言，而且是就不受干涉的意思自治而言。简言之，意志力意味着权利人权利范围上的意思自治，而绝非责任根据。因此，将这种作为主观权利的意志力，同作为责任根据的所谓支配概念相连接，实属南辕北辙。

最后，也是最紧要的问题是，由于原因支配说寄居在功能二分说开创的 288
两分法的框架中，并大体接纳了功能二分说中的保证人类型（正如罗克辛将“对原因的控制”置入功能性保证人类型的框架中一样），使功能二分说中存在的保障人地位过分扩张的问题，同样存在于原因支配说中。此外，功能二分说仅仅依赖于保障人地位的确定，就肯定等置根据的简单化思维，仍然体现在原因支配说中。最终的结果是，原因支配说之下的不纯正不作为犯，同纯正不作为犯以及同非罪之间的界限，仍然是模糊不清的。因此，刑事责任的不合理扩张，对原因支配说而言，仍然在所难免。

二、排他性支配及支配领域说述评

（一）排他性支配及支配领域说述要[②]

日本学者西田典之以不作为人对因果过程的支配关系为出发点，寻求不 289
纯正不作为犯与作为犯的等置根据，提出了他的排他性支配及支配领域说。

西田典之教授认为，要认定不纯正不作为犯在构成要件方面与作为犯具 290
有同等价值，“必须是不作为者能掌控指向结果的因果过程，也就是具体且现实地支配了因果过程”。在他看来，基于排他性支配可以肯定不纯正不作为犯的作为义务的场合有两种：第一种是基于自己的意思而排他性地支配了直至结果的因果过程（排他性支配）。这是指诸如基于合同关系而负责照顾婴儿者，却中止保护行为，或者收置了病人者而放弃照顾病人等场合。第二种是并非基于自己的意思而获得排他性支配的场合（支配领域性）。这是指

① 参见刘召成：《民事权利的双重属性：人格权权利地位的法理证成》，载《政治与法律》2016 年第 3 期。

② 参见［日］西田典之：《共犯理论的展开》，江溯、李世阳译，中国法制出版社 2017 年版，第 165～217 页；［日］西田典之：《不作为的共犯》，王昭武译，载《江海学刊》2006 年第 3 期。

诸如母亲不给新生婴儿喂奶，或者负责夜间巡逻者明明看到有人放火而引发了火灾，却不参与救火等场合。在支配领域性的场合，由于不作为人缺乏支配的意思，就需要用某种规范性要素作为替代，“正如父子、建筑物的所有人、租借人、管理员一样，基于身份关系、社会地位而在一般社会生活中所承担的持续保护管理义务”这种规范性要素（支配领域性与社会持续性保护关系）。①

291 西田典之教授特别强调，尽管可肯定存在支配领域性，但应当将先行行为排除在作为义务的根据之外。比如，在夜间将他人撞成重伤后驾车逃逸的场合（单纯肇事逃逸），不能仅因先行行为而认定不纯正不作为犯。“这是因为，第一，大多数的先行行为，已经作为过失犯或结果加重犯而受到处罚了，以此为根据又对其追究重的罪责，就成为双重处罚，因此是不妥当的；第二，作为这种类型中作为义务的事实性前提的支配领域性，也是根据具体情况而发生变化的，于是，像在肇事逃逸和失火现场的场合，就应该根据其具体的情况来决定犯罪的成立，在这一意义上，暂时性地、偶然地处于这种状况的不作为者的立场就极其不稳定，因此有损法的安定性。”②

（二）排他性支配及支配领域说评析

292 不难发现西田典之教授的主张同许乃曼教授的主张之间的近似性。这不仅因为他们都借助了“支配”这一范畴，并且将支配指向了因果领域，还因为被他们视为存在作为义务（保障人地位）的具体场合，也具有较多的一致性，甚至，他们都主张将先行行为排除在作为义务（保障人地位）的根据之外。所不同者主要在于，原因支配说的具体展开是借用了功能二分说开创的两分法的分析框架，而西田典之教授则是根据不作为人是否有排他性支配的意思，来构建其两分法的分析框架。此外，他们对于“支配”的理解也存在一定的差异。

293 上述共性，决定了原因支配说所存在的弊端，在排他性支配及支配领域说中也不能幸免。下面仅就这一学说自身难以圆说的问题，予以批判性分析。

---

① 参见［日］西田典之：《不作为的共犯》，王昭武译，载《江海学刊》2006年第3期。

② ［日］西田典之：《共犯理论的展开》，江溯、李世阳译，中国法制出版社2017年版，第216页。

西田典之教授对“支配”概念的解释和运用难以理喻。他要求“不作为者能掌控指向结果的因果过程”，也就是“具体且现实地支配了因果过程”。然而，“能掌控因果过程”同“现实地支配了因果过程”属于完全不同的范畴，前者属于可能的范畴，后者属于现实的范畴。逻辑上的同一律要求那个“支配”不能同时游走在可能性与现实性之间，那么他所谓的“支配”，究竟是指支配因果进程的可能性还是指实际发生的因果支配呢？这在他的语言中是不清楚的，而且无论在哪个意义上，都难以成立。如果“支配”是指能支配因果进程，人们有理由质疑其合理性：难道仅仅因为具有支配因果过程的可能性而没有支配，就需要对其后发生的结果承担责任吗？毕竟，“我们不能因为一个人能做什么而决定他必须做什么”①。比如，如果一个小孩落水了，那么不仅是在场的父亲或者保姆能支配因果进程，而且其他在场的人也同样能支配因果进程。显然，不能因为其他在场的人能支配而没有支配，就将结果的发生归责于他并追究其刑事责任，否则，人们将在法律义务上背负不可承受之重。如果“支配”是指对因果进程的实际支配，那也缺乏事实根据。比如一个小孩被狗攻击，站在附近的父亲或者保姆没有伸出援手，那么究竟根据什么说那位父亲或者保姆实际支配了因果进程，而在场的其他人没有支配因果进程？显然，这不是一个事实上的支配性判断问题，而是一个是否应当支配的规范评价问题。于是，问题就回到了原点：究竟根据什么来决定“谁应当支配因果进程”？本来，西田典之教授提出的“排他性支配”和“支配领域性”就是要为此提供理论根据，但这两个根据都经不住推敲。 294

就所谓“排他性支配”而言，“支配”的根据是由行为人的主观意图决定的，即“基于自己的意思而排他性地支配了因果过程”。如果理解无误的话，这指的是基于自愿的义务承担，也就是自愿地担负起保障人责任。在此意义上，一个排他性的自愿承担的确有可能为刑事归责提供根据，就像在铁道路口担负看守职责的人那样。然而，对于不纯正不作为犯而言，仅仅根据一个排他性的自愿承担，就一概肯定对一个已经发生的危害结果予以结果归责是不可取的。比如，负责照顾小孩的保姆，在小孩遭到他人不法侵害时不予救护，尽管是“基于自己的意思”照顾小孩，也不能据此将小孩的受伤视 295

---

① 许玉秀：《当代刑法思潮》，中国民主法制出版社2005年版，第727页。

为保姆的不作为造成的结果而认定其构成故意伤害罪。因为保姆根本就不存在对因果进程的“支配”作用，而是没有履行对小孩人身安全的保护责任。这意味着，所谓“排他性支配”，实际上是把不干预因果进程同行为人自己支配因果进程混为一谈。就此而言，排他性支配的概念并没有完全脱离传统学说的窠臼。

296 就所谓“支配领域性”而言，就像西田典之教授承认的那样，完全是基于规范评价得出的结论。在他看来，诸如父母、建筑物的所有人、租借人、管理员等所处的“支配领域性”，是基于身份关系、社会地位而形成的社会持续性保护关系。然而，所有这些关系都不构成支配因果进程的根据，我们不能说，因为负有某种干预义务，就是具体而现实地支配了因果进程。可见，西田典之教授的“支配领域性”将规范意义上的应当干预同事实上的因果支配混为一谈了。如此，形式的作为义务说和功能二分说所主张的各种保障义务，都可能借助于“支配领域性”概念而在结果归责的根据上“登堂入室”了。

297 最后要指出的是，西田典之教授将先行行为一概排除在不纯正不作为犯的作为义务根据之外也是错误的。一个养狗的行为、一个在道路上施工的行为、一个生养孩子的行为，都将产生行为人需要防控的风险，行为人对此类风险的防控不作为，不能排除构成不纯正不作为犯的可能性。

三、原因前行为说述评

（一）原因前行为说述要

298 将不作为人先前的行为对于发生危害结果的原因设定，视为不纯正不作为犯唯一的等置根据，是日本学者日高义博的主张。

299 日高义博教授以不纯正不作为犯同作为犯之间在存在论结构上的差异为其理论出发点，认为与作为犯相比较，不纯正不作为犯于存在结构上存在空隙：作为对结果具有原因力；不作为对结果不具有原因力，而只是利用了既存的因果趋势。他说，“比较两者的存在结构有如下不同：作为犯设定了由作为产生的向法益方向发展的因果关系，并且支配、操纵这一因果关系来侵害法益；而不真正不作为犯是不阻止已经产生的向着侵害法益方向发展的因果关系，以放任这一不作为来实现侵害法益。在这里，不作为人只具有利用因果关系的主观态度”①。因此，要使不纯正不作为犯能够同作为犯等置，就必须找到能填补不纯正不作为犯存在结构上的空隙的媒介。②

日高义博教授以不纯正不作为犯的起因、被害人、不作为人之间的三重 300
关系为分析起点，认为起因是侵害被害人的直接原因。不作为人则与起因或者被害人之间存在作为义务关系，即要么有阻止犯罪实行行为本身的义务，要么有防止法益受害的义务。与作为犯相比较，不纯正不作为犯的存在结构上的空隙，是起因与不作为人之间的关系。因此，要填补不纯正不作为犯的存在结构上的空隙，就必须考虑不作为人设定原因的情形。日高义博教授发现造成结果的原因共有四种形态：一是由于自然现象；二是由于被害人的故意或者过失；三是由于不作为人的故意或者过失；四是由于第三人的故意或者过失。这四种情形中，只有由于不作为人的故意或过失的情形才能填补不纯正不作为犯存在结构上的空隙，亦即“不作为人在其不作为以前，自己就设定了向侵害法益方向发展的因果关系，这是构成要件等价值性判断的标准。基于这一判断标准，就可以解决等置问题。以往的不真正不作为犯理论，没有把产生原因的形态当成问题来研究，所以，把上述四种形态都无区别地当成不真正不作为犯可能成立的情形来对待。而我的观点是只有上述第三种形态才能成立不真正不作为犯”③。

从“不作为人在其不作为以前设定了向侵害法益方向发展的因果关系” 301
这一表述看，所谓因果设定，显然需要依赖一个先行行为，而且，日高义博教授认为这个先行行为是基于行为人的故意或过失。例如，汽车司机撞人后逃跑致人死亡的，就可能成立故意杀人罪的不纯正不作为犯。然而，对于母亲饿死自己婴儿的案件，日高义博教授的分析又没有将因果设定同先行行为关联起来。他说，“对于不能以自己的力量维持生命的婴儿，母亲有养育的义务，而且在养育上处于支配的独具地位。所以，母亲不喂奶这一不作为是

① ［日］日高义博：《不作为犯的理论》，王树平译，中国人民公安大学出版社 1992 年版，第 93 页。

② 参见［日］日高义博：《不作为犯的理论》，王树平译，中国人民公安大学出版社 1992 年版，第 94 页。

③ ［日］日高义博：《不作为犯的理论》，王树平译，中国人民公安大学出版社 1992 年版，第 109 ~ 111 页。

婴儿饿死的直接原因。对于这种情况，母亲的不作为成立杀人罪的不真正不作为犯”[①]。在这里，婴儿死亡的原因被直接归属于母亲的不作为，而没有说明一个先在行为的原因设定。

（二）原因前行为说受到的质疑

302 原因前行为说通过前行为与危害结果之间的因果关联，奠定不纯正不作为犯对于危害结果的责任根据，建立在如下朴素的道理上：对于自己创设的危险就有义务排除，而且这种危险是以行为自身蕴含的法益侵害危险加以判断，而无须借助“应当如此”的规范义务进行判断。这被认为是有说服力的。[②] 尽管如此，这一学说仍然被诸多学者质疑。

303 佐伯仁志教授提出的批评是：如果行为人是以过失行为造成了让结果发生的危险，虽然其认识到这一情况却置之不理，以致结果发生时，就会成立故意的不纯正不作为犯，过失犯罪就会广泛地转化为故意犯罪。这样的处罚在刑事政策上是不可取的。[③]

304 山口厚教授提出的批评是：由于并非要追究先行行为本身的罪责，即使将先行行为作为问题，也无法填补不作为与作为在构造上的鸿沟。另外，在存在因故意、过失所致的先行行为的场合，如果据此肯定保障人地位，就会导致过于宽泛地认定不纯正不作为犯。例如，不被判例判定成立故意杀人罪的所谓单纯肇事逃逸案件，会因产生了故意而成立故意杀人罪。而且，根据该主张，只要是没有因故意、过失所致的先行行为，保障人地位就不能被认可，这又会导致限定过窄的问题。例如，对于不给婴儿喂奶将其饿死的母亲，就无法肯定不纯正不作为犯的成立，这样的结论一般是得不到支持的。虽然，对于母亲不给孩子喂奶致其死亡的，也可以考虑按保护责任者遗弃罪等不作为犯加以处理，然而在不作为犯那里能够肯定的作为义务，却在不纯正不作

---

① ［日］日高义博：《不作为犯的理论》，王树平译，中国人民公安大学出版社 1992 年版，第 113 页。

② 参见黎宏：《刑法总论问题思考》（第 2 版），中国人民大学出版社 2016 年版，第 124 页；［日］佐伯仁志：《刑法总论的思之道 · 乐之道》，于佳佳译，中国政法大学出版社 2017 年版，第 72 页。

③ 参见［日］佐伯仁志：《刑法总论的思之道 · 乐之道》，于佳佳译，中国政法大学出版社 2017 年版，第 72 页。

为犯这里不被认可，这样的理解缺乏理由。①

（三）原因前行为说评析

由于刑法将不纯正不作为犯与作为犯等置于同一罪刑规范，是基于它们 305
相同的结果制造，因而只有从因果关系上才能正确揭示两者等置的根据。原因前行为说正是明确地从前行为对因果流程的设定这种基于实证逻辑的因果判断上，来确立对不纯正不作为犯予以结果归责的根据，其逻辑出发点应予肯定。然而，原因前行为说的理论展开却是粗糙的，既未能恰当界定前行为的范围，更没有明确揭示前行为和之后的不作为一同参与结果制造的机制，从而误入歧途。

首先，日高义博教授所谓的前行为是指基于故意或过失的不法行为，实 306
不可取。这意味着他将不纯正不作为犯的因果关系简单地看成不法前行为同危害结果之间的因果关系，以致对一个本来由不法作为创设的因果流程，却拟制出一个不作为的因果流程，其结果是造成不作为与作为之间的重复评价及过度处罚问题。对此，许玉秀教授关于因果流程重复评价的批评是切中要害的。② 如此，就难免造成下述界限混淆：一是，故意犯罪与过失犯罪的界限混淆。就像交通肇事后逃逸致人死亡的行为人一样，其行为本属于过失犯罪，但按照原因前行为说的逻辑，却被演绎成故意杀人罪。二是，一罪与数罪的界限混淆。因为只要将原因前行为说的逻辑贯彻到底，几乎所有的不法，都有可能在逻辑上演绎出另一种不作为的不法。不仅一个可能出现的加重结果（如故意伤害致人死亡）会因为事后的态度导致重复评价，而且一个事后不可罚的行为也能够被评价为不作为的犯罪，比如，实施盗窃行为、诈骗行为后，就产生了归还不法所得的义务，如果行为人不归还，逻辑上就又构成另一个不作为的不法。这样的逻辑，意味着重复评价会成为常态。

其次，作为其理论基石的“前行为”缺乏范围上的明确性。一个职务行 307
为、一个自愿承担或者一个风险承诺是不是在“前行为”的范畴之内呢？日高义博教授没有正面回答这一问题，但从所谓“故意或者过失的原因设定”

① 参见［日］山口厚：《刑法总论》，付立庆译，中国人民大学出版社 2018 年版，第 87 页。
② 参见许玉秀：《当代刑法思潮》，中国民主法制出版社 2005 年版，第 673～676、687～688 页。

这一表述看，“前行为”当指一个故意或者过失的不法作为。这意味着合法行为被全部排除在“前行为”的范畴之外。如果是这样，那就难免导致刑事责任评价的失当。例如，铁道路口的看守人员在轨道铃响后，故意不按照职务要求放下道口栏杆，以致发生汽车与列车相撞事故。显然，这一事件中的看守应当对其不作为造成的结果承担刑事责任，但同样明显的是，这里并不存在一个故意或者过失的不法前行为。对此，原因前行为说并不能提供合理的解释。

308 最后，日高义博教授没有将他的主张贯彻到底。对于母亲饿死自己婴儿的案件，他并没有从前行为的因果设定上做出合理的解释，而是以“母亲有养育的义务，而且在养育上处于支配的独具地位”当作成立不作为的故意杀人的根据。这使得原因前行为说缺乏逻辑上的周延性。

第五节 我国学界创新研究述评

309 我国台湾地区的刑法学对不纯正不作为犯的研究长期追随日本、德国的刑法理论；而在我国大陆，不纯正不作为犯曾在一段较长的时间内成为刑法学研究的蛮荒之地，以致形式的作为义务说至今仍然盛行于刑法学领域。但近年来，随着对外学术交流的日益频繁和深入，不少学者开始涉足这一领域，尤其是部分年轻学者以博士学位论文为基础，发表了一批专题性的学术成果。从已经发表的文献数量看，可谓成果丰硕。但从学术成就看，大多数的学术成果侧重于对源自域外的各种学说进行观点梳理、比较、评价，进而选择或者折中，或者就局部性问题提出见解或建议，大体未能摆脱域外学说设置的理论框架和研究思路。虽有少数学者开展了具有一定创新性的研究，但其学术价值还相对有限。下面的述评对象限于近年来有别于传统学说的主张，但难保面面俱到。

一、自愿支配说述评

（一）自愿支配说述要

310 自愿支配说，或称自愿承担说，由冯军教授提出。[①] 其基本主张是，“行

① 参见冯军：《刑事责任论》，法律出版社 1996 年版，第 47 ~ 49 页。

为人为防止结果的发生自愿地实施了具有支配力的行为”，是确定不纯正不作为犯的作为义务的实质根据。这一根据包含三个条件。

首先，需要行为人实施了一个自愿行为。从其举例来看，这个自愿行为 311
可以是事前的承诺行为（如向导对游客的安全承诺），也可以是干预因果流程的行为（如救助他人的行为）。

其次，需要行为人自愿实施的行为具有防止结果发生的目的性。假如邻 312
人听见小孩的哭声，为了防止小孩吵闹而给小孩喂了牛奶，之后不再喂奶，即使小孩后来饿死，邻人也不成立不作为的杀人罪。但如果邻人是为了防止小孩饿死给其喂奶，而后又拒绝继续喂奶，以致小孩饿死的，则构成不作为的故意杀人罪。这种区别处理，盖因自愿行为的目的不同。

最后，需要行为人自愿实施的行为具有支配力，即行为人控制了结果发 313
生的进程。假如医生给病人检查后却拒绝病人的救治请求，并不构成不作为的杀人罪；但如果医生开始给病人做手术，手术过程中又放下病人不管而致病人死亡的，由于医生的行为对于死亡结果的发生具有支配力，因而构成不作为的故意杀人罪。在交通肇事逃逸的案件中，如果驾驶者撞伤行人后径直逃走，就只成立交通肇事罪；如果驾驶者为防止受伤的行人死亡而采取了抢救措施后，又中途停止能继续进行的抢救，并且控制了致受伤的行人死亡的进程时（如将受伤的行人送医途中，又弃于荒野），则成立不作为的杀人罪。在行为人不慎失火的事件中，如果行为人因为惊恐而逃走，只成立失火罪；只有当行为人具有灭火的身份或者采取了灭火措施后又放弃能够继续实施的灭火行为的，才能成立不作为的放火罪。

（二）自愿支配说评析

冯军教授是国内最早明确主张从作为义务的根据上将纯正不作为犯与不 314
纯正不作为犯予以区别对待的学者之一，并且对后者的作为义务根据做了创新性探索。他所提出的自愿支配说不依赖于某种外在的义务来源，而是从行为人自身的行为中说明不纯正不作为犯的等置根据，其出发点具有合理性。然而，鉴于下述原因，其理论方案并不可取。

第一，所谓自愿行为，被限制在防止结果发生的行为领域，会过分缩小 315
前行为的范围，造成不纯正不作为犯成立范围的不合理限缩。例如，一位母亲在生下婴儿后，自始就不管不问，以致婴儿冻饿而死的，由于没有一个自愿的防果行为，那她就仅仅是遗弃；而如果她抚养 2 天后再让婴儿饿死，由于有一个自愿行为在先，她就构成故意杀人罪。这种显失公平的结论自然是不可接受的，下面的例子也能说明问题。例如，狗的主人在遛狗时不对狗采取约束措施，结果狗咬伤路人致其重伤。显然，狗的主人并不存在防止结果发生的自愿承担，但如果以此为由将其不作为排除在不纯正不作为犯的范围之外，显失妥当。

316 第二，把“行为具有防止结果发生的目的性”作为条件，也不妥当。比如，一个为防止邻家的孩子饿死而临时给其喂牛奶，从而暂时延续了孩子生命的行为人，仅仅因为没有把好事做到底，就构成故意杀人罪。相反，一个对处于饥饿中的邻家孩子自始就无动于衷的人，则不会承担任何责任。这岂不是说，那个“杀人犯”的过错，在于其暂时延续了孩子的生命！

317 第三，这一方案中所谓“行为具有支配力”“控制了结果发生的进程”之条件，令人费解。从所举事例看，这一条件有时指行为的危险创设或增加，如将伤者弃于荒野的交通肇事者；有时指危险创设加上特定身份，如不慎失火又有灭火身份而不灭火的行为人；有时似乎指救助可能性，如给邻家的孩子喂牛奶的人。然而，如果通过不法作为创设危险直接导致危害结果，当属于作为犯。而给邻家孩子喂奶的人，除延缓结果的发生外，人们看不出他的行为如何支配了结果发生的因果进程。

318 总体来看，冯军教授的主张缺乏理论根据上的合理性论证，其所提出的条件，都是通过具体事例说明之，给人的感觉是对那些进入其视野的特定情形得出某种结论找理由，最终就难免出现“按下葫芦起了瓢”的局面。

二、排他支配设定说述评

（一）排他支配设定说述要

319 排他支配设定说是黎宏教授的主张。他认为，“不真正不作为犯的作为义务的实质根据在于，行为人主动设定了对法益的排他性支配。主动将被害人置于他人难以救助的状态，而后放弃救助的；或者不小心引起火情之后，能够而且只有其能够扑灭，任火势蔓延，造成火灾的，都是要和作为犯同等评价的不真正不作为犯”[①]。他将其主张命名为“排他支配设定说”。

在黎宏教授看来，“不真正不作为和作为之间的结构性差异，主要在于行为人与引起结果的原因力之间的关系不同”，“只有在行为人主动设定了对法益的排他性支配时，才可以消除不作为和作为之间的结构性差异，进而将该不履行作为义务的行为视为作为，按照作为犯的条款处罚”[②]。所谓排他性支配设定有两种方式：一种是中途介入面向结果的因果进程；另一种是先行行为的危险制造及危险支配。 320

将中途介入因果进程视为一种排他性支配的根据是，“作为的场合，行为人设定或者引起了面向结果的因果发展流向，这意味着，作为是行为人引起了侵害法益结果的原因，与此相应，在先前已经存在面向侵害法益结果的因果流向的不作为的场合，尽管行为人不可能成为该因果经过的最初引起者或者设定者，但完全可以通过中途介入而掌控因果关系的发展进程，左右结果发生方向，从而取得和作为犯场合同样的效果”[③]。例如，如果医生只是单纯不履行救死扶伤的义务，那么导致病人死亡的主要原因就是病人自身的疾病，因而医生的不作为属于渎职而非杀人；但如果医生已经接手救治病人，就意味着排除了其他人救治病人的可能性，病人的生死已经现实地依赖于那个接手治病的医生了，若该医生中途放弃或者中止医疗行为，就足以被评价为剥夺病人生命的杀人行为。同样地，在交通肇事的场合，如果行为人仅仅只是逃逸，即使因逃逸致人死亡，也不构成故意杀人罪，只有在行为人将被害人带离事故现场隐藏等使被害人处境更加危险的场合，才能以故意杀人罪论处。 321

因先行行为构成的排他性支配设定，要求同时具有危险制造和危险支配。“从物理的角度看，不作为没有原因力，即该不作为本身并没有设定原因；相反地，在作为的场合，作为具有原因力，行为人是原因的主体。因此，要填补不作为和作为之间的空隙，使其与作为犯在构成要件上等价，首先必须考虑行为人是否设定了面向法益侵害的因果关系（原因设定）。但是，原因 322

① 黎宏等：《不作为犯研究的新展开》，北京大学出版社 2022 年版，第 105 页。另见黎宏：《刑法总论问题思考》（第 2 版），中国人民大学出版社 2016 年版，第 125 页。

② 黎宏等：《不作为犯研究的新展开》，北京大学出版社 2022 年版，第 106 页。

③ 黎宏等：《不作为犯研究的新展开》，北京大学出版社 2022 年版，第 105 页。

设定只是导致了因果关系的起源，在结果犯的场合，从原因引起到实现实害结果之间，还有一个发展过程，在此过程中，如果有其他因素介入，最终还是不能说该结果是当初的原因所引起的，难以成立结果犯。因此，成立作为的结果犯，行为人不仅要在结果发生的原因上有贡献，还必须保证该原因按照自己的预料在实害结果当中顺利实现（原因支配）。如此说来，成立作为犯，行为人不仅要引起发生结果的原因力，而且必须支配该原因力的发展过程。"[①] 这意味着排他性支配设定需要原因设定与原因支配的同时具备（"新先行行为说"）。例如，行为人不小心引发火情后，有意利用或者放任该火情，结果造成火灾的，就属于先行行为制造危险的排他支配的设定，完全可以评价为不作为的放火。

323 "总之，只有在行为人设定了对法益的排他性支配时，才可以消除不作为和作为之间的结构性差异，进而将该不履行作为义务的行为视为作为，按照作为犯的条款处罚。这种排他性支配的设定，既可以通过行为人中途介入面向结果的因果进程的方式，也可以通过行为人制造并支配面向结果的潜在危险的方式。在采用中途介入的方式时，不要求行为人主观上具有防止结果发生的目的，只要行为人主动介入已经存在的面向结果的因果进程并达到让他人难以染指的程度即可；在采用先行行为的方式时，行为人仅仅是实施了导致法益面临危险的先行行为还不够，还必须维持该侵害法益危险最终变为现实侵害结果。"[②]

324 基于上述，黎宏教授分别对见危不救的场合、先行行为的场合以及遗弃婴幼儿、老年人、残疾人的场合能否构成不纯正不作为犯做了分析。对于见危不救的场合，他否定了单纯的见危不救构成不纯正不作为犯的可能性，即使是不作为人与处于危难中的人存在父子、夫妻、恋人等关系，也是如此。对于先行行为的场合，他原则上肯定了具有构成不纯正不作为犯的可能性；但对于先行行为本身就构成过失犯罪或者故意犯罪的场合，他选择了一种区别对待的立场。对于遗弃婴幼儿、老人、残疾人的场合，黎宏教授认为要构成故意杀人罪，仅仅是不履行义务还不够，还需要行为人有进一步具体威胁、

① 黎宏等：《不作为犯研究的新展开》，北京大学出版社 2022 年版，第 106 页。
② 黎宏等：《不作为犯研究的新展开》，北京大学出版社 2022 年版，第 106 页。

侵害其生命法益的行为，如母亲有意将孩子生在便池里，交通肇事者将被害人转移到难以被人发现的草丛中等。[①]

（二）排他支配设定说评析

黎宏教授明确主张从因果关系上寻找不纯正不作为犯同作为犯的等置根据，出发点应予肯定。他从这一立场出发，将那些虽然存在某种身份关系但只是单纯见危不救以及单纯遗弃的不作为，排除在不纯正不作为犯的范围之外，结论也基本合理。然而，黎宏教授的方案在理论逻辑上并不成功，基于该方案得出的结论也存在宽严失度以及混淆不纯正不作为犯与作为犯的界限等问题。 325

首先，黎宏教授试图从因果关系上填补不作为相对于作为的空隙的理论努力并未取得成功。他认为成立作为犯，不仅要有“原因设定”，而且还要有“原因支配”，即行为人的行为不仅要有引发结果的原因力，而且必须支配该原因力的发展过程。这意味着，要填补不作为相对于作为在因果性上的空隙，也要求不作为人同时具有对于结果的“原因设定”（危险制造）和“原因支配”（危险支配）。然而，在对不纯正不作为犯的排他性支配设定的说明中，他却不要求两者同时具备。比如，对于中途介入的方式，他并不要求“原因设定”，“只要行为人主动介入已经存在的面向结果的因果进程并达到让他人难以染指的程度即可”。对于先行行为方式，黎宏教授虽然强调，“行为人仅仅是实施了导致法益面临危险的先行行为还不够，还必须维持该侵害法益危险最终变为现实侵害结果”，但从他举的例子看，除了“原因设定”外，所谓“原因支配”无从体现。例如，行为人不小心引发火情后有意利用或者放任该火情，结果造成火灾的情形，这其中除了“引发火情”这一“原因设定”外，人们看不出行为人是如何通过“原因支配”维持该危险最终变为现实的危害结果。可见，在他的方案中，所谓排他性支配是在“原因设定”与“原因支配”之间二选一。这意味着他的理论方案中，不纯正不作为犯在因果关系上的空隙未能填补。其实，他所谓成立作为犯既要有“原因设定”，还要有“原因支配”的说法，是令人费解的。 326

① 参见黎宏等：《不作为犯研究的新展开》，北京大学出版社 2022 年版，第 107 ~ 114 页。

327 其次，在所谓中途介入因果进程的场合，所谓通过不作为的“原因支配”是难以成立的。比如，接诊病人的医生在接手治疗后又放任不管或者中断医疗行为的不作为，是对由疾病造成的因果进程的不干预，属于施救不作为（因果干预不作为），而不能与“原因支配”（原因不作为）相提并论。申言之，一个原因行为（包括不作为）对于因果进程的原因性支配必须是现实地加功于那个因果进程，即要么现实地开启了那个因果进程要么实际地促进了那个因果进程。而医生对病人不予治疗的不作为既不是病人患病的原因，也没有促进病程，而是没有阻止病程的发展，因而不属于原因不作为。正因如此，对于医生在医疗过程中因不作为（即使主观上持放任态度）导致的医疗事故按照刑法规定的医疗事故罪处理（而非论以故意杀人）完全符合社会通念，也是司法实务中的惯常做法。当然，如果医生的医疗措施创设了新的危险则另当别论。比如，医生在手术的中途停止手术，由于其通过手术刀创设或者增加了危险，就不排除因不作为而构成不纯正不作为犯的可能性。至于其他场合下，行为人通过不法作为创设或者增加法益危险的情形，如母亲有意将孩子生在厕所便池里，或者交通肇事者将被害人转移到难以被人发现的草丛里，或者家人将神志不清、行为不便的老人带至野兽出没的深山僻野或少有人烟的冰天雪地等，显然已经超出了不作为的范畴，当以作为犯对待之。如此看来，所谓由不作为中途介入因果进程而构成不纯正不作为犯的可能性应予排除。

328 再次，将不法的先行行为当作“排他支配设定”的根据，存在同“原因前行为说”一样的重复评价和过度处罚问题。比如，将失火后的不救火认定为不作为的放火，就是将失火行为制造的因果进程重复评价为所谓“不作为放火”的因果进程，并根据事后态度认定放火的故意，从而不当地加重行为人的刑罚。其实，持论者已经意识到，如果按照“先行行为说”，那么“在过失犯或者结果加重犯的场合，行为人只要对被害人不予救助，马上就要转化为故意的作为犯”，这就会面临“明显扩大了不作为犯的处罚范围”的质疑，尤其是“将故意犯罪也列为作为义务来源的先行行为，问题更大”，并得出了“故意犯罪行为是不可能作为不作为犯的义务来源的”结论。① 然而，

① 参见黎宏等：《不作为犯研究的新展开》，北京大学出版社 2022 年版，第 110 页。

对于“先行行为说”存在的问题，持论者只是感到回应质疑“确实是个难题”，但并没有从根本上反思之，而是提出了予以区别对待的方案：“虽说理论上可以肯定犯罪行为能够成为先行行为，并以此为根据而追究行为人的不真正不作为犯的刑事责任，但在其应用上必须结合刑法的相关规定进行。在先行行为所包含的危险实现能够为先行行为的行为不法和结果不法所包括，就可以说该行为的危险已被先行的犯罪行为的构成要件所‘用尽’，没必要再将该犯罪行为视为先行行为以评价相应的不作为。”① 然而，这并不能为其“将失火转化为放火”提供恰当的理论支撑。因为没有理由认为，失火造成的火灾损失不能被失火的“危险实现”所包括；恰恰相反，火灾损害正是失火行为在事实上和法律上的逻辑结果。这意味着，黎宏教授的方案并不具有逻辑一致性。

最后，这一理论方案中的“原因设定”（先行行为）还存在因为偏狭而 329
难以周延的问题，以致将本属于不纯正不作为犯的情形排除在外的失当。例如，将父母饿死婴幼儿的行为排除在不纯正不作为犯之外，就有欠妥当。

三、利用前行为说述评

（一）利用前行为说的要旨

何荣功教授着眼于“起因、被害人和保证人间的三重结构关系”来解构 330
“不真正不作为犯”的构造，提出了与日高义博教授的原因前行为说近似的主张，不妨称为“利用前行为说”。

何荣功教授认为，“作为犯中，违反刑法禁止规范的作为是结果发生的 331
直接原因……行为人利用自己的作为（或将他人作为工具）造成了法益的侵害”，因此，“作为犯中存在的只是作为行为人和被害人间的二重结构关系”。“而对于不真正不作为的案件，实际上存在的是起因、被害人和保证人间的三重结构关系……起因本身包含着侵害法益的危险性，不真正不作为犯实际上是保证人利用或放任了起因能够造成法益侵害的客观事实而实现对法益的侵害”②。

① 黎宏等：《不作为犯研究的新展开》，北京大学出版社 2022 年版，第 111 页。

② 何荣功：《不真正不作为犯的构造与等价值的判断》，载《法学评论》2010 年第 1 期。

332 在起因上，何荣功教授“赞同日高义博教授将危险起因区分为自然现象、被害人的故意或过失行为、第三人的故意或过失行为、不作为人的故意或过失行为的做法”[①]。他认为：“所谓不作为和作为的等价，从因果关系的角度看，实际上是因果进程中原因力的相当、等价。当法益侵害的结果是行为人利用自然现象、被害人的故意或过失的行为以及第三人的故意或过失的行为产生的危险而导致的时，由于自然现象、被害人的故意或过失的行为以及第三人的故意或过失的行为分担了实现法益侵害结果的原因力……不作为就不可能再与作为行为等价。所以，只有基于自己故意或过失行为导致保护法益面临危险的不作为才可能作为等价值判断的资料；也只有基于该种情形下的不作为才可能与作为等价，成立特定类型的犯罪。”[②] 因此，不纯正不作为犯实际上是不作为人利用或放任了自己的故意或过失行为能够造成法益侵害的客观事实而实现对法益的侵害。“离开了这一点，就不可能触及到问题的实质。”[③]

333 据此，何荣功教授针对某些争议案件得出了如下结论：第一，“因为雷击或第三人放火而使仓库起火，仓库管理员不灭火的行为，不能简单地认定为成立放火罪。其行为在本质上属于玩忽职守行为，应当根据我国刑法的相关条款定罪量刑。”第二，2 岁小孩掉入湖中，父母故意不救助的行为导致小孩被淹死的案件，父母的行为应当被认定为属于故意的不作为杀人行为。因为 2 岁小孩没有独立的行为能力，其掉入湖中（限于没有其他监护人时）生命面临危险的行为即可推定其父母故意或过失行为引起的，因此，父母面对自己故意或过失产生危险的行为若不救助，就可以与作为的故意杀人行为等价。第三，对于丈夫不救助自杀的妻子，如果妻子是在完全意志自由的状态下选择自杀，其死亡结果的直接原因在于其本人的行为，丈夫就没有救助义务，“其不救助行为的违法性程度因为其妻子行为的介入已无法与作为故意杀人行为等价”[④]。

---

① 何荣功：《不真正不作为犯的构造与等价值的判断》，载《法学评论》2010 年第 1 期。
② 何荣功：《不真正不作为犯的构造与等价值的判断》，载《法学评论》2010 年第 1 期。
③ 何荣功：《不真正不作为犯的构造与等价值的判断》，载《法学评论》2010 年第 1 期。
④ 何荣功：《不真正不作为犯的构造与等价值的判断》，载《法学评论》2010 年第 1 期。

（二）利用前行为说评析

何荣功教授是从原因力的角度来揭示不纯正不作为犯得以同作为犯等置的实质根据。他采取了与日高义博教授相似的立场，把作为义务的产生根据限制在行为人“自己故意或过失行为导致法益面临危险”的情形。相较于日高义博教授的原因前行为说，何荣功教授更为明确地提出了“起因、被害人和保证人间的三重结构关系”的分析框架，并且明确地提出不纯正不作为犯的可罚根据在于不作为人利用或放任了自己的故意或过失行为能够造成法益危害这一事实，这就为不纯正不作为犯的构造勾画出一幅相对清晰的图景。 334

然而，利用前行为说也存在同原因前行为说一样的问题，即由于把故意或者过失的不法当作起因（前行为），把这种起因导致的因果流程当作其后不作为的因果流程，存在对因果流程的重复评价，难免导致过失犯罪与故意犯罪之间、作为的犯罪与不作为的犯罪之间、一罪与数罪之间的界限混淆。在此不再赘述。 335

何荣功教授从不作为人“利用或放任”前行为的危险事实来说明不纯正不作为犯的可罚根据，也存在疑问。由于不作为人在前行为之后表现为不作为，因而并不存在客观上的积极利用，故所谓“利用或放任”当指主观态度，这就意味着他将不纯正不作为犯局限于故意犯罪，而把过失犯罪排除在外。然而，不仅是故意不作为，而且过失的不作为也可以构成不纯正不作为犯。例如，铁路职工上班时打瞌睡导致铁路运营事故，就属于过失的不作为犯。 336

从何荣功教授对案例的分析看，他视为起因的故意或过失行为不仅可以是作为，也可以是不作为，这就使他从因果关系上寻找等价性的努力陷入困境。对于那个不救助掉入湖中的孩子的父亲，他认为构成不作为的故意杀人罪的理由是，由于2岁的孩子没有独立行为能力，可以推定其掉入湖中是父母的故意或过失行为引起，因而应当对其后的不营救承担不作为的刑事责任。显然，这里的故意引起不是指故意杀人的作为，否则就是作为的故意杀人。而这里所说的过失，无疑包含不作为的过失，比如没有尽到看护责任。这意味着，一个过失的不作为，也可以成为起因行为（前行为）。如果是这样，就无法从现实的原因力上为因果关系确立实证根据了，因为那个父亲只是没 337

有尽看护责任，而没有对孩子掉入湖中施加任何具有原因力的影响。如果说那个父亲没有尽看护责任是孩子掉入湖中的原因，那显然是基于规范的评价，即那个父亲有责任而不是在场的其他人有责任看护那个孩子。如此，问题就又回到为什么要求父亲对救助自己的孩子承担刑事责任这一起点上了。在这里，从因果关系上寻找等价性的努力就前功尽弃了。

四、因果前行为说述评

（一）因果前行为说述要

338 因果前行为说，或称危险前行为说，由黄荣坚教授所主张。黄荣坚教授以不作为人在不作为之前的风险制造为出发点，将“因果（制造风险）前行为”视为确定保障人地位的唯一理由。

339 黄荣坚教授认为，“作为是人构成犯罪的绝对前提，而绝对的不作为也绝对不应该入罪”。易言之，要么是“作为本身入罪”，要么是“作为使不作为入罪”。对于既能由作为构成又能由不作为构成的犯罪而言，制造风险的作为就是入罪的必要条件。当行为人的行为制造的风险可能超越容许的限度时，基于保护法益的目的，法律上一个合理的要求，也是一个合乎期待可能性的要求是，制造风险的人有义务把风险控制在容许限度的范围内，质言之，“制造风险的人，必须控制风险；破坏自然的人，必须恢复自然”。因此，制造风险之因果前行为是构成不纯正不作为犯之保证人地位的唯一理由。①

340 黄荣坚教授举出两个结论相反的例子予以说明。例如，店家老板在店外竖立招牌，虽然在合于安全条件下仍属容许的风险，然而店家老板有义务定时地检查其招牌是否有生锈或脱落的情形，因为自然界原本没有这块招牌，而是店家老板的行为结果，故其有义务防范超出容许限度的危险。相反的情况是，如果某甲的兄弟姐妹不扶养某甲，由于某甲的兄弟姐妹并没有比其他第三人多做错了什么，不存在因果前行为，也就不形成保障人地位。至于他们同某甲之间形成的兄弟姐妹关系，完全是处于一个绝对被动的状态。如果按照传统上将亲属关系作为保障人地位的理由，逻辑上就会产生不作为的故

---

① 参见黄荣坚：《基础刑法学》（下），中国人民大学出版社 2009 年版，第 476～477 页。

意杀人的问题。然而，从某甲的兄弟姐妹和第三人享有的基本权利来做比较，这样的责任架构明显有违平等的原则。①

341 黄荣坚教授所称的因果前行为，其范围要广于传统理论中的先行行为。饲养动物、承诺接管风险等行为，皆能成为形成保障人地位之根据。重要的是，在不作为之前，行为人通过其作为制造了某种风险。他认为，父母生小孩也是制造风险的前行为。“当父母决定生小孩的时候，同时也决定了伴随着小孩子存在的诸多风险。也正因此，父母亲有义务控制风险。”② 而且，父母的保证义务是全面性的，“包括必须防止小孩受伤害（所谓保护义务的保证人地位），也包括必须防止小孩伤害他人的利益（所谓监督义务的保证人地位）”③。

342 至于前行为的性质，黄荣坚教授并不做特别限制。无论前行为是否违背法律义务，是否构成犯罪以及是故意犯罪还是过失犯罪，都不排除其后的不作为构成犯罪的可能性。④ 因此，一个不法的作为，就可能因为之后的不作为而转化成故意犯罪。例如，驾驶人某甲夜间在停车场倒车时，不慎撞伤路边醉汉，某甲知道自己撞伤路人，却径直离去。按因果前行为说，其故意不救人的不作为自然可以构成不纯正不作为犯。⑤ 同样，一个并不违反法律义务的作为，也会因为之后的不作为而构成不纯正不作为犯。例如，某甲刚刚把汽车停在路边收费的停车位内，骑摩托车的某乙因为用手机打电话分心，撞上某甲的汽车而受伤，某甲不仅拒绝把某乙送医，而且还要求某乙赔偿汽车受损所造成的财产损失。在此种情况下，虽然某甲的行为并非违背义务，但无论如何，其前行为制造了某乙伤亡的危险，因此形成保证义务，其不作为仍然构成犯罪。⑥ 照此逻辑，正当行为之后的不作为也不能排除产生刑事责任的可能性。例如，正当防卫行为、制造汽车的行为等，都能产生保障人地位，其后的施救不作为也都能构成不纯正不作为犯。为此，黄荣坚教授将

① 参见黄荣坚：《基础刑法学》（下），中国人民大学出版社 2009 年版，第 477 页。
② 黄荣坚：《刑法的极限》，台北，元照出版公司 1999 年版，第 48 ~ 49 页。
③ 黄荣坚：《刑法的极限》，台北，元照出版公司 1999 年版，第 48 页。
④ 参见黄荣坚：《基础刑法学》（下），中国人民大学出版社 2009 年版，第 478 ~ 480 页。
⑤ 参见黄荣坚：《基础刑法学》（下），中国人民大学出版社 2009 年版，第 479 页。
⑥ 参见黄荣坚：《基础刑法学》（下），中国人民大学出版社 2009 年版，第 482 页。

保障人地位从阶层犯罪论体系中的构成要件中分离出来，而置于有责性的范畴之下，进而通过“期待可能性”这一责任要素来限制不纯正不作为犯的范围，即以不具有期待可能性为由，将正当防卫、制造汽车行为之后的不作为排除在犯罪之外。①

（二）学界的质疑

343 针对黄荣坚教授主张的因果前行为说，有基于两种不同立场的质疑。

344 一种立场是从根本上否定基于先行行为的保障人地位。许玉秀教授的质疑就是基于这一立场。她根据先行行为同其后不作为之间是否侵害相同法益、罪过类型是否相同这两个因素，组合出八种情形，具体分析了基于前行为的保障人地位可能造成的在前行为与不作为之间的重复评价及过度处罚的问题。而其中最主要的症结在于，对同一因果流程的重复评价。从客观方面看，对于前行为制造的因果流程，之后的不作为并无任何介入，唯一有变化的是行为人的犯意增加，即对于死亡结果的放任，但这个主观的意志因素并没有通过任何客观的积极力量促成意志的实现。这意味着，除开前行为外，所谓不作为的杀人，仅仅是以那个增加的主观态度作为定罪根据的。在这里，前行为制造的同一个因果流程，既是过失的作为犯的定罪根据，又是故意的不作为犯的定罪根据，显然是对因果流程的重复评价。② 另有基于相同立场的学者从其他角度提出了质疑，③ 但很难说言之成理。

345 另一种立场并不否定基于先行行为的保障人地位，只是不赞同因果前行为说。其批评意见如下：第一，所谓危险前行为的范围并不清楚。例如，在防卫过当的情况下，如果风险的制造不可完全归责于不法侵害人，而是主要或者部分地可归责于不法侵害人时，行为人是否对这种风险负责，并未得到说明。此外，用行为人对风险具有预见可能性来限制前行为概念，也会存在“究竟哪些情形下行为人对风险有预见可能性”这一不明确的问题。比如黄荣坚教授认为，父母决定生孩子的同时，也就决定了伴随小孩存在的诸多风

---

① 参见黄荣坚：《基础刑法学》（下），中国人民大学出版社 2009 年版，第 483～484 页。

② 参见许玉秀：《当代刑法思潮》，中国民主法制出版社 2005 年版，第 673～676 页。

③ 参见李金明：《不真正不作为犯研究》，中国人民公安大学出版社 2008 年版，第 193～196 页。

险，这意味着他把父母生孩子当作了危险前行为，但这未免使得风险前行为的范围过于前置。第二，黄荣坚教授批评把信赖关系作为确定保障人地位的根据，而另一方面又认为行为人在制造信赖关系的同时，也制造了危险关系，这使信赖关系又变成了危险前行为保障人地位的理由。第三，原因前行为说同我国台湾地区刑事性法律规定第 15 条存在冲突。①

上述批评意见，有些的确言之成理，甚至切中要害；有些则存在误解或 346
是基于传统理论的偏见。

（三）因果前行为说评析

不难发现，黄荣坚教授的因果前行为说同日高义博教授的原因前行为说 347
之间具有明显的亲缘关系。相较而言，因果前行为说比日高义博教授的主张更为清晰，也有所发展。其一，黄荣坚教授明确地将“风险前行为”扩张至合法行为，认为一个制造了风险的合法行为，诸如饲养动物、承诺接管风险等行为，皆能成为形成保障人地位的根据。其二，黄荣坚教授从前行为的角度对母亲故意饿死婴儿构成不作为的故意杀人罪的可能性，提供了理论上的注解，使基于前行为的保障人地位能够周延地将此种特殊的不作为犯涵摄其中。

不过，因果前行为说仍然存在明显的缺陷。其中最突出的问题之一，是 348
将不法的作为纳入前行为的范畴，从而造成因果流程的重复评价。这使其同“原因前行为说”一样，会造成作为犯与不作为犯之间以及一罪与数罪之间的界限混淆。许玉秀教授对此提出的批评无疑是中肯的。

另一个突出的问题是，黄荣坚教授所谓“前行为”的范围不够清晰，难 349
免导致罪与非罪之间的界限混淆。比如，他要求一个并不违反法律义务的行为人对“不作为”承担刑事责任，就缺乏合理性。在他举的那个案例中，某甲把汽车停在停车位内，骑摩托车的某乙因为用手机打电话分心，撞上某甲的汽车而受伤，在此种情况下，某甲并没有任何义务违反，但他仍然认为，“虽然某甲行为并非违背义务，但是无论如何，总之某甲的前行为制造了某乙伤亡的危险，因此形成保证义务，而其不作为仍然构成不作为犯罪”②。可

① 参见许成磊：《不纯正不作为犯理论》，人民出版社 2009 年版，第 328 ~ 330 页。

② 黄荣坚：《基础刑法学》（下），中国人民大学出版社 2009 年版，第 482 页。

见，他所谓的制造风险，并不区分允许性风险与禁止性风险，哪怕是一个法秩序允许的风险制造，也能因为之后的“不作为”而被定罪。照此逻辑，如果汽车司机不谨慎地驾驶汽车撞上了他人的房屋而受伤，那么房屋主人会因为不送医而构成不纯正不作为犯；如果偷鱼贼失足掉入鱼塘，鱼塘的主人会因为不施救而需要对偷鱼贼的死亡承担刑事责任。如此等等的结论是不可接受的。

350 此外，对于正当防卫和紧急避险之后的不作为能否构成不纯正不作为犯，黄荣坚教授分别给出了否定和肯定的结论。问题是，既然两者都是正当化事由，为什么紧急避险后的不作为有可能构成犯罪，而正当防卫则排除这种可能性呢？对此，黄荣坚教授是诉诸“期待可能性的个别判断”来排除正当防卫的刑事责任的。[①] 然而，期待不可能作为一种宽宥事由，是以行为人的理性能力的局限性为根据的个别化判断，而一般地说“正当防卫人对伤势严重的不法侵害人伸出援手缺乏期待可能性”，并不具有理论上的说服力。实际上，对于正当防卫而言，不是由于防卫人的理性能力的局限而不可期待，而是法律根本就没有期待一个正当防卫人在未超过必要限度的防卫之后予以施救的作为。其实，正当防卫致不法侵害人死亡，不过是一种典型的由作为制造的因果流程，无关不纯正不作为犯的评价。前行为理论无法对此提供合理解释，症结仍然在于未能将不纯正不作为犯特殊的因果结构同直接由作为制造的因果流程区别开来。

351 上述质疑并不是要否定前行为对于不纯正不作为犯的评价具有的意义。正如后述，对一个不作为予以结果归责所需要的因果关系，必须以前行为的风险创设为前提。因此，那种以“并不是要追究先行行为本身的罪责”为由，否定前行为对于不纯正不作为犯的因果关系判断的重要意义的认识，并不可取。至于许玉秀教授对基于前行为的保障人地位的彻底否定，是建立在不要求不纯正不作为犯与作为犯具有等价性[②]这一违背公平要求的错误立场上，而且只看到了原因前行为说所可能导致的重复评价问题，而没有全面深入考察前行为对于不纯正不作为犯的认定具有的重要意义，实不足取。

---

① 参见黄荣坚：《基础刑法学》（下），中国人民大学出版社 2009 年版，第 483 页。
② 参见许玉秀：《当代刑法思潮》，中国民主法制出版社 2005 年版，第 730～749 页。

五、等置根据多元标准结合说述评

以不同面貌出现的等置根据多元标准结合说，是除形式的作为义务说之外，国内学界最为常见的主张。这些内涵迥异的学说有一个共同的特点，就是主张综合运用数种判断标准来确立不纯正不作为犯等置于作为犯的根据。至于具体的理论方案及其判断标准，则是见仁见智，不一而足。 352

（一）实质义务类型加形式标准说（张明楷）

张明楷教授从“实质的法义务根据”这一角度，将不作为导致法益侵害结果的过程分为以下三种类型：“（1）由危险源产生的危险→危险增大→实害结果的发生。在这一过程中，只有切断危险源，才能避免实害结果的发生。基于对危险源的支配产生的监督义务，就是一项实质的义务来源。（2）由于某种原因（如人为的或者法益主体自身的原因等）法益处于无助（或者脆弱）状态，因而出现危险→危险增大→实害结果的发生。在这一过程中，法益的保护具体地依赖于特定人时，特定人应有保护义务。（3）基于某种（他人或者法益主体自身的）原因，在特定领域法益出现危险→危险增大→实害结果的发生。在这一过程中，法益的保护依赖特定领域的管理者，该特定领域的管理者负有阻止义务。”“然而，实质的法义务根据，只是说明了具备上述实质的法义务时，才能认定不作为导致了法益侵害结果，从而能够认定不作为符合构成要件。但是，其范围是不明确的，需要辅之以形式的标准。”① 鉴于此，张明楷教授构建了三种作为义务的类型及其范围的理论框架。（1）基于对危险源的支配产生的监督义务，包括：对危险物的管理义务；对他人危险行为的监督义务；对自己的先前行为造成的法益侵害紧迫危险的防止义务。（2）基于与法益的无助（脆弱）状态的特殊关系产生的保护义务，包括：基于法规范产生的义务；基于制度或者体制产生的保护义务；基于自愿承担（合同与自愿接受等）而产生的保护义务。（3）基于对法益的危险发生领域的支配产生的阻止义务，包括：对自己支配的建筑物、汽车等场所内 353

① 张明楷：《刑法学》，法律出版社 2021 年版，第 198 页。

的危险的阻止义务；对发生在自己身体上的危险行为的阻止义务。[①]

354 在这一理论方案中，所谓“实质的法义务”的三种类型仍然是对义务来源的归类，并没有揭示这些作为义务何以成为不纯正不作为犯定罪的实质根据。人们无从知道，为什么一个人必须对因其他人或者法益主体自身造成的法益无助状态或危险状态承担防止结果发生的作为义务，否则就视同于通过作为造成法益危害结果的作为犯。在所谓“出现危险→危险增大→实害结果的发生”这一过程中，那个不作为人的不作为究竟在其中发挥了怎样的作用？如果他只是消极地没有干预，何以能将他的不作为与作为犯同等处置？对此，这一理论方案并没有提供有实质内涵的说明，而是从法律规定、职业要求、合同、自愿接受、先行行为等义务来源中寻找依据。也因此，该方案中前两种义务类型的具体范围与形式的作为义务说和功能二分说大体一致。所谓“基于对危险源的支配产生的监督义务”和“基于与法益的无助状态的特殊关系产生的保护义务”这两种义务类型也是对功能二分说的借鉴，这使功能二分说（乃至形式的作为义务说）存在的问题也会存在于这一理论方案中。而且，难以理解的是，既然根据“实质的法义务”就“能够认定不作为符合构成要件”，怎么还需要辅之以形式的标准限定作为义务的范围呢？毕竟，构成要件乃是不法行为的定型化，一旦行为满足不法的构成要件，其他因素对这个不法构成来说就是多余的了。

355 尤须指出的是，这一方案中的第三类作为义务（对危险发生领域的支配产生的阻止义务）进一步扩张了不纯正不作为犯的范围，并无合理性可言。其中的第一种义务是“对自己支配的建筑物、汽车等场所内的危险的阻止义务”。例如，“自家的封闭庭院里突然闯入一个危重病人或者生活不能自理的儿童，他人不能发现和救助，庭院的支配者有义务救助（如将病人或儿童送往医院或者转移至他人可以发现的场所）”[②]。在这种情况下，如果要那个场所的管理者对一个不请自来的闯入者的死亡承担责任，并且是如同他杀害了这个闯入者一样的刑事责任，显然是将道义责任嫁接于刑事责任之上，是违反常识和常理的。其中的第二种具体义务是“对发生在自己身体上的危险行

---

① 参见张明楷：《刑法学》，法律出版社 2021 年版，第 198～205 页。
② 张明楷：《刑法学》，法律出版社 2021 年版，第 204 页。

为的阻止义务”，“最为典型的是，幼女主动对男子实施猥亵行为时，由于危险发生在男子身上，男子负有制止义务。男子不制止而任由幼女实施猥亵行为的，成立猥亵儿童罪”①。这样的结论同样不可接受。猥亵儿童罪是典型的行为犯，猥亵的不作为就是不猥亵，因而并无不作为犯成立的余地。就上述事例而言，如果那个男子无动于衷，那他就不存在猥亵，而是被猥亵，因而没有不法可言；如果该男子借机主动配合，那就是作为。所谓不作为的猥亵，实际上是错误地根据身体运动与否划分作为与不作为所产生的误解（见边码396以下）。因此，张明楷教授的方案不仅未能解决功能二分说存在的问题，而且使问题进一步扩大了。

（二）形式判断与实质判断位阶关系说（陈兴良）

陈兴良教授认为，“实质的作为义务并不是对形式的作为义务的否定， 356
毋宁说，在两者之间存在一种逻辑上的位阶关系：形式的作为义务是对作为义务的形式判断，实质的作为义务是对作为义务的实质判断。只有在对作为义务进行形式判断，确认形式的作为义务存在的基础上，才能进一步对作为义务进行实质判断。形式的作为义务是存在论意义上的作为义务，而实质的作为义务则是价值论意义上的作为义务”②。其中，形式的作为义务包括：法律规定的作为义务；职务和业务上要求的作为义务；法律行为设定的作为义务；先行行为引起的作为义务。③ 所谓实质的作为义务，应根据以下三点予以认定：第一，主体具有保证人地位。“不作为犯所处的这种保证人地位使其承担防止结果发生的实质性义务，如果不履行这种义务，则应对法益侵害结果承担刑事责任。”④ 第二，行为具有等价值的性质。“因为作为与不纯正的不作为是共用一个构成要件，刑法对不纯正的不作为并未作出专门规定。在这种情况下，只有与作为具有等价值性的不纯正的不作为才能被认定为犯罪。”⑤ 第三，原因设定与结果支配。“原因设定是指不作为者在该不作为成

① 张明楷：《刑法学》，法律出版社2021年版，第204～205页。
② 陈兴良：《教义刑法学》，中国人民大学出版社2017年版，第273页。
③ 参见陈兴良：《教义刑法学》，中国人民大学出版社2017年版，第265～270页。
④ 陈兴良：《教义刑法学》，中国人民大学出版社2017年版，第273页。
⑤ 陈兴良：《教义刑法学》，中国人民大学出版社2017年版，第274页。

立之前，必须自己设定倾向侵害法益的因果关系，它是具有实质性意义的等价值的判断标准。这一观点是日本学者日高义博教授提出来的，也称为实质的原因设定性理论。”“结果支配是指对结果发生具有支配性。”对此，他认同许乃曼教授和西田典之教授的学说。[①]

357 这一理论方案是对形式的作为义务说、纳格勒提出的保证人理论、日高义博教授的原因前行为说、许乃曼教授的原因支配说、西田典之教授的排他性支配及支配领域说的综合运用。按照这一方案，首先要对作为义务予以形式的判断，初步划定作为义务的范围，在此基础上，再分别根据不同的实质标准对作为义务予以实质性判断，最终确定不纯正不作为犯的作为义务。然而，这一复杂的理论方案存在多方面的问题。其一，纳格勒虽然率先提出了保障人地位的概念，但并没有为保障人地位的判断提供实质根据，因而保障人地位同作为义务一样，是证明的对象而非证明的实质标准或根据。其二，日高义博教授、许乃曼教授、西田教授三人各自的学说之间存在差异，如何运用他们各不相同的等置根据理论进行作为义务的实质判断，在这一方案中是不清楚的。其三，日高义博教授、许乃曼教授、西田典之教授是要用他们各自主张的等置根据取代形式的作为义务说，如果按照他们各自的主张确定了实质性的判断根据，所谓作为义务的形式判断就没有意义，或者说，并不需要先进行形式判断而后再进行实质判断的二位阶构造。其四，前述已经表明，所有这些学说都存在难以克服的弊端，将这些学说综合运用并不能使其弊端得以消除，相反会陷入对这些不同主张的选择困境和矛盾之中，并存在因为标准混乱导致司法裁判不一之虞。其五，所谓“形式的作为义务是存在论意义上的作为义务，而实质的作为义务则是价值论意义上的作为义务”的定位欠妥。事实上，形式的作为义务是侧重于规范的评价：其中的法定义务完全由法律规范所赋予，是以法律的期待为依据的价值判断；其中的职业义务和法律行为所生之义务，虽有一定的存在论根据，但更多的是一种规范性判断。相反，作为义务的实质判断，则重在揭示作为义务的存在论根据。上述表明，这一结合多种学说的理论方案并不可取。

---

① 参见陈兴良：《教义刑法学》，中国人民大学出版社 2017 年版，第 274 ~ 275 页。

（三）“规范支配论”（苏彩霞等）

苏彩霞教授和她的学生肖晶提出了兼顾事实与规范的“规范支配论”。358
他们意识到，“防止作为义务来源的扩张是比寻求作为义务来源的多样化更为紧迫的任务”，因而需要从“事实—规范”两个维度对作为义务的范围予以限定。在他们看来，“规范支配论建立在‘法益对支配者行为的依赖’这一现实基础和‘社会对支配者的行为的期待’这一规范基础之上”。“支配是行为人基于支配意思，对因果关系的控制的现实性或可能性。支配是一个规范性的概念而非仅仅对客观现实的描述。对作为犯而言，支配基于作为犯因果关系的现实性特点，更强调客观与现实性的一面。而由于不作为犯因果关系本身即具有规范假设的特点，在不作为犯理论研究领域，更强调支配的规范性色彩与支配的可能性”。“‘支配’概念本身既包括行为人主观上对行为、结果或因果关系的控制意思，也包括行为人对行为、结果或因果关系的客观外在的控制；既包括控制的现实性，也包括控制的可能性，是一个集主观与客观、现实与可能于一身的复杂概念”。“‘支配’不仅仅是指行为人对不作为因果流程的现实支配，更是规范对行为人支配因果流程的要求或拟制”，“可以将其分为现实的支配和拟制的支配两种类型”。“支配的判断标准存在三个要素，即支配的可能性、相当性与优越性要素。”规范支配论的具体运用需要将作为义务的形式来源和实质来源统一起来，“形式来源是作为义务的形式侧面，表征不纯正不作为犯的形式违法性；而实质来源是作为义务的实质内涵，表征不纯正不作为犯的实质违法性。两者共同构成作为义务这一不纯正不作为犯的特殊犯罪构成要件”①。

遗憾的是，这一方案只专注于理论阐释，没有针对实务中不作为的具体 359
类型该如何运用“规范支配论”解决合理定罪问题予以说明，因而在持论者的观念中，不纯正不作为犯的范围究竟是怎样的，人们难以知晓。同样，“规范支配论”中的“现实基础”和“规范基础”这两个方面同作为义务的“形式来源”和“实质来源”这两个侧面之间是何种关系，也不甚了然。更

① 苏彩霞、肖晶：《作为义务的实质来源：规范支配论之确立与展开》，载《浙江大学学报（人文社会科学版）》2015 年第 4 期。

难以理解的是，“支配”这一核心范畴有着一副变幻莫测的面孔：它可以是主观的，也可以是客观的；既可以是现实的支配，也可以是一种可能的支配；既可以是实际存在的支配，也可以是观念上拟制的支配。这使“支配”成为一个飘忽不定的范畴。何以如此，原因在于：“规范支配作为理论基础的解释力非常宽泛，能够为先行行为、密切关系等作为义务种类提供理论基础。”① 然而，如果是为了兼顾作为义务的各种形式来源而赋予“支配”概念多样化的内涵，就背离了持论者试图限制传统学说中作为义务的范围这一理论初衷。正因如此，持论者又不得不为“支配”的判断附加“支配的可能性、相当性与优越性”三个标准。但问题是，如果“支配”本身就是变幻莫测的，一个能够清晰确定的判断标准就不可能存在。这意味着，“规范支配论”将“作为义务”的判断及不纯正不作为犯的认定置于高度的不确定性之中。

（四）“二元保证人理论”（姚诗）

360 姚诗教授提出的“以结果原因支配说为原则、以先行行为为例外的二元保证人理论”，乃是许乃曼教授主张的原因支配说和形式的作为义务说中的先行行为说的结合体。她认为原因支配说具有合理性，能够为大多数作为义务来源提供理论根据，但与先行行为很难相容。而在我国，“不论在立法上还是在司法实践中，都一边倒地肯定先行行为是作为义务的来源”，因此，应当“将先行行为视为例外，在结果原因支配说之外单独考虑其理论基础”。姚诗教授为此提出的理论根据是：“作为‘法律上离风险最近的人’，先行行为人最有可能马上补救法益”，就像一个事前放置爆炸物的人能轻易防止爆炸事故，或者事前拘禁了他人的人能轻易释放他人一样。②

361 这一理论方案为不纯正不作为犯的保障人地位提供了两个并行的判断根据：要么基于对结果的原因支配，要么基于先行行为。然而，前述已经表明，无论是许乃曼教授的原因支配说，还是先行行为说，都难以为不纯正不作为

① 苏彩霞、肖晶：《作为义务的实质来源：规范支配论之确立与展开》，载《浙江大学学报（人文社会科学版）》2015 年第 4 期。

② 参见姚诗：《不真正不作为犯的边界》，载《法学研究》2018 年第 4 期。

犯的刑事归责建立正当性基础。因此，对原因支配说和先行行为说的简单继受并不可取。

（五）“作为义务二元论”（郝川等）

362 郝川教授和他的学生詹惟凯提倡“作为义务二元论”，将等价性与形式的作为义务视为成立不真正不作为犯作为义务的两个必备条件：“等价性解决的是作为与不作为客观事实构造上的差异，其关键是要判断是否对侵害法益的因果进程有支配作用。（形式的）作为义务解决的是不作为人应不应为的问题，哪怕不作为人实际支配了因果进程，只要没有理由使其应该有所作为，也不能成立不真正不作为犯。”就等价性而言，“作为与不作为之等价，在于违法性层面的等价，而根本问题是两者因果进程中‘创设并推动原因力’与‘利用并支配原因力’的相当，也即因果关系的相当推定二者构成要件符合性的相当，进而推定二者违法程度的等价。”这是因为，“作为是行为人通过直接作为的方式，直接创设并推动侵害法益的因果进程，而不作为从物理角度看，对法益侵害并无直接的作用力，其只能利用既存的指向法益侵害的因果进程，这是二者结构上的先天差异。所以，要借用作为犯的条款处罚不真正不作为犯，就要弥补这种结构上的差异。而要弥补这种结构上的差异，就要看利用因果进程和创设因果进程是否等价，也即，是否对法益都有威胁，是否都能侵害法益。如果对因果关系的创设推动和放任利用能够相当，即有同等程度的法益侵害性，可谓二者达到了等价，而利用因果进程要能够和作为等价，则只能是达到了‘支配’因果进程的程度，即支配该因果进程并对其加以利用”①。

363 这一理论方案大体遵循了等价性理论的思考方式，即用等价性对形式的作为义务予以限制。其独特性在于，等价性是以因果关系的相当性为判断根据的。这意味着，这一理论方案的“等价性”标准实为多余，如果用“因果关系相当性”替代“等价性”会更为直接、明确。然而，这一理论方案并不可取。这不仅因为在这一方案中需要认可的“形式的作为义务”在范围上并

① 郝川、詹惟凯：《不真正不作为犯“作为义务二元论”再提倡——兼论作为义务与等价性之关系》，载《社会科学战线》2018 年第 12 期。

不清楚，持论者只强调“身份关系”能产生形式的作为义务，但身份关系的范围却不清晰，更重要的是，所谓因果关系的相当性判断，根本就不能成立。人们无从知道，一个不作为是如何“利用并支配原因力”或者“支配该因果进程并对其加以利用”的，尤其是，所谓“对因果关系的创设推动和放任利用能够相当”的说法，更难以理喻。如果不是基于行为人自身的风险创设，一个不干预因果进程的不作为无论如何都不可能同一个制造因果进程的作为具有相当性。而且，如果一个不作为具有同作为相当的因果支配性，那么在结果归责的根据上就已经同作为犯相当了，何须再以形式的作为义务为其等价性根据？

（六）作为义务与等价性双重限制说（李金明）

364 学者李金明认为，应从作为义务与犯罪构成等价性两个方面对不纯正不作为犯予以双重限制。就作为义务而言，他主张从形式的侧面和实质的侧面考察作为义务的来源，二者不可偏废。所谓形式侧面，就是要有刑法上的规范依据和事实依据，也就是要由刑法对不纯正不作为犯的作为义务和构成要件作明确规定。然而，我国现行刑法无此规定，因而面临的选择是：要么立即停止对不纯正不作为犯的定罪处罚，要么通过立法增设不纯正不作为犯的规定。所谓实质侧面，就是确定作为义务来源的实质根据，即“对法益的社会功能关系”，也就是功能二分说从功能意义上提出的各种义务根据。① 就犯罪构成等价性而言，就是要求不纯正不作为犯同作为犯一样，具备犯罪构成的四个要件。其中，客观方面的等价性标准有三个：一是法益面临现实的威胁；二是义务人对法益侵害具有排他的支配性；三是防果可能性。同时，主观罪过中的认识因素和意志因素一般与客观要件相对应。②

365 这一复杂的理论方案并不可取，其存在的主要问题是：第一，作为义务的判断同犯罪构成等价性的判断之间是何种关系，并不清楚。比如，作为义务是不是构成要件？作为等价性标准的“排他的支配性”与作为义务是什么

① 参见李金明：《不真正不作为犯研究》，中国人民公安大学出版社 2008 年版，第 227 ~ 232 页。

② 参见李金明：《不真正不作为犯研究》，中国人民公安大学出版社 2008 年版，第 280 ~ 285 页。

关系？如果说作为义务的形式侧面指的是刑法规范上对作为义务和构成要件事实的规定，那么犯罪构成要件的判断究竟是属于等价性判断的范畴还是属于作为义务的形式侧面的判断内容呢？对这些问题，持论者没有予以说明，而且在其理论框架中也难以厘清。第二，认为不纯正不作为犯缺乏刑法上的规范依据，并不妥当。第三，将功能二分说对作为义务的功能性分类视为作为义务的实质根据是一种误解。其实，功能二分说同形式的作为义务说并无实质的差异，无法为不纯正不作为犯提供刑事归责的实质根据（见边码227）。

（七）形式义务与实质义务互为限定说（郝艳兵）

学者郝艳兵提倡形式的作为义务与实质的作为义务之间互为限定，因为，“单纯采取形式标准或者单纯采取实质标准都具有自身无法克服的局限性，只有从形式与实质两个侧面来说明作为义务来源……才能对不纯正不作为犯的处罚范围提出一个合理的具备可操作性的限定标准”①。对于形式的作为义务，他认可法律明文规定（经由刑法认可或要求）的作为义务、合同行为引起的作为义务、自愿承担行为引起的作为义务、先行行为产生的作为义务。②在具有形式的作为义务的前提下，他认为应当根据下述两个方面进行作为义务的实质判断：首先，不纯正不作为犯属于结果犯，故作为义务的内容是直接防止结果发生的义务，而非单纯行为的义务。其次，不作为与作为等价性的根据应当从行为人与因果关系流程的关系中去寻找，“就必然要求不作为者将正在发生的因果关系流程控制在自己手中，即对因果流程具有一种排他性支配的状态。换言之，行为人在这种特定的场合之下单独操纵着危害结果发生的因果流程，只有该行为人能采取措施防止危险结果的发生，而其他人对于这种因果流程是很难进行干涉的。在这种情况下，行为人已经具体、现实地支配着趋向发生危害结果的因果关系”③。例如，汽车司机肇事后逃逸，通常不构成不作为的故意杀人罪，但如果行为人将被害人抛弃到他人援助可能性极小的野外，就对被害人形成了排他性的支配关系，便能够构成不作为 366

① 郝艳兵：《不纯正不作为犯的作为义务适用论》，法律出版社2015年版，第44页。

② 参见郝艳兵：《不纯正不作为犯的作为义务适用论》，法律出版社2015年版，第45~86页。

③ 郝艳兵：《不纯正不作为犯的作为义务适用论》，法律出版社2015年版，第119页。

的故意杀人罪。

367 在这一理论方案中，如何确定一个形式的作为义务究竟是防止结果发生的义务还是单纯的行为义务，在判断标准上是不清楚的。同样不清楚的是，所谓对因果流程的排他性支配状态究竟具有怎样的内涵以及如何判断。从持论者对交通肇事逃逸案的解释看，似乎要求行为人有诸如将伤者抛弃于野外等积极的“支配行为”，但这已经超出了不作为的范畴。对于父亲不救落水的儿子，持论者又不要求有一个积极的“支配行为”，而是认为“判断的核心应当是法益保护对作为义务人的依赖程度”，只有在只能由作为义务人才可以采取措施防止结果发生的场合，义务人才具有保障人地位。[①] 显然，这两种情形下的判断标准并不统一。如此，所谓排他性支配就如同可以任意变化的万花筒了。

（八）“以支配理论为中心的形式、实质作为义务统一论”（许成磊）

368 在这个统一论方案中，一方面，持论者基本上认同形式的作为义务说所主张的那些作为义务来源，甚至认为还应当有所扩展；另一方面，他认为对不纯正不作为犯必须着眼于结果的无价值，故应当从不作为行为人与法益之间的关系中寻求对作为义务的限定。对于实质根据，他推崇西田典之教授提出的“排他性支配及支配领域说”。也就是说，“在对作为义务进行实质限定过程中，居于中心地位或者说作为限定标准的核心要素在于，行为人对受害法益的排他性支配关系。这种支配关系的存在和开始，尽管在事实承担的场合可以无疑地予以确认，但不限于此，在具有支配领域性时也要考虑成立不作为犯的可能”[②]。基于上述两个方面的根据，持论者提出了确定不纯正不作为犯的作为义务要考虑的三个条件：第一，被害人的重大法益（如生命、身体）面临现实的、具体的、迫切的危险之中；第二，不作为人具有排除这种危险的法律上的义务，这种义务不限于法律明文规定的义务，也不限于我国传统理论中的四种作为义务，基于特定身份、地位和特定事实所引起的行为人与被害人之间的特殊关系，也应考虑在内；第三，被害人的法益处于不作

---

① 参见郝艳兵：《不纯正不作为犯的作为义务适用论》，法律出版社2015年版，第125页。
② 许成磊：《不纯正不作为犯理论》，人民出版社2009年版，第341～343页。

为行为人的现实排他性支配关系中，也就是不作为人具有对被害人法益救助的排他性支配地位，这种地位的形成不限于事实承担的场合，在支配领域的场合也应考虑是否存在排他性支配关系。①

在这一理论方案中，西田典之的排他性支配及支配领域说同形式的作为义务说之间是何种关系，并没有得到清楚的说明。本来，西田典之教授的主张是立足于对形式的作为义务说的否定，并且他明确地将先行行为排除在作为义务的根据之外，但这一理论方案既推崇西田典之的主张，又认可形式的作为义务来源，是令人费解的。事实上，用所谓“排他性支配”和“支配领域性”对形式的作为义务予以实质限定的想法是不成立的。因为在西田典之的主张中，“排他性支配”类同于形式的作为义务说中被视为“法律行为”的“自愿承担”；而“支配领域性”是基于身份、地位、职责的规范评价，如基于父子、建筑物的所有人、租借人、管理员等身份关系、社会地位所承担的持续保护管理义务，这同形式的作为义务来源并无本质的差异，不过是某些形式的作为义务的另一种表达方式。因此，把支配领域说同形式的作为义务说结合起来的尝试，注定不可能获得有价值的结论。 369

（九）事实关系与规范关系协调说（王霖）

王霖认为，作为义务的判断，应实现事实关系的判断与规范关系的考察之间的协调贯通，“通过因果关系的支配可能性判断与社会团结义务之合理信赖的双层判断检验作为义务成立与否”。所谓事实关系的判断，就是因果关系的支配可能性判断，其判断根据是客观上是否存在防止结果发生的可能性。所谓规范关系的判断，就是基于“社会团结义务之合理信赖”所做的关系判断，这种信赖关系包括密切的信赖共同体之合理信赖与临时的危险共同体之合理信赖。临时的危险共同体又可划分为保护功能接管共同体和危险制造与监督共同体。这其中，“事实关系的考察是作为义务产生的前提条件；规范关系的判断是作为义务产生的基础”。在判断顺序上，先从事实关系上 370

---

① 参见许成磊：《不纯正不作为犯理论》，人民出版社2009年版，第354～355页。

确认对因果关系的支配可能性，然后再进行规范关系的判断。①

371 在这一理论方案中，所谓因果关系的支配可能性这一事实关系的判断，是用以将无法防止危害结果发生的意外事件和不可抗力排除在外，因而相当于通常意义上的“作为可能性”“防果可能性”判断。这意味着，所谓事实关系的判断所针对的是主观罪责问题，而与作为义务的确定无关。因为，一个人有没有作为义务与他能否有效地履行作为义务是两个不同的问题。如此，作为义务的根据就全赖于所谓规范关系的判断，也就是根据雅各布斯教授的制度管辖理论中提出的团结义务进行身份关系的判断。这就又回到了持论者所批判的“过分倚重规范判断”的路径上了。也正因如此，持论者将其主张用于分析［例1-3］（见边码133）中的出租车司机洪某中途弃置伤者的行为，以“保护功能接管共同体的存在”为由，得出了“评价为不作为的故意杀人罪并非不妥”的错误结论。②

① 参见王霖：《不纯正不作为犯实质义务来源的品格矫正——基于法益保护与规范维持贯通的思考》，载《西部法学评论》2016年第4期。

② 参见王霖：《不纯正不作为犯实质义务来源的品格矫正——基于法益保护与规范维持贯通的思考》，载《西部法学评论》2016年第4期。

第三章　不纯正不作为犯的范畴与规范依据

内容提要

不纯正不作为犯，是指以作为的风险制造或者风险承诺自我设定保障义务为条件，故意或者过失地通过不履行风险防控保障义务而设定危害法益的因果进程的结果犯。 372

不纯正不作为犯有以下三个基本特征：一是其不法表现形式上的不作为，这是其区别于作为犯的基本特征；二是其以结果非价为基本可罚根据的结果犯属性，这是其区别于纯正不作为犯的基本特征；三是其须以保障义务的自我设定为条件的因果性，即只有通过风险制造或者风险承诺自我设定保障义务，其风险防控不作为才具有对于危害结果的原因性，也就是说，其因果性须在通过作为的风险制造或者风险承诺和通过风险防控不作为的因果设定的关联评价中得以证明。上述第二个及第三个特征构成了不纯正不作为犯的“不纯正”的内涵：一方面是其可罚根据不在于单纯的义务违反（不作为），而在于通过不作为制造危害结果；另一方面是其结果制造不是单纯通过不作为，还须以风险制造或者风险承诺为条件。 373

不纯正不作为犯的存在范围应根据两个标准限定之。其一，不纯正不作为犯应限于结果犯，那些针对行为犯设置的不法类型应排除在不纯正不作为犯的范围之外。其二，不纯正不作为犯限于任意手段犯。如果罪刑规范对结果犯的不法行为方式有明确限制，就表明该罪刑规范已经将不作为排除在该不法构成的范围之外；只有那些不对行为方式作限制的 374

纯粹结果犯才能同时将作为的不法与不作为的不法涵摄其中。根据这两个标准，不纯正不作为犯在规范上的依据及存在范围都得以明确。这也意味着，不纯正不作为犯被逻辑地涵摄于那些不限手段的结果犯立法中，而非超越于罪刑规范之外，因而并不是违反罪刑法定原则的类推解释或者理论拟制。

第一节 不纯正不作为犯的范畴说明

一、不法表现形式上的不作为

375 不纯正不作为犯的不法行为表现为不作为，这是不纯正不作为犯区别于作为犯的基本特征。不过，不作为的界定及其同作为的界分，是一个有待深入研究的问题，也是刑法学领域长期以来的争议话题。鉴于不作为的恰当界定直接关系到对不作为犯的范围及其归责根据的合理解读，因而区分不作为与作为乃是探讨不纯正不作为犯的基础性任务。

（一）作为与不作为的规范内涵

1. 作为与不作为的一般含义

376 作为与不作为，并非对行为的现象化描述，而是以社会期待为根据的规范性范畴。易言之，作为与不作为总是相对于社会期待而言的。

377 期待有两种不同的方向，即正向期待和反向期待。正向期待就是期待社会成员做出积极努力，当社会成员实施被人们期待的积极行为，如学习知识、生产劳动、科学研究、锻炼身体、照顾家人、帮扶他人等为社会期待之行为，就是正面意义上的作为。而如果违背这种正向期待，即不为被期待之积极行为，就是不作为。反向期待的内容是禁止性的，即期待社会成员不为一定之行为。当社会成员违背这种期待，实施社会所期待避免的行为，就是负面意义上的作为，亦即被否定的作为。

378 法律意义上的作为与不作为，是相对于法律规范上的期待而言的。就规范内容而言，法律规范包括三种类型，即授权性规范、禁止性规范和义务性规范。授权性规范属于任意性规范，并不表达确定的规范期待。禁止性规范表达的是不当为的禁止命令，即赋予社会成员不得为一定之行为的消极义务。如果社会成员违反这种消极义务，就是违法的作为。义务性规范表达的是当为的义务命令，即赋予社会成员必须为一定之行为的积极义务。如果社会成员违反这种积极义务，就是违法的不作为。因此，在法律上，违法的作为就是对禁止性法律命令的违反；违法的不作为就是对义务性法律命令的违反。

2. 罪刑规范上的作为与不作为

在刑法上，不法的作为与不作为，同样是基于规范期待的负面评价：作为，是指违反禁止性规范所赋予之消极义务的不法行为（不当为而为之）；不作为，是指违反义务性规范所赋予之积极义务的不法行为（当为而不为）。 379

需要指出，不能因为罪刑规范包含罚则而认为罪刑规范都是禁止性规范，从而误认为犯罪行为都违反禁止性规范。这涉及对罪刑规范在功能上的合理解读。罪刑规范具有功能上的双重属性，乃裁判规范和行为规范的复合体。[①] 在行为规范的意义上，罪刑规范也有禁止性规范与义务性规范之分。从法理上讲，一个法律规范的逻辑结构通常包含“行为模式”和“法律后果”两个要素，前者是法律对应然的行为标准（人们应该怎样或者不得怎样）的规范命令，后者是人们遵守或者违反规范命令在法律上的后果。所谓禁止性规范与义务性规范，其划分依据在于规范命令中的“行为模式”：包含当为命令的规范，是义务性规范；包含不当为命令的规范，是禁止性规范。至于“法律后果”，则无关禁止性规范与义务性规范的划分。就刑法设置的罪刑规范而言，如果单从法条语言看，并无规定“行为模式”的规范命令，而是只就违背行为模式命令者规定刑罚意义上的法律后果，其所直接表达的只是作为裁判规范的一种罚则（违反行为模式的后果）及其适用条件（违反行为模式的样态）。然而，从逻辑上讲，这种惩罚性规定必然立基于某个关于行为模式的规范命令，或者说，罪刑规范总是隐含着一个应当怎样或者不得怎样的规范命令，罚则只是违反该规范命令的逻辑后果。比如，关于盗窃罪的罪刑规定，就隐含着不得以窃取手段非法占有他人财物的禁止性命令；关于逃税的罪刑规定，就隐含着纳税义务人必须纳税的义务性命令。就裁判规范而言， 380

① 参见［日］日高义博：《不作为犯的理论》，王树平译，中国人民公安大学出版社 1992 年版，第 89 ~90 页。

作为罚则的罪刑规定，为司法裁判提供了相对明确的成文依据。就行为规范而言，作为规范结构要素的"行为模式"虽然没有直接表达于罪刑规范中，但这并不妨碍人们根据罚则所针对的不法行为反向解读出关于"行为模式"的规范命令。这就是说，罪刑规范在行为规范的意义上，逻辑地包含（语言上隐含）关于"行为模式"的命令，而且该命令可根据罪刑规范对不法行为的描述获得相对清晰的呈现。此乃法律语言和社会生活的常识。这样，我们就能够根据罪刑规范所隐含的行为规范命令，明确罪刑规范中行为模式的禁止性或者义务性，并据此区分刑法上的作为犯与不作为犯。而如果罪刑规范只关注行为的法益危害结果，并不对行为的禁止性或者义务性作特别限制，则意味着该罪刑规范所规制的行为既可以是作为也可以是不作为。

381 从本源上看，罪刑规范隐含的行为规范源自其他被法秩序确认的社会规范（前刑法规范）。众所周知，刑法是保障法，它所保护的社会关系乃由其他法律部门通过确立或者确认行为规范予以调整和保护，刑法只是通过刑罚这一最为严厉的法律手段为这些行为规范提供更为有力的二次保障。因此，罪刑规范通常并不创设行为规范，而是对已经被其他部门法所确立、认可的部分重要的行为规范提供法律后果上更强有力的保障。这就是说，罪刑规范虽然没有对行为规范予以明确表述，但其隐含的行为规范通常具有明确的前刑法规范依据。

382 刑法学界存在的一种不恰当认识，就是把罪刑规范不加区分地视为禁止性规范，这也为不纯正不作为犯究竟属于作为犯还是不作为犯的学术争议埋下了伏笔。有人将不纯正不作为犯视为作为犯，理由在于其认为此类犯罪同作为犯一样都违反禁止规范。① 有学者认为，"从违反法律规范的性质看，作为直接违反了禁止性的罪刑规范"；"不作为不仅违反了禁止性罪刑规范，而且直接违反了其他法律、法规中的义务性规范或者命令性规范"②。这种认识的症结所在，就是把刑法上的罚则同行为规范混为一谈。如前所述，区分禁止性规范与义务性规范的根据在于规范确立的行为模式，而不在于法律后果

① 参见［日］日高义博：《不作为犯的理论》，王树平译，中国人民公安大学出版社 1992 年版，第 29 页。

② 张明楷：《刑法学》，法律出版社 2016 年版，第 146 页。

是否具有惩罚性。因为无论是违反禁止命令还是违反义务命令，都可能遭致惩罚后果。同时，也不能把法律规范中关于行为模式的命令和作为法律后果的罚则，分解为两种不同的法律规范。事实上，不仅刑法规范中有罚则，先于刑法评价的其他法律规范也有罚则。比如税法，不仅在法律规范中确立纳税义务人应当纳税的行为模式，而且还有对违反行为模式的惩罚规定，两个方面共同构成一个完整的法律规范。而刑法关于逃税罪的规定，实际上是这一规范在罚则上的进一步加重。易言之，关于逃税的罪刑规定同税法对于违反纳税义务的惩罚规定是基于相同的规范命令，因而不能认为逃税行为在税法上是违反义务性规范，而在刑法上就是违反禁止性规范。

（二）作为与不作为的特殊类型

1. 借助积极举动的不作为

383 行为人借助某种积极的举动，来逃避法律上的义务，属于借助积极举动的不作为。例如，行为人为了逃避战时服兵役的义务而出境躲避或者远走他乡，或者纳税义务人为了逃税而在财务报表上造假的情形即属之。在此类情形下，应注意区分自然生活意义上的作为和规范评价上的不作为。行为人出境躲避、远走他乡或者财务造假等积极的举动属于生活事实范畴上的作为，但这种作为不属于特定规范的评价对象。在规范评价的意义上，重要的是行为人不履行战时服役的义务或者纳税的义务，即违反义务性规范的不作为。

384 学术上广泛关注并存在认识分歧的是义务人通过积极举动中断救治（救助）义务的情形。在德国的一起涉及安乐死的司法判决中，德国联邦最高法院确认了医生“终止器械加护治疗”属于对继续抢救努力的不作为，即使关闭维持生命体征的医疗器械需要通过一个积极的身体动作（如关闭呼吸机）也是如此。然而，德国联邦最高法院第二刑事审判庭在 2010 年 6 月 25 日对另一起案件的司法裁判却作了与判例一贯立场相反的判决，该判决将关闭生命维持设备的行为一律以作为论。[①] 对此，学界也存在两种相反的认识。一种主张是将此类情形视为“通过作为的不作为”。因为，“在这样一个案件中，关掉呼吸机虽然从外部看来是一个作为，但是在规范上却应当根据不作

① 参见黎宏等：《不作为犯研究的新展开》，北京大学出版社 2022 年版，第 5 页。

为的规定来处理，并且，在缺少行为的义务时，就是无刑事可罚性的。这也适用于所有那些案件，在这里，继续进行救援努力不再是所要求的”①。另一种曾经流行的观点是坚持从作为的原因性中推导出故意杀人的结论。②

385 上述义务人关闭或者撤除维持生命体征的医疗器械的情形，属于典型的借助积极举动的不作为。义务人关闭或者撤除医疗器械是基于其先前履行义务的积极作为，即采用医疗器械维系患者的生命。在这一前提下，其后关闭或者撤除医疗器械的举动所具有的实质意义就是中断已经开始的作为义务努力，故实际上属于违反作为义务的不作为。正是从不作为的意义上，才需要将行为人的作为义务纳入责任评价根据的范畴。如果将此类关闭或者撤除医疗器械的举动视为作为，那么其责任判断就与行为人是否具有作为义务无关了，这就会导致刑事归责判断上的难题。比如，医生凭借其专业判断认定继续采取救治措施不再具有医疗意义时，其与患者之间的医疗合同关系便终止了，也意味着其救治义务的终结。此种情形下，医生不再继续治疗（包括关闭医疗器械）就因为缺乏义务根据，不再属于可以归责的不作为。然而，如果将医生关闭医疗器械的举动视为作为，那么在上述情形下就会逻辑地得出应予刑事归责的错误结论。

386 上述原理也适用于其他救助义务人中断救助措施的情形。比如，有救援义务的甲向濒于溺水的乙扔去一根绳索，这本来可以让乙获救，但在乙能够够得着的距离之前，甲又把绳子收回了，结果乙溺水身亡。对于此例中甲的行为，就应当归入不作为的行为构成。③ 国内有学者将此类情形视为“以作为而违反的不作为”。④ 其所谓作为，显然是就生活事实上的行为举止而言的，而不作为则是一种规范上的评价。

387 将上述情形实质地界定为不作为，意义在于合理确定刑事归责的根据。因为不作为是以行为人负有特定的作为义务为前提，如果缺乏这种义务就不

---

① ［德］克劳斯·罗克辛：《德国刑法学总论：犯罪行为的特别表现形式》（第 2 卷），王世洲译，法律出版社 2013 年版，第 500 页。

② 参见［德］克劳斯·罗克辛：《德国刑法学总论：犯罪行为的特别表现形式》（第 2 卷），王世洲译，法律出版社 2013 年版，第 501 页。

③ 参见［德］克劳斯·罗克辛：《德国刑法学总论：犯罪行为的特别表现形式》（第 2 卷），王世洲译，法律出版社 2013 年版，第 498 页。

④ 参见林山田：《刑法通论》（下册），北京大学出版社 2012 年版，第 150～151 页。

具备刑事归责的正当性。例如，无救援义务的行为人向溺水者抛去了一根绳索，而后发现溺水者是自己的情敌，便又收回了那条本来可能让溺水者得救的绳索，其行为就没有刑事责任可言（如果法律规定了见危不救罪则另当别论）。

2. 借助消极举止的作为

行为人违反禁止性规范的作为，有可能是通过或者借助某种消极举止得 388
以实现，这就是借助消极举止的作为。道路交通领域的驾驶者违规闯红灯的情形中就存在很典型的例子。在规范意义上，参与道路交通的驾驶者违反红灯禁行的规定闯红灯，当属于违反禁止性规范的违法作为，然其表象性的行为举止则有两种表现。一种是通过积极的举动实现规范上的违法作为，例如，在红灯转换为绿灯之前提前启动车辆通过路口。此种情形下的行为无论在生活事实上还是规范评价上都属于作为。另一种更常见的情形是，驾驶者在红灯禁行的情况下，不对行驶中的车辆采取制动措施而径行通过红灯路口。此种情形下的违法作为就是通过不踩刹车的消极举止得以实现的。在生活事实的意义上，不踩刹车当然是一种不作为，但其本身并非不法评价的对象；构成法律非难根据的是对红灯禁行这一禁止性规定的违反，故该行为属于规范意义上的作为。因此，此种情形下需要把生活事实上的消极举止与规范评价意义上的作为加以区别。

还需要注意此种类型的作为同制造危害结果的不作为之间的区别。例如， 389
母亲不哺育自己的婴儿致其饿死，就属于不作为的犯罪，而不能解读为借助消极举止的作为。这两者之间的区别在于：对于前者而言，行为本身违反了禁止性规范，就像闯红灯那样，视其为作为是对行为本身的规范评价。对于后者而言，行为本身违反了义务性规范，而非违反了禁止性规范。这里尤须指出，不能将制造危害结果当作理解禁止性规范的根据，即误认为造成危害结果的行为都违反禁止性规范。规范上的禁止性与义务性是针对行为而言的，与行为的结果无关。就像致人死亡的行为既可能表现为违反禁止性规范的作为，也可能表现为违反义务性规范的不作为那样。

3. 归属于作为的持有

刑法上的“持有”，如非法持有枪支、持有假币、持有毒品等，是一种 390
相对特殊的不法类型。单从语义看，“持有”当属于作为的范畴。不过，刑法上的“持有”是一个宽泛概念，不仅指手中握有，还包括在行为人身上、行李、车上、家中或者其他藏匿处发现违禁物的情形。故所谓“持有”，实指违禁品处于受行为人支配的状态。这使“持有”超越了其本来的语义范畴，也使学界对“持有”在行为形式上的归类出现了认识分歧。

391 英美刑法将“持有”视为有别于作为和不作为的第三种行为形式。国内学界对“持有”在行为形式上的界定，有作为说①、不作为说②以及独立于作为与不作为的第三种形式说③。此外，还有人将“持有”排除在行为范畴之外，认为“持有”是一种状态，而不是行为。④

392 虽然“持有”有其独特性，但将其视为有别于作为、不作为的第三种行为形式，值得商榷。问题的关键，仍然在于如何理解作为与不作为。从规范评价的角度看，“持有”违反了禁止性规范（禁止非法拥有违禁品），当属作为。有人将“持有”排除在作为之外的理由是，“从行为的客观外在表现看，持有是指行为人对物品的控制，这是一种静止状态，因而与处于运动状态的以积极身体动作实施的作为犯罪具有明显的区别”⑤。显然，这样的认识是建立在从身体运动的意义上理解作为的错误基点上（见边码396～399）。

393 将“持有”归入不作为的学者认为，法律对持有状态的禁止，暗含着当这种状态出现时，命令持有人将特定物上交管理部门，以消除这种状态。如果持有人违反这种义务，继续维持持有状态的存在，就是一种刑法禁止的不作为。⑥ 这一认识虽然是基于规范评价的解读，但却误解了刑法的非难根据。违禁品持有人当然有上交违禁品的义务，但立法语言清楚地表明，刑法非难所针对的，是对违禁品的持有状态，而非不上交违禁品的不作为。从逻辑关系上看，是先有非法持有，然后才产生上交义务，也就是说，行为人因违反禁止性规范，才产生上交违禁品的作为义务。这就如同盗窃者先有盗窃行为，而后产生归还盗窃物的义务一样。但我们不能说，刑法对盗窃行为的非难根

① 参见张明楷：《刑法学》，法律出版社2021年版，第208页；许成磊：《不纯正不作为犯理论》，人民出版社2009年版，第72页。

② 参见张智辉：《刑事责任通论》，警官教育出版社1995年版，第124页。

③ 参见陈兴良主编：《刑法总论精释》，人民法院出版社2016年版，第181～182页。

④ 参见冯亚东：《试论刑法中的持有型犯罪》，载《中国刑事法杂志》2000年第1期。

⑤ 陈兴良主编：《刑法总论精释》，人民法院出版社2016年版，第181页。

⑥ 参见张智辉：《刑事责任通论》，警官教育出版社1995年版，第124页。

据在于盗窃者违反了归还盗窃物的命令规范，因而是不作为。事实上，无论是违禁品持有人还是盗窃行为人，即使其上交了违禁品或者盗窃物，也不能因此否定其行为不法的性质。

“持有”的特殊性，在于其具有法律推定的意味，即只要物品处于行为 394
人管理、支配的空间，即推定行为人支配着该物，因而应按法律推定之证明规则实行证明责任的倒置，亦即一旦证明违禁品处于某人支配的空间，即推定该违禁品为其持有，被推定的持有人要反驳推定，就需要承担反驳推定的证明责任。

（三）应予否定的区分作为与不作为的学说

对于作为与不作为的区分标准，学术上有多种主张。有些不恰当的主张 395
至今仍然流行于学界，造成了对作为与不作为的认识混乱，有必要检讨之。

1. 身体动静说

以身体的动静为标准区分作为与不作为，是早期具有自然主义色彩的观 396
点。德国学者贝林（Ernst von Beling）的主张即具有代表性。他认为，行为的表现形式，要么表现为身体的运动（肌肉运动），即作为；要么表现为无运动（肌肉静止），即不作为。① 这种主张显失妥当。一个作为固然往往（但非必须）借助于身体的运动，但一个背离法律期待的不作为，并不意味着行为人处于身体的静止状态。相反，这个不作为者往往出现在其他活动领域，比如，一个沉迷于手机游戏之中而没有去履行安全管理责任的管理人员，虽然他处于游戏活动中，但对于其应当履行的职责而言，就是不作为。甚至，一个不作为可能借助于某个积极的举动。比如，一位母亲将其婴儿弃置于保育园门外以逃避抚养义务，或者一个企业财务人员通过造假账逃避纳税义务等，这些情形中都存在某种积极的外部举动，但刑法所评价之核心，在于其不履行特定的积极义务，因而是不作为。因此，今日之学界，已鲜见根据身体之动静区分作为与不作为的主张了，尤其是，那种将不作为与身体的静止挂钩的认识，已然被彻底抛弃了。

---

① 参见［德］恩施特·贝林：《构成要件理论》，王安异译，中国人民公安大学出版社 2006 年版，第 65 页。

397 身体动静说的改进版，是将身体运动特定化。根据这种观点，作为与不作为的区分，仍然需要基于身体运动进行判断，但身体运动不是泛指，而是指特定的身体运动。也就是说，作为与不作为的区分，在于行为人是积极地实施特定的身体运动，还是消极地不为特定的身体运动。比如日本学者西原春夫认为："所谓作为是指实施一定的身体运动，所谓不作为是指不实施一定的身体运动。"① 在国内也有持类似观点者。陈子平教授认为"'作为'就是做一定之身体运动"，"'不作为'就是不做社会所期待之一定之身体运动"②。另有将身体活动当作区分作为与不作为的根据之一（必要但非充分根据）者。比如有学者将身体之动静与规范内容相结合，认为"作为是对禁止内容的'动'，不作为是对命令行为的'静'"③。尤其是对作为的界定，学术上常常将身体运动视为其要素或者判断标准，认为"作为是指行为人以积极的身体活动实施刑法所禁止的行为"④。还有学者强调，"作为，一定指身体的运动"⑤。

398 其实，无论是将特定的身体运动当作区分作为与不作为的单一根据，还是将身体运动当作区分作为与不作为的根据之一，其认识都未能脱离自然主义的窠臼，并不可取。事实上，不仅不作为不意味着身体的静止，而且作为也不能从身体运动的外观意义上理解。一方面，虽然作为通常是借助于积极的身体举动得以表现，但一个与刑法评价有关联的身体举动并不一定是刑法上的作为。正像前述那名妇女将其婴儿弃置于保育园门外那样，虽然其有一个积极的身体运动，但这一身体运动并非刑法关注的重心。刑法所关注者，乃是该妇女不尽抚养义务的不作为（遗弃），而那个积极的身体运动只是从属于不作为的辅助性举动。另一方面，作为并不以外显的身体运动为必要。例如，一个人静坐在那里思考学术问题或者谋划工作思路，虽然他当时并无外显的身体运动，但却是对于其学术或工作的作为，而非不作为。同样，刑法上的不法作为也不以身体运动为必要。假如行贿人主动将贿赂物放置于受

---

① 许成磊：《不纯正不作为犯理论》，人民出版社2009年版，第46页。

② 参见陈子平：《刑法总论：2008年增修版》，中国人民大学出版社2009年版，第110页。

③ 刘士心：《不纯正不作为犯研究》，人民出版社2008年版，第24页。

④ 张明楷：《刑法学》，法律出版社2021年版，第189页。

⑤ 黎宏：《不作为犯研究》，武汉大学出版社1997年版，第25页。

贿人家中后离去，受贿人对此虽在主观上默认，但并无任何外显的行为表示，或者只是敷衍地谢却，对此，并不能因为后者缺乏接受贿赂的身体运动而否认其行为属于受贿。实际上，受贿者的默认也是一种违反禁止规范的作为。与此类似，某些国家或者地区的刑法所规定的乱伦、通奸，在现实中就可能是一方主动，另一方被动而为，但不能据此将被动者视为不作为。在这里，行为的不法并不一定表现为积极的身体运动，而是可以通过默许、被动配合等方式为不当为之行为，这同样属于违反禁止性规范的作为，而非违反作为义务期待的不作为。

因此，无论是作为还是不作为，都不应从是否存在身体运动的意义上理 399
解之。否则，就会导致作为与不作为界分的错误，把那些在现象上缺乏身体运动的作为错误地当作不作为看待，并因此造成理论上的困扰与混乱。例如，有学者认为，幼女主动对男子实施猥亵行为时，男子负有制止义务，如果男子不制止而任由幼女实施猥亵行为的，成立不作为的猥亵儿童罪。[①] 这一结论就是从身体运动的意义上理解作为与不作为的结果，并不妥当。如果该男子对幼女的“猥亵”行为无动于衷或者心生反感，则该男子就无刑法上的猥亵行为可言，而是处于“被猥亵”的地位。如果该男子基于淫秽的意念，配合幼女的举动，以从中获得性快感，则属于违反禁止性规范的作为，而非不作为。所谓“不作为的猥亵”之说是违反常识的。

2. 因果关系说

根据行为是否具有对于危害结果的原因力区分作为与不作为，也是一种 400
较为常见的主张。按照自然科学的分析方法，“无不会产生有”；而不作为被认为是“无”，因而就不可能产生结果这一“有”。[②] 故此，行为是否具有对危害结果的原因性，被视为作为与不作为的区分根据。比如德国学者李斯特（Franz v. Liszt）认为，作为是借助于由意志支配的身体运动造成一定结果的产生，不作为则是指对结果的意志上的不阻碍。[③] 韦尔策尔明确宣称：“不作

---

① 参见张明楷：《刑法学》，法律出版社 2021 年版，第 204 ~ 205 页。

② 参见［日］日高义博：《不作为犯的理论》，王树平译，中国人民公安大学出版社 1992 年版，第 12 页。

③ 参见［德］弗兰茨·冯·李斯特：《德国刑法教科书》，徐久生译，法律出版社 2000 年版，第 184、194 页。

为本身既无因果性也无（现实的）目的性。”① 日本学者山中敬一认为，对于结果犯而言，只要行为与结果之间存在因果关系就是作为，不存在因果关系就是不作为。作为是引起指向结果的危险的因果力，或介入并利用其因果系列，导致结果发生的行为。不作为是在发生引起结果的具体危险时，对之不予干涉而引起结果发生的行为。②

401 如果从纯自然的意义上说，不作为的确不具有导致结果的原因力，但这并不意味着根据原因力的有无区分作为与不作为是合理的。

402 首先，一个不法的作为并不一定具有因果关系上的原因力。例如，行为人误将糖精当作砒霜毒杀他人，其行为就缺乏造成死亡结果的原因力，但显然不能因此而否定其行为属于作为。

403 其次，因果关系的判断只适用于结果犯，对于刑法规定的某些行为犯而言，如果以因果关系为根据，作为与不作为的区分就难免遭遇困难。比如聚众淫乱罪，其可罚根据就是行为本身，并无特定的结果可言，也就无因果关系判断的余地。对此，因果关系说将面临解释上的困境。

404 再次，对于“借助积极举动的不作为”等复杂情形，根据因果关系标准并不能合理界分作为犯与不作为犯。例如，医生在专业评估后关闭维持患者生命体征的医疗器械，对于患者的生命终结当然具有原因力，但如果据此将医生的行为适用作为犯的构成要件则是欠妥的。在“山羊毛案”中，工厂主对山羊毛不做消毒处理的不作为以及将山羊毛发给工人的作为，对于导致女工的死亡结果而言，都具有条件关系，但显而易见的是，不能因为不消毒是女工死亡的原因而认为不消毒也是作为。

405 最后，也是最为重要的原因，刑法上的因果关系并非纯事实的判断，而是事实判断与规范评价的结合（见边码 694 以下）。因此，“仅仅在存在论上来把握刑法上的因果关系是不够的”③。比如，一个交通事故致路人死亡的案件，如果是纯事实性的描述，就只能说死者的死亡是其身体与机动车碰撞的结果。但这样的描述对于行为评价是没有意义的。在法律评价上，违反交通

① 转引自黎宏等：《不作为犯研究的新展开》，北京大学出版社 2022 年版，第 18 页。

② 参见陈家林：《外国刑法通论》，中国人民公安大学出版社 2009 年版，第 167 页。

③ ［日］日高义博：《不作为犯的理论》，王树平译，中国人民公安大学出版社 1992 年版，第 15 页。

规则才是导致死亡结果的原因。交通事故领域的责任判断，其实就是法律评价意义上的原因判断。对于不作为而言，从规范评价的角度看，就不能完全否定其参与因果操控的可能性。就像铁道扳道工故意不扳道岔导致发生列车相撞事故的事件那样，尽管从自然主义的观点看，行为人并没有增加列车行进的原因力，但从规范评价的角度看，行为人正是通过不作为开启了导致事故的因果进程。因为，铁道扳道工按照列车预定的行进方向扳道岔或者不扳道岔，乃是列车正常运行（正常因果流程）的一个保障环节。要改变这一正常的因果流程，或者说要制造一个异常的因果进程，既可以是在不该扳道岔时积极地去扳道岔，也可以是在应该扳道岔时却消极地不扳道岔。前者是作为的不法，后者是不作为的不法。但无论是前者还是后者，都制造了一个异常的因果进程，两者都是启动异常因果进程的原因。而不能说，只有前者是原因，而后者不是原因。可见，全盘否定不作为对于结果（或法益恶化）的原因性，只是基于自然主义的因果观得出的结论。正如后述，对于不纯正不作为犯而言，正是在风险创设或者风险承诺的前提下，通过不作为设定导致危害结果的因果进程。

3. 能量投入说

能量投入说由恩吉施（Karl Engisch）于 1933 年首倡。他认为，作为是“在特定方向上的能量花费”，不作为是“在特定方向上的能量不花费”。后来他将“能量花费”转换为“能量投入”，并言明所谓“能量”并非指物理意义上的，而是指“日常意义上的任意人类力量投入”。[①] 406

“能量投入说”似乎比“身体动静说”具有更强的解释力，但仍然经不起推敲：如果能量投入是指“人类力量投入”，那么这种力量投入显然是需要通过身体运动实现的，换言之，能量投入是需要借助于身体运动进行判断的。这意味着，“能量投入”仍然是描述性的而非评价性的。也正因此，多数学者将恩吉斯提出的能量投入标准归类为自然主义的或者经验性的区分标准。[②] 407

此后的理论演进，是能量投入标准与因果关系标准的结合。按照这种被纳入因果范畴的能量投入标准，“在一个主动的能量投入对于结果具有原因 408

① 参见黎宏等：《不作为犯研究的新展开》，北京大学出版社 2022 年版，第 17 页。

② 参见黎宏等：《不作为犯研究的新展开》，北京大学出版社 2022 年版，第 18 页。

性，或者在根据行为人的故意应当有原因性时，一个案件就总是应当在实行性犯罪的角度下进行讨论”①。布拉姆森（Brammsen）对此的表述是：“一个能量投入……只有在下述情况中才是在刑法上具有重要意义的积极的作为，这就是在一个人由此导入、继续或者加强了一个事件的过程，而这个事件的过程在事实上或者仅仅根据他的想象，在具体的情况中，对一个在行为构成中提到的攻击客体是适合的。”②

409 可以认为，能量投入说与因果标准的结合是对因果关系说的改造。其一，“能量投入”提供了一种具体的原因性说明，使因果关系中的“原因性作为”具体化为“行为人的能量投入”。其二，能量投入说并不将原因力的客观存在当作区分作为与不作为的标准，只要根据行为人的故意，其想象中的能量投入“应当具有原因性”时，就视为作为。这在一定程度上克服了因果关系说无法对“手段不能犯”提供合理解释的缺陷，这种意义上的能量投入说成为当代德国学界具有重要影响力的主张。

410 然而，能量投入说并不具有合理性。首先，能量投入的内涵及其判断成为问题。其一，何为能量？其二，能量如何投入？如果能量是指物理意义上的“人类力量”，那么这种能量显然需要通过身体运动被投入，也就意味着作为的判断需要借助身体运动。但如前所述，身体运动并非区分作为与不作为的根据（见边码 398、399）。如果能量投入不一定借助身体运动，那究竟通过什么方式以及通过什么途径投入能量，则是难以理解的。认同能量投入说的罗克辛教授对“能量投入”做了超越身体运动的理解。他认为，甚至“内在的能量”也能满足能量投入的标准，“只要一个外部的无所作为的举止行为具有一种在刑法上重要的‘积极的’表示价值。也就是说，在一个乘客对于检票员提出的‘还有人没有有效的票吗’的问题采取了明确的缄默态度时，他就是在有说服力地宣告自己拥有一张有效的车票，从而是在第 263 条

① ［德］克劳斯·罗克辛：《德国刑法学总论：犯罪行为的特别表现形式》（第 2 卷），王世洲译，法律出版社 2013 年版，第 492 页。

② ［德］克劳斯·罗克辛：《德国刑法学总论：犯罪行为的特别表现形式》（第 2 卷），王世洲译，法律出版社 2013 年版，第 492 页。

的意义上，通过实行在进行欺骗”[①]。罗克辛教授的上述结论显然不是基于某种可以把握的能量投入标准，而是规范评价的结果。如果一个人的缄默可以视为能量投入，那么各种不作为也可以毫无困难地被归入能量投入的范畴，从而完全抹消作为与不作为的界限。

其次，在面对“借助积极举动的不作为”“借助消极举止的作为”等表象背反的行为类型时，根据能量投入说会得出错误的结论。例如，那个关闭患者呼吸机的医生显然是有能量投入的，但如果据此对其适用作为犯的构成要件予以评价则是错误的。那个在遭遇红灯时的汽车驾驶人既不加速也不制动地通过红灯路口，他甚至可能是在一种昏昏欲睡的状态中闯了红灯，因而一种“内在的能量投入”都难以认定，但如果据此认定他闯红灯的行为是不作为则是不可取的。对此，罗克辛教授不得不将他所称的“通过作为的不作为”视为适用能量投入标准的“例外”情形。[②] 但正如国内学者所言，这种回避问题的做法是不能令人满意的。[③] 411

最后，按照能量投入说，能量作用的对象是因果进程，能量就是导致或者可能导致结果（或者事件）的原因力，投入能量就是创设或者加强原因力。这意味着，行为人对于某种结果或事件创设、强化了原因力的就是作为；而没有创设、强化原因力的，就是不作为。如此，能量投入说就会面临因果关系说同样的问题，尤其是会导致将不作为完全排除在原因范畴之外的错误结论，从而从根本上否定对不作为予以结果归责的根据。 412

鉴于德国学界的能量投入说存在问题，有国内学者尝试对其进行基于目的理性的改造。按其主张，作为与不作为的区分，不仅要根据能量投入进行判断，还要接受目的理性的审查。“首先，无能量投入的静止不动无论如何不可能被认定为作为……其次，虽然有身体运动却缺乏引起结果方向上的能量投入时，也不可能被认定为作为……最后，并非所有引起结果方向上的能量投入都是作为，在一些案件中，我们需要利用保证人地位限定处罚范 413

---

① ［德］克劳斯·罗克辛：《德国刑法学总论：犯罪行为的特别表现形式》（第2卷），王世洲译，法律出版社2013年版，第496页。

② 参见［德］克劳斯·罗克辛：《德国刑法学总论：犯罪行为的特别表现形式》（第2卷），王世洲译，法律出版社2013年版，第492页。

③ 参见黎宏等：《不作为犯研究的新展开》，北京大学出版社2022年版，第20页。

围……任务在于提出一个明确的判断标准，使之适合于挑选出那些自然意义上属于作为却应被评价为不作为的情况。简言之，作为与不作为的区分，实际上就是以限定处罚范围为目的，把那些外观上像是作为的不作为挑选出来。”① 针对那种通过积极举动中断救助与中断治疗的行为类型，为了将处罚范围限制在行为人具有保证人地位的场合，持论者提出以下“目的理性标准”：“停止能量投入的能量投入具有单纯解脱事实性负担的性质，应被合目的地理解为能量不投入即不作为，其他特定方向上的能量投入皆为作为。”②

414 不难发现，这一主张中解决问题的思路也是“例外论”：当能量投入标准在遇到不能恰当界分作为与不作为的情形时，就视其为适用能量投入标准的例外，因而需要舍弃这一标准而求助于“目的理性”。然而，划分标准的统一性是一项基本的逻辑规则。如果说持论者认为罗克辛教授的例外论是一种回避问题的态度，那么这里的例外论同样是不严谨的。如果一个法律上的判断标准不能体现目的理性，那么这个标准本身就应当被舍弃，而不是一方面坚持这一标准；另一方面又例外地求助于目的理性。这种例外论也使持论者不得不偏离其视作为与不作为之间存在本体性结构差异的自然主义立场，而潜入规范评价的范畴，从而游移于本体论与规范论之间。既然持论者认为作为与不作为之间存在事实性的结构差异，就应当基于这种事实性差异界分作为与不作为，而不是根据行为人有没有特别的作为义务来判断作为与不作为。

4. 危险关系说

415 有德国学者以客观归责标准为基础，提出了如下主张：“如果行为制造或增加了结果发生的危险，是具有刑法重要意义的作为；反之，如果行为人不制止危险，则是不作为。”③ 我国学者黄荣坚教授也主张根据行为的风险关系区分作为与不作为，“亦即制造风险的行为是作为，放任既有风险的行为是不作为”④。这一主张同原因性能量投入说具有亲缘关系。

---

① 黎宏等：《不作为犯研究的新展开》，北京大学出版社 2022 年版，第 22～23 页。

② 黎宏等：《不作为犯研究的新展开》，北京大学出版社 2022 年版，第 26 页。

③ ［德］冈特·施特拉腾韦特、［德］洛塔尔·库伦：《刑法总论 I——犯罪论》，杨萌译，法律出版社 2006 年版，第 358 页。

④ 黄荣坚：《基础刑法学》（下），中国人民大学出版社 2009 年版，第 447 页。

如果从事实关系上看，一个不作为的确不可能创设或者增加危险，但完全根据是否制造或者增加危险来区分作为与不作为，并不可取。一方面，一个作为并不一定制造或者增加了危险，比如淫乱等违背伦理禁忌的作为就很难从制造或者增加危险的意义上界定之。另一方面，从规范评价的角度看，一个不作为完全有可能将一个潜在的风险现实化为具体的危险。就像那位铁道扳道工一样，正是由于其不作为制造了危险并使危险现实地转化为一个具体的因果流程。相反，如果其按照社会设定的正常因果流程的要求作为，则无危险可言。在此种情形下，不应当把异常的风险制造归咎于列车司机或者归咎于铁路管理者，而认为那位扳道工没有制造风险，只是没有干预风险。这样的认识，在社会观念上是违反常理的。再如，一个汽车驾驶者在驾驶中因观看路边风景，未尽谨慎观察之义务而撞死路人，其显然是制造了危险。如果按照危险关系说，其行为就属于作为，但事实上，其制造风险的行为恰恰表现为不注意观察的不作为。可见，以行为是否制造风险为标准，难以正确判断作为与不作为。 416

5. 兼顾不同标准说

兼顾不同的判断标准，是国内较为常见的主张。有学者提出，区分作为与不作为应当兼顾形式标准和实质标准。“第一，形式标准：违反禁止性规范，不当为而为的，是作为；违反命令性规范，当为而不为的，是不作为。”“第二，实质标准：改变法益现状，使法益恶化，制造或者提升法益危险的，是作为；维持法益现状，未使法益好转，也未使法益恶化，而是放任法益危险的，是不作为。”① 417

还有学者在讨论不纯正不作为犯与作为犯的界限时，主张从三个方面予以把握。第一，行为的客观内容不同：“在存在论上，作为是行为人以积极的身体举动实施为法律禁止的行为，不作为是行为人不实施法规范要求做的行为。”第二，犯罪的规范结构不同：“作为犯违反禁止性规范，不作为犯违反命令性规范。”第三，法益侵害的方式不同：“作为是积极促使法益恶化……而不作为则是对法益恶化进程的消极不阻止，在不作为犯罪中，造成法益恶化的实证原因力是其他第三方力量或者犯罪对象（受害法益）的自身 418

① 李金明：《不真正不作为犯研究》，中国人民公安大学出版社2008年版，第34～35页。

生理、物理的自然规律进程。”[①] 上述三点，虽然是针对“作为犯与不纯正不作为犯”的界限而言的，但持论者实际上是一并讨论作为与不作为的区分问题。

419 在作为与不作为的划分标准上的各种兼顾说皆不可取。在兼顾说所兼顾的标准中，如果某种标准具有普适性，就无须兼顾其他标准；如果每一种标准都存在问题，那么兼顾这些不同的标准也不能使问题得到解决。兼顾的结果只能是在不同的情况下适用不同的标准，也就是缺乏一致性的标准，这导致的问题就是在同一种情形下依据不同的标准得出不同结论时会让判断者无所适从。例如，汽车驾驶者消极地不予制动闯红灯，医生关闭患者的呼吸机，母亲不哺育自己的婴儿使其生命陷入危险，如此等等的情形中，一个消极的举止可能恰恰违反了禁止性规范，或者一个积极的举动却是对义务性规范的违反，又或者像那位母亲一样，通过对义务性规范的违反创设了法益危险。面对此类情形，兼顾说将无能为力，只能任由判断者各行其是。

420 总之，法律意义上的作为与不作为是以规范期待为根据的评价，只能以行为违反的规范类型为划分标准。任何从事实性外观层面为两者寻找划分根据的努力都是自然主义行为观的表现，是对规范评价立场的偏离。至于所谓法益恶化标准，虽然涉及实质性规范评价，但却误解了行为违反的规范类型与法益危害之间的关系，错误地将不纯正不作为犯排除在法益危害的范畴之外。

二、可罚根据上的结果犯属性

（一）区分结果犯与行为犯的学说

421 学术上对结果犯与行为犯存在不同的解读，使这一对术语的使用具有了歧义性。以下的分析主要针对的是大陆法系刑法理论中两种较为流行的主张。

1. 结果同行为是否分离说

422 按照德国刑法学的主流观点，结果犯与行为犯的区分根据在于结果是否同行为相分离。罗克辛教授认为，结果犯与行为犯的区别，不在于结果的有

① 刘士心：《不纯正不作为犯研究》，人民出版社2008年版，第24～34页。

无，因为各种犯罪都有一个结果，区别只在于结果同行为的关系。在结果犯的不法构成中，结果存在于一种在空间和时间上与行为人的行为分离的损害效果或者危险效果之中。杀人是结果犯的一个例子：在杀人行为和被害人死亡这一结果之间，存在一种时间和空间上的间隔。还有诈骗罪、侮辱罪、激起公愤罪等，也都属于结果犯。在行为犯中，不法构成的满足与行为的最后活动共同发生，也就是说，不会出现一个可以与之分离的结果。如侵害住宅安宁罪，不法构成随着闯入的动作而得到满足；如伪证罪，不法构成不需要虚假誓言以外的结果；如性犯罪，行为本身就具有了自身的无价值，其刑事可罚性不需要以其他别的什么结果为条件。在行为犯中，结果存在于行为人的行为本身，这种行为就表现为不法构成的满足。不过，结果与行为的分离只具有相对的意义，因而并不是所有的不法构成都能够清晰地归类于结果犯或行为犯。甚至同一种犯罪也可能需要根据具体情况来区分结果犯与行为犯，例如故意伤害，如果是打耳光就是行为犯，如果是通过丢石头来实施就是结果犯。①

耶赛克和魏根特两位教授同样着眼于结果与行为在时空上的间隔。他们 423
认为，应当区分广义的结果与狭义的结果。在广义上，行为本身也可以被视为“结果”的一种方式，因为它是行为人一种冲动的效果。只有狭义的结果才涉及因果关系问题，并因此具有解释学上的意义。结果犯的构成要件是以对行为客体（行为对象）产生不同于行为的在空间和时间上可限制的效果为前提的。例如，故意和过失杀人、言词侮辱、引起公愤、侵害占有权的盗窃、造成财产损失的诈骗等，都是结果犯。在行为犯的情况下，不法构成要件仅限于行为人的行为，而无须发生时空上可区分的外部效果意义上的结果。行为犯大多数为风俗犯，此外，还有侵吞和伪誓。他们特别强调，要把结果同对法益的侵害区别开来。结果是对行为客体产生的与行为在时空上分离的效果，而法益侵害是指“行为对刑法条款予以保护的价值的注意要求的关系”，行为犯同样具有法益侵害。②

---

① 参见［德］克劳斯·罗克辛：《德国刑法学总论：犯罪原理的基础构造》（第1卷），王世洲译，法律出版社2005年版，第216～217页。

② 参见［德］汉斯·海因里希·耶赛克、［德］托马斯·魏根特：《德国刑法教科书：总论》，徐久生译，中国法制出版社2001年版，第318页以下。

424 这种意义上的结果犯与行为犯的划分，实践价值主要在于："在实施性犯罪时对于客观行为构成的归责具有重要意义的因果关系理论……只有在结果犯罪时才能发挥作用。在单纯的活动犯罪中，对于确定构成行为的完成，只需要审查行为人的行为本身是否存在就够了。"① 这其中的诉求是双重的：一是说明是否需要进行因果关系的判断；二是说明犯罪完成的标准。

425 然而，这两个功能诉求并不具有统一性，即犯罪既遂的判断问题同是否需要进行因果关系的判断问题并不是一回事，不能适用同一标准。一方面，需要根据结果发生与否区分既遂与未遂的犯罪并非都需要进行因果关系的判断。如果从需要进行因果关系判断的意义上界定结果犯，就只能得出美国学者弗莱彻一样的结论，即只有那些会涉及人为原因与自然事件相区别的犯罪，如杀人、放火、伤害等，才存在因果关系问题，而那些只能由人为原因造成危害的犯罪，包括强奸、抢劫、盗窃、诈骗等，则都不存在因果关系的认定问题。弗莱彻在这种严格的因果关系判断的意义上，把前者称为"有危害结果的犯罪"，把后者称为"有危害行为的犯罪"。② 显然，这种意义上的结果犯与以发生特定危害结果为既遂标准的犯罪并不能等同视之。另一方面，一个犯罪行为是否需要进行因果关系的判断也不一定涉及犯罪既遂与否的问题，例如结果加重犯，虽然需要就不法行为同加重结果之间进行因果关系的判断，但这种判断并不决定犯罪是否既遂的问题。因此，这一学说的理论出发点就是值得商榷的。

426 更重要的是，根据结果是否同行为相分离划分结果犯与行为犯，会导致同一种犯罪既可以是结果犯也可以是行为犯的结论。例如，对于《德国刑法典》上的身体伤害（第 223 条）而言，"通过打耳光来实施时就是一种单纯的活动犯罪，但是，在通过丢石头来实施时就是一种结果犯罪了。这意味着结果犯与行为犯并非刑法上的规范类型，而是一种事实性判断"③。然而，这

---

① ［德］克劳斯·罗克辛：《德国刑法学总论：犯罪原理的基础构造》（第 1 卷），王世洲译，法律出版社 2005 年版，第 217 页。

② 参见［美］乔治·P. 弗莱彻：《刑法的基本概念》，蔡爱惠等译，中国政法大学出版社 2004 年版，第 74 页以下。

③ ［德］克劳斯·罗克辛：《德国刑法学总论：犯罪原理的基础构造》（第 1 卷），王世洲译，法律出版社 2005 年版，第 217 页。

种偏离规范评价的区分，对于刑法的合理适用并无实益。

2. 不法构成是否包含结果说

根据这种学说，结果犯与行为犯的区分根据在于不法构成是否以发生结果为必要。“所谓结果犯，是指作为构成要件要素，以在外界必须产生变动即结果为必要的犯罪。例如，杀人罪中的人的死亡，盗窃罪中转移对财物的占有便属于此。”“所谓行为犯，是指只要具有作为构成要件的行为的人的外部态度就成立，而不要求发生一定结果的犯罪”①。至于其中的“结果”是指何种意义的结果，理论上有不同的理解。有学者明确地把结果分为实质意义的结果与形式意义的结果，认为如果没有对法益的侵害或者危险化这种实质意义的结果，犯罪就不能成立。而形式意义的结果是对行为客体的有形的事实作用。与行为和形式意义的结果分别对应，可以把犯罪分为在构成要件上只要求行为的行为犯和在构成要件上同时要求行为和形式意义的结果的结果犯。② 427

在大陆法系刑法理论中，所谓构成要件结果是就犯罪既遂而言的。因为犯罪既遂被视为犯罪的典型形态，其构成要件被视为“基本的构成要件”，而犯罪的未完成形态，则属于“修正的构成要件”之类型。因此，其理论上对结果犯与行为犯的区分，又同犯罪既遂问题相关联。例如，有学者认为，“行为犯乃指行为只要单纯地实现不法构成要件所描述的行为，而无待任何结果的发生，即足以成立的犯罪”，例如重婚罪、侮辱罪即属之。“结果犯系指行为必须发生不法构成要件所预定的结果，始能既遂的犯罪。易言之，行为人除实行构成要件该当的行为之外，尚须发生构成要件该当的结果者，始构成犯罪的既遂犯。”③ 428

这种主张的理论出发点是为了说明不法构成要素的差异，以明确定罪标准。不过，所谓不法构成要件是立足于把既遂罪与未遂罪区分为两种不同的构成要件这一立场的，即视既遂罪之构成要件为“基本的构成要件”，视未遂罪的构成要件为“修正的构成要件”。这意味着，对于那些需要区分犯罪既遂与犯罪未完成形态的犯罪而言，既可能是结果犯，也可能是行为犯。例 429

① ［日］大谷实：《刑法总论》，黎宏译，法律出版社 2003 年版，第 94 页。

② 参见［日］野村稔：《刑法总论》，全理其、何力译，法律出版社 2001 年版，第 102～104 页。

③ 林山田：《刑法通论》（上册），北京大学出版社 2012 年版，第 155 页。

如，故意杀人罪、盗窃罪的完成形态，也就是既遂罪构成要件意义上的结果犯；而其未完成形态，则是未遂罪构成要件意义上的行为犯。

430 对于我国刑法而言，这种主张不被接受。因为在我国刑法上，犯罪既遂与犯罪的三种未完成形态并非各自独立的不法类型，而是统一于同一个罪刑规范中，是同一个不法类型的四种终结形态。从犯罪成立的意义上，它们具有相同的不法构成，只有从犯罪终结形态区分的意义上，它们才具有各自的特征。因此，理论上需要把不法类型的构成同犯罪终结形态的构成加以区别，而不能混用同一个“构成要件”。否则，就会造成犯罪成立意义上的构成要件与犯罪终结形态意义上的构成要件之间的混淆，从而导致同一种犯罪既可能是结果犯（既遂状态），又可能是行为犯（未完成形态）的结论。

431 此外，从行为对象的改变这种形式的意义上理解结果犯的结果也不可取。比如强奸或者以不动产为对象的诈骗等犯罪情形，通常不会对行为对象造成改变，但如果据此否定其成立犯罪既遂就是错误的。

（二）结果犯的范畴界定

1. 结果犯的结果

（1）结果的实质内涵

432 犯罪的本质是危害法益。所谓结果犯的结果，应当从不法行为对法益造成实际损害的意义上而非从行为对象改变的意义上理解之。虽然有些犯罪，如故意伤害罪那样，行为对法益的实际损害同对行为对象造成的变化之间具有内在联系，但对法益的实际损害与对行为对象造成的变化之间并不能相提并论。首先，犯罪对法益的危害并不一定造成行为对象的改变。比如，作为诈骗罪对象的财物并不一定因为诈骗而发生改变。如果说被骗财物在物理位置上的变化也是一种结果的话，那么以不动产为对象的诈骗甚至不会造成行为对象物理上的位移。我们只有从诈骗行为使他人丧失对财产的支配与利用这一利益损失的层面上，才能确切地把握诈骗罪危害结果的实质内涵。其次，犯罪行为造成的行为对象上的变化不一定具有刑法评价的意义。例如，在通过损毁作为保险标的物的本人财物进行保险诈骗的犯罪中，保险标的物的损坏并不能说明保险诈骗的危害性所在。再次，某些犯罪没有具体的犯罪对象，但不能因此否定其犯罪结果的存在。如脱逃罪，从行为结果看是存在已经脱离监管机关的控制与尚未脱离监管机关的控制之分的，脱离监管机关的控制就是其犯罪结果，但这种结果并非对某种行为对象造成的变化。最后，即使是那些通过行为对象的改变侵害法益的犯罪，也不能单从对象的变化上认定危害结果，而必须从利益损害的意义上才能认定。例如，张三将他人财物窃回家中，而李四入室行窃过程中将财物搬出时被物主发现并制止。虽然两者都造成了行为对象在空间上的变化，但后者显然没有造成法律意义上的危害结果。如果说两者之间存在区别的话，那么，这种区别只有从利益损害的意义上才能得到合理解释。因此，形式意义上的结果（对象变化）并不能成为评价犯罪的根据。只有从对合法利益造成损害或者客观危险的意义上，才能把握犯罪结果的实质内涵。①

（2）结果与行为的关系

刑法上的不法行为和危害结果是一对因果范畴，结果是相对于原因行为 433
的一种事实状态，而不能把原因行为当作结果。所谓“行为是行为人一种冲动的效果”，说明的是行为的外在表现同主观态度的关系，而非客观意义上的行为与结果之间的关系。因此，结果不能与行为混为一谈。也只有在同行为相区分的这种意义上，结果才能作为一个具有实际意义的要素进入刑法评价范畴。

然而，区分结果与行为，并不意味着结果必须是与行为在时空上处于分 434
离的状态。一个由不法行为造成的同行为在时空上分离的法益危害事实固然是结果，而一个由不法行为造成的同行为无法分离的法益危害事实同样是刑法上的结果。后者的特殊性只在于，法益的受损状态伴随着不法行为的完成而发生，并伴随不法行为的持续而存在。例如，强奸罪之性器官奸入的结果，非法侵入住宅罪之侵入住宅的结果，脱逃罪之脱离监管机构监管的结果等，就在时空上同不法行为不可分离。尽管这种结果与不法行为不可分离，但在观念上应当把它与不法行为加以区分，并将这种结果的发生当作犯罪完成的标志。比如强奸罪，强奸的既遂同强奸的着手就不能等同视之，只有当强奸行为造成性器官结合之结果，才能视为刑法所意图避免的法益受害状态的实

① 参见刘之雄：《刑罚根据完整化上的犯罪分类——侵害犯、危险犯、结果犯、行为犯的关系论纲》，载《中国法学》2005 年第 5 期。

现，并据此认定为强奸罪的既遂。其实，此类结果同非法拘禁造成被害人人身自由处于被剥夺状态的结果是类同的，即造成法益处于受损状态。

435 危害结果有两种表现形态：一是毁损型结果，即由不法行为造成法益客体的价值灭失、损坏之结果，如故意杀人罪造成他人死亡的结果，故意伤害罪造成他人身体伤害的结果，故意毁坏财物罪造成他人财产价值损毁的结果即属之。二是状态型结果，即由不法行为造成的法益不能被权利人享有的权益受损状态，如非法拘禁罪造成他人人身自由被剥夺的结果，盗窃罪造成他人财产权益丧失的结果，强奸罪造成被害人拒绝性交的人身支配自由丧失的结果，非法侵入住宅罪造成他人住宅安宁被破坏的结果即属之。与毁损型结果造成法益客体的价值丧失不同，此类结果中，法益客体的价值并未丧失，受损的是权利人对法益价值的权利行使。

436 在大陆法系的刑法理论中，将侵入住宅、脱离监管之类的危害结果排除在结果犯的结果之外，一个重要的原因是从不法行为对行为对象的改变这种形式意义上理解不法行为的结果。但正如前述，这种从行为对象改变的意义上对危害结果的形式化理解，并不妥当。

（3）结果犯的结果与客观处罚条件之后果

437 结果犯的结果不同于作为客观处罚条件的后果。

438 所谓客观处罚条件，即刑事可罚性的客观条件。在大陆法系的犯罪论体系中，此种条件乃是“超然于不法和罪责之外的第四个犯罪范畴”,① 亦即此种条件“既不属于不法的构成要件也不属于责任构成要件”，而是“属于实体上的应受处罚性要件”②。质言之，此类条件超出了不法行为的范畴，不属于不法行为自身的要素，而是由刑法附加的用以限制刑罚范围的条件。也正因此，客观处罚条件不属于主观罪过的对象。也是在这一意义上，有学者将此种条件称为“客观的超过要素”。③

439 在刑法附加的客观处罚条件中，最常见的是附加的后果条件。例如，我

---

① 参见［德］克劳斯·罗克辛：《德国刑法学总论：犯罪原理的基础构造》（第1卷），王世洲译，法律出版社2005年版，第695页。

② ［德］汉斯·海因里希·耶赛克、［德］托马斯·魏根特：《德国刑法教科书：总论》，徐久生译，中国法制出版社2001年版，第667页。

③ 参见张明楷：《犯罪构成体系与构成要件要素》，北京大学出版社2010年版，第218页以下。

国《刑法》第129条规定的丢失枪支不报罪，就附加了“造成严重后果”这一客观条件。这一条件无关“依法配备公务用枪的人员，丢失枪支不及时报告”这一不法类型的成立，该后果也不是丢失枪支不及时报告的逻辑后果。刑法之所以附加这一后果条件，是为了限制刑事责任的范围。也就是说，虽然丢失枪支不及时报告的不法构成并不以发生严重后果为条件，但只有发生了这一后果，才能将其纳入犯罪的范围予以刑事处罚。

结果犯的结果与附加的后果之间的根本区别，在于是否存在刑法上的因果关系。结果犯的结果与行为人的不法行为性质具有逻辑上的一致性，并与该行为之间存在刑法上的因果关系。例如，故意杀人罪的杀人行为在逻辑上的结果就是致人死亡。而附加的后果同不法行为之间并不存在刑法上的因果关系，因而在司法实务中无须进行因果关系的认定。例如，《刑法》第138条关于教育设施重大安全事故罪的规定中，所谓“致使发生重大伤亡事故”这一附加的后果，并非相关的责任人员“明知校舍或者教育教学设施有危险，而不采取措施或者不及时报告”这一不作为所造成，而是由建筑质量、自然因素等原因造成，因而并不需要进行因果关系的判断。在这里，不法的可罚根据只在于责任主体的不作为本身，而“发生重大伤亡事故”只是限制刑事责任范围的条件。同样地，对于丢失枪支不报罪而言，其不法的实质根据在于依法配备公务用枪的人员对丢失枪支的事实不及时报告，至于发生“严重后果”则不由行为人是否及时报告所决定，而是由他人的行为所造成，因而无须进行因果关系的认定。 440

结果犯的结果同附加的后果之间的另一个区别，体现在它们与主观罪过的关系上。由于结果犯的结果同不法行为性质具有逻辑上的一致性，使结果犯的不法故意或过失指向了不法行为的结果。例如，故意杀人罪的故意就是非法剥夺他人生命的故意，也即造成他人死亡的故意；过失致人重伤罪的过失就是指行为人对应当避免而没有避免的致人重伤在行为上的过失。这就是说，结果犯的结果同犯罪故意、犯罪过失的认定相关。与此不同，由于附加的后果超出了不法行为的范畴，因而无关故意和过失的认定。例如，丢失枪支不报罪的犯罪故意，并不以行为人对“造成严重后果”为其故意的内容，亦即无论行为人对“造成严重后果”是否存在故意以及是否存在过失，都不影响其不法构成，也不影响其是否承担刑事责任。 441

（4）结果犯的结果与结果加重犯的加重结果

442 结果犯的结果是犯罪的基本结果。所谓基本结果，是就该种犯罪本来的法益侵害而言，即该种犯罪在规范上的逻辑结果。申言之，刑法设置一个不法类型及其罚则，是要保护某种特定的法益，对结果犯而言，就是要防范特定的法益危害结果。例如，设置故意杀人罪的罪刑规范，就是要保护生命法益；设置非法拘禁罪的罪刑规范，就是要保护人身自由法益。不法行为对这种特定法益造成的危害结果就是基本结果，也即结果犯的结果。

443 结果加重犯的加重结果，则超出了基本结果，即在本来的法益侵害之外，造成了其他危害结果。例如，非法拘禁造成被害人重伤的结果，强奸致人死亡的结果等，就超出了基本结果的范畴。由于刑法将此类结果作为加重刑罚的根据，因而称为加重结果。加重结果不是界定结果犯的根据。

2. 结果犯的概念与类型

（1）结果犯的概念

444 结果犯与行为犯，是基于可罚根据划分的两种不法类型。行为犯的可罚根据是行为非价，而不包含结果要素。结果犯的可罚根据不限于行为非价，更重要的是结果非价。易言之，对于结果犯而言，不法行为的可罚根据在于行为的结果制造，即因为行为会逻辑地造成罪刑规范所意图防止的危害结果而使其具有刑事可罚性。这就是说，结果犯的结果是刑法对不法行为的逻辑结果的规范性预设。也正因此，一旦不法行为现实地造成了这种结果，就意味着结果犯的可罚根据的完整化。例如，故意杀人的逻辑结果就是致人死亡，刑法正是因为杀人行为会造成这种结果而将其纳入刑事制裁的范围。如果杀人行为现实地导致被害人死亡，就意味着犯罪的完成，即刑罚根据的完整化。

445 基于上述划分根据，可将结果犯定义为：以规范上预设的能够司法证明的逻辑结果作为罪刑评价要素的犯罪，就是结果犯。申述如下：

446 第一，结果犯是罪刑规范上的不法类型，其中的结果是规范上预设的不法行为的逻辑结果，而非指现实案件中实际发生的结果。因此，不能把结果犯同既遂犯混为一谈，或者把犯罪的未完成形态同行为犯混为一谈。犯罪既遂与犯罪的未完成形态是对同一不法类型中不同的终结形态所作的划分，而无关结果犯与行为犯的划分。比如故意杀人罪作为不法类型上的结果犯，就包含了故意杀人的既遂、未遂、预备和中止四种形态，不能认为故意杀人既遂的是结果犯，而故意杀人的未遂犯、中止犯和预备犯是行为犯。

第二，结果犯的结果限于规范上预设的逻辑结果，即由行为的法益危害性所决定的基本结果。例如盗窃罪，刑法所预设的逻辑结果，就是无意归还地非法转移财产占有，从而造成他人的财产利益损失，这正是盗窃行为实质的可罚根据所在。正如前述，这种基本结果不同于加重结果（见边码442、443）和作为客观处罚条件的后果（见边码440、441），因而应当把结果犯同结果加重犯以及同附加后果性处罚条件的行为犯加以区别。 447

第三，结果犯的结果是罪刑规范预设的罪刑评价要素，具有法定的罪刑评价功能。正如下述，这种结果要么关乎犯罪的成立，要么关乎犯罪的既遂，要么作为设置基本法定刑的根据。这就是说，结果犯的界定，不完全取决于逻辑结果的有无，还取决于刑法是否将这种结果预设为一个单独评价的犯罪要素。譬如颠覆国家政权罪、走私罪、强迫卖淫罪、伪证罪、偷越国（边）境罪等犯罪，都有其逻辑上的结果，但刑法基于犯罪现实及合理适用刑罚的考量，并不将这种结果预设为犯罪评价要素，因而不能视其为结果犯。以走私罪为例，其逻辑上的结果就是将货物、物品不受海关监管地偷运出或者偷运进关境，一旦出现这种结果，就意味着海关监管的失效，即法益侵害结果的发生，也即走私行为在事实意义上的完成。然而，从现实看，走私犯罪通常是在走私过程中被查获，而一旦走私行为完成，尤其是走私出境的完成，往往就意味着逃避法律制裁的成功，这意味着被查处的走私犯罪中，未完成乃是常态。鉴于此，刑法就不会将走私的完成形态视为基本形态，也就不会将走私的完成作为其适用基本法定刑的条件。再如伪证罪，其逻辑上的结果是使司法人员对案件事实形成错误判断，影响司法裁判的公正性，但伪证行为是否影响司法公正，并不完全取决于伪证行为本身，还取决于司法人员是否受伪证的干扰，因此刑法设置伪证罪的基本法定刑，并不以伪证行为对司法的影响效果为根据。 448

第四，结果犯的结果是可以且需要予以司法证明的。一个在司法上无法证明的结果，不可能被刑法预设为一个独立的犯罪评价要素。例如，侮辱行为对他人的精神伤害，诽谤行为对他人形象的贬低效果等精神性、心理性结果，就是难以司法证明的，因而不可能被刑法预设为该种不法类型特定的罪刑评价要素。 449

（2）结果犯的类型

450 从结果对于犯罪评价的功能看，结果犯包括以下三种类型：

451 一是以基本结果为犯罪成立要件的结果犯。这首先指过失的结果犯。对于过失的结果犯而言，基本结果乃是犯罪成立要件。例如，过失致人死亡罪之死亡结果，过失致人重伤罪之重伤结果，交通肇事罪之致人重伤、死亡或者使公私财产遭受重大损失之结果等，皆为犯罪成立要件。需要指出，过失犯罪并非都是结果犯，也包括部分纯正不作为犯（见边码919、920），例如，玩忽职守罪、环境监管失职罪、传染病防治失职罪等犯罪中，就包含过失性犯罪。其中的过失，是以不作为为对象的评价。至于刑法对玩忽职守罪、环境监管失职罪设置的后果要素，并非不法行为自身造成的结果，而是属于客观处罚条件的范畴。在故意犯罪中，也有少数犯罪以基本结果为其犯罪成立要件。例如，生产、销售不符合安全标准的产品罪是以造成严重后果为犯罪成立要件；生产、销售伪劣农药、兽药、化肥、种子罪是以使生产遭受较大损失为犯罪成立要件；破坏计算机信息系统罪是以造成计算机信息系统不能正常运行，后果严重为成立要件。此类犯罪属于故意的结果犯。

452 二是以基本结果为犯罪既遂标准的结果犯。这是就那些需要区分犯罪既遂与未完成形态的故意犯罪而言的，如故意杀人罪、盗窃罪、诈骗罪等犯罪。如前所述，结果犯的结果应从造成法益损害的实质意义上理解，而不取决于结果是否在时空上同不法行为相分离，因而，一个即使不能同不法行为在时空上分离的结果也是判断结果犯的根据。因此，强奸罪、非法侵入住宅罪、脱逃罪都是以发生特定结果为既遂标准的结果犯。

453 三是以基本结果严重与否为根据设置基本法定刑的结果犯。这是指我国《刑法》规定的某些危害公共安全罪，包括放火罪、决水罪、爆炸罪、投放危险物质罪、以危险方法危险公共安全罪、破坏交通工具罪、破坏交通设施罪、破坏电力设备罪、破坏易燃易爆设备罪。此类犯罪的可罚根据并非单纯的行为非价，而是同故意杀人罪、故意伤害罪等典型的结果犯一样，在于不法行为会现实地造成法益危害结果。然其特殊性在于，刑法并不按照区分犯罪既遂与犯罪未遂的一般原理决定其刑事责任，而是直接根据是否造成严重后果分别规定法定刑。其中，“尚未造成严重后果的”就包括了事实上的犯罪未遂的情形，这意味着《刑法》总则中未遂犯的处罚规定不再适用于这类犯罪，但预备犯、中止犯的处罚规定仍有适用的余地。刑法如此规定的道理在于，此类犯罪的危害结果具有不确定性，使既遂与未遂的判断标准变得模糊，而且单纯从是否造成危害结果的意义上判断既遂与未遂并据此决定刑罚，也不尽合理。比如，假如放火行为造成了价值微小的财产损失，如果按照一般原理判断既遂与未遂就是困难的，而且这种区分对于合理适用刑罚而言，基本上没有实际意义。因此，相较于适用既遂犯与未遂犯的划分原理及其处罚原则，刑法对此类犯罪根据后果是否严重分别设置法定刑，是一种更为合理的选择。

（3）罪刑规范中结果犯与行为犯的混合

通常而言，一个不法构成要么是结果犯要么是行为犯，但刑法将结果犯 454
与行为犯不加区分地规定为同一个不法构成的情况也个别的存在。我国《刑法》规定的医疗事故罪就是如此。根据《刑法》第 335 条，“医务人员由于严重不负责任，造成就诊人死亡或者严重损害就诊人身体健康的”，构成医疗事故罪。其中的“严重不负责任”是对主观态度的评价，而其外在表现则既可以是不负责任地滥作为，也可以是不负责任地不作为。对于作为而言，所谓“造成就诊人死亡或者严重损害就诊人身体健康”，就是不法作为在规范上的逻辑结果，故属于结果犯。此种意义上的结果，需要通过医疗事故鉴定进行因果关系的判断。对于不作为而言，所谓“造成就诊人死亡或者严重损害就诊人身体健康”并非不作为的结果，而是附加的客观处罚条件，并不存在因果关系判断的问题。例如，医生对接诊患者消极地不采取救治措施以致就诊人因得不到必要的救治而死亡的，医疗责任的确定就无须进行因果关系的判断，而只需要根据在当时的医疗条件下对患者的病情是否具有救治可能性予以一般的评估。此种情形与税务机关的工作人员徇私舞弊不征、少征税款或者教育教学机构的责任人员明知教育教学设施有危险而不报告因而构成犯罪的情形是类同的。从立法严谨性的要求看，这两类医疗事故应当分别规定之。

（三）不纯正不作为犯的结果犯属性

1. 理论根据

不纯正不作为犯的结果犯属性，是其区别于纯正不作为犯的基本特征。 455

这一特征是由其不纯正性所决定的。所谓“不纯正”，并不是取决于此类犯罪同作为犯共用一个罪刑规范，否则与此类犯罪共用一个罪刑规范的作为犯就该称为不纯正作为犯了。纯正与否，只取决于它自身的特点。不纯正不作为犯的不纯正性，首先就在于其结果犯属性。如果说纯正不作为犯的可罚根据在于纯粹的义务违反，因而属于违背作为义务的行为犯，那么不纯正不作为犯的可罚根据则不仅仅是违背作为义务，更重要的是其如同作为的结果犯那样制造危害结果。不纯正性的另一层内涵，是其结果制造在原因上的不纯正性。正如后述，对不纯正不作为犯而言，虽然不作为是不法评价的对象并被视为制造危害结果的原因，但其原因性须以通过作为的风险制造或者风险承诺为条件，否则，一个单纯的不作为就不具有对于结果的原因性（见边码798以下）。这两层内涵决定了不纯正不作为犯应限于结果犯。

456 因此，虽然不排除行为犯也可能同时包含作为犯与不作为犯，但其中的不作为犯应当属于纯正不作为犯，而非不纯正不作为犯。比如虐待罪就既可以表现为殴打、责骂等作为的虐待，也可以表现为不给饭吃、不给予治疗等不作为的虐待。但不作为的虐待并不以危害结果为不法要素，因而属于纯正不作为犯。再如妨害传染病防治罪，其不法行为既可以表现为“准许或者纵容传染病病人、病原携带者和疑似传染病病人从事国务院卫生行政部门规定禁止从事的易使该传染病扩散的工作”的作为，也可以表现为“拒绝按照疾病预防控制机构提出的卫生要求，对传染病病原体污染的污水、污物、场所和物品进行消毒处理”的不作为。就不作为的妨害传染病防治罪而言，就属于纯正的不作为犯。

457 其实，将不纯正不作为犯限定为结果犯，乃是大陆法系刑法学的主流见解。卢登早就指出，此类犯罪是以不作为实现通常由积极的作为才能实现的结果。[①] 耶赛克、魏根特两位教授更是明确地指出，“不纯正的不作为犯是结果犯的对应物”，其应受处罚性“取决于特定结果的发生”[②]。意大利学者帕多瓦尼教授同样认为，“‘不纯正的不作为犯’则是指由不作为方式构成的结

---

① 参见［德］汉斯·海因里希·耶赛克、［德］托马斯·魏根特：《德国刑法教科书：总论》，徐久生译，中国法制出版社2001年版，第726～727页。

② ［德］汉斯·海因里希·耶赛克、［德］托马斯·魏根特：《德国刑法教科书：总论》，徐久生译，中国法制出版社2001年版，第727、729页。

果犯（亦称以不作为方式构成的作为犯）”①。日本学者山口厚在论及此类犯罪时指出：“与作为犯的场合相同，因为由这样的可和作为同等视之的不作为造成了结果，在法律上是被禁止的，所以在此场合，可以说就能肯定为了回避结果而实施作为的义务（作为义务）。”② 在国内，林山田教授认为，“不纯正不作为犯系指对于构成要件该当结果的发生，负有防止义务之人，不为其应为的防止行为，致发生与以作为的行为方式实现不法构成要件情况相当的不作为犯”③。蔡墩铭教授认为：“不纯正不作为则除不为期待或命令之行为外，另以惹起一定结果之意思而不为，而其不为无异于作为者。”④

2. 对质疑论的回应

从结果犯的角度界定此类犯罪，也面临学术上的质疑。合理回应这种质疑也是这里面临的任务。 458

第一种质疑是基于这样的认识：应当从犯罪成立（而非犯罪既遂）是否需要发生实害结果的角度区分结果犯与行为犯。“据此，根据刑法规定，发生结果才构成犯罪的是结果犯，如过失致人死亡罪、玩忽职守罪等；没有发生结果也构成犯罪的，是行为犯，如故意杀人罪、强奸罪等。根据结果犯的这一定义，刑法上的不真正不作为犯并不局限于以结果为构成要件的结果犯，许多不要求结果为成立条件的行为犯也可以成立不真正不作为犯，如故意杀人罪、放火罪、非法侵入他人住宅罪等。”⑤ 这一认识虽有其内部统一性，但偏离了学界的主流认识。也就是说，这种观点并不是同主流观点在相同的意义上讨论问题。例如，故意杀人罪，在主流观点中属于结果犯，而质疑者从犯罪成立标准的意义上将其视为行为犯，并据此得出此类犯罪不限于结果犯的结论。这就有自说自话的意味了。 459

第二种质疑所针对的是德国学界的一种流行说法，即“真正不作为犯是行为犯的对应物；不真正不作为犯是结果犯的对应物”。质疑者认为，“如果 460

---

① ［意］杜里奥·帕多瓦尼：《意大利刑法学原理》，陈忠林译，法律出版社 1998 年版，第 114 页。

② ［日］山口厚：《刑法总论》，付立庆译，中国人民大学出版社 2018 年版，第 75 页。

③ 林山田：《刑法通论》（下册），北京大学出版社 2012 年版，第 145 页。

④ 蔡墩铭：《刑法总论》，台北，三民书局股份有限公司 2009 年版，第 118～119 页。

⑤ 李金明：《不真正不作为犯研究》，中国人民公安大学出版社 2008 年版，第 51～52 页。

按照所谓构成要件是否要求发生结果来区分不作为犯，那么，只要有行为犯与结果犯的区分即可”①。这一质疑可能是对德国学界那种流行认识的曲解。事实上，德国学界并非将纯正不作为犯与行为犯等同视之，或者将不纯正不作为犯与结果犯等同视之，而是将前者归属于行为犯的范畴，将后者归属于结果犯的范畴。

461 第三种质疑是基于对个罪的理解提出的。有日本学者以非法侵入住宅罪为例，否定不纯正不作为犯仅限于结果犯的观点。在其看来，“作为行为犯的非法侵入住宅罪也可以成立不真正不作为犯……例如，由于父母不充分履行自己的监护义务，致使三四岁的孩子侵入他人住宅，看到这种情况的母亲丝毫没有阻止孩子的行为，容忍孩子侵入他人住宅。像在这种例子中，认为母亲是成立不真正不作为犯的”②。这里涉及两个问题。其一，非法侵入住宅罪究竟是行为犯还是结果犯？对此，前述关于结果犯的界定已经有了结论，即如果从造成现实的法益危害结果这一标准看，非法侵入住宅罪是结果犯而非行为犯。持论者将非法侵入住宅罪视为行为犯，是根据行为是否造成同行为本身在时空上相间隔的结果来区分结果犯与行为犯所得出的结论。但正如前述，这种意义上的区分并不可取。其二，母亲不阻止自己的孩子侵入他人住宅，是否能构成非法侵入住宅罪？这里涉及刑法理论上的间接正犯问题。就结果犯而言，间接正犯可否由不作为构成，是需要另行讨论的问题。就回应这种质疑而言，有对前一个问题的分析就已经足够了。

462 第四种质疑也是基于对个罪的理解。质疑者认为，“不应当将不纯正不作为犯限定为结果犯，因为在实践中不纯正不作为犯确实存在行为犯之适例，例如，恐怖活动组织或黑社会性质组织的参加者开始时并不知道其参加的是恐怖活动组织，加入后发觉而不退出因而成立（不作为的）参加恐怖组织罪或参加黑社会性质组织罪的便为行为犯”③。这种认识存在两个问题。其一，持论者是将罪刑规范同时包含作为犯与不作为犯当作界定其中的不作为犯属于不纯正不作为犯的根据。其二，持论者是对刑法意义上的“参加”做了错

---

① 张明楷：《刑法学》，法律出版社 2021 年版，第 194 页。

② ［日］日高义博：《不作为犯的理论》，王树平译，中国人民公安大学出版社 1992 年版，第 83 页。

③ 陈荣飞：《不纯正不作为犯的基本问题研究》，法律出版社 2010 年版，第 81 页。

误的解读，似乎“参加”与“不退出”取决于某种仪式。其实，“参加”的判断根据在于参加者的作为，即通过其作为事实性地参与到恐怖组织或者黑社会性质组织中。一个人明知是恐怖活动组织而在该组织中宣誓参加的，固然可能视其为“参加”，但即使没有这种宣誓却参与该组织的恐怖活动的，更应当视为参加。至于所谓知情后的“退出”与否，更不是由某种仪式决定的，而是取决于不知情的加入者是否在知情后参与该组织的恐怖活动计划中。易言之，如果不知情的加入者一旦知情后就不再参与恐怖组织的活动，就不可能认定其构成参加恐怖组织罪，只有当其继续参与该组织的活动，才能视其为“参加”。可见，试图以不退出恐怖组织为例，来否定不纯正不作为犯的结果犯属性，并不可取。

第五种质疑涉及的是所谓纯正不作为犯是否只限于行为犯的问题。大陆 463
法系的主流观点是将纯正不作为犯归入行为犯的范畴，认为这类犯罪在刑法上的评价对象是不作为本身，或者说，刑法所惩罚的就是义务人对法律上特别的作为义务的违反。虽然制裁这种不作为也是为了保护法益，但刑法并不将某种特定的危害结果设置为行为人必须避免的义务，故不能将特定结果的发生作为其不法构成要素。[①] 但质疑者认为，我国刑法中的确存在纯正不作为犯为结果犯的情形，如我国《刑法》第 135 条规定的重大劳动安全事故罪、第 138 条规定的教育设施重大安全事故罪、第 139 条规定的消防责任事故罪。对于这三种犯罪，刑法所处罚的是不作为的行为，但它们都是以结果为构成要件的过失犯罪，应属于结果犯。[②] 这种质疑涉及对于结果犯的结果同作为客观处罚条件的后果的界分问题（见边码 440、441）。显然，质疑者没有意识到这两者之间的区别，错误地将作为客观处罚条件的后果当成了结果犯的结果，从而得出了纯正不作为犯也可以是结果犯的结论。

---

① 参见［德］汉斯·海因里希·耶赛克、［德］托马斯·魏根特：《德国刑法教科书：总论》，徐久生译，中国法制出版社 2001 年版，第 727 页。

② 参见许成磊：《不纯正不作为犯理论》，人民出版社 2009 年版，第 82 页。

三、以自我设定保障义务为条件的因果性

（一）原理性说明

464 对于作为犯而言，在结果犯的场合，不法作为对于结果的原因性是可以独立判断的，并不依赖于行为人的其他行为来支撑或者说明这种原因性。而对不纯正不作为犯而言，不作为虽然在规范评价的意义上是结果发生的原因，但在事实层面上，这种规范意义上的原因性必须以行为人通过作为的风险制造或者风险承诺设定保障义务为条件。

465 以风险制造为条件的例子是，行为人在道路上施工而不采取安全防护措施，从而造成致人死亡的交通事故。在这样的场合，从规范评价的意义上看，行为人不采取安全防护措施的不作为是造成交通事故的原因，然而这种原因性的认定是以行为人在道路上施工制造潜在风险并因此设定其风险防范义务为条件的。如果缺乏制造风险的行为（在道路上施工），所谓不作为的原因性也就不复存在。比如对于施工现场的围观者而言或者对于路过施工现场的路人而言，我们断不会认为他不对施工现场采取安全防护措施是导致交通事故的原因，我们甚至不会认为他的无动于衷属于法律意义上的不作为。

466 以风险承诺为条件的例子是，负责在铁路上扳道岔的扳道工在应当扳道岔以改变列车行进轨道时，故意或者过失地不扳道岔以致造成列车相撞的重大事故。此种情形下，在规范评价的意义上，扳道工不扳道岔的不作为是造成列车相撞事故的原因，然而这种原因的认定是以该扳道工接受工作任务这种具有风险承诺性质的行为为条件的。因为，扳道工接受工作任务，就是通过承诺排除了其他人承担该项任务以保障列车正常运行的可能性，从而将保障列车在经过道岔时行进在正确的轨道上置于行为人的掌控之中。可以说，这种风险承诺也是一种风险创设，即通过承诺将他人排除在保障人之外或者解除他人的保障人地位，使法益处于全赖于行为人的风险之中。如果缺乏这种风险承诺，那么不扳道岔就不能被视为列车相撞的原因。比如，对于在场的其他未承担扳道岔职责的人来说，即使他有可能帮助扳道岔而未采取实际行动，也不能将他的无所作为当作造成列车相撞事故的原因。

467 需要指出，虽然危害结果在事实层面上以行为人通过作为的风险制造或

者风险承诺为条件，但由于那个作为并非不法评价的对象，因而不是法律意义上的原因。构成不法评价对象的恰恰是那个不作为，所以在社会观念上，不作为才是发生危害结果在法律上的原因。比如在道路上施工并不被法律所禁止，因而不构成不法的根据；法律所要求的是在施工时做好安全防护，因而不采取安全防护措施的不作为才是不法评价的对象，也是法律上导致道路交通事故的原因。同样，扳道工接受工作任务的职务承诺不构成不法的根据，只有不扳道岔的不作为才是不法评价的对象，也是导致列车相撞事故在法律意义上的原因。

上述表明，不作为对于结果的原因性是从规范评价的意义上得出的结论， 468
而这种规范评价又必须建立在行为人通过作为的风险制造或者风险承诺的基础上。这就意味着不作为具有的原因性，具有对于行为人自己的风险制造或者风险承诺的依赖性。也就是说，如果离开行为人的风险制造及风险承诺，一个纯粹的不作为就不可能在任何意义上被当作危害结果发生的原因。这也是不纯正不作为犯的不纯正性的内涵之一，即不作为在原因上的不纯正性。

（二）不纯正不作为犯视角下的“多义举止方式”

长期以来，学界对于作为犯与不作为犯的界定存在认识分歧的一种情形， 469
是“行为人整体的行为包含积极的‘作为’部分以及消极的‘不作为’部分”的所谓“多重的行为形式”。[①] 德国学界称为“双重含义的举止行为方式”[②]，也有学者将其简称为“多义举止方式”，[③] 本人在这里亦从之。下述事例被认为具有典型性。

［例3－1］ A于夜间在道路上驾驶机动车，未开车灯而致发生车祸，撞 470
死行人B。

［例3－2］ 厂主C未将带病菌的原料先行消毒杀菌，就将该批原料交由 471
工人加工制造，致几名工人因感染病菌而亡。

---

① 参见林钰雄：《新刑法总则》，台北，元照出版有限公司2009年版，第525页。

② ［德］克劳斯·罗克辛：《德国刑法学总论：犯罪行为的特别表现形式》（第2卷），王世洲译，法律出版社2013年版，第491页。

③ 参见黎宏等：《不作为犯研究的新展开》，北京大学出版社2022年版，第23页。

472 按照通常的见解，上述事例中的 A 既有驾驶机动车的作为，又有不开车灯的不作为，因而具有作为与不作为的双重意义。同样，C 既有将原料交给工人的作为，又有不对原料消毒杀菌的不作为，因而其行为形式也被认为具有双重性。对于此类行为，究竟是论以作为犯还是不作为犯，在学术上极具争议性。

473 德国判例及学界主流观点是主张根据可谴责性的重点判断之。提出这一主张的梅茨格尔（Edmund Mezger）认为，作为犯与不作为犯的区分不能从纯粹外在的依据获得，而是取决于法谴责的方向指向何处。基于相同的思路，德国联邦最高法院明确提出了“可谴责性的重心”这一判断根据，即如果可谴责性的重心在作为，就以作为犯论；反之则以不作为犯论。① 然而，这一主张受到的批评是，“这个可谴责性的重点的公式就是一种循环论证”②。人们不清楚的是，究竟应当根据什么来判断可谴责性的重点是作为还是不作为。这意味着，“这一说辞空洞无物以至于根据这一‘标准’我们得不出任何在法律上有意义的结论，最终决定具体案件行为形态的不过是法官的个人感觉罢了，且不说法安定性无法保障，恐怕距离司法擅断亦不远矣”③。

474 德国学界另一种有影响力的主张是，根据是否存在原因性能量投入判断之。如果一个主动的能量投入与结果之间存在合乎法则的条件关系，那么就应当视其为作为犯；否则，就应当按照不作为犯予以审查。④ 不过，这一主张也存在疑问。这里撇开“能量投入说”存在的问题不论（前面已有分析，见边码 406 以下），这一主张的可质疑之处在于判断是否有能量投入的对象存疑。因为要判断是否存在能量投入，首先要确定判断的对象：如果对象是行为中的不作为成分，例如不消毒、不开车灯，那结论就是无能量投入，因而属于不作为犯；如果对象是行为中的作为成分，例如将原料交付工人、驾驶机动车，那结论就是有能量投入，因而是作为犯。在这里，能量投入标准会

① 黎宏等：《不作为犯研究的新展开》，北京大学出版社 2022 年版，第 21 页。

② ［德］克劳斯·罗克辛：《德国刑法学总论：犯罪行为的特别表现形式》（第 2 卷），王世洲译，法律出版社 2013 年版，第 493 页。

③ 黎宏等：《不作为犯研究的新展开》，北京大学出版社 2022 年版，第 5 页。

④ 参见［德］克劳斯·罗克辛：《德国刑法学总论：犯罪行为的特别表现形式》（第 2 卷），王世洲译，法律出版社 2013 年版，第 492 页。

陷入同上述可谴责性的重点公式一样的困境。当然，还有另外一种可能性：是否有能量投入的判断是针对包含作为与不作为的行为整体而言的，如此，就只能得出属于作为犯的结论。比如，那个工厂主在未经消毒处理的情况下将原料交付工人加工，无疑是存在能量投入的，因而结论就只能是构成作为犯。但这样的结论并不可取。因为在刑法上构成可罚根据的恰恰是工厂主不对羊毛消毒这一无能量投入的不作为，而非将羊毛交付工人的作为。

与前两种主张不同，亚图·考夫曼（Arthur Kaufmann）教授提出了“作 475
为优先”的标准。其核心内容是：“一个既包括行动要素又包括不作为要素的整体性举止，存疑时应被视作积极作为。”① 这种主张让人生疑的是，为什么在不作为与作为的结合中，就应当将行为整体性地评价为作为，而不是不作为？尤其是，如果那个作为并不为法律所禁止，就像行为人夜间驾驶机动车并不违法那样，又怎么会因为行为人不开车灯这一违法的不作为而视作积极的作为？对此，作为优先说恐怕很难提出令人信服的说明。而且，在面对“借助积极举动的不作为”的行为类型时，基于“作为优先”的判断公式就会得出错误的结论。

形成上述认识分歧的症结在于，超出不法评价范畴的作为与不法作为被 476
混为一谈了。不言而喻，刑法上的作为是特指不法作为，而不包含正面意义上的积极努力或者在生活意义上的正常作为，而所谓“多义举止方式”中的“作为”则超出了不法评价的范畴。无论是夜间驾驶机动车还是工厂主将原料交付工人加工，都属于正常意义上的作为，而非不法评价的对象。在所谓“多义举止方式”中，应受责难的是其中的不作为，即不对原料采取消毒措施，或者夜间驾驶机动车时不开车灯。这就是说，所谓“多义举止方式”中，构成不法评价对象的仅仅是其中的不作为，因而其在法律意义上的不法行为是单一的，而非同时包含了不法的作为和不法的不作为。只是，其中不法的不作为是以合法的作为为条件。也就是说，如果行为人不在夜间驾驶机动车，那么他不开车灯就不属于法律上的不作为。同样，如果那个工厂主不将未消毒的原料交付工人加工，那么他不对原料消毒就无所谓不作为。

在这里，应当拒绝那种从作为犯视角所作的解读，也就是将行为人的行 477

---

① 黎宏等：《不作为犯研究的新展开》，北京大学出版社 2022 年版，第 21 页。

为整体性地视为一个不法作为，比如把工厂主将未经消毒处理的山羊毛交付工人视为一个不法作为，或者把护士违反规定不做过敏试验地对患者注射抗生素视为一个不法作为。这样的解读表面上似乎成立，但经不住深究。如果我们追问行为整体不法的根据何在？那么答案就只能从不作为中求得。正如前述，在这个“行为整体”中，违反法律因而应当受法律责难的只是那个不作为。比如护士为患者注射抗生素本来就是其应该做的，不应该的只在于她违反规定不做过敏试验，因而不能不加区分地将本来应当实施的作为带入到不法评价中。否则，将造成不法评价对象的模糊化，也将造成不纯正不作为犯与作为犯的混淆，并最终影响犯罪的正确认定。

478 需要特别回应的是对“多义举止方式”进行分类处理的主张。有学者将“多义举止方式”区分为真正多义举止和不真正多义举止两类。“前者是指同一时空下的同一举止中既有作为成分又有不作为成分，其中不作为因素依附于作为因素而存在，亦即只有和作为因素一起才具有法上的重要意义。”① “山羊毛案”被认为是其适例：如果不存在羊毛的交付，也就无所谓“未”消毒。“后者是指在密接的时空中先后存在一个作为与一个不作为，并且先在行为的效果持续到后行为之中。比较典型的情况是不作为在前、作为在后，如在‘自行车灯’案中，不开车灯本身就具有法上的独立意义，而撞人是嗣后发生的。”② “这样区分的意义在于，对于不真正多义举止，有可能辅助性地考虑一项不作为犯罪，特别是行为人不作为时有责任能力，实施作为部分时却陷入无责任能力状态的时候，而对于真正多义举止，不作为所引起的直接危险是依附于作为的，不可能单独考虑一项不作为犯罪。”③ 至于作为在前、不作为在后的不真正多义举止也是存在的，如工人挖开坑道或者打开井盖，由于没有采取防护措施或者完工后未盖回井盖从而引起事故的，即属之。“在这种情况下，如果先在的作为缺乏正当化根据，则不作为的部分仍然根据辅助性原则退到作为之后，但是当作为被正当化时便只剩一个不作为的可罚性了。”④

---

① 黎宏等：《不作为犯研究的新展开》，北京大学出版社 2022 年版，第 23 页。
② 黎宏等：《不作为犯研究的新展开》，北京大学出版社 2022 年版，第 23 页。
③ 黎宏等：《不作为犯研究的新展开》，北京大学出版社 2022 年版，第 23 页。
④ 参见黎宏等：《不作为犯研究的新展开》，北京大学出版社 2022 年版，第 23 ~ 24 页。

这一主张的基本立场是作为优先：对于“真正多义举止”，一律按作为犯对待；对于“不真正多义举止”，原则上也按作为犯对待，只有在无法认定为作为犯时（作为时无责任能力或者作为被正当化）才考虑成立不作为犯的可能性。但这一主张不可接受。这首先在于“真正多义举止”与“不真正多义举止”的划分难以理解。如果说两者的划分根据在于作为与不作为是否处于同一时空下，那么人们看不出属于“真正多义举止”的山羊毛案与属于“不真正多义举止”的不开车灯案在时空上存在这种差异，也就是说，人们不能理解，为什么说不对羊毛消毒同交付羊毛给工人是在同一时空下，而不开车灯同驾驶机动车就不在同一时空下？甚至，人们有理由得出相反的结论。如果说两者的划分根据在于不作为是否具有对于作为的依附性，那么比较山羊毛案和不开车灯案，也看不出这种差异。显而易见，不开车灯成立不作为，也是以驾驶机动车这一作为为前提的。无论如何，我们不会将一个人在不驾驶机动车时的不开车灯视为不作为。可见，两者的划分是不能成立的。这也意味着，基于这种类型划分所做的区别处理失去了根基。至于其作为优先的立场，也缺乏合理的根据。正如前述，一个当为的作为根本就不属于不法的范畴，无论是将羊毛交给工人加工，还是夜间驾驶机动车抑或护士为患者注射抗生素，都不构成刑法责难的根据，如此情况下的“作为优先”实际上是不法评价对象的错位。 479

其实，无论作为与不作为是否处于同一时空下，也无论是作为在前、不作为在后还是不作为在前、作为在后，只要违法的根据在于不作为，就都应从不作为犯的角度审视之。而如果那个不作为的成立又是以行为人的作为（包括随后的作为）为条件，就表明了不作为及其对于结果制造在原因上的不纯正性，因而就具有了不纯正不作为犯的典型特征。就像那个不开车灯案一样，只有在夜间驾驶机动车这一条件下，不开车灯才属于不作为；而从因果关系的角度看，不开车灯也只有借助于驾驶机动车这一条件才会导致交通事故，也就是说，不开车灯对于结果的原因性也以驾驶机动车这一作为为条件。山羊毛案也一样，正是由于工厂主计划将羊毛交付工人，其不对羊毛消毒才构成不作为，也正是通过将羊毛交付工人这一作为，不消毒才具有了对于工人死亡结果的原因性。 480

四、定义性总结及不法构造的概略说明

（一）定义及其例证

481 基于前述，不纯正不作为犯的内涵和轮廓得以初步显现。在此基础上，可对其定义如下：不纯正不作为犯，是指以风险制造或者风险承诺自我设定保障义务为条件，故意或者过失地通过不履行风险防控保障义务而设定危害法益的因果进程的结果犯。下述两例可以说明之。

482 **［例3-3］** 卫某用麻绳将同村一名男孩放入一个废弃的矿井中捡煤渣，转念想到男孩父亲的恶言恶行，又见地方偏僻无人，便置深井中的男孩于不顾，自行离去，结果男孩未得救而亡。

483 **［例3-4］** 铁道扳道工许某，为发泄不满情绪，在应当扳道岔以改变列车行进轨道时却不扳道岔，以致发生列车相撞事故。

484 卫某的行为属于以风险制造为条件的不作为所构成的故意杀人罪。从纯事实的角度看，男孩的死亡是由卫某将其放入深井这一前行为所致，这使卫某的行为同男孩的死亡之间具备了事实层面上的条件关系。但卫某将男孩放入深井中捡煤渣这一行为本身并不具有违法性，不构成不法评价的对象，因而不能评价为作为犯（由作为构成的故意杀人罪）。其不法的根据在于之后的不作为，即对处于深井中的男孩不予救助。然而，其不作为的成立又以通过作为的风险制造为条件。在这里，从作为的风险制造，到风险防控不作为使潜在风险现实化为现实的因果进程，进而导致死亡结果的发生，体现出不纯正不作为犯的典型特征。

485 许某的行为属于基于风险承诺的不作为构成的以危险方法危害公共安全罪。这其中通过不作为制造列车事故的因果关系是确定无疑的，且无异于许某通过作为制造列车相撞的事故。因为，许某在该扳道岔时不扳道岔，同许某在不该扳道岔时去扳道岔之间具有完全相同的客观效果。所不同者只在于：在作为的场合并不需要其他先决条件，任何人去错误地扳道岔都能构成一个作为的不法；而在不作为的场合则以风险承诺设定保障义务为条件。因为在后一种情况下，正是由于行为人在职务上的承诺排除了其他人去管理道岔的可能性，才能将其不扳道岔视为发生列车相撞事故的原因。在这里，从风险

承诺产生保障义务，到风险管制不作为造成危害结果，同样体现出不纯正不作为犯的典型特征。

（二）不法构造的概略说明

分析至此，不纯正不作为犯的基本构造也初现端倪了，这就是：通过作为的风险制造或者风险承诺自我设定保障义务（保障人地位），通过对保障义务的不作为使潜在风险转化为现实的危害法益的因果进程。下面对此做概略说明，更详细的讨论是后两章的任务。 486

所谓风险制造，是指通常由合法作为所制造的必须加以防范的风险。首先，一个不法行为制造风险最终造成危害结果的，则该结果应当归责于那个不法作为，而不能根据行为人的事后态度认定不纯正不作为犯。只有当一个不法作为在本来的法益危害之外又制造了超出其不法内涵的危害其他法益的风险，才存在因不防范这种额外的风险而另行构成不纯正不作为犯的可能性。因此，制造风险的行为是以合法作为为常态，以不法作为为例外。其次，所谓风险，是指必须加以防范的禁止性风险。一个法秩序允许的风险制造并不产生作为义务，也就无所谓法律意义上的不作为。这同作为犯中将允许性风险排除在归责根据之外是一致的。 487

所谓风险承诺，是指就涉及潜在风险的安全保障事项所做的风险管理承诺，包括职务性风险承诺、基于契约的风险承诺和基于信赖的风险承诺。风险承诺也具有风险创设的性质，因为这种承诺会产生排除他人管理风险的效果，从而使风险事项处于脱离先在管理人的危险状态中，也由此使承诺人处于不可或缺的保障人地位。因此，自愿承担并非都属于风险承诺，就像无因管理那样，一个并不排除先在风险管理者的管理责任的自愿承担，由于没有创设或者提升风险，因而不产生设定保障义务的效果。 488

通过对保障义务的不作为使潜在风险转化为现实的危害法益的因果进程，也就是说不作为具有对于结果的原因性，这是以风险制造、风险承诺为条件的规范判断。需要区分的是原因不作为与施救不作为。如果导致危害结果的因果进程是由其他原因所致，而不作为者虽有干预义务却没有干预那个已经开启的因果进程，那么这个不作为就属于施救不作为，由于其缺乏对于危害结果的原因性，因而不能成为不纯正不作为犯的定罪根据。例如，接受任务 489

去处理一起交通肇事案的交警，对于交通肇事的受害者不予救助以致其死亡的，就不能认定为不作为的故意杀人罪，而只能定性为玩忽职守。同样，医生对其接诊的患者不予积极处置，以致患者延误治疗而死亡的，即使该医生主观上持放任态度，也不能认定为不作为的故意杀人罪，而只存在定性为医疗事故罪的可能性。

第二节 不纯正不作为犯的规范依据及范围

一、规定作为犯与不作为犯的罪刑规范类型

490 在讨论不纯正不作为犯的规范依据与范围之前，有必要先梳理我国刑法设置作为犯与不作为犯的罪刑规范类型。就罪刑规范对作为犯与不作为犯的涵摄范围而言，可区分为下述五种规范类型。

（一）不法构成限于纯正不作为犯的罪刑规范

491 此类罪刑规范专门针对纯正不作为犯设置，而与作为犯及不纯正不作为犯无关。比如，我国《刑法》第129条关于丢失枪支不报罪的规定，第138条关于教育设施重大安全事故罪的规定，第201条关于逃税罪的规定，第261条关于遗弃罪的规定，第311条关于拒绝提供间谍犯罪、恐怖主义犯罪、极端主义犯罪证据罪的规定，第397条关于玩忽职守罪的规定，第404条关于徇私舞弊不征、少征税款罪的规定等罪刑规范，即属于此。由于此类罪刑规范专门针对不作为犯所设置，故其罪状对作为义务人和不作为的内容都有相对明确的规定，因而通常不存在规范依据及其明确性的疑虑。

（二）不法构成仅限于作为犯的罪刑规范

492 此类罪刑规范又包含以下两种类型：

493 一类是不法构成限于作为的行为犯的罪刑规范。如关于煽动颠覆国家政权罪、帮助恐怖活动罪、危险驾驶罪、暴力干涉婚姻自由罪、重婚罪、聚众斗殴罪、伪证罪、传授犯罪方法罪、滥用职权罪等犯罪的规定，即属之。如

前所述，行为犯的可罚根据是行为非价，如果刑法对不法行为作了作为方式的明确规定，就意味着将不作为排除在外了。易言之，当刑法禁止某种作为时，不实施该作为恰恰是刑法所期待的，因此并不存在一个与作为相对应的不作为。故若罪刑规范将行为犯的不法行为表述为作为方式时，即可肯定其仅限于作为犯。

另一类是不法构成限于结果犯中的限制手段犯（见边码 499）的罪刑规 494
范。此类罪刑规范所设置的不法类型是结果犯，但同时对造成结果的行为方式（手段）作了限制性的规定，而这种限制性规定无一例外的是针对作为方式，故其规定的不法类型限于作为犯。例如，《刑法》第 286 条规定的破坏计算机信息系统罪，其罪状是“对计算机信息系统功能进行删除、修改、增加、干扰，造成计算机信息系统不能正常运行，后果严重”，其中的行为描述就已经表明，刑法将其行为形式限定为作为，因而该种犯罪就仅限于作为犯。刑法关于抢劫、盗窃、诈骗、抢夺、敲诈勒索等犯罪的规定亦属之（关于诈骗罪的作为犯属性见边码 502 以下）。

（三）分别规定作为犯和纯正不作为犯的罪刑规范

此类罪刑规范所规制的不法行为既包括作为的行为犯，也包括纯正不作 495
为犯，并对之分别作了明文规定。例如，《刑法》第 139 条之一规定的不报、谎报安全事故罪，就同时包含“负有报告职责的人员不报或者谎报事故情况”的不作为犯和作为犯。《刑法》第 330 条规定的妨害传染病防治罪所包含的五种具体不法行为中，既包括“准许或者纵容传染病病人、病原携带者和疑似传染病病人从事国务院卫生行政部门规定禁止从事的易使该传染病扩散的工作”的作为犯；也包括“拒绝按照疾病预防控制机构提出的卫生要求，对传染病病原体污染的污水、污物、场所和物品进行消毒处理”的纯正不作为犯。《刑法》第 169 条之一规定的背信损害上市公司利益罪也是如此，其中既包括“无偿向其他单位或者个人提供资金、商品、服务或者其他资产”的作为犯，也包括“无正当理由放弃债权”的纯正不作为犯。此类罪刑规范中，作为犯和纯正不作为犯各有其独立的不法构成，但两者并存于同一不法类型中，触犯同一罪名。

（四）一体规定作为和不作为的行为犯的罪刑规范

496 此类罪刑规范设置的不法类型有两个特点：其一，该不法类型属于行为犯；其二，其不法的行为构成并不区分作为与不作为，或者说其不法行为逻辑地包含了作为犯与纯正不作为犯。最为典型者是虐待型的犯罪，如《刑法》第248条规定的虐待被监管人罪，《刑法》第260条规定的虐待罪，以及《刑法》第260条之一规定的虐待被监护、看护人罪。所谓虐待，即凶恶、残暴地对待之，是对行为的凶恶、残暴性质的规定，因而逻辑地包含了具有凶恶、残暴性质的作为与不作为。故其行为方式不限于打骂、体罚等作为，也可能表现为不提供食物、不提供保暖的衣物或者不予送医治疗疾病等不作为。

（五）一体规定作为和不作为的结果犯的罪刑规范

497 此类罪刑规范规定的不法类型属于纯粹的结果犯，即以不法行为制造法益危害结果为可罚根据，而不对行为方式予以限制，也就意味着其中的不法行为并不区分作为和不作为，因而既包含通过作为侵害法益的犯罪，也包含通过不作为侵害法益的犯罪，故其不法构成是作为的结果犯与不纯正不作为犯的混合体。其中的作为与不作为是两类行为，而非同一行为的正反两面。之所以作为和不作为能够统一于同一个不法构成中，是基于结果制造的相同性，即两者都是侵害同一种法益的结果犯。比如，过失致人死亡罪，其行为既可以是作为，如过失地撞击他人而致人死亡；也可以是不作为，即不为当为之行为而致人死亡，如保姆因疏忽未看护其照顾的小孩而致其溺水而亡。

二、涵摄不纯正不作为犯的罪刑规范的判断根据

498 前述已然表明，一个罪刑规范是否涵摄了不纯正不作为犯，是通过该罪刑规范设置的不法类型是否属于结果犯及任意手段犯这两个叠加的标准得以明确的。关于结果犯的界定，前文已有详细讨论，此不赘述。这里只讨论任意手段犯与不纯正不作为犯的关系问题。

499 根据刑法对结果犯是否有行为手段上的限制为标准，可将犯罪划分为任意手段犯与限制手段犯。任意手段犯，是指刑法对行为方式不予限制，只要

行为造成特定的危害结果即可构成的犯罪；限制手段犯，是指法律对行为方式作了明确限定的犯罪。[①] 前者如故意杀人罪、过失致人死亡罪、交通肇事罪等；后者如盗窃罪、诈骗罪、抢劫罪等。对于结果犯中的任意手段犯，德国学界称为“纯粹的结果犯”。[②]

不纯正不作为犯是否仅限于任意手段犯，是一个争议话题。有意大利学者对此持肯定态度。[③] 但德国及东亚地区学界的主流观点并不完全排除限制手段的结果犯可以通过不作为的行为形式构成的可能性，其中最受关注者，是诈骗罪。至于其他限制手段犯是否具有这种可能性，则鲜有讨论。 500

从法理上讲，不纯正不作为犯应限于任意手段犯，因为刑法对结果犯予以手段上的描述，目的不外乎从手段上对犯罪的范围予以限制，其中有些法定的手段本身还蕴含着行为非价，刑法是连同行为方式和行为的结果制造一并作为非难根据的，而一个行为手段不可能同时从作为和不作为两个方向予以正反解读。因此，只有那些无行为手段限制的不法构成才可能同时包含作为与不作为两种行为形式。一旦刑法对造成危害结果的行为手段作了限定，就意味着将不作为的行为方式排除在外了。例如盗窃罪的“盗窃”手段就是以隐蔽的方式非法转移财产占有，这种行为是不可能在纯粹的不作为中实现的。抢劫罪、诈骗罪、抢夺罪、敲诈勒索罪等限制手段的侵犯财产罪皆是如此，立法上作为非难根据的并不限于非法占有他人财产这一结果，行为方式本身也是不法评价的重要根据（行为非价）。一个不当得利行为在事实上也属于非法占有他人财产，但刑法并不将其纳入犯罪的范围。只有通过抢劫、盗窃、诈骗、抢夺等特定的行为方式占有他人财产的，才成立相应的犯罪。这意味着，这些特定的行为方式成为刑法对于行为非难的根据之一。[④] 501

有必要特别说明的是诈骗罪。长期以来，诈骗罪被部分学者视为可以由不作为构成的限制手段犯的特例看待。所谓“不作为的诈骗”，主要指两类 502

---

① 参见陈忠林：《意大利刑法纲要》，中国人民大学出版社 1999 年版，第 92 ~ 93 页。另见［意］杜里奥·帕多瓦尼：《意大利刑法学原理》，陈忠林译，法律出版社 1998 年版，第 110 页。

② 参见［德］克劳斯·罗克辛：《德国刑法学总论：犯罪行为的特别表现形式》（第 2 卷），王世洲译，法律出版社 2013 年版，第 590 页。

③ 参见陈忠林：《意大利刑法纲要》，中国人民大学出版社 1999 年版，第 111 页。

④ 此类特定的行为方式，实际上反映的是行为人人格的可非难性。参见刘之雄：《“公开盗窃论”的理论根据匡谬》，载《法学家》2021 年第 1 期。

情形：一类是“逃票”行为。例如，“如果火车列车长询问有没有客人要补票，而逃票的乘客故意默不作声，是不作为的行使诈术（因为在搭乘火车的交易习惯上，乘客必须处理车票的事情，如果不作声，等于传递已经购票的信息）”①。另一类是隐瞒真实价格的溢价交易行为。例如，杂货店老板A在商品上贴错标价，将低价格的商品贴上高价标签。当顾客B付款之际，A虽已发现错误贴标价的情形，但却闷不作声地收取了高价金。此例中，“顾客B所产生的错误，系来自因贴错标价所造成的错误信息。A不采取行动排除B陷于错误的消极不作为，在社会意义上与积极作为的施诈行为，获得相同的评价”②。

503 在表象上，此类不法行为中似乎包含“不告知真相”的不作为成分，但从骗取财物的行为整体看，当属于违反禁止规范的作为犯，而非不作为犯。就列车上的逃票行为而言，行为人并非骗取购票款，而是骗取承运服务这种财产性利益，而对这种财产性利益的非法占有，恰恰是通过混上列车享受承运服务实现的。行为人不打算购票地乘坐列车，就已经违反了禁止性规范，其行为的诈骗性质也已经表现在其作为之中了，因而不能视其为不作为犯。至于在乘务员询问时的默不出声，不过是用以隐瞒其无票乘车事实（隐瞒真相）的一种表现。这就如同一个不打算付费的人到饭店吃白饭一样，在行为人到餐桌前就座并点菜时，按照常理，就是在表示其具有支付能力并打算付费，也因此具有了诈骗性质。这就是说，其行为的诈骗性质并非只是由其不告知真相决定的，而是由行为整体决定的。有域外学者将此类情形称为“说服性沉默”，以区别于单纯的不作为。③

504 隐瞒真实价格的溢价交易行为也是如此，行为人并不是单纯的不告知真实价格，而是用一个虚高的价格从事欺骗性交易，并因此实现了对他人财物的非法占有。这种用虚假价格实现的交易恰恰是一个不法的作为，因而属于作为犯。其中，行为人的交易行为连同其对错标的价格不予声张，就是一种表明态度的“说服性沉默”，即通过在沉默中的交易表明标示价值的真实性，

① 黄荣坚：《基础刑法学》（下），中国人民大学出版社2009年版，第467页。
② 林山田：《刑法通论》（下册），北京大学出版社2012年版，第164页。
③ 参见刘瑞瑞：《不作为共犯研究》，广西师范大学出版社2009年版，第173～174页。

也就是隐瞒真相。

无论如何，一个不作为的诈骗是不可想象的。一个真正意义上不作为的占有他人财产，只存在于类似不当得利的情形中：如果是在他人已为错误给付后才知晓真相却隐瞒不报的，就属于不当得利。假如在一次溢价交易中，购买商品的顾客取走那件商品的同时，按错误标价付款后径直走了，而杂货店老板在随即发现标价错误后并没有告知真相于出门不远的顾客，而是带着“占便宜”的心理将货款留下，那么其行为就属于不当得利，而非诈骗。 505

三、不纯正不作为犯在规范上的范围

基于上述，确定不纯正不作为犯在刑法规范上的范围，关键在于对任意手段犯的甄别。就过失的结果犯而言，罪刑规范中的罪状通常只规定行为的过失及其造成的危害结果，而不对过失行为的手段予以限制，故此类过失犯罪中包含不纯正不作为犯通常不难判断。但就故意的结果犯而言，罪状中都会涉及对行为的规定，这使得任意手段犯的判断有产生歧义之虞。这是因为，刑法关于不法行为的罪状规定使用的是日常生活语言，“生活语言中的词汇，总是抓取事物在人们观念中最典型的形象传情达意，并因此而生动传神。但生活语言一旦离开具体的生活场景，就是简约而抽象的。这使那些在意义关系上相同但却属非典型形象的事物，难以在简约而抽象的词语中获得清晰反映，因而处于语言的边缘模糊地带”[①]。刑法关于任意手段犯的行为规定也是如此，就像“杀人”“放火”等词语一样，就是一种通俗而形象的表达，人们总是习惯于从最典型的作为的意义上理解之。这就需要我们合理解读法定罪状，从法益危害的实质意义上把刑法对行为性质的规定同对行为手段的限制规定加以区别，尤其要洞察罪状描述中所蕴含的结果非价，而不能在一般语词的意义上望文生义地理解刑法关于不法行为的规定。比如故意杀人罪中的“杀人”行为，并非关于行为方式的描述，而是关于行为性质的规定。也就是说，在实质理解的意义上，“杀人”是泛指任何非法剥夺他人生命的行为，这意味着故意杀人罪属于包含作为与不作为的任意手段犯。例如，一名铁路上的扳道工为报复站在附近铁道上的一名铁路工人，在火车驶过来时， 506

① 刘之雄：《“公开盗窃论”的理论根据匡谬》，载《法学家》2021 年第 1 期。

故意地不扳道岔，让火车驶入错误轨道将其撞死，就是不作为地利用火车杀人的行为。

507 下面根据任意手段的结果犯这一判断标准以及任意手段犯的甄别方法，对我国刑法中不纯正不作为犯在规范上的范围做具体说明。

（一）危害公共安全的不纯正不作为犯

508 就其中的故意犯罪而言，《刑法》第 114 条、第 115 条第 1 款关于放火罪、爆炸罪、决水罪、投放危险物质罪、以危险方法危害公共安全罪的规定包含了不纯正不作为犯。其中的“放火”“爆炸”“决水”“投放危险物质”，并非对行为方式的限制，立法所关注者，乃是行为的结果非价：所谓“放火”，指的是制造危害公共安全的火灾；所谓“爆炸”，指的是制造危害公共安全的爆炸；所谓“决水”，指的是制造危害公共安全的水患；所谓“投放危险物质”，指的是通过危险物质制造危害公共安全的毒害事件。显然，制造此类危害的行为并不限于作为，不作为同样能造成此类事故。例如，水库管理人员在山洪造成水库危险时故意不采取泄洪措施，造成严重水患的；或者锅炉工在锅炉压力达到保证安全的极限时，基于危害公共安全的意图消极地不采取降压措施，从而造成锅炉爆炸事故的，就分别构成不作为的决水罪、爆炸罪。至于“其他危险方法”，当然既包含作为也包含不作为的危险方法。因此，这五种犯罪都包含不纯正不作为犯。

509 《刑法》关于危害公共安全罪的过失犯罪规定大多包含不纯正不作为犯，具体包括：第 115 条第 2 款规定的失火罪、过失决水罪、过失爆炸罪、过失投放危险物质罪、过失以危险方法危害公共安全罪；第 131 条规定的重大飞行事故罪；第 132 条规定的铁路运营安全事故罪；第 133 条规定的交通肇事罪；第 134 条第 1 款规定的重大责任事故罪；第 135 条规定的重大劳动安全事故罪；第 135 条之一规定的大型群众性活动重大安全事故罪；第 136 条规定的危险物品肇事罪；第 137 条规定的工程重大安全事故罪。上述过失犯罪的构成，刑法所要求的是行为的过失以及由此造成的严重结果，并没有对行为方式予以限制，因而包含了不纯正不作为犯的情形。以铁路运营安全事故罪为例，刑法对其主客观方面的构成要件的规定是，“铁路职工违反规章制度，致使发生铁路运营安全事故，造成严重后果”，其中的“违反规章制度”

无疑包含了作为与不作为两种表现形式。就不作为而言，譬如负责铁道维护的人员对铁道上的安全隐患疏于排查、检修，信号员因疏忽未及时发送车辆通行信号，铁道路口的看守人员因瞌睡没有及时放下道口栏杆等，都可能因此造成严重后果而构成不作为的铁路运营安全事故罪。

需要说明的是，《刑法》第116条至第119条规定的破坏交通工具罪、破坏交通设施罪、破坏电力设备罪、破坏易燃易爆设备罪、过失损坏交通工具罪、过失损坏交通设施罪、过失损坏电力设备罪、过失损坏易燃易爆设备罪等，应从作为犯的意义上解读之。其中的“破坏”“损坏”并非关于结果的规定，而是关于行为方式的规定。以破坏交通工具罪为例，其法益危害性不在于损害交通工具自身的价值，而在于通过破坏交通工具的安全保障功能制造交通安全事故，也就是说，破坏交通工具是制造交通安全事故的手段。显然，这种手段仅限于作为，因为只有作为才可能使交通工具已经具有的安全保障性能丧失，而一个不作为则不可能破坏交通工具的安全保障性能。 510

（二）侵犯人身权利的不纯正不作为犯

侵犯人身权利罪中包含不纯正不作为犯的犯罪包括：《刑法》第232条规定的故意杀人罪；《刑法》第233条规定的过失致人死亡罪；《刑法》第234条规定的故意伤害罪；《刑法》第235条规定的过失致人重伤罪；《刑法》第238条第1款规定的非法拘禁罪；《刑法》第245条规定的非法侵入住宅罪。 511

所谓“杀人”“伤害”，不是关于行为方式的规定，而是关于行为性质的通俗表达：一个剥夺他人生命的行为就是杀人行为，一个损害他人身体健康的行为就是伤害行为。因此，无论是通过作为还是不作为的方式非法剥夺他人生命或者损害他人身体健康的行为就具有故意杀人或者故意伤害的性质，也正因此，刑法理论与司法实务对于故意杀人罪、故意伤害罪包含不纯正不作为犯基本不持异议。同样不持异议的是，过失致人死亡罪和过失致人重伤罪皆可能由作为和不作为的方式构成。 512

对于非法拘禁罪，刑法规定的“非法拘禁他人或者以其他方法非法剥夺他人人身自由”这一罪状就已经清楚地表明其行为方式不受限制。虽然对他人人身自由的剥夺往往是通过作为得以实现，但不作为也可能实现之。例如， 513

监狱等监管场所的工作人员对应予释放的被羁押人员不予释放，就是通过不作为非法剥夺了他人人身自由。

514 非法侵入住宅罪中的“侵入他人住宅”，也是基于结果非价对行为性质的规定，其实质内涵就是“通过未经允许地置身于他人住宅侵扰他人生活安宁”，至于通过何种方式侵入，刑法并不限定，因而不排除不作为构成该种犯罪的可能性。譬如，行为人在合法进入他人住宅后，经他人要求退出而无正当理由拒不退出的情形，也是未经允许地置身于他人住宅并因此侵扰他人的生活安宁。

（三）侵犯财产权益的不纯正不作为犯

515 故意毁坏财物罪、破坏生产经营罪包含不纯正不作为犯。故意毁坏财物罪中的“毁坏”犹如故意杀人罪中的“杀人”一样，是对行为性质（损毁他人财产利益）的规定，至于造成财产毁坏的行为方式，并无限制。因此，不排除由不作为构成的可能性。例如，在产品流水线上的工作人员，故意通过不履行工作职责造成财物损失的，就属于不作为的故意毁坏财物。同样地，破坏生产经营罪中的“破坏”，也是对行为性质及其后果的规定。法条中的“毁坏机器设备、残害耕畜或者以其他方法破坏生产经营”的行为描述，并不构成对行为方式的限定，所谓“其他方法”逻辑地包含了不作为的行为方式。事实上，在规模化的生产经营中，工作人员完全有可能基于个人目的通过不作为造成对生产经营的严重破坏，从而构成破坏生产经营罪。

516 职务侵占罪与贪污罪①包含不纯正不作为犯。对于职务侵占罪，《刑法》第 271 条第 1 款规定的罪状是，“公司、企业或者其他单位的工作人员，利用职务上的便利，将本单位财物非法占为己有”。对于贪污罪，《刑法》第 382 条第 1 款规定的罪状是，“国家工作人员利用职务上的便利，侵吞、窃取、骗

① 1997 年《刑法》专设一章“贪污贿赂罪”，将贪污罪与受贿罪并列。但贪污罪与受贿罪的基本性质有别：贪污罪是侵害财产权益的犯罪，属于侵犯财产罪的范畴；受贿罪的可罚根据则在于对公权力的滥用，其在立法上的深层考量是受贿者因受贿而不能正确使用其掌握的公权力，从而造成社会的不公，也就是立法对受贿会腐蚀公权力所做的抽象推定（类似于抽象危险犯的立法）。可以说，我国 1979 年《刑法》将贪污罪纳入侵犯财产罪而将受贿罪纳入渎职罪的做法更准确地反映了这两种犯罪的性质。

取或者以其他手段非法占有公共财物”。这两种犯罪的共同之处是利用职务上的便利实现非法占有。所谓“非法占有”，是刑法对行为性质的规定，而不涉及行为的具体方式。所谓“利用职务上的便利”，是要求非法占有同职务身份之间具有关联性，即利用了职务身份作为非法占有的便利条件。因此，“利用职务上的便利”对于“非法占有”而言，乃是一种条件关系，也无关行为的具体方式。虽然法条对贪污罪有手段上的列举，但“侵吞”“其他手段”的规定使得贪污罪实际上不受手段的限定。因此，这两种犯罪除了要求利用职务上的便利这一条件外，并无行为方式上的限制，因而可以由不作为构成。例如，国家工作人员在国内公务活动或者对外交往中接受礼物，依照国家规定应当交公而不交公的，就是以不作为方式实现了贪污的目的。

挪用单位资金罪和挪用公款罪在规范上也包含不纯正不作为犯。前者表 517
现为公司、企业或者其他单位的工作人员利用职务上的便利，挪用单位资金。后者表现为国家工作人员利用职务上的便利，挪用公款。所谓“挪用”，就是违反规定地改变用途，即将单位资金或者公款改为私用，侵犯单位或者国家对其资金的使用权，因而是对行为性质的规定。至于挪用的方式，刑法并无限制，因而不排除由不作为构成的可能性。例如，将到期应予以收回的款项不予收回，就可能构成挪用。

需要指出，《刑法》第 270 条规定的侵占罪的可罚根据在于行为人对保 518
管物、遗忘物、埋藏物拒不退还或者拒不交出，应当属于纯正不作为犯的范畴。《刑法》第 276 条之一规定的拒不支付劳动报酬罪也属于纯正不作为犯。

（四）妨害社会管理秩序的不纯正不作为犯

我国《刑法》分则第六章规定的妨害社会管理秩序罪中也有少数不限手 519
段的结果犯立法包含了不纯正不作为犯。

一是《刑法》第 316 条第 1 款规定的脱逃罪。所谓“脱逃”，是指依法 520
被关押的罪犯、被告人、犯罪嫌疑人脱离监管机关监管的状态，亦即监管机关对依法被关押的罪犯、被告人、犯罪嫌疑人的人身监管的失效状态。由于刑法对导致脱逃状态的行为手段不予限制，故不排除由不作为构成脱逃罪的可能性。例如，被判处拘役的罪犯在经允许回家探亲后超过规定时间无正当理由拒不返回监管场所，也具有脱逃的性质。

521 二是《刑法》第 324 条规定的故意损毁文物罪、故意损毁名胜古迹罪、过失损毁文物罪。如同故意毁坏财物罪的“毁坏”一样，所谓“毁损”，是对行为性质及其结果的规定，至于毁损的行为方式，刑法并无限制，因而不排除由不作为构成犯罪的可能性。比如行为人在将文物运往外地展览的途中，不采取必要的安全防护措施，致使文物遭受雨水侵蚀而毁损的情形，就属于由不作为导致的文物毁损。

522 三是《刑法》第 335 条规定的医疗事故罪。该条所规定的“医务人员由于严重不负责任，造成就诊人死亡或者严重损害就诊人身体健康”，包括三种情形：一是过失的作为犯，即由于严重不负责任地采取了错误治疗方法造成就诊人死亡或者严重损害就诊人身体健康；二是违反义务的纯正不作为犯，即由于严重不负责任，对就诊人消极地不采取适当的医疗措施，造成就诊人死亡或者严重损害就诊人身体健康；三是过失的不纯正不作为犯，即在医疗过程中，严重不负责任地对医疗行为产生的风险不采取必要的防范措施，造成就诊人死亡或者严重损害就诊人身体健康。其中，第一种情形和第三种情形下，行为人的行为与结果之间都存在刑法上的因果关系，故主观上限于过失；如果行为人违反医疗规范，故意采取有损健康的错误治疗，或者明知医疗措施创设或者提升了风险却对该风险造成损害持放任或者希望态度而不采取防范措施，以致就诊人死亡或者人身健康严重受损的，应当属于故意伤害，甚至不排除构成故意杀人罪的可能性。但第二种情形中，行为人的不作为属于施救不作为而非原因不作为（见边码 813 以下），其可罚根据仅仅在于违反作为义务，因而其主观罪过不限于过失，也包括不作为的故意。也就是说，行为人对就诊人不予治疗无论是出于过失还是出于故意，通常都属于医疗事故罪的评价范畴（但以假治疗故意延误他人治疗的除外）。

523 四是《刑法》第 338 条规定的污染环境罪。本罪表现为“违反国家规定，排放、倾倒或者处置”有害物质，严重污染环境，其中的“排放”“倾倒”属于作为，而“处置”则包含了作为与不作为两种形式。不作为的“处置”，主要是指行为人对自己在生产、科研等活动中产生的有害物质，违反国家规定地不做无害化处理，以致严重污染环境。简言之，对有害物质不做无害化处理也是一种处置方式。

（五）渎职犯罪中的不纯正不作为犯

在渎职罪及军人违反职责犯罪中，下述关于结果犯的立法中包含不纯正不作为犯。 524

一是《刑法》第398条规定的故意泄露国家秘密罪、过失泄露国家秘密罪以及《刑法》第432条规定的故意泄露军事秘密罪、过失泄露军事秘密罪。显然，“泄露秘密”是关于行为性质及其后果的规定，至于泄密的方式，刑法并无限制，因而包含由不作为造成的泄密。比如，工作人员对涉及国家秘密或者军事机密的文件不予以妥善保管、处置，从而造成泄密的，就可能构成不作为的犯罪。 525

二是《刑法》第400条第1款规定的私放在押人员罪。所谓“私放”，并没有对行为方式予以限定：私者，私自也；放者，失管也。因此，私放在押人员既可以是通过诸如打开监狱大门等积极举动为在押人员脱离监管创造条件，也可以表现为对带出监管场所治病或者参加劳动的在押人员放任不管，让其脱离监管等不作为的方式。 526

三是《刑法》第436条规定的武器装备肇事罪。根据《刑法》规定，该罪表现为“违反武器装备使用规定，情节严重，因而发生责任事故，致人重伤、死亡或者造成其他严重后果”。显然，其中的“违反武器装备使用规定”并不限于作为，也可能表现为不作为，比如不执行必要的操作程序以致责任事故。 527

四、不纯正不作为犯的法定性

对于不纯正不作为犯而言，罪刑法定主要不取决于《刑法》总则的一般规定，因为总则的一般规定所具有的意义只是提示性的，即提示司法人员注意：分则中的罪刑规范有可能包含不纯正不作为犯，至于哪些罪刑规范包含之，是总则的一般规定难以明确的。因此，重要的是明确不纯正不作为犯在分则中的罪刑规范依据。前述已然表明，不纯正不作为犯因其纯粹的结果犯属性，已经逻辑地涵摄于那些无手段限制的结果犯立法中，而非理论上拟制的超越于刑法规范之外的犯罪类型，也非所谓不成文的不法构成。因此，以不纯正不作为犯缺乏规范依据为由，否定其具有法定性的观点是错误的。 528

529 对不纯正不作为犯违反罪刑法定原则的另一种质疑，是认为其缺乏法律上的明确性。这种质疑不能说毫无道理。如果说不纯正不作为犯同作为的结果犯相比，存在不明确性的话，那么疑难之处在于因果关系的判断。对于作为的结果犯而言，由作为造成危害结果通常能够从因果关系的事实层面上得到清晰认定，从而为结果归责奠定事实基础。对于不纯正不作为犯而言，就不能简单地从“因为他不作为而造成危害结果”的意义上进行因果关系的判断，而只能从“由于他自己的原因必须作为却不作为并因此造成危害结果”的意义上判断其因果关系。比如，我们不能将所有在现场的人不去扳道岔都视为造成交通事故的原因，只有那个基于职务上的风险承诺必须去扳道岔的人未扳道岔才是造成事故的原因。然而，作为义务的根据却在罪刑规范中未予明确。就此而言，不纯正不作为犯的确存在规范上的不明确之处。

530 不过，换一个角度看，质疑不纯正不作为犯的确定性又有苛责之嫌。因为明确作为义务（保障义务）的根据，首先是刑法理论的任务，在刑法理论对此达成基本的共识之前，要求立法对此予以明确是不现实的，也是草率的。这就是说，并非因为立法的不明确导致理解上的混乱；恰恰相反，是因为理论上的认知混乱，才导致立法的不明确。在这一点上具有反面镜鉴意义的是德国《刑法典》关于此类犯罪的总则立法。[①] 虽然该总则条文原则性地提供了处罚不纯正不作为犯的法律依据，但这非但无助于消除理论和实务上对于此类犯罪的认知分歧，反而因为法条中的“相当性”要求徒生更多的困扰，不仅“相当性”的含义至今得不到澄清，而且“相当性”条件的必要性也受到普遍的质疑。[②] 因此，理论界与其从立法完善的角度质疑不纯正不作为犯的明确性，不如通过扎扎实实的研究，为立法完善提供坚实的理论支撑。

531 尤须指出，虽然罪刑法定原则作为现代刑法的一个基本理念有其重要意义，但对“刑法的明确性”不应提出过高要求。在当代法哲学的视野下，构建一个概念清晰、逻辑严密、界限明确的刑法规范体系，并不具备认识论、

① 《德国刑法典》第 13 条规定：“依法有义务防止犯罪结果发生而不防止其发生，且其不作为与因作为而实现犯罪构成要件相当的，依本法处罚。”参见《德国刑法典》，徐久生、庄敬华译，中国法制出版社 2000 年版，第 47 页。

② 参见［德］克劳斯·罗克辛：《德国刑法学总论：犯罪行为的特别表现形式》（第 2 卷），王世洲译，法律出版社 2013 年版，第 588～593 页。

方法论的基础。第一，人类的理性能力是有限的，立法者是人不是神，面对纷繁复杂的社会现象，期待立法者制定出详尽而完备的法律是不现实的。也因此，立法中心主义的法治思维已然式微。第二，法律语言是生活语言而非逻辑符号，所有的法律词汇虽有其核心意涵，但却没有一个界限明确的外延。因此，法律语言总是存在具有模糊性的边缘地带，这就像人们都理解白天和夜晚，却无法在两者之间划出一道清晰的界限一样。可以说，包括刑法在内的所有成文的法律，没有哪一个法条或者哪一个法律词汇是足够明确的。正是在这一意义上，当代法哲学将法律规范视为基于“事物本质”的类型描述而非逻辑学意义的概念，这种基于“事物本质”的归类思维就是类型思维。[1]第三，立法者制定法律，是以价值保护为目的的价值判断，而非对全部社会现象进行逻辑归纳的结果。易言之，立法者使用某一法律语言、制定某一法律规范，其观念中只有一个以价值为先导的核心内涵及基本意象，并不存在一个该法律语言或者该法律规范涵摄的外延清单。这正是法律解释理论中的“立法者原意说”被当代法理学抛弃的原因所在。第四，包括刑法在内的全部法律皆具有开放性，而非逻辑自足的封闭系统。易言之，法律规范及其语言的含义和外延不是在立法时就被固定于法律文本之中，而是向社会、向理论、向未来开放的。正是这种开放性使得法律能够从社会的主流文化和理论发展中不断地吸纳营养而日益丰满，并随着社会的发展演变而相应的调整，就像电子邮件的广泛应用使人们在观念上将其纳入侵犯公民通信自由罪立法的保护范围一样。上述表明，刑法的明确性总是有限的，不明确则是普遍存在的。只要看一看刑法学界关于各个刑法条文的各种争议，应该对这一结论不会有太多异议。

承认刑法普遍存在的不明确性，并不意味着否定法律的确定性，因为法 532
律的确定性并不等同于法律规范自身的明确性。这一话题涉及法律方法上的思维范式转换问题。西方近代以来的传统法律方法，是基于逻辑推理的思维范式，在这一推理范式中，法律适用就意味着确定作为大前提的法律规范同作为小前提的案件事实之间的涵摄关系，这种涵摄关系的确定，就意味着司

① 参见［德］亚图·考夫曼：《类推与“事物本质”——兼论类型理论》，吴从周译，台北，学林文化事业有限公司1999年版，第103～127页。

法结论的必然性。从思维逻辑上看，这似乎没有问题，然而这种推理范式必须以清晰的概念体系为基础，即只有当概念的外延确定无疑且概念之间的涵摄关系清晰明确时，这种推理才是有效的。易言之，在推理范式下，法律的确定性是依靠法律规范自身的明确性提供保障的。但如前所述，法律规范并非逻辑学意义上的概念，其外延并非确定无疑。事实上，所谓疑难案件之“疑难”，正在于法律规范与案件事实之间的涵摄关系难以确定。面对这种疑难，推理范式是无用且无效的。何以如此，乃是因为一个清晰的概念体系只适用于纯事实的领域（也只是勉强适用），但法律是以价值判断为导向的，而价值判断上的相同性是指规范与事实之间具有“意义关系的同一性”，也即亚图·考夫曼教授所谓“事物本质”上的相同性。[1] 探寻案件事实同法律规范之间在“意义”上的相同性，只能在一个“诠释学循环”[2] 的思维范式中完成。在这一循环范式中，解释者乃是作为法律规范与案件事实之间一个能动的中介者，置身于法律规范与案件事实的意义关系中，反复地在两者之间循环式的比较，最终通过规范与案件事实的“相互解明”，确定两者之间是否存在“本质相同性”。在循环性思维范式下，法律的确定性是着眼于法律适用中的确定性，而非法律规范自身的高度明确性。易言之，我们不能指望通过法律规范的高度明确性来消除疑难案件，但我们完全可能在个案中实现法律的确定性，即通过司法者能动的“诠释学循环”确定案件事实同法律规范之间的意义关系，就案件的定性得出一个最合理的确定结论。在此意义上，法律的确定性得以实现。

533 就不纯正不作为犯而言，其规范上的不明确性的确更为突出。在司法实务中，所谓“类似案件不同判决”的现象也时有发生，尤其值得关注的是不纯正不作为犯的过分扩张所导致的司法不公。但这不应当归咎于立法滞后，而应归咎于理论上未能为立法和司法提供合理而坚实的理论根据。可以说，司法对于不纯正不作为犯的扩大化，正是理论上将不纯正不作为犯扩大化的反映。就此而言，刑法学人应当反躬自省。

---

① 参见［德］亚图·考夫曼：《类推与“事物本质”——兼论类型理论》，吴从周译，台北，学林文化事业有限公司1999年版，第103页。

② 参见［德］汉斯-格奥尔格·加达默尔：《真理与方法：哲学诠释学的基本特征》（上卷），洪汉鼎译，上海译文出版社2004年版，第343页以下。

第四章　不纯正不作为犯的保障义务

内容提要

基于结果归责的因果性要求，不纯正不作为犯的保障义务只能是基于自身行为的自我设定。自我设定保障义务的方式包括风险制造和风险承诺。 534

设定保障义务的风险制造，通常是指由合法作为制造潜在风险。这种潜在风险限于禁止性风险，也即必须予以防范的风险。也就是说，法律并不禁止那个作为，但要求行为人在行为时采取必要的风险防控措施避免风险。这种通过作为的风险制造也就设定了行为人防控风险的保障义务。除了道路施工、建筑施工、危险品制造、道路交通、饲养犬类等常见的因制造潜在风险而设定保障人地位的情形外，父母生育子女也是一种特殊的风险制造，也就是在创造子女生命的同时，一并制造了子女出生后一定时期内无法独立生存的风险，并因此设定了父母在一定时期内为子女提供生存保障的保障义务。行为制造的允许性风险不构成对保障义务的设定，也因此，一个在必要限度内的正当化事由并不存在对保障义务的设定。至于近年来受到学界关注的产品致害的责任问题，如果是产品生产过程中存在故意的不法（生产、销售伪劣商品）或者过失的不法（过失所致的产品安全风险），应当就该故意或者过失的不法追究责任；如果是在产品销售后消费者使用中出现了产品在产销时的技术水平不能发现的安全问题，那么这种后知的产品风险并不构成对生产者保障义务的设定。 535

一个不法行为制造的危害结果应当归责于该不法作为， 536

至于行为人在不法作为后对危害结果的放任不管，属于事后态度，不构成独立的不法评价根据。因此，不法作为通常不设定保障义务。只有当不法作为制造了超出其不法内涵的额外风险时，才设定不法行为人防控该额外风险的保障义务。

537 设定保障义务的风险承诺，是指就涉及潜在风险的安全保障事项所做的风险管理承诺，包括防控风险的职务承诺、防控风险的契约承诺和基于信赖关系的风险承诺三种类型。风险承诺具有风险创设的性质，因为基于社会交往的信赖原则，风险承诺会解除或者排除他人的风险管理责任，使法益处于潜在风险之中或者使危险源处于造成法益危害的潜在风险中，并因此设定风险承诺人防控风险的保障义务。风险承诺应区别于无承诺的自愿承担。后者如无因管理那样，并不导致他人风险管理责任的解除和转移，也就没有创设或者升高法益的风险，而是降低风险，因而不产生风险防控的作为义务。风险承诺的内容不一定通过语言明确地表达，也可以建立在基于常识、常理的事实推定上，但结婚、同居以及落难共同体并不构成一种事实上的风险承诺。

538 合理确定保障义务，乃是正确认定不纯正不作为犯的关键一环。正如下一章论述的那样，一个危害结果不可能由一个纯粹的不作为造成，只有当行为人通过自己的行为设定了应予避免的潜在风险并因此产生防控风险的保障义务，其不作为才连同其风险设定具有了对于结果的原因性。因此，在不纯正不作为犯中，其不作为的义务根据并非源于社会的赋予，而是源于行为人自身的风险设定，包括通过作为的风险制造和风险承诺两种方式。

第一节 因风险制造设定保障义务

539 制造不被允许的风险者，就应当承担相应的风险防控义务，这是不言而喻的常理。因此，对不纯正不作为犯而言，通过作为制造禁止性风险，乃是产生风险防控义务的当然根据。所谓制造风险的作为，包括制造禁止性风险的合法作为以及特殊情况下的不法作为。

一、由合法作为的风险制造设定保障义务

（一）合法作为设定保障义务的法理

一个合法的作为，也可能对刑法的保护法益制造某种潜在的风险并因此 540
产生风险防控义务。例如，在城市街道上打开窨井盖进行下水道清污作业，或者在马路上进行正常的施工作业，就会在一定程度上制造危及道路交通参与者的人身安全的风险；饲养犬类，就可能产生犬类致害的风险；驾驶机动车参与道路交通，就会产生制造交通事故的风险；医生给患者注射抗生素，就可能制造抗生素过敏危及患者生命的危险。实际上，人类行为的风险制造具有普遍性。

显然，人类不可能为了避免各种风险而无所作为。理性的选择应当是， 541
一方面，允许人们从事哪怕是具有禁止性风险的社会生产、科学实验及社会生活等活动，以满足人类的生存、发展需求；另一方面，要求人们在从事此类被允许的行为时，对行为的风险承担必要的防范义务，以免风险转化为现实的危害。就像在道路上打开窨井盖进行清污作业那样，行为人必须采取设置防护或者警示标志等措施将风险控制在社会允许的限度内，以免造成不应有的危害结果。

这就是说，法律并不一般性地禁止那些虽有风险却基于人类正常生产、 542
生活需要的作为，而是要求在作为时采取必要的风险防控措施避免风险，因而需要从法律上把某个积极作为本身的合法性与其风险制造的不允许性加以区别。如果行为人在实施具有潜在风险的行为时一并通过必要的措施防范了风险，那么行为的被允许与风险的被禁止就在法律上得到了统一。而如果行为人在实施具有风险性的合法作为时不采取必要的风险防控措施，就背离了法秩序的要求，然其构成不法根据的并非那个为法律允许的作为，而是其风险防控不作为。如果因此造成危害结果，那么该危害结果就应当归责于行为人的风险防控不作为。这便是不纯正不作为犯中由合法作为设定保障义务的基本法理。

（二）制造允许性风险不设定保障义务

区分允许性风险与禁止性风险，乃是当代刑法学已经达成的共识。在最 543

基本的意义上，一个为法秩序所能接纳的风险就是允许性风险，一个不能为法秩序所容忍的风险就是禁止性风险。这种区分对于作为犯与不纯正不作为犯具有相同的意义：如果一个作为仅仅只是制造了法秩序允许的风险，那么由该风险所造成的结果就不能归责于那个作为；不仅如此，这种允许性风险的制造也不产生风险防控义务，因此对允许性风险的防控不作为并不构成不作为的不法，由此造成的结果也不能就不作为予以结果归责。例如，行为人在拳击比赛中使用符合技术规范的手段击打对手致其死亡，就既不需对该结果承担作为犯的刑事责任，也不应因为行为人不予施救而对其后的死亡结果予以刑事归责。在后一种情况下，行为人的见危不救同现场观众的见危不救具有相同的法律意义。① 可见，风险是否为法秩序所允许，决定了行为人是否承担风险防范义务以及是否构成结果归责的根据。就此而言，所谓允许性风险就是在法律上不产生风险防范义务的风险，所谓禁止性风险就是在法律上产生风险防范义务的风险。

544 允许性风险与禁止性风险的区分是一个复杂的问题。显然，法律不可能对允许性风险或者禁止性风险列出一份清单，也难以在这两者之间划出一条完全清晰的界限，但区分允许性风险与禁止性风险仍然是必要且可行的。在某些高风险的行为领域，法律为了防范禁止性风险制定了相应的行为规范。通常而言，如果行为人遵守这些行为规范，就履行了相应的风险防范义务；而如果行为人的行为逾越了法律规范，所制造的风险就属于禁止性风险。譬如在道路交通领域，一个违反道路交通法律的行为所制造的风险就当然属于不允许的风险。在缺乏明确的法律规则的业务领域，相关的职业规范和专业技术规范也是判断风险是否允许的重要依据。譬如在医疗领域，医师执业规范和医疗技术规范就是医疗行为中风险是否被允许的重要评价依据。在日常生活领域，通常缺乏成文的规范依据，但风险是否允许的规范评价根据仍然有迹可循。

545 首先，风险出现的概率是影响风险评价的重要因素，因为法律不可能要求人们对一个不寻常的小概率风险保持警惕并因此承担防范义务。正像学界常举的事例那样：一个与朋友约会的人并不需要防范朋友赴约途中被陨石砸

---

① 即使法律将见危不救规定为犯罪，也属于纯正不作为犯的范畴。

中的风险；劝他人乘飞机旅行的人并不需要防范他人因飞机失事而死亡的风险。再如饲养动物，如果养狗，主人就需要防范狗伤人的风险；如果养鸡，主人就无须防范鸡伤人的风险。假如鸡偶然啄瞎了一个幼童的眼睛，那么养鸡人就不应当因此承担刑事责任。

其次，建立在信赖原则之上的风险防范义务的合理分工也是判断风险是否允许的重要依据。由于人类行为及事物之间的普遍联系，人的任何行为都可能为其他人的行为（或自然因素）导致损害结果创造条件，但人类正常的生活需求决定了人不能总是无所作为或者对各种风险承担全方位的谨慎义务。受人类的理智所决定，一个人实施一个通常不会导致法益损害的正常行为时，总是建立在信赖其他人会合乎规范地谨慎行事的基础之上，这意味着，风险是否允许还取决于风险防范义务的合理分配。例如：某人在其取得经营权的地方挖了一个鱼塘，另一人失足掉入鱼塘淹死；某人经批准在马路边建造了一幢房子，另一人驾驶汽车失控，撞上该房子而死亡；某人正常地驾驶汽车，另一人突然自杀式地跑到车前遭碾轧致死；某个出租车司机将乘客送到目的地，而后该乘客在目的地实施了抢劫行为；某个店主出售给他人一把菜刀，而该买刀人却用刀杀了人。在上述事例中，前一个行为人制造的风险在风险防范义务合理分工的意义上就是允许性风险。例如，经营鱼塘的人，不应当对他人失足掉入鱼塘的风险承担防范义务，因为经营鱼塘的人能够合理信赖其他人在身处鱼塘边时会谨慎行事，因此，掉入鱼塘的风险防范应当分配给其他人而不是鱼塘经营者。 546

[例4－1] 小偷扒窃甲的手机，被当场发现。甲及其朋友乙当即追赶，试图抓获小偷扭送公安机关。在追赶过程中，小偷失足跌倒，头部撞击到花坛上而受伤昏迷。甲、乙二人见其不再动弹，感觉非死即伤，便自行离去。 547

[例4－2] 某甲刚刚把汽车停放在路边收费的停车格位内，骑摩托车的某乙因为用手机打电话分心，撞上某甲的汽车受伤，某甲不但拒绝把某乙送医，还要求某乙赔偿汽车受损的财产损失。 548

这两个案例都涉及风险注意义务的合理分配问题。就［例4－1］而言，如果从事实层面看，追赶小偷和小偷的逃跑共同造成了小偷在逃跑过程中的风险。然而，抓获、扭送现行犯是法律赋予公民的权利，而束手就擒接受法 549

律的制裁是小偷的义务，如果他为了躲避抓捕而逃跑，就属于自陷风险。显然，法律不会要求追赶小偷的人承担防范小偷自陷风险的义务。因此，对甲、乙二人的追赶行为来说，小偷在逃跑过程中的风险属于允许性风险。

550 对于［例4－2］中的某甲而言，法律并不会要求他在符合规则地停放汽车时承担防范他人不小心撞上汽车的风险，故其停车制造的风险无疑属于允许性风险。而对骑摩托车的某乙而言，防范撞上汽车的谨慎义务属于他本人，如果他自己不谨慎地造成伤害，就只能自我负责。有学者认为，“虽然某甲行为并非违背义务，但是无论如何，总之某甲的前行为制造了某乙伤亡的危险，因此形成保证义务，而其不作为仍然构成不作为犯罪”①。这样的认识显失妥当：要一个并不违背谨慎义务的人对他人不谨慎造成的结果负责，违反刑事责任的一般原理。

（三）正当化事由不设定保障义务

551 正当化事由在必要限度内制造的风险属于允许性风险，因而不产生风险防控的保障义务。易言之，法律上的正当化事由，是对正当行为及其在必要限度内造成损害结果一并予以合法化的，因而正当化事由中的正当行为人并不具有防范处于必要限度内的损害风险的作为义务。这一命题适用于各种正当化事由。这里只对学术上存在争议的正当防卫和紧急避险予以说明。

1. 正当防卫不设定保障义务

552 就正当防卫而言，如果防卫人是在必要限度内造成不法侵害人伤害的，即使防卫人当时能够救助而没有救助，以致不法侵害人死亡的，也仍然属于正当防卫，而不能根据防卫人事后对于不法侵害人死亡结果的放任态度，认定其为不作为的故意犯罪。因为不法侵害人的死亡，是正当防卫的结果，应归属于正当防卫这一作为。而正当防卫及其损害结果的正当化，又排除了正当防卫行为人防止该损害结果的作为义务，使得刑法意义上的不作为失去了前提。当然，如果防卫过当，则另当别论。但即使是防卫过当，其造成的结果也只能归责于过当防卫这一作为，而不能根据防卫后的态度认定为不作为犯。此乃学界的主流认识。

---

① 黄荣坚：《基础刑法学》（下），中国人民大学出版社2009年版，第482页。

但有个别学者认为，正当防卫在一定条件下也能成为产生作为义务的前行为。其设定的条件是："如果正当防卫造成了伤害（该伤害本身不过当），并具有死亡的紧迫危险（具有防卫过当的危险），发生死亡结果就会过当，那么，应当肯定正当防卫人具有救助义务。""例如，甲在荒山野外实施正当防卫导致不法侵害者乙身受重伤时，并没有过当（但具有过当的危险）。但由于甲不救助乙，导致乙死亡（过当）。"在这种情况下，"如果不认定为防卫过当，就有可能导致防卫行为几乎不存在过当的可能；如果孤立地认定后面的不作为成立故意杀人罪，则明显不妥当；如果认定为防卫过当，则意味着承认行为人对不法侵害人具有抢救义务（对死亡结果具有防止义务）"。因此，"在这种场合下，宜承认先前的作为与后面的不作为共同导致了防卫过当。概言之，就上例而言，要得出防卫过当的结论，就必须肯定具有违法阻却事由的行为也能成为产生作为义务的先前行为"①。 553

上述观点存在以下问题：第一，对正当防卫的必要限度及防卫过当的判断标准存在误解。持论者将"行为不过当"与"结果过当"做分离式的判断，认为在行为不过当时，如果"结果过当"也是防卫过当。这意味着，一个并无过错的正当行为仅仅因为造成了某种损害，就要被追究刑事责任。显然，这种唯结果论的主张违背责任主义原则。第二，立论根据让人困惑。人们难以理解，为什么将一个并不过当的防卫行为排除在防卫过当之外，就具有"导致防卫行为几乎不存在过当"的可能。这似乎是说，只有将并不过当的防卫行为当作防卫过当，才有防卫过当存在的余地。然而事实并非如此。同样难以理解的是，既然认为防卫人有防止不法侵害人死亡的义务，为什么将那个故意地不防止这种结果的不作为认定为故意杀人罪又"明显不妥"。第三，是倒因为果的思维方式，即"如果认定为防卫过当，则意味着承认行为人对不法侵害人具有抢救义务"。问题是，为什么要将此种情形认定为防卫过当？回答这一问题，就必须回到防卫行为本身去寻找答案，但"该伤害本身不过当"，且法律并不要求一个正当防卫人对不过当的防卫行为承担风险防控义务。这意味着上述见解在逻辑上难以自洽。正因为存在上述问题，才导致持论者对所举案例的定性错误。在荒山野外的正当防卫人，根本就不 554

① 张明楷：《刑法学》，法律出版社 2021 年版，第 200～201 页。

应当仅仅因为防卫具有造成不法侵害人死亡的危险，而承担所谓不作为的刑事责任。

2. 在必要限度内的紧急避险不设定保障义务

555 学界存在更多误解的是对紧急避险的认识。按照通常见解，紧急避险被视为无须违背法律要求就能产生作为义务的例外。例如，行为人开车时为了闪避来车对撞，不得已擦撞他车，造成他车驾驶人受伤的，就有义务把受伤的驾驶人送医，否则，就可能因不作为而构成犯罪。理由是，这种情况下第三者的利益并非当然的可以被牺牲，而是为了保护避难者更大的利益，不得已而被牺牲。①

556 虽然这一认识得出的结论不存问题，但从不作为犯的角度解释此种情形下的归责根据则不可取，其症结在于对紧急避险的必要限度存在误解。成立紧急避险，刑法要求“不得已”。所谓不得已，就是对紧急避险造成损害在必要性上的要求，因为一个避险行为如果不涉及损害合法利益，当然就无须“不得已”的法律约束。因此，“不得已”并非只是要求采取避险行为的不得已，更实质的是要求避险造成法益损害及其限度上的不得已。这意味着，紧急避险的必要限度有双重内涵：其一，紧急避险损害的合法利益在价值上应小于避险行为所保护的合法利益。只有这样，紧急避险才具有积极的意义。其二，在前一条件下，避险行为造成的损害还必须是不得已造成的。易言之，即使避险造成的损害符合前一条件，但如果其中的部分损害是可以避免的，那么这部分可避免的损害也超过了必要限度。因此，如果在避险过程中能够避免或者减少法益损失，而避险行为人却不采取相应措施，致使造成不必要损害的，本身就不符合紧急避险在损害限度上的要求（不得已的损害），应当对自己的避险行为超出必要限度承担作为（避险过当）的法律责任，而根本无须通过不作为说明其法律上的责任根据。当然，这种法律责任不一定是刑事责任，也可能只是民事责任。

（四）生育的风险制造与保障义务的设定

557 人类的生育也是一种潜在的风险制造：一方面，父母在生育子女的同时，

---

① 参见黄荣坚：《基础刑法学》（下），中国人民大学出版社2009年版，第483页。

也一并创设了子女出生后的生存风险；另一方面，父母生育子女，不能完全排除子女在未来损害他人利益的可能性，因而也构成对社会的潜在风险。但这两种风险的意义并不一样：前一种风险是高度确定的不允许性风险，构成对父母予以结果归责的义务根据；后一种风险通常属于允许性风险，应排除在设定保障义务的根据之外。

1. 生育对子女生存风险的创设

生育子女，是人类得以延续的最基本条件，因而是人的基本权利。现代 558
社会中，即使是违反社会伦理的非婚生育，一旦子女出生，也受到法律同等的保护。然而，父母在创造子女生命的同时，也一并创设了这个生命诞生后无法独立生存的风险。对于父母而言，这种风险就是必须防范的不允许性风险。这是因为：一方面，这种风险具有高度确定性，即如果没有父母的养育，子女就无法独立生存，这使父母为幼年子女提供生存保障成为客观的必要；另一方面，一旦子女出生，就成为社会的一员，而非可以由父母任意处置的私有物，这使父母养育子女成为一种社会性义务。因此，父母的生育产生对子女无法独立生存的风险防控义务，直到其具有起码的生存能力为止。这种风险防控义务的内容有二：一是保障子女生存的养育义务；二是避免子女遭遇生存危机的管理义务。基于前一种义务，父母必须对幼年子女尽哺养之责，否则就使子女无法独立生存的风险现实化，一旦因此发生子女冻饿而死的结果，就构成不纯正不作为犯，承担故意杀人罪或者过失致人死亡罪的刑事责任。人们之所以普遍将父母故意饿死自己的幼儿视为杀人，其观念上深层的依据正在于此。基于后一种义务，父母对于懵懂无知的幼年子女可能遭遇的自然风险及生活风险应尽必要的防范之责。如果父母对幼年子女不尽风险管理义务，放任其身处险境，致使发生严重伤亡事故的，就可能构成不纯正不作为犯。

应指出的是，就结果归责而言，父母的义务是有限的，即只限于子女因 559
无法独立生存的养育和风险防范。随着年龄的增长，子女会逐步获得基本的生存能力，这种生存能力的具备就意味着父母防范其无法独立生存风险的责任解除。例外的是，子女虽非幼年，但因严重的精神障碍以致生活不能自理，因而必须依赖于父母才能生存，在这种情况下，父母的养育义务不能因为子女的自然年龄增长而解除。因此，子女是否具备基本的生存能力，是区分不纯正不作为犯的作为义务与纯正不作为犯（遗弃罪）的作为义务的基本根据。所谓基本的生存能力，不是就经济来源而言，而是就行为上的能力而言，即具备了基本的求生能力。在子女具备基本的生存能力后，父母对子女的义务如同其他家庭成员之间的扶养义务一样，属于法定的作为义务。这种义务的不履行只具有构成遗弃罪的可能性，而不应认定为不纯正不作为犯。比如，父母对处于叛逆期的少年子女逃离家庭后流落街头放任不管，即使该少年遭遇不测，也不应承担不纯正不作为犯的刑事责任。因为，一个少年毕竟具备了基本的求生能力，且其逃离家庭属于自陷风险。这种情况下，父母的不作为是就违反家庭成员之间相互扶养的义务而言的，因而只具有遗弃的性质。

560 在德国，有学者将父母对子女财产的管护义务纳入不纯正不作为犯的义务范畴中，认为那些代管孩子继承所得的财产的家长，必须阻止他人从中牟利以及阻止孩子遭受严重的欺骗。① 作为孩子的监护人，当然有妥善管理孩子财产的义务，然而，将这种义务纳入不纯正不作为犯的义务根据中，并无道理。首先，未成年人的监护人并不限于父母，其他人也有可能成为未成年人的监护人，且父母还有可能因丧失监护权而解除对孩子的监护义务，也就是说，对孩子财产的管护义务，并不是基于生育孩子的风险创设，而是基于法律对监护人的义务赋予。其次，除非孩子的监护人同他人合谋侵犯孩子的财产，一个单纯的对财产管理义务的不作为，并不具有对于财产遭受他人侵犯的原因性，只是属于干预不作为，因而不能成为结果归责的根据。当然，从保护未成年人合法权益的角度看，可否考虑通过立法增设相关的罪刑规范，是一个应予关注的问题。

561 需要进一步讨论的是祖父母对孙子女的义务。如果把子女看作父母的“作品”，那么，孙子女就是祖父母的“作品”之“作品”。这意味着对于孙子女无法独立生存的风险，祖父母具有间接的风险创设关系。因此，如果说父母是防范子女生存风险的直接责任人（第一顺位责任人），那么，祖父母就是防范孙子女生存风险的间接责任人（第二顺位责任人）。这就决定了祖父母对孙子女无法独立生存的风险管控责任有别于父母对子女：父母永远是

① 参见［德］克劳斯·罗克辛：《德国刑法学总论：犯罪行为的特别表现形式》（第2卷），王世洲译，法律出版社2013年版，第544页。

子女无法独立生存的风险防控保障人，而作为间接责任人的祖父母，只有在孙子女的父母无法承担责任时，才承担第二顺位责任人的风险防控责任。因此，祖父母对孙子女无法独立生存的风险防控不作为，不排除构成不纯正不作为犯的可能性。但其前提条件是，孙子女的父母无法对孩子的生存风险承担防控责任。这包括两种情况：一是孩子的父母双亡；二是孩子的父母都丧失扶养孩子的基本能力（如精神障碍、植物人等）。这两种情况下，孩子无法独立生存的风险管控责任，就转移到第二顺位责任人的身上。如果作为第二顺位责任人的祖父母不承担风险管控责任，就应当对由此造成的孙子女的人身伤亡结果承担不作为的结果责任。当然，如果孩子的父母仍然健在，但因忙于生计，而将孩子的照料责任托付给祖父母的，那么，祖父母也应当承担对孩子的风险防控义务。不过，此种情形下的作为义务，是基于其风险承诺，就像其他亲属或者保姆、邻居对照看孩子的风险承诺一样。

2. 生育对社会的风险制造

父母生育子女，也在一定意义上制造了一个对社会的潜在风险。然而这 562
种风险属于允许性风险，不构成结果归责的义务根据。首先，人是理性的动物，在达到一定年龄后会形成独立的人格和自我负责的意识，因此，子女在达到刑事责任年龄后实施的不法行为，应当自我负责，而不能归责于父母基于生育的教育“不作为”。因为法律不可能要求父母承担保证子女不犯罪的义务。其次，对于年幼的子女而言，严重危害法益的可能性极为有限，加上保障子女身心健康成长的需要，父母不可能像对待宠物狗那样，通过物理性措施将孩子控制在身边，而是需要给孩子自由的空间。这意味着，法律不会为了防范极小的风险而牺牲掉孩子们健康成长的条件。因此，子女在一个健康成长所需要的条件范围内对社会的潜在风险，对于父母而言就是法秩序允许的风险。在此范围内，即使子女造成了某种法益损害，父母也只承担相应的民事责任，而通常无须承担刑事责任。

当然，如果明知幼年子女正在侵害法益，父母无疑具有阻止的义务。不 563
过，这种义务是作为监护人的义务。监护人是一种法定身份，故监护人的义务属于法定义务。虽然父母通常是未成年人的法定监护人，但父母的监护人资格可以被依法剥夺，而且法定监护人并非都基于父母身份而取得。对于无民事行为能力或者限制民事行为能力的成年人而言，其配偶、子女或者其他近亲属都可能担任监护人。因此，父母阻止其幼年子女侵害法益的义务如同其他身份的监护人阻止被监护人侵害法益的义务一样，是一种法定义务。正如后述，法定义务不是通过作为的风险而设定，而是因法律的赋予而存在，故这种义务的不作为不构成结果归责的根据，而只能成为纯正不作为犯的归责根据。因此，对于监护人不阻止被监护人侵害法益的不作为的刑事责任问题，应当像刑法规定遗弃罪那样，由刑法通过设置专门的罪刑规范予以明确。这也是我国刑法应予完善的一个方面。在目前缺乏相关规定的情况下，不能为了定罪而以不纯正不作为犯认定之。

（五）产品产销的风险制造与刑事归责

1. 问题的提出

564 产品的使用总是会伴随某种程度的风险，尤其是药品、食品、交通工具、压力容器等与人身健康、人身安全相关的产品在使用中更是存在不容忽视的风险，这意味着产品的制造商生产、销售产品也是在某种程度上制造风险。因此，将产品的风险控制在社会允许的限度内是产品制造商应负的义务。如果生产商对其产品存在的风险性缺陷已有认知但却有意地生产、销售该缺陷产品，或者对其生产、销售有风险性缺陷的产品存在明显的过失，那么制造商就应当对由此造成的产品事故承担责任。不过，此类情形应当按故意或者过失的不法作为予以归责。

565 涉及不作为犯领域的有如下情形：受技术水平所限，制造商在生产、销售产品时对产品存在的技术性风险缺乏认识，但在产品的使用过程中，该产品的技术性缺陷显现出来后，制造商是否负有采取某种措施（如召回产品或者发布风险警示）的义务以及是否因为不履行这种义务而承担不作为犯的刑事责任？这是刑法学领域近年来才关注的问题。

566 德国的司法机关对一起皮革喷雾剂案件的司法判决引起了学界的关注进而引发了学术争鸣。在该案件中，一家公司把一种皮革护理剂引入市场，引起多名消费者的肺水肿。不过，在长期的生产中，该公司对已销售的喷雾剂并没有接到投诉，并且也不能确定是这种喷雾剂中包含的哪种物质引起了损害。然而，这里提出的问题是，当制造者在知道第一批病人之后，疏于通过风险警告或者召回以防止对消费者继续造成损害时，是否就存在构成不作为犯的可能性?[1] 这就构成了刑法学的一个新题域：后知的产品风险的责任问题。

2. 不同的学术主张

生产商对于后知的产品风险不采取措施消除风险的不作为，学术上常见 567
的主张是肯定生产商具有保障人地位，因而其风险防控不作为具有构成不作为犯的可能性。然其理据却各不相同。

（1）前行为说

持“前行为说”者将生产商产售产品这一前行为视为其取得保障人地位 568
的根据。德国联邦最高法院就是根据“先实施的违反义务的危害性举止行为（先行行为）”来确定生产商的保障人地位的，并且认为，“这个先在举止行为在客观上的违反义务性并不要求这样的条件：这个行为人已经由此违反了自己的谨慎义务，也就是说，已经过失行为了……在这个范围内，只要有这个危害结果在法律上具有不赞同性就足够了”[2]。但这一主张遭到了普遍批评。原因首先在于，这一主张是根据已经发生的危害结果来说明前行为的违反义务性，然而，“这个从先实施的作为中产生的保证人地位从来不是从简单的因果关系中引导出来的，而是永远只能从这个先实施的作为所具有的客观归责中引导出来的（……），所以，联邦最高法院说明的这个根据就站不住脚了”[3]。另一个批评是，对于那些后来加入生产企业的人而言，“前行为说”无法为其保障人地位提供理据。因为那些在后来加入者加入之前就已流通出去的产品并非该后来加入者所产销，因而对后知的产品风险，后来加入企业者就不可能基于前行为而取得保障人地位。

同样持“前行为说”的弗罗因德（Freund）提供了另一种解释。他认 569
为，产品产销行为（先在行为）作为确定保障人地位之根据，并不要求具有违反义务性，只要有一种（虽然是允许的）提高或者加重风险的先在举止行

① 参见［德］克劳斯·罗克辛：《德国刑法学总论：犯罪行为的特别表现形式》（第2卷），王世洲译，法律出版社2013年版，第583～584页。

② ［德］克劳斯·罗克辛：《德国刑法学总论：犯罪行为的特别表现形式》（第2卷），王世洲译，法律出版社2013年版，第584页。

③ ［德］克劳斯·罗克辛：《德国刑法学总论：犯罪行为的特别表现形式》（第2卷），王世洲译，法律出版社2013年版，第584页。

为就足够了。因为一个人在实施有加重风险可能的活动时，是或多或少地具有明示或者暗示的保留条件的，在需要时就应当采取防止危害的措施；人们不能想要拥有好处，却不要那些由此引起的适当的“代价”。[①] 这一主张同样受到了质疑。除了学界质疑的无法解释生产商的后来加入者的保障人地位外，该主张者将允许性风险也当作刑事责任的根据，是不可接受的。

（2）法定义务说

570 持“法定义务说”者将生产商的产品召回或者风险警示义务视为一种法定义务，认为生产商基于这种法定义务而取得保障人地位。德国联邦最高法院在说明先行行为的根据时，也试图同时从法定义务的角度寻找根据，认为，“这种说明危险根据的先在举止行为所具有的客观违反义务性”也来自“法律上的规定”，即来自《德国食品与日用品法》关于禁止将损害人体健康的产品投入流通之中的相关规定。[②] 如果以法定义务为根据，则即使是生产商的后来加入者也能基于法律的规定而取得保障人地位。

571 但“法定义务说”是基于形式的作为义务理论得出的结论，并不可取。其最受质疑的是，民法上以损害赔偿为导向的民事责任何以能直接转化为刑法上的保障义务？[③] 一个违反法定义务的不作为犯属于纯粹的义务犯，其可罚根据只在于对法定义务的违反，当属纯正不作为犯，而纯正不作为犯必须以刑法对不作为的不法构成的明文规定为据。这就是说，只有当刑法明文将生产商不对后知的产品风险不采取风险消除措施设定为一种不法类型时，才能基于法定义务的违反追究这种不作为的刑事责任。而且即使如此，这种纯正不作为犯也不能与不纯正不作为犯混为一谈。

（3）监督义务说

572 布拉姆森（Brammsen）从功能二分说的危险源控制（监督性保证人地位）理论出发，认为生产者所具有的监督性保障人地位使其应当召回那些存

---

① 参见［德］克劳斯·罗克辛：《德国刑法学总论：犯罪行为的特别表现形式》（第2卷），王世洲译，法律出版社2013年版，第585页。

② 参见［德］克劳斯·罗克辛：《德国刑法学总论：犯罪行为的特别表现形式》（第2卷），王世洲译，法律出版社2013年版，第585～586页。

③ 参见［德］克劳斯·罗克辛：《德国刑法学总论：犯罪行为的特别表现形式》（第2卷），王世洲译，法律出版社2013年版，第585～586页。

在损害风险的产品。这种主张受到的质疑是，对危险源的监督性保障人地位应当以对危险源的事实性“控制关系”为基础。不过布拉姆森认为，这种产品召回义务不取决于产品是处在这个企业的范围之内还是已经到了消费者手里。[①] 然而，问题在于，如果危险物不是处于生产商的实际控制之中，那么生产商究竟是基于什么而具有对危险源的监督性保障人地位的。从逻辑上说，不应当无根据地从生产商具有监督性保障人地位出发要求其履行产品召回义务，而是要先合理说明生产商何以具有监督性保障人地位的根据。

日本学者松原芳博基于“排他性支配说”的立场，也提出了类似主张。573
对于日本发生的“药害艾滋案”，他认为，虽然含有艾滋病毒的血液制剂已经销售出去而物理性地脱离了销售公司的掌控，但药剂不同于一般商品，制药公司对于供给医院使用的药剂仍然掌握着销售渠道，且由于医生并不了解该制剂的危险性，因而不能期待医生会停止使用。据此，就能够认定制药公司对属于“危险物品”的药剂存在“排他性支配”。[②]

如果说生产商的确知道产品存在的风险问题，也掌握着销售渠道，那么 574
他的确就能够通过采取适当措施把控风险的走向。然而，我们不能因为他能做什么就要求他必须做什么，并据此确定其保障人地位。假如，对于生产商之外的某个知情者，或者是生产商内部一个知情但未直接参与事件的普通职员，我们断不会因为他知道了产品的缺陷和销售渠道而主张其具有保障人地位。可见，从生产商知情的角度并不能为其保障人地位提供合理的说明。于是，问题的焦点就不得不又回到生产商产销产品这一前行为的根据之上。

（4）接管保护功能说

许乃曼教授率先从接管保护功能的角度为制造商的保证人地位提供根据。575
在他看来，对于那些后知风险的产品，顾客也是信任生产者的，这种情形与病人面对家庭医生或者汽车主人面对修车厂时没有两样，顾客把保证产品不具有危险性的任务放在了生产者的手中。不过，许乃曼教授将这种保障人地

---

① 参见［德］克劳斯·罗克辛：《德国刑法学总论：犯罪行为的特别表现形式》（第2卷），王世洲译，法律出版社2013年版，第586页。

② 参见［日］松原芳博：《刑法总论重要问题》，王昭武译，中国政法大学出版社2014年版，第76～77页。

位限制在商标商品的范围内，而非商标商品的制造商则不具有保障人地位。①

576 罗克辛教授则全面肯定了制造商基于接管保护功能而具有的保障人地位。他认为，在现代商品社会中，购买者一般都没有来检验所买商品无害性的可能性，他必须无条件地信任生产者不仅遵守了所有安全标准，而且也向自己告知了在事后才能得知的风险。这种社会现实也从民法上的产品观察义务与召回义务中表现出来了。从这些义务中虽然不能直接推导出一种保障人地位，但的确能够表现出那些应当归咎于生产者的保护功能所具备的各种要素。“生产者作为第一个对事后出现的缺陷获知完整信息的人，通过重新涉及生产方法来找到错误的根源，并且由于自己对销售渠道的了解而立即对这些商品‘踩刹车’，同时有途径能够找到受威胁的购买者。这种情况就支持了这一点：客户必须信赖生产者居于优势的商品知识，并且，生产者相应地在可能的范围内接管自己的保护任务。”② “这种按照接管保护功能所作的安排，也毫不困难地说明（……），只有在产品出厂后才加入企业的人员也同样能够进入那个保证人地位。”③

577 然而，这一主张并不具有理论上的自洽性。所谓接管保护功能，需要有受接管的对象，即接管谁承担的保护功能，并且被接管的保护功能必须是已经存在于被接管者那里的。然而，就产品的制造商而言，对于后知的产品风险，他究竟接管了谁承担的保护功能，以及其接管的保护功能是如何产生的，这在上述主张中就难以自圆其说。显而易见，罗克辛教授所谓“生产者接管自己的保护任务”，根本就说不通。其一，如果保护任务本来就属于生产者，那就不存在接管的问题。其二，如果说生产者是接管了自己的保护任务，那么这种被接管的保护任务缘何而生？要回答这一问题，就只能从产品产销这一前行为中寻找根据了。如此，就不得不回到“前行为说”的立场上。至于产品制造商对产品缺陷信息和销售渠道的了解，以及顾客对制造商的信赖，

---

① 参见［德］克劳斯·罗克辛：《德国刑法学总论：犯罪行为的特别表现形式》（第2卷），王世洲译，法律出版社2013年版，第587页。

②［德］克劳斯·罗克辛：《德国刑法学总论：犯罪行为的特别表现形式》（第2卷），王世洲译，法律出版社2013年版，第586～587页。

③［德］克劳斯·罗克辛：《德国刑法学总论：犯罪行为的特别表现形式》（第2卷），王世洲译，法律出版社2013年版，第587页。

都不能为制造商的保障人地位提供恰当的根据，前述“不能因为谁能做什么就要求他必须做什么”的基本道理已经为此提供了说明。

（5）排他支配设定说

黎宏教授从他的“排他支配设定说”的基本立场出发，认为在产品召回 578
义务的问题上，也可以借由排他支配设定说得到解释。“首先，这种支配，主要是指对‘产品处于流通领域并随时可能引发事故’这一危险状态的支配。生产者通过左右消费者对缺陷产品危险性的认知，而使自己处于支配地位。这是因为，产品缺陷在通常情况下是‘看不见’的，安全事故也都是使用者在对危险处于无知的状态下造成的……其次，在企业负责人变更的情况下，对于后来的继任者，可以认为是通过中途介入的方式，亲自设定了这种支配。”① 在他看来，“创造危险的先前行为是否违反了注意义务，在所不问”；“对因果进程的支配，也不需要行为人物理性地支配着危险实现的每一个环节，能够在重要的环节上左右危险的发展方向即可”②。“之所以能够说生产者支配了‘产品处于流通领域并随时可能引发事故’这一危险状态，是因为产品在社会生活中本身就是为了被使用，消费者在对缺陷产品的危险性毫不知情的情况下，对产品进行正常使用，是自然而然的事情。这就好比实行终了的作为犯……例如妻子在准备好的饭菜中下毒，等待丈夫日常下班后回家食用。尽管是丈夫自己把饭菜送入口中，我们还是会认为是妻子支配着整个事件的因果进程。类似的道理，对于产品在消费者手中被使用的环节，生产者不需要存在物理性的支配，因为在产品被销售出去的那一刻，就几乎注定会被使用了”③。

这一主张着眼于生产者对已经进入流通领域的产品所具有的危险存在支 579
配关系来说明生产者的保障人地位，其所谓“支配”又是在两种不尽一致的意义上理解的。一种是从“生产者通过左右消费者对缺陷产品危险性的认知而居于支配地位”的意义上理解的。至于说生产者如何左右了消费者对产品危险的认知，持论者并未予以说明。能够想象到的理由大概是，消费者对产

① 黎宏等：《不作为犯研究的新展开》，北京大学出版社 2022 年版，第 268 页。
② 黎宏等：《不作为犯研究的新展开》，北京大学出版社 2022 年版，第 269 页。
③ 黎宏等：《不作为犯研究的新展开》，北京大学出版社 2022 年版，第 269 页。

品危险缺乏认知，而生产者明知产品危险因而能够通过告知消费者使其获得认知。然而，持论者又特别强调，“生产者是否掌握了一定数量的关于产品危险性的信息，不是作为义务成立的前提……不能因为生产者没有了解到危险状况，就直接排除其作为义务，否则就会造成越不负责、义务越少的局面”①，这就令人费解了：如果生产者同消费者一样对产品危险缺乏认知，他如何左右得了消费者对产品危险的认知而使自己处于支配地位？退一步说，即使生产者后来知道了产品的危险性，也不能以其知情为据肯定其保障人地位。这就好比某人明知结冰的湖面中央因为温泉而危险，却不告知走上冰面滑冰的人一样，我们不能因为那个知情者的知情而认定他左右了滑冰者对危险的认知并支配了因果进程。正因如此，持论者就不得不从另一种意义上说明其“支配”概念，即从生产者销售产品这一前行为的意义上为其“支配设定”提供说明，认为在产品被销售出去的那一刻，就几乎注定会被使用了，就好比妻子对丈夫下毒一样。但这种解释路径也不能为确定产品生产者的保障人地位提供足够的理论支撑。人们当然不会怀疑，那个下毒的妻子支配了其丈夫死亡的因果进程，但支配因果进程的下毒行为属于不法作为，根本不涉及不作为犯的问题。与此不同，生产者在销售产品时对于后来发现的产品风险并不知情，甚至持论者还强调，创造危险的先前行为是否违反了注意义务也在所不问。这意味着，生产商销售产品这一前行为成为生产商具有保障人地位的充足根据。这种不问是否违反注意义务，也不区分禁止性风险与允许性风险的论证逻辑，就难免有“唯结果论”之嫌了。而且，这种以产品销售这一先前行为为根据的“支配”，也无法像持论者所主张的那样，适合于说明后来的继任者也具有保障人地位：如果说在产品销售出去的那一刻，就已经形成了一种可预期的危险性支配，那么未参与销售的后来继任者也就缺乏对危险的支配。

3. 产品的风险防范不作为的归责

580 对于已经销售的产品所致的危害，生产商是否需要承担刑事责任以及承担怎样的刑事责任，需要区分作为的不法与不作为的不法，以及区分产品风险中的禁止性风险与允许性风险，同时还要界分产品致害的行为犯责任与结

① 黎宏等：《不作为犯研究的新展开》，北京大学出版社 2022 年版，第 270 页。

果犯责任。

（1）不法作为创设的产品风险之归责

正如本节下一个主题所表明的那样，一个不法作为制造禁止性风险并最 581
终转化为现实的危害结果的，通常应当将该危害结果归责于不法作为。即使行为人对其制造的危险不予防止，也是如此（见边码 594 以下）。这也适用于缺陷产品致害的刑事归责。

首先，故意生产、销售伪劣产品的，应当按照刑法的规定追究其故意的 582
不法作为的刑事责任，并不存在构成不作为犯的余地。我国《刑法》分则第三章第一节关于“生产、销售伪劣商品罪”的规定已经清楚地表明了这一点。以生产、销售、提供假药罪为例，行为人生产、销售、提供假药的行为无疑会创设禁止性风险，这也正是其实质的可罚根据所在。由于创设这种禁止性风险本来就是生产、销售、提供假药这种不法作为的应有内涵，因而由此造成的危害就应当归责于该不法作为。在这里，显然不存在将假药销售出去后生产者因为不召回假药或者不发布假药的危险警示而构成不纯正不作为犯的可能性。

其次，生产者对其销售的产品缺陷存在过失的，对该产品缺陷所致的危 583
害结果，也只能归责于其过失行为，而不存在因销售后的不作为而构成不纯正不作为犯的余地。比如，产品在生产过程中出现装配错误或者材料配比差错，而生产商又因为质检疏忽导致缺陷产品进入流通领域，由此造成的产品致害事故就只能归责于该过失的不法行为。即使生产者在缺陷产品销售后意识到产品缺陷的，也不能因为其未采取补救措施，而就产品致害事故追究其故意不作为犯的刑事责任。理由将在本节第二部分予以阐明（见边码 595 以下）。

（2）产品的允许性风险不设定生产者的保障人地位

区分允许性风险与禁止性风险的一般原理，同样适用于产品责任。事实 584
上，产品的致害风险具有普遍性，如果不加区分地将各种风险都加诸于生产者的责任之中，则将成为产品生产者的不可承受之重，以至于正常的社会生产不得不因此而停止。所以，一个合理的法秩序就不得不容忍一定限度内的产品致害风险。比如，生产日常生活用的刀具，无疑会存在刀具致害的风险，但这种风险是法秩序所能接纳的风险。

不妨重申，允许性风险在作为和不作为的评价中具有相同的意义。也就 585

是说，不仅那个生产、销售产品的作为不能因为产品存在允许性风险而被追责，而且也不能因为生产者对销售出去的产品所存在的允许性风险未采取防范措施而予以刑事归责。事实上，对于生产者而言，有效地防范一个已经销售出去的产品存在的允许性风险，也不具有现实可行性。既然产品的风险对于生产者而言是允许性的，那就意味着这种风险的防范不属于生产者的义务，而处于消费者的自我防范的范围，就像刀具的购买者需要他自己谨慎地使用刀具那样，而不由生产者来防止购买者使用刀具的风险。

586 在涉及复杂技术的电器、机动车、化学品、药品、精密仪器等领域，产品的允许性风险通常是根据产品的技术性规范予以判断的。也就是说，如果产品符合生产时的技术规范，其具有的风险通常也就是处于被允许的范围之内。比如，汽车制造商制造的汽车如果完全符合汽车的安全技术要求，通常就应当视为未制造禁止性危险。因此，如果消费者在使用中由于超出安全技术要求的因素导致损害，就不得就损害结果对制造商予以作为犯或者不作为犯的刑事归责。

587 作为例外，如下可能性也不能排除：产品虽然符合当时的安全技术规范，但生产者在生产时已经发现了产品的安全缺陷问题，并可以通过技术手段予以解决，但生产者为了节省成本而无视这种缺陷可能导致的安全风险，此种情形下的产品安全风险当属于禁止性风险，由此造成的产品风险致害应当归责于生产者。这就如同行为人明知旅游车上有炸弹却劝其配偶乘该车出游一样，或者汽车驾驶者看到行人违章闯红灯却仍然径直驾驶造成行人伤亡一样。虽然，劝配偶乘车旅行并不被法律所禁止，汽车驾驶者在交通信号灯为绿灯时也有权利通过路口，但在明知会造成危害的情况下，权利的行使应当让位于对现实危险的避免。同样地，即使产品符合当时的安全技术规范，但在明知产品存在安全技术缺陷并因此存在现实的安全风险时，就应当避免该产品进入流通领域。如果此种情况下生产者继续生产、销售缺陷产品，以致产品在销售后造成损害的，生产者就应当承担相应的责任。不过，其在刑法上的归责对象乃是生产、销售缺陷产品的不法作为，而不涉及不作为犯的问题。

（3）对后知的产品风险防范不作为的归责路径

588 如果产品符合生产时的安全技术规范，但在产品销售出去后又有更高标准的安全技术方案被执行，或者在产品的使用中发现了在生产时的技术水平未能发现的安全风险，那么这种情况下是否要求生产者根据新的安全技术方案或者针对后来发现的安全风险对销售出去的产品承担采取相应措施（召回或发布安全警示）的义务，并因为这种义务的不履行而承担刑事责任呢？

一方面，要排除此类情形构成不纯正不作为犯的可能性。正如前述，一个前行为如果仅仅制造了法秩序允许的风险，就不构成保障人地位的产生根据（见边码 543 以下）。而一个产品的安全风险如果按其生产时的技术水平还不能被认知，也没有更好的安全技术方案消除这种风险，那么只要产品符合当时的安全技术规范，则产品的安全风险就属于法秩序允许的风险，毕竟法律不能强人所难。这意味着，如果产品存在的后知风险并非生产商的过错所致，则生产者就不具有对销售后的产品予以风险防范的保障义务，也就不应当因为对该风险的防范不作为而承担不纯正不作为犯的责任。 589

另一方面，又不能无视那些已经被发现的产品安全风险对社会成员构成的威胁，不仅是民法，而且刑法对此也应当有所作为。一种合理的选择就是由法律给予生产者对那些后知的产品安全风险承担适当的风险防范义务，并且通过刑法设置相应的法定义务犯（纯正不作为犯）。这就像我国《刑法》第 138 条规定的教育设施重大安全事故罪那样，给予教育教学单位的有关责任人员在明知校舍或者教育教学设施有危险时，有采取必要防范措施的法定义务，并因为这种义务的不履行而予以刑事归责。对于产品的生产者而言，即使其在产品生产时没有违反注意义务，但对于后知的产品安全风险给予其采取相应防范措施的法定义务有其合理性。因为生产者不仅最了解其产品的销售渠道，也最清楚其产品的技术特性，因而在采取措施消除安全风险方面处于最有利的优势地位。通过这种路径的刑事归责，既能实现防范后知的产品安全风险之目的，又不致影响产品生产者正常的生产。因为，生产者只要在生产时对产品质量尽到注意义务就可以放心地销售其产品，及至后来发现产品存在安全风险，但只要其履行了法定的风险警示义务，即使发生了致害事故，也无须为此承担刑事责任。 590

正如我国《刑法》规定的丢失枪支不报罪、教育设施重大安全事故罪那样，生产者对后知的产品风险防范的不作为承担刑事责任也应予以合理限缩，其罪刑规范有必要将“造成严重后果”设置为客观处罚条件。同时，其法定刑也不宜过重，可比照教育设施重大安全事故罪的法定刑设置之。 591

592 当然，在我国刑法尚没有规定此种犯罪的当下，生产者对后知的产品风险即使未采取发布风险警示等防范措施的，也不能追究其刑事责任。否则，就是对罪刑法定原则的背离。

二、由不法行为的风险制造例外地设定保障义务

593 不法行为需要区分不法的作为与不法的不作为。不法作为当然能制造禁止性风险，但不法作为本身就是不法评价的对象，由其制造的风险即使造成现实危害，也应当归责于该不法作为。因而通常情况下，不法作为并非不纯正不作为犯中设定保障义务的根据，只有当不法作为制造了超出其不法内涵的额外风险，才需要在不法作为之外，就行为人对额外风险的防控不作为另行予以不作为不法的评价。至于不法的不作为，则应完全排除其设定保障义务的可能性。

（一）不法作为通常不设定保障义务

594 在传统学说中，产生保障义务的前行为包含不法行为或者限于不法行为。因此，一个不法作为在开启因果进程之后的干预不作为也能构成不纯正不作为犯。经常用作例子讨论的一种情形是，一个过失行为引起了火灾，当火情还处于早期阶段时，如果行为人本来能够通过作为灭火，他却逃离现场或者放任不管，就构成不作为的放火罪。其逻辑是，失火这一不法作为制造的火灾危险使行为人产生防止火灾扩大的作为义务，而行为人对这一义务的不作为是基于放任态度，因而构成不作为的放火罪。然而，这样的认识并不可取。

595 首先，如果按照上述逻辑，任何一个不法行为之后，只要行为人没有积极地防止危害结果的发生或者扩大，就需要对其不作为另行评价为不作为的不法，这显然违背立法精神和社会常识，也会混淆一罪与数罪的界限。比如，一个故意伤害案的行为人在伤害他人后不采取措施防止死亡结果的发生，在立法精神上和司法惯例上本应评价为故意伤害罪（致人死亡），但如果按照上述逻辑，就又构成不作为的故意杀人罪；一个生产、销售假药者销售的假药造成他人身体严重受损或者死亡的，根据刑法的明文规定本应评价为生产、销售假药罪，但如果按照上述逻辑，就会因为生产者在销售假药后不采取风险防范措施的“不作为”，又构成不作为的故意伤害罪或者故意杀人罪；一

个过失造成他人伤害的行为人如果未采取措施防止死亡结果的发生，在立法精神和司法惯例上，本应评价为过失致人死亡罪，但如果按照上述逻辑，就会逻辑地得出构成不作为的故意杀人罪的结论；一个过失性交通肇事的行为人在肇事后逃逸，而不采取措施防止死亡结果的发生，按照刑法的明文规定，应评价为交通肇事逃逸致人死亡（交通肇事罪的加重处罚情节），而不能另行评价为不作为的故意杀人罪，但如果按照上述逻辑，就会因为肇事者未防止伤者的死亡又构成不作为的故意杀人罪。推而广之，如果按照上述逻辑，则所有的过失犯罪，都有可能因为施救不作为而又构成不作为的故意犯罪。显然，这种违背立法精神和司法常识的思维逻辑及其结论不可接受。

其次，将不法作为之后的施救不作为另行评价为不纯正不作为犯，是对 596
因果关系和责任的重复评价。如果一个不法的作为设定了导致危害结果的因果进程，那么其结果归责的根据就是不法作为本身，如果再就其施救不作为予以结果归责，就是将不法作为制造的因果进程重复性地虚拟为不作为制造的因果进程，属于重复评价。比如，一个不谨慎丢弃烟头造成严重火灾事故的失火行为，其造成火灾损失的因果进程由丢弃烟头的过失行为直接设定，因而火灾造成的损失就应当归责于失火行为。至于行为人在火情发生后的灭火不作为，既没有创设另一个因果进程，也没有升高结果发生的危险，而只是没有干预那个已经由不法作为开启的因果进程，因而并不构成结果归责的根据。相反，如果行为人通过积极干预阻止了严重的火灾事故，那么就排除了其行为构成失火罪的可能性。这就是说，行为人在过失行为后积极防止危害结果的作为乃是其出罪（或罪轻）的根据，而不能反过来把过失行为后的施救不作为当作另行定罪的根据。否则，就是在结果归责上对同一个因果流程的重复评价，也就是把一个本来由不法作为的因果设定重复评价为一个虚构的不作为不法的因果设定。而事实上，那个事后的施救不作为，根本就不构成一个不法行为，因而并不存在认定为故意犯罪的因果基础。

再次，从主观方面看，根据不法作为后行为人放任危害结果的态度认定 597
所谓故意的不作为犯，实则是将事后态度混同为犯罪故意。无论是故意的不法作为还是过失的不法作为，行为人在通过不法作为已经现实地开启导致结果的因果进程之后，对于该因果进程的放任不管，皆属于不可罚的事后态度，而不应混同于犯罪故意。就像那个过失引起火灾的行为人没有主动灭火那样，其过失行为后对危害结果的态度就属于过失不法的事后态度，这种事后态度不能被当作认定犯罪故意的根据。其他不法作为的结果归责亦是如此，比如超速驾驶、违章施工导致人身伤亡事故，或者故意伤害行为导致他人死亡等情形，都只能根据刑法规定的交通肇事罪、重大责任事故罪、故意伤害罪处罚，而无论行为人对延后发生的结果持何种态度，只要是处于同一个因果流程之内，都只能根据其不法作为的心理状态认定其主观罪过。

598 最后，如果根据事后态度认定不纯正不作为犯，会违反公平原则。这可以从下列情形的对比中得到说明：张三不慎将他人撞落于人行天桥下致被害人当即死亡，张三为逃避责任，也不查看被害人伤情以及是否死亡而径直逃离；李四不慎将他人撞落于人行天桥下致被害人昏迷，李四查看后发现伤势严重，但为逃避责任而逃离，结果被害人死亡。上述两种情形的差异只在于前者的死亡结果当即发生，而后者的死亡结果是延后发生。但从因果关系上看，无论结果是即时发生还是延后发生，都是由不法作为所导致，李四事后的不施救并没有对死亡结果产生任何积极的影响，就如同张三的径直逃离没有对被害人的死亡发生影响一样。从主观上来看，李四也不比张三在事后态度上具有更大的可谴责性。如果仅仅因为死亡结果延后发生就对李四论以不作为的故意杀人罪，相对于张三的过失致人死亡罪而言，就显失公平。

599 总之，不法作为本身就构成不法评价的根据，其造成的危害结果只要处于其不法范畴之内，就只能就该不法作为予以刑事归责，而不能根据事后态度额外地认定所谓不纯正不作为犯。

（二）不法作为制造额外风险设定保障义务的条件

600 一个不法作为如果在其本来的法益侵害之外，又关联性地制造了对另一法益的危险，那么这种额外的危险制造就可能设定行为人避免这种危险造成实害的保障义务。如果行为人对其不法作为创设的额外危险不予干预，以致超出不法作为评价范围的危害结果的，就不排除对其不作为予以结果归责的可能性。这需要符合两个条件：其一，不法作为在本来的法益侵害之外，额外地设定了危害另一法益的危险；其二，额外设定的危险及其造成的结果超出了不法作为的范畴，不能在该不法作为的罪刑规范中予以一体评价。

601 ［例4－3］尤某因为债务纠纷将一名妇女诱骗至家中实施非法拘禁。该妇女告知尤某，其婴儿独自在家无人照管，哀求尤某放走自己，但尤某对此置之不理。结果在该妇女被拘禁期间，婴儿因无人照料而死亡。

602 此案例中的尤某对妇女实施非法拘禁的不法作为构成非法拘禁罪，然其不法作为又使婴儿的生命安全处于危险之中。这种危险的制造也就设定了尤某避免这种危险的保障义务，如果其采取措施避免了危害结果，其不法的根据就仅限于非法拘禁。但尤某并没有采取避免该危险造成实害的措施，且对婴儿的死亡持放任态度，以致婴儿死亡。显然，这一危害事实超出了非法拘禁罪的不法范畴，不能在非法拘禁的罪刑规范中予以合理评价，因而必须在非法拘禁之外就其危险制造后的危险防控不作为予以结果归责。因此，尤某不仅构成非法拘禁罪，而且还构成不作为的故意杀人罪。

603 与上述情形有所不同的是，假如行为人以剥夺婴儿的生命为目的，通过非法拘禁婴儿的母亲而使得婴儿饿死，则其行为构成作为的故意杀人罪。因为此种情形下，非法拘禁行为不再是一个应当独立评价的不法，而是杀人的手段行为，就如同通过故意拿掉维持病人生命的呼吸机而实现杀人目的一样。因此，行为人的行为应整体评价为通过作为的故意杀人。

604 还应当区别对待的是，即使一个不法作为制造了额外的危险，而行为人并不采取措施避免危险以致危害结果，但如果这种结果能够涵摄于该不法作为及其加重结果的范畴之中，可由单一的罪刑规范一体性地评价，则无须再就不作为予以单独归责。

605 ［例4－4］何某在偏僻小路上使用暴力抢劫一名怀抱婴儿的妇女并致该妇女死亡，而对婴儿置之不理。结果婴儿饥渴而亡。

606 此案例中的何某抢劫并致妇女死亡，而这一不法作为的结果又使得婴儿的生命安全处于危险之中，并因此而设定了其保护婴儿生命的保障义务，故需要对婴儿因未受到保护而死亡的结果负责。然而，我国刑法将抢劫致人死亡规定为抢劫罪的结果加重犯，而此例中婴儿的死亡完全可以被“抢劫致人死亡”所包含，故无须再就婴儿的死亡另行评价为不作为的故意杀人。由于刑法对抢劫致人死亡的结果并无特定的罪过要求，因而即使何某在导致妇女死亡后，因突发疾病失去行为能力而难以救助婴儿，也应当适用刑法关于抢劫致人死亡的规定。

607 需要强调，所谓制造额外风险，须以不法作为在本来的法益侵害之外创设另外的因果流程为根据。如果法益侵害处于同一个因果流程中，就不应当就该因果流程分别认定作为的不法和不作为的不法。

608 ［**例4－5**］甲对烟草稽查人员乙实施暴力以阻止其执行公务，乙躲避过程中不慎跌倒，一只手抓住三楼走道护栏，身体吊在半空中。甲本来能够采取措施防止乙跌落而不为之，致乙摔成重伤。

609 此案例中的甲暴力阻碍执行公务，本属于妨害公务的不法，然其妨害公务的暴力行为又同时造成了重伤的结果，属于一行为侵害数法益的情形。问题是，甲导致乙重伤的行为究竟是归责于作为还是不作为？有人主张，由于该行为造成的重伤结果已经不能为妨害公务罪所评价，因而应当就其不予施救的行为评价为不作为的故意伤害罪，同前行为构成的妨害公务罪数罪并罚。[①] 这种认识主要是考虑到妨害公务罪没有规定结果加重犯，故单纯以妨害公务罪论处难免罪刑失衡。然而，这并非解决问题的合理方案。从行为所致的因果流程来看，被害人的重伤同妨害公务一道处于同一个因果流程中，即都是行为人通过暴力行为设定同一因果进程的结果，因而应当将被害人的重伤视为不法作为的结果。从法理上说，甲的不法作为同时侵害两个法益，触犯两个罪名，应根据犯罪竞合原理处理之（这需要另行讨论，此处不再赘述）。

（三）不法的不作为不设定保障义务

610 设定保障义务的前行为是否包含不作为，是刑法学领域的一个争议话题。肯定论者认为，前行为的实质是导致法益处于一种具体的、紧迫的危险状态，从而使行为人产生防止法益危害进一步扩大的义务。而不作为具有行为性，也能够使法益处于危险状态，因而不排除其构成前行为的可能性。[②] 例如，房屋主人没有留意所铺设的瓦片是否稳固，结果瓦片掉下来致人受伤的情形中，房屋主人的保证人义务就源于先前的不作为。[③] 基于类似的认识，有学

① 参见王莹：《论犯罪行为人的先行行为保证人地位》，载《法学家》2013年第2期。

② 参见郝艳兵：《不纯正不作为犯的作为义务适用论》，法律出版社2015年版，第84页。

③ 参见郝艳兵：《不纯正不作为犯的作为义务适用论》，法律出版社2015年版，第86页。

者将下述情形视为由不作为构成前行为的适例："携带装有子弹的手枪，于他人取枪把玩的时候，未加以阻止，他人因手枪走火致死。"① 否定论者认为，如果将不作为视为前行为的话，那么又得进一步探讨该不作为的义务来源问题，如此前溯，将及无穷，使得前行为根本无法确定。②

从风险制造设定保障义务这一基本立场出发，应排除不作为设定保障义 611
务的可能性。所谓制造风险，就是使风险从无到有或者使风险程度提升。显然，一个单纯的不作为根本不具有制造风险的可能性。在刑法上，不作为的可罚根据在于行为人不履行作为义务，而非制造风险。至于其作为义务，要么源自法律的赋予，要么源自行为人通过作为的风险制造或者风险承诺。如果其作为义务源于法律的赋予，那么行为人的不作为就属于单纯的义务违反，只具有构成纯正不作为犯的可能性。如果行为人的作为义务源于其作为的风险制造或者风险承诺，那么该风险制造或者风险承诺就是设定保障义务的根据。这就是说，设定保障义务的根据在于通过作为的风险制造或者风险承诺，而非在于风险防控不作为。就逻辑关系而言，防控风险的保障义务乃是风险防控不作为的前提条件，而非相反地由风险防控不作为设定保障义务。因此，在不纯正不作为犯中，应当将不作为完全排除在设定保障义务的根据之外。

至于肯定论者所举之事例，根本不足为凭。例如房屋主人对瓦片是否稳 612
固不尽注意义务以致瓦片脱落伤人的事件中，并非因行为人的不作为而设定保障义务，恰恰相反，是因为行为人具有防控风险的保障义务，我们才能将其未防止风险评价为不作为。而其保障义务，则是由建造房屋这一作为所设定：正因为房屋主人在建造房屋时使用瓦片，设定了瓦片可能脱落的潜在风险，因而产生防范瓦片松动脱落的作为义务。至于行为人不履行风险防控义务的不作为乃是不法行为本身，而非产生作为义务的前行为。持枪人不阻止他人把玩枪支以致走火致人死亡的事件也是如此：持枪这一作为产生妥善保管枪支的风险管控义务，而不履行这种义务的不作为乃是不法评价的对象，而非设定保障义务的前行为。可见，肯定论者在保障义务与不作为之间存在因果倒置的认知偏差。

---

① 林山田：《刑法通论》（下册），北京大学出版社 2012 年版，第 161 页。

② 参见陈荣飞：《不纯正不作为犯的基本问题研究》，法律出版社 2010 年版，第 186 页。

第二节 由风险承诺设定保障义务

一、风险承诺的法理与界限

（一）风险承诺设定保障义务的法理

613 风险承诺，是指就涉及潜在风险的安全保障事项所做的风险管理承诺。风险管理有两类：一类是防范特定法益遭遇不特定风险，如承诺看护邻居家年幼的孩子，就是防止其人身安全遭遇不特定的风险；另一类是防范特定危险源对不特定法益造成的风险，如铁道路口的看守人员管理铁道路口的职务承诺，就是防范铁道路口发生列车交通事故造成不特定法益损害的风险。

614 风险承诺设定保障义务的法理根据在于，基于社会交往的信赖原则，风险承诺会产生风险创设的效果，这种风险创设有两种方式：一是通过风险防范承诺使法益主体甘愿处于某种风险之中。例如，邀约不谙水性的人去河里游泳并承诺保障其游泳时的人身安全，如果受邀者基于这种承诺下河游泳，就陷于一种溺水的风险之中。二是通过风险管理承诺解除或者排除他人的风险管理责任，使法益脱离既有的安全保障而处于潜在风险之中或者使危险源脱离既有的防控保障而处于造成法益危害的潜在风险中。例如，一个承诺看护邻居家儿童的人，因其承诺临时解除了邻居父母照护其孩子的风险管理义务，一旦孩子的父母在得到承诺后离开孩子，就使其孩子处于不受父母保护的风险之中，并因此使承诺人产生防控风险的保障义务。同样，那个铁道路口的看守接受值班任务乃是一项履行职责的承诺，这一承诺就排除了其他人去承担该职务的可能性，从而使铁道路口的风险防范依赖于承诺人并因此产生风险防控义务。简言之，风险承诺产生风险防控责任转移至承诺人的效果，因而设定承诺者的风险防控保障义务。

（二）风险承诺与自愿承担

615 风险承诺必须是通过承诺创设了某种潜在风险，即通过承诺使法益主体甘冒风险或者通过承诺排除他人的风险管理责任而使法益处于风险之中，并因此使承诺人成为风险防控保障人。因此，不能把风险承诺同自愿承担混为一谈。自愿承担既可能是基于风险承诺的承担，也可能是无风险承诺的自愿承担。对于无承诺的自愿承担，比如无因管理，由于其并不导致法益主体陷于风险之中，也没有导致他人风险管理责任的解除和转移，也就没有创设或者升高法益的风险，而是降低风险，因而不产生风险防控的作为义务。例如，发现邻居家的建筑物材料有在风雨中掉落的危险，由于邻居主人不在家而自愿地去予以维护修缮，这种降低风险的自愿承担并不设定自愿承担者的保障义务。同理，行为人自愿照顾邻居家无人照顾的病人或者无人照顾的小孩，只要不是因此解除其他人的风险管理责任，或者通过作为升高风险，其就不产生风险防控的作为义务。只有当自愿承担是基于对其他责任者的风险承诺或者是通过作为创设、提升了风险时，才会产生相应的风险防控义务。通过作为创设、提升风险的情况如，自愿将一个丧失行动能力的老人接回家中照料，而后又将老人弃置于少有人迹的荒野，从而使老人处于一种难以得救的更加危险的境地。

（三）风险承诺与欺骗性承诺

风险承诺与欺骗性承诺在法律上具有不同的意义，不能混为一谈。如果 616
一项承诺是基于不法的意图而具有欺骗性，本身就应当以不法作为评价之，而非属于一个不作为不法的承诺行为。例如，一位医生为了延误患者的治疗，对患者做了虚假的承诺，而后通过持续的假治疗使患者放弃了另行求医，结果患者因病情恶化而死亡，这名医生的欺骗性承诺及其后的虚假治疗构成作为的不法，应评价为作为的故意杀人罪。再如，假意承诺帮他人照护正在学游泳的儿童，实则是为了陷那个儿童于溺水的风险中，那么这个欺骗性的承诺本身就构成杀人的手段行为，属于一个作为的不法。

二、风险承诺的类型与判断根据

（一）风险承诺的类型

风险承诺包括契约上的风险承诺、职务上的风险承诺和基于信赖的风险 617
承诺三种类型。

1. 契约上的风险承诺

618 契约上的承诺，通常只产生民法上的作为义务，但如果契约承诺的内容涉及刑法保护法益的风险防范，就能构成刑法上设定保障义务的根据。如果承诺人不履行其保障人的作为义务，就具有构成不纯正不作为犯的可能性。就像人们常常提及的情形那样：保姆对于照顾儿童的承诺，就属于契约承诺；专业向导与探险者之间也构成一种契约上的承诺。医患关系也是一种契约承诺：一位医师的执业，并不意味着对所有潜在病人的承诺，只有当医师接受患者的治病请求，才构成一项具体的承诺。因此，医院或者个体执业医师拒绝患者的救治或者出诊要求，只是违背职业伦理，而不存在违背契约承诺的问题。一旦契约上的承诺涉及他人的人身安危等刑法保护法益的风险防范，就可能产生刑法上的保障义务，并具有因不作为而构成不作为犯的可能性。

619 不过，对契约义务的不作为，即使涉及刑事责任，也存在两种可能性：一是构成不纯正不作为犯；二是构成纯正不作为犯。前者如保姆承诺照顾雇主的幼年孩子，就会因接管了孩子父母的保护责任而设定了保姆保障孩子人身安全的保障义务。如果保姆不防范孩子的安全风险，由此造成的结果就应当对该保姆予以归责。后者如保姆承诺照顾雇主家年迈的老人，就只是接管了雇主扶养老人的责任（家庭成员间的扶养义务），如果老人误用药物或者寻求自杀而处于危险之中，保姆未予施救的，应按遗弃罪的规定评价之，而不应评价为不作为的故意杀人罪。正如本书下一章分析的那样，从因果关系的角度看，后一种情况下行为人的不作为乃是施救不作为而非原因不作为（见边码 813 及 825 以下）。

2. 职务上的风险承诺

620 当某人接受一项具体的职务活动时，就意味着他对该项职务活动中相应职责义务的承诺，因而产生相应的作为义务。如果该职务涉及具体的风险管理事项，即防范一个潜在风险转化为一个现实的异常因果流程，则该职务上的承诺就是一项风险承诺。而如果该风险涉及刑法的保护法益，那么就该风险管理所做的职务承诺就构成对刑法上的保障义务的设定。比如，铁路上的扳道工所承诺的职业义务，就是通过自己的作为保证列车行进在正确的轨道上，避免列车因进入错误轨道发生交通事故。铁道路口的看守人员所承诺的职业义务，就是在列车将要到达时，按要求提前放下道口栏杆，以避免列车在铁道路口发生交通事故。锅炉工所承诺的职业义务，就是保证锅炉的安全运行，防止发生锅炉爆炸等安全事故。此类职务上的风险承诺排除了他人的风险管理责任，构成对承诺人保障义务的设定。因而其保障义务的不作为，就构成结果归责的根据。例如，值班的铁路扳道工不扳道岔，铁道路口的看守人员不按要求及时放下栏杆，当班的锅炉工在锅炉压力达到危险界限时不采取减压措施，都具有构成不纯正不作为犯的可能性。

3. 基于信赖的风险承诺

基于他人的信赖所为的风险承诺，如果创设了风险，也产生相应的作为义务。一旦这种风险可能危及刑法的保护法益，那么该风险承诺就构成对保障义务的设定。例如，邀约不会游泳的人去江河中游泳并担保其安全的，他人一旦接受邀请，就构成了一项基于信赖的承诺，并因而产生风险防范义务。同样，接受朋友或者邻居的托付，临时照管其小孩，也构成一项对小孩人身安全的承诺，从而产生风险防范义务。 621

这种基于信赖的风险承诺不一定通过语言明确地表达，也可以建立在基于常识、常理的事实推定上。接管一个危险源，也意味着一项事实上的承诺。例如，游泳教练带领儿童学习游泳，按照常理，就不仅是学习游泳技巧的承诺，而且包括负责游泳时防范溺水风险的承诺。又如，帮助需要外出几天的朋友饲养他的一条狗，就是接管了一个危险源，也就意味着事实上承诺了对危险源的管理，因而产生防止狗伤人的风险管控义务。 622

结婚不构成对配偶人身安全的风险承诺。因为结婚当事人是两个有责任能力的人，各自都应当对自己的人身安全自我负责，结婚既没有解除配偶自身的自我保护责任，也没有创设新的人身安全风险，也就不构成一种潜在风险的设定。也因此，结婚不产生不纯正不作为犯的保障义务，而只产生法定的扶养义务。易言之，对处于危难中的配偶不履行救助义务的不作为，当属遗弃，而不构成不作为的故意杀人罪。 623

同居也不构成相互间人身安全的风险承诺。这与结婚一样，同居的双方都应当对自身的人身安全自我负责，同居并不能解除同居者的自我责任意识，也没有创设新的风险，因而不产生相应的保障义务。至于同居者能否构成遗弃罪，应取决于法律的明文规定。在目前无法律规定的情况下，应否定这种可能性。 624

625 危险共同体是否存在基于信赖的风险承诺，需要具体分析。首先需要明确的是，所谓危险共同体并非保障义务的产生根据，只有从风险承诺的意义上才能说明危险共同体与保障义务之间的关系，这其中的关键又在于如何界定危险共同体。如果把危险共同体视为“落难共同体”①，那么就不存在事实上的风险承诺。例如，在共同面对一起海难的遇险者之间，或者在共同被困于着火的房屋中的人之间，就不存在相互保护的承诺，因而不存在相互之间的保障义务。然而，如果从必须共克危险的意义上对危险共同体予以严格限定，则其成员之间就可能形成一种事实上的风险承诺。例如，登山队攀登一座只有共同协力才能克服困难的雪山，那么队员之间就形成了一个共同应对危险的共同体，也构成了在风险防范上相互帮助的事实性承诺。而正是基于这种承诺，才使他们结成一个共同体，投身到一个具有潜在风险的行动中，这意味着团结互助的承诺是他们采取具有风险性行为的前提，并因此产生风险防控的作为义务。因此，如果这一团体中的成员不尽共同协力之义务，造成人身伤亡后果的，就不排除就该后果对不作为者予以刑事归责的可能性。不过，正如后述，对其中单纯的施救不作为应排除在不纯正不作为犯的范围之外。比如，在攀登雪山的共同体中，如果不是由于团队成员的不作为而是由于雪崩使某个成员受重伤，那么对该重伤者的施救不作为就应以遗弃罪评价之，而非构成不作为的故意杀人罪。

（二）风险承诺的效力根据

626 无论是何种类型的风险承诺，都只能以事实上的承担为判断根据。也就是说，只有当承诺人事实上接管了风险管理事项，才产生保障义务。

627 对契约上的风险承诺而言，防控风险的保障义务并非直接由合同设定。只有当合同义务人事实上接管了风险管理事项，其保障人地位才得以确立。比如，如果保姆未按照合同约定的时间到岗，那么在其事实上接管照护孩子的任务之前，就不具有保障孩子人身安全的保障人地位。在此情况下，如果雇主擅自将自己的幼童放在家中，以致该幼童因无人照管而发生不测的，那

---

① ［德］克劳斯·罗克辛：《德国刑法学总论：犯罪行为的特别表现形式》（第2卷），王世洲译，法律出版社2013年版，第550页。

么违约的保姆就无须对不测事件承担不纯正不作为犯的责任。

对职务上的风险承诺而言，防控风险的保障义务并非设定于从业者的从 628
业资格的确定，而是由从业者接受具体的工作任务所设定。也就是说，当从业者接受一项具体的风险管理任务时，才构成一项事实上的风险承诺，并因此设定其保障义务。比如，一个铁道扳道工因心有不满而拒绝了领导派给他的值班任务，就不存在职务上的风险承诺，也就没有保障列车正常行进的保障义务。

基于信赖的风险承诺同样如此，只有当承诺人事实上接管了风险防控责 629
任，才构成对保障义务的设定。

保障义务的解除也须以承诺的风险管理事项在事实上的解除（他人接 630
管）为条件。因此，一个保姆对幼童人身安全的保障义务并不是随着合同到期而自动终结，如果雇主因特殊原因未能在合同到期时接管幼童，那么保姆就不能撇下幼童擅自离去，否则就需要对由此造成的结果承担不作为的责任。一个铁道路口的安全看守人员在其当班时间结束时，如果接班者还没有到来，那么他就仍然具有保障铁道路口安全的义务，而不能擅自离开工作岗位，否则就需要对由此造成的结果承担不作为的责任。基于信赖的风险承诺设定保障义务的效力根据也是如此。

三、风险承诺的内容

（一）承诺内容的特定性

一项风险承诺，其承诺的义务范围总是特定的，承诺人只需对其承诺范 631
围内的风险防控事项负责，而超出承诺范围的风险事项不构成刑事归责的义务根据。

一名出租车司机的承运承诺，只限于将乘客安全送达目的地，而不包含 632
其他风险防范义务的承诺。其中的安全送达义务，是仅就汽车驾驶中的交通安全而言，而非对乘客其他安全事项的承诺。因此，对于承运过程中发生的其他法益侵害及其造成的危险，并不在出租车司机风险防控保障义务的范围之内。例如，出租车司机并不具有防范乘客之间发生伤害行为的义务，故对车上发生的伤害行为，就只具有道义上的阻止义务。因此，如果出租车司机只是消极地未干预车上发生的伤害行为，就不应当对他人造成的伤害结果负责，只有当出租车司机为车上的不法侵害提供了便利时，才应当承担相应的责任。例如，当车上发生强奸行为时，司机不仅不予干预，而且通过持续驾驶为强奸行为提供空间和时间上的条件，因而具有帮助的性质。不过，这种帮助已经超出了不作为的范畴，而是一种作为的帮助。

633 一名专业向导，除非有特别约定，其承诺的义务就限于向导业务的范围，而不包括探险者或者旅游者全部的人身安全事项，因此超出向导正常业务范围的安全风险，就不在向导的防范义务之中。例如，向导过程中突发不可预知的寒流，就不能要求向导脱下自己的衣服为旅行者保温；或者，一次雪山之旅之前，虽然向导有防寒的安全提示，但游客在到达雪山之后却发现自己的防寒服遗失了，显然，保管好防寒服并不在向导的业务范围之内，因此，向导并不需要对由此造成的后果负责。

634 一位保姆的义务也应当根据合同确定其范围，即使没有明确的合同约定，其义务范围也应当限于通常的保姆业务范围内，而不能要求其对雇主家的各种事务承担责任。例如，雇主家中有责任能力的成员的人身安全风险防范就不属于保姆的义务，雇主修理电器时触电的风险防范就超出了保姆业务的范围。因此，保姆并不需要对雇主不谨慎或者意外的触电身亡承担刑事责任。

635 一个铁道路口的看守人员，其职务上的风险承诺范围仅限于其在接受任务后保证铁道路口与列车通行相关的交通安全，如果是在他人接班后或者是超出该铁道路口范围的交通事故防范义务，均不在其风险承诺范围之内。

（二）承诺内容的风险防控性

636 一个设定保障义务的风险承诺，其内容限于风险防控，即承诺防范潜在的风险转化为损害法益的因果进程，超出这一内容的承诺不设定不纯正不作为犯的保障义务。比如一个保姆照顾老人的契约承诺就限于在生活上为老人提供服务，而不产生防止老人自杀或者自陷风险的保障义务。因此，当受其照顾的老人自杀时，保姆未予阻止的，不构成不作为的故意杀人罪。

637 尤须注意把职务上的风险防控承诺同职务上的因果干预承诺及行政监督承诺区别开来。一个因果干预性职务的功能，是干预已经因其他原因开启的异常因果进程，以避免或者减少损害。因此，对于此类职务主体而言，其承诺的内容是，通过自己的作为去干预那个已经开启的异常因果进程，以避免损害结果的最终发生或者损害的进一步扩大。比如，奉命去灭火的消防人员所承诺的职业义务，就是积极干预已经发生的火情，以避免火灾造成更大的损害；接受任务去交通事故现场救治伤员的医务人员所承诺的义务就是救治交通事故中的受伤者；受命去处置犯罪事件的警察所承诺的义务就是制止犯罪行为对法益的危害。对此类职务的承诺，只是产生排除其他人干预异常因果进程的责任之效果，而不是排除其他人去防范一个未然的异常因果流程，因而承诺人的不作为并不具有对于结果的原因性。易言之，在此类情形中，那个异常的因果流程并非由职务承诺人的承诺及其不作为制造危险所设定，而是由其他原因所启动。因此，对此类职务承诺的不作为，其可责难的根据只在于对异常因果流程的不干预，而非原因性地造成了危害结果。就像一个奉命去灭火的消防员一样，无论其是否作为，那场火灾事故都已经发生，而不是其职业承诺和之后的不作为支配的结果。因此，此类职务上的不作为只具有构成纯正不作为犯的可能性。

行政监督职务的监督对象是行政相对人，其职能是对行政相对人履行义 638
务予以检查督促，以促使其正确履行风险防范义务或者其他法定义务。例如，消防管理部门对消防安全的监督职务、环保机构对环境保护的监督职务、税务机关的税务监督职务即属之。由于此类职务并不包含对具体风险事项的管理，而是对风险管理责任人或者其他法定义务人的监督，因而职务承诺人承诺的义务就只是督促相关责任人履行义务。这种督促虽然有助于促使责任人落实风险防范责任，但对于风险管理责任人能否防范异常因果流程并不具有决定性作用，因为风险管理责任人才是管理风险事项的责任主体，应当对防控具体的风险独立承担责任。而且，这种监督职务的不作为并没有创设或者增加危险，只是没有督促他人防范某种可能的风险，因此，监督职务的不作为属于玩忽职守，应排除构成不纯正不作为犯的可能性。

［**例 4－6**］某企业生产设施中的电器设备和电线老化，出现火灾隐患。 639
消防管理部门委派的消防检查人员金某在对该企业进行消防安全检查时，敷衍了事，未重视火灾隐患，也未提出整改要求。后因该火灾隐患导致重大火灾事故。

640 此案例中，金某对其职务承诺的不作为，当然应予责任追究。但就造成火灾事故而言，原因在于企业主违反消防法规的风险创设，而非金某对其职务承诺的不作为。因为如果企业主不按规定时限更换电线，一旦出现电线老化以致火灾隐患，那么导致火灾事故的原因就存在了，而金某的不作为并没有制造这一火灾隐患，而只是没有督促风险防控责任人干预那个已经悄然开启的因果进程。尽管金某如果履行作为义务，就可能避免那场火灾，但一个不干预因果进程的不作为同一个造成结果的原因行为之间，实不能相提并论。故金某的不作为属于玩忽职守，而非构成放火罪或者失火罪。

641 同样地，环保部门的工作人员不履行环境监督职责的，不构成污染环境罪；海关工作人员放纵走私的，不构成走私罪；税务机关的工作人员放纵偷税、逃税的，不构成逃税罪。

第五章　因果原理与不纯正不作为犯的因果性

内容提要

学术史上关于因果关系的条件说、原因说和相当说，都 642
未能成功破解因果判断的难题。及至当代，德国学界发展出来的客观归责理论把归因的事实判断（条件关系）同规范性的归责评价区分开来，使传统理论中事实判断与规范评价混而不清的关系得以澄清。然而，客观归责理论的题域仍然是因果判断问题，但它却以客观归责条件之名遮蔽了法律上的原因判断之实，且由于这种遮蔽导致对某些问题未能从原因分析的角度得出合理结论，因而并非解决因果关系判断难题的成功理论。

刑法上因果关系判断的任务是确定作为结果归责之根据 643
的原因。这种原因的认定，需要进行事实层面和规范层面的双层判断。前者的任务是确立因果关系的事实基础，即事实上的条件关系，学术史上的符合法则条件说就是关于事实性条件关系判断的理论。后者的功能是排除那些在法律评价上缺乏原因性的行为，所要回答的是，根据刑法进行刑事归责的合理需要，一个同危害结果之间存在条件关系的行为，是不是属于在法律评价意义上须对该结果负责的原因。原因行为的法律判断应遵从的规则：法律上的原因行为仅限于制造禁止性风险的行为；行为制造的禁止性风险必须现实地支配了因果进程；自主支配下自损、自危的原因在于自损、自危者的自主决定，因而应当自我负责；自然因素的介入不产生中断人为制造的因果进程的效果。

644 不纯正不作为犯对于危害结果的原因性，并不是单纯地以那个不作为为根据，而是需要在通过作为的风险设定（风险制造或者风险承诺）与通过不作为的因果设定的关联评价中得以确定。易言之，不纯正不作为犯的危害结果，乃是通过作为的风险制造或者风险承诺与风险防控不作为相结合共同作用的结果。其中，风险防控不作为是不法的根据，也是法律意义上导致结果发生的原因；而通过作为的风险制造或者风险承诺虽然处于不纯正不作为犯的不法范畴之外，但却是不作为具有原因性的必要条件（具有条件关系的事实根据）。不作为对于结果的原因性正是以此为基础的规范评价。对于不纯正不作为犯的原因性判断，因果原理中允许性风险的排除规则、原因行为的因果支配规则、自主支配下自损及自危行为的自我负责规则同样是适用的。

645 不纯正不作为犯的因果性判断，还需要把原因不作为同非原因的施救不作为（因果干预不作为）加以区别。一个不干预由他人或者自然因素制造的因果进程的不作为并不具有对于结果的原因性，因而不构成结果归责的根据，即便那个不作为者具有某种作为义务也是如此。在家庭关系、职业领域、契约关系中都存在原因不作为与施救不作为的区别问题。

第一节　因果学说述评与因果判断原理

一、因果学说述评

646 刑法上的因果关系，是长期困扰刑法理论与实务的难题。在历经逾一个半世纪的艰难探索中，包括条件学、原因学和相当说在内的各种因果理论，都未能提出成功破解因果判断难题的合理方案。及至当代，德国学界发展出来的客观归责理论另辟蹊径，将传统理论上的因果关系判断转换为客观归责根据的多角度判断，以实现因果理论困局的突围。然而，客观归责理论虽然成功地将事实性因果问题与规范性评价问题分离开来，一定程度上深化了对于刑法上的因果问题的认识，但其提出的归责条件已然偏离并且掩盖了法律上的因果判断属性，并非解决因果关系判断难题的成功理论。

（一）条件说

647 条件说最初由奥地利刑事法学者尤里乌斯·格拉泽（Julius Glaser）于1858年提出，他基于自然的因果观念，提出了判断因果关系的公式：若条件A不存在，结果B仍然会发生，则条件A就不是结果B发生的原因；若条件A不存在，结果B就不可能发生，或者结果B只是循着其他途径发生，则条件A就是结果B发生的原因。[①] 这一判断公式被后世学者称为条件判断“排除法”，并将其简化性地表述为：导致一个结果的某种条件，如果不能想象其不存在时该结果还能发生，则该条件就应当看成是该结果的原因。[②]

648 在存在论意义上，一个结果的发生必定是由多种条件共同参与、相互作用的结果，这意味着一个结果的发生，总是存在多种多样的原因。在这一点上，条件说中的原因有别于哲学意义上的原因概念：后者是把相互作用的各种条件视为导致结果发生的一个原因共同体；而条件说的出发点是要将责任落实到某个具体的行为上，因而把各种条件当作各自独立的原因看待，认为它们各自对于结果的发生都不可或缺，即具有等价值性，因而也称“等值理论”。[③]

649 条件说中的条件公式，在形式逻辑的意义上不成问题。然而，在实务中采用一种假设性的判断公式，并无实益。因为，除非我们确切地知道某个事实确实对结果的发生产生了实际作用，否则根本无从判断如果该事实不存在，结果是否仍然会发生。比如，一个人给病人喂药是不是病人死亡的条件，我们是无法根据那个排除法得到答案的，相反，人们需要根据科学知识来证实那种药物是不是发生死亡结果的一个条件。

650 不仅如此，条件公式还因为存在漏洞，从而导致错误结论。其中的一种情况是，如果缺乏条件行为仍会有其他原因（假设的替代性原因）在其后导致相同结果时，排除法会导致错误结论。例如，行为人枪杀一个因严重中毒难以救治的被害人，那么行为人就可以根据排除法否定其行为对于死亡结果

---

① 参见许玉秀：《当代刑法思潮》，中国民主法制出版社2005年版，第369～370页。

② 参见李海东：《刑法原理入门：犯罪论基础》，法律出版社1998年版，第51页。

③ 参见［德］克劳斯·罗克辛：《德国刑法学总论：犯罪原理的基础构造》（第1卷），王世洲译，法律出版社2005年版，第232～233页。

的原因性，因为即使他没有实施枪杀行为，那个被害人也会因为中毒而死亡。另一种情况是，当多个足以导致危害结果的原因同时对该结果产生作用（所谓可选择的因果性）的情况下，也是如此。就像那个常被引用的例子：两个人各自独立地对被害人下毒（毒量都足以致死），致被害人死亡，如果运用排除法，则两个行为人都可以否定其行为对于死亡结果的原因性。①

651 鉴于此，基于排除法的条件公式被放弃，学界后来广泛承认的是“符合法则条件说”，即根据我们所知道的自然法则，来确定一个行为在特定的情况下与某个结果之间是否存在条件关系（因果性）。② 当然，“符合法则”这一说法也不能提供具体的判断标准，但其优势在于，指明了因果关系从来不会通过什么公式得到说明，而是永远只能通过科学方法及经验法则来加以证明。③

652 尽管如此，条件说还是被认为过分地扩张了原因范围而饱受质疑。如果从自然因果的意义上看待条件说，由于事物之间的条件联系是普遍的，故所谓条件关系就的确没有边界。例如，一起交通肇事致人死亡的案件，如果按照条件说，则除了肇事司机驾驶汽车的行为以及死者上马路的行为是原因外，汽车制造商及其材料供应商、道路建设决策者、道路设计者、道路建设者等都因为其行为与死亡结果之间存在条件关系，而被条件说逻辑地纳入原因的范畴。再如，一名儿童因吃了母亲喂的不洁净食物后得了急性胃肠炎，被其父亲送到附近医院就诊。在住院治疗期间，因医院电线老化，加上清洁工用电不当引起火灾，结果该儿童不幸在火灾中丧生。按照条件说，该儿童的母亲、父亲、接诊医生，清洁工，电工以及医院的相关负责人的有关行为都是原因。这种条件范围的无限扩张，是条件说无法解决的问题。

（二）原因说与相当说

653 学术上对合理限缩原因范围做了多种努力，提出了各不相同的原因说。

---

① 参见［德］克劳斯·罗克辛：《德国刑法学总论：犯罪原理的基础构造》（第1卷），王世洲译，法律出版社2005年版，第234页。

② 参见李海东：《刑法原理入门：犯罪论基础》，法律出版社1998年版，第51页。

③ 参见［德］克劳斯·罗克辛：《德国刑法学总论：犯罪原理的基础构造》（第1卷），王世洲译，法律出版社2005年版，第235页。

原因说的目标是区分原因和条件，然而困难在于如何确定原因的判断标准。“最终原因说”将原因限定为在时间上处于最后条件者；“异常行为原因说”将原因限定为违反生活常规的异常行为；“优势条件说”将原因限定为对结果的发生提供了决定性方向的条件；“最有力条件说”将原因限定为对结果而言最为有力的条件；“动力条件说”将原因限定为对结果的发生提供了动力的条件。[①] 这些各不相同的学说皆不能逻辑一致地为形形色色的案件提供解决原因判断难题的合理方案，而且逻辑地排除了刑法上存在多因一果的可能性。因此，上述原因理论都未能获得广泛认同。

相当说也是广义上的原因说之一，其在学术上曾形成广泛影响。该理论 654
试图从众多条件中筛选出对于结果而言具有相当性的（适当的）条件作为可以归责的原因。最早提出相当说并将之用来分析刑法问题的医生兼逻辑学家克里斯（Johannes v. Kries），将他的理论建立在可能性理论上，而可能性理论是从数学上的概率原理导出来的。他指出，所谓发生结果的“较大可能性”，即表示存在导致结果发生的一般条件，这种一般条件作为“常数”，就是规律性的基础。法学上所要确定的是一般的因果关系，即根据“生活通则”，一个行为是否可能造成一个特定结果。因此，仅仅是具体引起结果，尚不足以构成归责的理由，只有那种根据人类社会一般关系足以导致特定的侵害事实发生的违法行为才是相当的，否则就是不相当的。例如，一个马车夫因为打瞌睡走错路而碰上闪电，他所载的乘客因而被雷击毙，必须承认，马车夫的确造成了乘客的死亡，但一般而言，打瞌睡并不能使雷击致命的可能性增加，因此马车夫的瞌睡驾车，普遍上并不足以造成死亡的结果。[②]

对于克里斯的主张，许玉秀教授总结为三个要点：“第一，所谓相当关 655
系是一个可能性的概念，是一个概率的概念，而且这个概念是客观的，是一个与主观认知完全无关的客观要素；第二，一个区分相当或不相当的固定规则是不可求的；第三，具体导致结果和一般因果关联是不相同的条件，后者才能决定归责。”[③] 上述马车夫瞌睡驾车的例子，就可以用来说明第三点。

---

① 参见［日］大塚仁：《刑法概说：总论》，冯军译，中国人民大学出版社 2003 年版，第 162 页。

② 参见许玉秀：《当代刑法思潮》，中国民主法制出版社 2005 年版，第 371～373 页。

③ 许玉秀：《当代刑法思潮》，中国民主法制出版社 2005 年版，第 373 页。

656 此后，相当说在恩吉施（Engisch）所表达的下述意义上被较为广泛地接受了：当一个条件以不是不重要的方式提高了结果出现的可能性时，当一个举止行为引起这样一种结果不是完全不可能时，那个条件对于结果就是相当的。至于相当性判断的立场和方法这一长期存在争议的问题，也在所谓客观的和事后预测的意义上，大致取得了认识上的一致：法官必须事后站在客观观察者的立场上，根据“理智的人”的知识，加上行为人的特殊专门知识进行判断。例如，某甲促使某乙去旅行，结果某乙乘坐的飞机因为一个爆炸装置坠毁了。此种情况下，某甲的行为对于某乙的死亡就是不相当的。因为一个理智的观察者，在那架飞机出事之前，是极不可能宣告发生这种事情的。但如果某甲已经知道有人计划好在那架飞机上安装爆炸装置，结论就会不同。因为一个理智的人在得到这一特殊信息后，就会做出乘坐该飞机旅行会非常危险的判断，如果他仍然促使某乙乘那架飞机旅行，就是设置了一个相当的条件。①

657 借助于这种相当性判断，人们得以将那些“荒诞的因果过程”排除在刑事归责的范围之外，就像马车夫瞌睡驾车致乘客遭到雷击的事件不能被归责一样，人们也借助于这种相当性判断，来解决条件说所存在的对于原因判断的无限回溯问题。比如，一个事故的肇事者，无须再为此后被害人因为医院火灾、麻醉师的失误等其他因素导致的结果负责。

658 然而，所谓“相当性”，并没有一个确定的判断根据与规则，实为一个难以把握的模糊概念。而且，如果从导致结果的“一般可能性”的意义上理解“相当性”，则并非事实上的因果判断，而是一个概率性大小的评估。而概率大小所影响的主要是行为人的认识可能性，而不是因果关系是否存在。即使是一个小概率的事件中，事实上的因果关系也是不能被否定的。并且，将小概率的所谓“异常因果关系”完全排除在刑事归责的根据之外，也欠妥当。如果从“不是不重要的方式”的意义上理解“相当性”，人们就需要知道，究竟该根据什么来判断“不是不重要”？追问的结果，就免不了得出诸如原因理论中所谓“有力”（或不是无力）和“优势”（或不是没有优势）

① 参见［德］克劳斯·罗克辛：《德国刑法学总论：犯罪原理的基础构造》（第1卷），王世洲译，法律出版社2005年版，第243～244页。

之类犹如语言游戏的结论。正因如此，相当说随着客观归责理论的提出而在德国学界逐步式微。

（三）客观归责理论

1. 客观归责理论的形成[①]

在关于相当说的争鸣中，人们逐步认识到，相当性判断并非一个事实性因果关系的判断。早在 20 世纪 20 年代初就有学者指出，相当说所讨论的问题，不是事实上的因果关系问题，而是一个目的论的、法学的、规范论的问题。这一认识被已故的哥廷根大学教授霍尼希（Honig）视为是将归责问题与因果关系分离开来的先声。 659

客观归责的概念，最先由拉伦茨（Larenz）提出，并被他当作一般的归责原则适用于民法、刑法和行政法领域。他认为，行为归责和因果判断并非同一回事，归责的任务是区分行为人自己的行为和意外的事实，从而把意外的事实排除于归责之外。一般而言，能够被行为人认识及意欲所及的，也即具有预见可能性的，就属于行为人自己的事实。这里的预见可能性，是指“思虑周到之人”的认识可能性；而认识的对象，是“行为的一般性质”，即行为造成危害事实的客观可能性。这种客观可能性，便是客观归责的基础。由于拉伦茨的归责理论是从黑格尔（Hegel）的主观归责（意志责任）思想中演绎出来的，他所谓的客观归责，是建立在“主体的客观理性”这一观念之上。 660

霍尼希借鉴了拉伦茨的客观归责思想，并大力倡导之。他明确提出，刑法学上的相当说并非因果理论，而是归责理论，所谓“相当”的判断，是独立于因果判断之外的归责判断。他认为，造成结果的条件是否在客观上可归责，从而成为结果的原因，不是存在论上因果概念的问题，而是目的论上客观归责的问题。但与拉伦茨不同，霍尼希认为客观归责要素不是行为人的目的（客观化的主观目的），而是客观的目的性，即行为符合法秩序的目的性；而且，他同时强调行为必须具有法秩序所要求的重要性。因此，霍尼希的主张被学者认为是刑法学中客观归责理论的滥觞。 661

---

① 参见许玉秀：《当代刑法思潮》，中国民主法制出版社 2005 年版，第 374 页以下。

662 此后的德国学界经历了长时间的探索和争鸣，有关客观归责的学术研究文献难以计数。至1970年，罗克辛教授通过他的论文《关于在刑法中归责困难性的思考》系统阐释了他的客观归责理论。① 在1992年面世的德国刑法学教材中，罗克辛对其客观归责理论进行了更深入的总整理，使之成为当今客观归责理论中具有代表性的成果。

2. 客观归责理论的要义

663 客观归责理论的基本出发点，是区分事实上的结果归因和规范评价上的客观归责条件。其逻辑思路是，先解决结果的归因问题，此乃客观归责的事实性前提，在此基础上再讨论规范评价上的归责条件。因此，罗克辛教授的理论框架是在“归责于客观行为构成”这一名目下，分别讨论“因果关系理论”和“进一步归责于客观行为构成”两个问题。

（1）客观归责理论中的因果关系②

664 客观归责理论分配给因果判断的任务，仅仅只是确定行为与结果之间在事实层面的条件联系，除此之外涉及客观归责的评价问题，全部从因果关系的范畴中清除出去，而纳入基于规范评价的所谓归责条件中。其中的因果关系理论，采纳了符合法则条件说。

665 首先，因果关系须根据“符合法则的条件”进行判断：一个因果关系是否存在，仅仅取决于，“在紧接着行为之后是否产生对外界的改变，且这种改变依据我们知晓的自然法则与行为是存在必然的联系的，并作为符合构成要件的结果”③。对这个结果的发生进行逆向审查，则所有对引起该结果发挥了实际作用的因素都是原因。而且，一个符合法则的条件关系可以借助于心理影响得以实现。例如，一个教唆他人自杀的行为，也是那个接受了教唆而自杀者死亡的原因；一个诈骗行为使被害人产生认识错误而将财物交给诈骗行为人，其欺骗被害人的行为当然是实现法益侵害结果的原因。

---

① 参见［德］克劳斯·罗克辛：《德国刑法学总论：犯罪原理的基础构造》（第1卷），王世洲译，法律出版社2005年版，第246页。

② 参见［德］克劳斯·罗克辛：《德国刑法学总论：犯罪原理的基础构造》（第1卷），王世洲译，法律出版社2005年版，第235～243页。

③ ［德］汉斯·海因里希·耶赛克、［德］托马斯·魏根特：《德国刑法教科书：总论》，徐久生译，中国法制出版社2001年版，第345页。

其次，一个行为一旦引起结果，就不能以随后将要出现的因果进程（后备原因）为假设（假设的因果流程）否定该行为的原因性。例如，即使行为人没有射杀那个被害人，后者也会在随后发生的山崩中死去，但尽管如此，被害人的死亡仍然要归属于那个射杀行为。同理，如果数个足以导致结果的行为同时对结果的发生产生了作用（择一竞合的因果关系），则数个行为都是原因。例如，两个人分别对被害人下毒，各自都足以致死的投毒共同对被害人的死亡产生了作用，则两人的行为都属于犯罪既遂。与此不同的是，当其中一人所投之毒物先发挥作用致被害人死亡的，则只有该行为人的行为构成犯罪既遂，另一人只承担犯罪未遂的责任。 666

再次，条件关系的不寻常性不影响因果关系的认定。例如，甲劝导乙外出散步，乙外出散步时被丙驾驶汽车轧死，则甲的劝导行为也是乙死亡的原因，尽管这里只存在一种不寻常的条件关系。 667

最后，处于行为与结果之间的第三人的介入能否“打断”因果关系，取决于前一个行为是否在第三人介入所形成的第二个因果流程中发挥了作用。例如，甲在乙的菜肴中下毒，其毒性需要在第二天才发挥作用，但乙在当天就被丙驾车撞死了。在这里，甲计划的因果进程就被丙制造的另一个因果流程所打断，且其投毒行为对第二个因果流程未发生作用，故其行为不是乙死亡的原因。相反的是，如果中毒的乙感到不舒服而去医院就医，结果途中遭遇车祸而丧命，则由于甲的投毒对乙的死亡产生了影响，故其行为是乙死亡的原因。 668

另外，对一个能有效中断因果进程的解救因素予以阻碍，使那个本可以避免的结果最终发生的行为，也是该结果的原因。例如扣留了救人用的橡皮艇，毁掉了一份救命用的血清等。尽管导致结果的因果进程并非这类行为所引起，但对于结果的发生来说，阻碍解救同样是合乎法则的先决条件，因为那个解救本来可以防止这个结果的发生。 669

（2）客观归责理论中的其他归责条件[①]

在事实性因果关系这一归责根据之外，客观归责理论还提出了基于规范 670

---

① 参见［德］克劳斯·罗克辛：《德国刑法学总论：犯罪原理的基础构造》（第1卷），王世洲译，法律出版社2005年版，第245页以下。

目的予以客观归责的三个条件。

671 一是制造法秩序不允许的风险，即禁止性风险的创设。罗克辛教授从三个方面做了说明。第一，降低风险的行为不可归责，例如，行为人将一块飞向他人头部的石头挡下，以致砸到了那人的身体造成了伤害。第二，缺乏危险创设的行为不可归责，这也包括那些仅仅能形成不受法秩序重视的风险的情形，例如，促使他人在城市中散步、登台阶、洗澡、山中漫步等正常的生活性活动。即使这种行为在罕见的例外中导致了不幸，也会因为这类活动仅仅存在社会适当性方面最小的风险，而不受法律重视。第三，创设允许性风险的行为不可归责。即使行为创设了一个在法律上有重要意义的风险，但如果这种风险创设处在法律允许的范围内，则仍然排除其可归责性。例如，在遵守道路交通规则的情况下驾驶机动车，就是允许性风险的典型范例。其他类型的公共交通、危险领域的工业生产、有风险的体育表演、医疗措施等，都存在允许性风险的空间。划分允许性风险与禁止性风险的界限，一个重要的依据是谨慎性规则的建立。

672 二是实现不被允许的风险。这一归责条件，是要求行为人制造的禁止性风险现实地实现于结果之中，如果危险没有在结果中实现，就不能将结果的发生归责于行为人。这包括以下情形：第一，行为虽然对法益创设了一种危险，但结果的发生不是那个行为自身的危险所致，而是“仅仅在偶然的关系中与其一起出现的时候”，归责就被排除了。例如，一个杀人未遂案的被害人死于在医院疗伤时的火灾中，那个杀人犯就只承担杀人未遂的责任。第二，行为虽然超越了允许性界限，但其风险完全不可能对结果的发生产生影响。例如，一家画笔厂的厂长没有遵照规定采取消毒措施，就将进口的羊毛交给工人加工，结果 4 名女工被感染炭疽杆菌而死亡。但后来的调查表明，那个厂长未执行的消毒措施，对当时尚缺乏认识的这种杆菌并无作用。这就是说，死亡结果同行为人创设的禁止性风险无关。第三，虽然超越允许性风险的行为对于结果是原因，但结果出现的风险并非由于这种超越界限而提高。例如，行为人超速驾驶汽车一段距离后恢复到正常时速，结果撞上一个突然从侧方跳到车前的孩子，致其死亡。在这里，行为人先前的违章超速驾驶使得汽车所处的位置正好赶上了那个孩子出现的时点，因而是那个孩子死亡的原因，但那个死亡结果并不是超速驾驶自身的危险所致，因此应当排除归责。此外，超越允许性风险的行为极不寻常地造成结果的，就像违章超车致使他人死于心脏病发作那样，也不能看作危险的实现。第四，结果的避免超出了注意规范的保护目的的范围，不可归责。例如，一名牙医为一位女士拔牙，虽然事前该女士告知医生自己有心脏病，但牙医并没有谨慎地请内科医生会诊，而径行对其施行全身麻醉，结果那位女士死于心脏衰竭。事后查明，即使经过内科检查，该女士的心脏问题也发现不了，而只能是使其死亡的时间延迟。然而，要求牙医谨慎地请内科检查的目的，不在于短暂地延长死者的生命。鉴于此，应当排除对牙医的归责。

但是，一个违反注意义务的行为，如果升高了发生结果的风险（风险升 673
高），即使是假设行为人没有违反注意义务而行为（合法的替代行为），那个结果仍然很可能发生，也会因为行为造成的风险升高而具备归责的根据。例如，一位司机驾驶载重卡车超越一辆自行车时，没有遵守应当保持一定距离的要求，最近时距离骑车人只有 75 厘米，而那个醉酒的骑车人因为酒精作用，在卡车超越时将车把向左打过去，结果被卡车的后轮压上了。事后查明，即使那个卡车司机按照规定保持了适当距离，这个事故仍然极有可能发生。对这一存在定性争议的案件，罗克辛根据他的风险升高理论，认为一个逾越允许性界限而升高了风险的行为，不但制造了风险，也实现了风险，故不排除归责的可能性。不过，基于风险升高的归责应置于规范保护目的的限制之下。申言之，一个行为虽然造成了结果，且存在不被允许的风险升高，但如果那个结果不在升高风险的行为所违反之规范的防范范围之内，也不能将该结果归责于行为人。例如，某甲无照驾驶机动车，却在正确驾驶的情况下造成了一起车祸，虽然其无照驾驶，但法律要求持照驾驶的目的不是防止驾驶者在遵守交通规则驾驶时造成危害结果，因此，即使无照驾驶升高危险，也不可归责。

三是风险创设及其结果处于法定的行为构成（构成要件）的作用范围。 674
根据这一条件，即使行为创设的不被允许的风险实现于结果中了，但如果这种实现的风险并没有包含于构成要件的作用范围、构成要件的规范目的和结果之中，也应当排除归责。这包括以下情形：第一，促使或者参与他人的故意自危行为。例如，唆使他人从危险的冰面上穿过湖去，如果被唆使的人无视危险真的那么做了，并因此丧命，那么唆使者不应当对这个死亡结果负责。

因为在德国刑法中，自杀的参与人都是无罪的，根据举重明轻的原理，促使自危的行为当然不应承担刑事责任。再如，两个人打赌进行一场危险的摩托车比赛，结果其中一人在比赛中因自己的过错而死亡，由于死者自己有完全的责任能力，死亡是由于他自己对危险视而不见的结果，因此，这个结果并不处于刑法规范的保护范围之内。第二，基于他人的危险同意造成的危害。这指的是如下情形：一个人在意识到风险的情况下，让别人给自己造成危险，如果这种危险最终导致了结果，那么制造危险的人是否因此被归责？例一，乘客要求摆渡工在暴风雨中把自己渡过河，虽然摆渡工告知了危险并劝阻之，但乘客仍坚持其要求，结果摆渡工冒险摆渡中船翻了，那名乘客落水淹死。例二，一名乘客强迫汽车驾驶者违规超速行驶，由于车速太快导致车祸，造成该乘客死亡。例三，喝了酒的汽车主已经失去正常驾驶能力，但在一同聚会的同伴的坚持请求下，他让该同伴上了自己的车，结果因醉驾出了事故，该同伴因此丧生。例四，一个人同一名艾滋病患者发生性关系，虽然后者在事前将自己患有艾滋病如实相告，但前者仍然同该艾滋病患者发生性关系，结果自己因此感染艾滋病。对于此类事件，罗克辛教授认为在两个条件下应当排除归责：这种损害必须是被接受风险的后果，而不是其他附加错误的后果；受到危险的人必须与造成危险的人对于共同的作为承担同样的责任，即他们以同样的程度认识到这种危险。基于这样的条件，上述四例中制造危险的人除非有其他过错，否则都应当排除归责。第三，对他人责任范围的分配。法定构成要件的保护目的，在范围上并不包括那种处于他人责任范围中加以防止的结果。例如，一名过失造成火灾的房屋主人，不应当对参与救火的消防员在火灾中的死亡负责；一名在外出游泳活动中没有照顾好学生的老师，不应当对水上救生员在营救学生过程中的死亡负责；一个窃贼不应当对追赶他的警察由于翻车事故而丧命的后果负责。一种复杂的情况是，一个行为人的伤害行为造成被害人的伤害后，又由于医生的错误导致被害人死亡的案件，先前的伤人者是否要对被害人的死亡负责。罗克辛教授认为，如果被害人是因为医生的错误诊疗造成新的危险而死亡的，则死亡结果不可归责于前面的伤害行为；如果被害人的死亡是前面的伤害行为所生之危险与医生的错误诊疗所生之危险共同作用的结果，则两者皆应对结果负责。第四，震惊性损害和后果性损害。前者指行为给他人精神上造成的健康性损害，如给人造成严重的精神刺激而致精神疾病。后者如，一个人由于先前的伤害造成被害人残疾，而被害人的残疾又导致其发生交通事故，此类情形中的后果也被排除在构成要件的归责范围之外。

3. 客观归责理论评析

客观归责理论以事实判断与规范评价的两分法为视角，对结果归责的客观根据做了较之于过往理论更为深入的研究，然其理论贡献主要是解构性的，即明确地把归因的事实判断（条件关系）同规范性归责评价区分开来，使传统理论中事实判断与规范评价混而不清的关系得以澄清。现在，人们能够清晰地意识到，一个结果归责，需要分别从事实层面确定行为的原因性（具有条件关系）和从法律层面对这种原因行为进行合目的的筛选，这为构建一个合理的因果理论奠定了重要基础。 675

然而，客观归责理论将因果判断转换为客观归责条件的理论方案并不可取。所谓归责，乃是犯罪论的基本目标和任务，亦即刑法学上犯罪论的全部任务就是说明归责的根据。包括因果关系在内的所谓客观构成要件，皆为归责的客观根据，因此“客观归责”这一提法将论题泛化了。而从所谓客观归责条件的具体内容看，还是解决法律上的因果判断问题，但客观归责理论却掩盖了其因果判断属性，并因此误入歧途。 676

（1）关于“不允许性风险的创设”

这一条件中，所谓“降低风险的行为不可归责”同“不允许性风险的创设”之间并不存在逻辑上的说明关系，也不属于大陆法系犯罪论体系中构成要件的评价范畴。从罗克辛教授所举事例看，所谓降低风险的行为实属于正当化事由中的紧急避险，故应适用紧急避险的法理排除其可归责性。也就是说，在大陆法系的犯罪论体系中，排除“降低风险的行为”的可归责性并非构成要件阶层的任务，而是需要通过违法阻却事由解决的问题。这意味着在“客观归责条件”中讨论降低风险的行为，乃是理论体系上的错位。 677

所谓“缺乏危险创设的行为不可归责”，对于结果犯而言，本身就是关于行为缺乏原因性（条件关系）的讨论：如果一个行为没有创设任何危险，当然就不可能具有对于结果的原因性或者条件性。从最宽泛的意义上说，任何对于结果的发生具有条件关系的行为，都必定在某种程度上创设了导致该结果的风险，哪怕是在极其罕见的事件中也是如此。就像那个劝友人乘飞机 678

旅行以致友人死于飞行事故的事件那样，对于友人死于飞行事故而言，劝友人乘飞机的行为的确创设了一个风险。这意味着，在通过事实性因果关系的判断已经解决了条件关系的认定问题之后，又回头讨论行为的风险创设这一条件关系的前提问题，本身就是一种逻辑上的混乱。

679 所谓“创设允许性风险的行为不可归责”，如果从结果归责的意义上看，实际上是从规范评价上否定行为的原因性，亦即一个行为创设的风险即使是结果发生的条件，但从法律评价上看，这个风险属于法秩序允许的风险，因而并非法律意义上导致结果的原因。例如，张三将李四的头部推撞在王五的房屋墙壁之上致其死亡，当然不能将李四的死亡归责于王五建造房屋的行为，因为在法律评价上，王五建房只是张三造成李四死亡的条件，而非法律意义上的原因。在这里，我们不能一般地说，王五建房的行为缺乏风险创设，因为事实上，王五建房一定是创设了各种各样的风险的，如房屋倒塌、房屋部件的掉落、房屋火灾、车辆或者行人碰撞等。对所有这些可能与危害结果相关的风险，刑法上的任务就是确定哪些风险为法秩序所接纳，哪些风险则不为法秩序所允许因而必须避免之，以此为法律上的原因判断提供根据。例如，王五建造的房屋上有部件脱落砸伤了路人，如果是因为突发龙卷风所致，就属于允许性风险，那么王五建造房屋的行为就不是伤害事故的原因；如果是因王五使用劣质材料或者是因房屋年久失修，就属于创设禁止性风险，因而应当将王五使用劣质材料或者维护不善视为造成伤害事实的原因。这意味着，对于结果归责而言，允许性风险与禁止性风险的判断，实为法律评价上的原因判断。

（2）关于“禁止性风险的实现”

680 所谓“禁止性风险的实现”，实际上是在肯定事实性条件关系之后，从法律上对行为是否具有原因性的进一步判断，因而属于因果判断的范畴。显而易见，“行为制造的禁止性风险实现于结果之中”是一个关系范畴，这一表述就已经清楚地表明其是一种因果判断，即行为的危险已经转化为现实的结果，更直白地说，那个行为的危险制造就是结果发生的原因。反过来，当人们说那个危险未实现于结果之中，无非否定了那个危险对于结果的原因性，除此就不能有其他合理解释。日本学者山口厚就是在因果性的意义上明确地讨论“危险的现实化”问题。①

事实上，罗克辛教授用于说明这一条件的案例，都是涉及因果关系的判断问题。对于杀人未遂案的被害人死于在医院疗伤时的火灾的事件，之所以只能追究杀人犯杀人未遂的责任，无非是因为那个死亡结果并非杀人犯的杀人行为所致，也就是缺乏法律上的因果关系。画笔厂的厂长没有遵照规定对进口羊毛采取消毒措施，结果导致女工被感染炭疽杆菌而死亡的案件，之所以排除厂长对于死亡结果的可归责性，无非是因为他“违规未采取消毒措施”这一不作为无关结果的发生，因为规定的消毒措施对炭疽杆菌不起作用，也就意味着他未消毒不是女工感染炭疽杆菌的原因。驾驶者超速驾驶汽车一段距离后回复到正常时速，结果撞上一个突然从侧方跳到车前的孩子而致其死亡的事件，之所以排除驾驶者的可归责性，无非是因为在法律评价上，先前的超速行为只是孩子死亡的条件（碰巧赶在那个时间点上），而非法律意义上孩子死亡的原因。在法律评价上，该孩子死亡的原因是他自己突然跳到车前的举动。牙医贸然地为打算拔牙的女士施行全身麻醉，结果该女士死于心脏衰竭的事件中，虽然牙医在事前没有谨慎地请内科医生会诊，但事后查明，即使经过内科检查，该女士的心脏问题也发现不了，这就如同画笔厂厂长的不作为一样，牙医没有请内科医生会诊，无关女士的死亡，因为即使经内科医生的检查也发现不了其心脏疾病，因而不是导致女士死亡的原因。 681

至于所谓“风险升高”理论，其实也是在确立条件关系的前提下，进一步从法律上评价行为的原因性。就边码 673 处讨论的例子而言，司机驾驶载重卡车超越一辆自行车时，没有遵守法律要求保持适当距离的规定，而醉酒的骑车人在卡车超越时将车把向左打过去，致使事故发生，其中的关键仍然是法律意义上的原因判断，即卡车司机超车时没有保持安全距离，在法律评价上是不是造成事故的原因。而这个原因的判断，取决于下述事实的澄清：如果司机保持了安全距离，随后发生的事故是否就可以避免？但这是该案中一个无解的问题。正因如此，对该案件的定性存在巨大争议。罗克辛教授试图以未保持安全距离而升高了危险为由，主张将那起事故归责于卡车司机， 682

① 参见［日］山口厚：《刑法总论》，付立庆译，中国人民大学出版社 2018 年版，第 56 ~ 59 页。

其实际上的思维逻辑是，虽然不能肯定未遵守规定的行为就是造成结果的原因，但毕竟违反规定升高危险存在对结果发生作用的可能性（哪怕是极小的可能性），因而具备客观上的可归责性。这实际上是用不确定的可能性判断代替现实的因果判断，并不妥当。对卡车司机而言，如果仅仅因为他的违章行为对于损害结果的发生存在一点想象中发挥作用的可能性，便要求其对该结果承担刑事责任，有欠公平。当然，假如骑车人将车把向左扭的幅度并不大，只是由于距离卡车过近，失去了扭正车把的操作空间，就另当别论了。因为在这种情况下，即使不能完全证实违章行为对于结果的原因性，也可以基于经验法则运用司法推定，确定违章行为对于发生结果具有原因性，并据此确定其客观的可归责性。另外，罗克辛教授用来从规范目的上限制危险升高理论的例子，即无照驾驶机动车，却在正确驾驶的情况下造成了一起车祸的情形，同样是一个法律上的因果判断问题，即无驾照地正确驾驶，并不是法律意义上导致车祸的原因。

683 可见，客观归责理论是借“实现不被允许的危险”之名，行因果判断之实。但由于未能直面这种因果判断的性质，所谓“实现不被允许的危险”之判断，就只能诉诸“规范的保护目的”这一抽象的根据来说明各种情形是否归责的理由。虽然目的论解释是一种普遍有效的实质解释方法，但“规范的保护目的”同“禁止性危险的实现”之间并不构成直接的说明关系，这就使其立论根据显得苍白无力。例如，对于牙医施行麻醉术致人死亡的案件，如果像罗克辛教授那样，把排除归责的根据解释为“要求牙医谨慎地请内科检查的目的，不在于短暂地延长死者的生命”，不仅牵强，而且已经与“禁止性危险的实现”这一条件无关了。

（3）关于“构成要件的作用范围”

684 所谓“构成要件的作用范围”，并没有给我们提供任何判断标准。因为，在德国三阶层的犯罪论体系中，第一阶层的全部任务，就是要确定构成要件的作用范围。显然，这个任务本身不是判断标准，相反，人们需要通过其他标准来完成这个任务。正因如此，客观归责理论只能在“构成要件的作用范围”这一名目之下诉诸其他理由，就事论事地为是否排除归责寻找各不相同的理由。如果追问这一条件的理论对象和归责根据，就会发现其所涉及的仍然是法律上的原因判断问题。

①关于促使或者参与他人的故意自危

先回顾一下罗克辛教授对两个排除归责的案件给出的解释。对于唆使他人从危险的冰面上穿过湖去，以致明知有危险的人因此丧命的案件，其排除归责的理由是，在德国刑法中，参与（教唆、帮助）他人自杀的人都是无罪的，所以促使他人自危的行为更不可归责。对于两个人打赌进行危险的摩托车比赛，以致其中一人死亡的案件，罗克辛教授给出的排除归责的理由是，死者自己有完全的责任能力，死亡是由于他自己对危险视而不见的结果，因此，这个结果并不处于刑法规范的保护范围之内。 685

对于前一个案件，罗克辛教授的理由缺乏说服力。虽然德国刑法（不限于德国刑法）没有将教唆、帮助他人自杀的行为规定为犯罪，但这并没有真正说明问题。人们应该问的是，为什么刑法没有这样的规定？或者，为什么理论上不将教唆、帮助他人自杀的行为解释为是故意杀人（就像我国有学者所做的那种错误解释一样）？只有合理地回答了这个问题，故意促使他人自危的行为才能在与之比较中确立排除归责的合理根据。而对这一回题的回答，就必然涉及自危者基于责任能力的自我决定（罗克辛教授对后一个案件给出的理由）这一原因判断问题。申言之，对一个有完全责任能力的人来说，在其面对明知的危险时，除了他自己，没有人能帮他做出冒险的决定，无视这一点，就是无视一个个体的独立人格。因此，尽管有他人的挑逗或者怂恿，最终起决定作用的还是自危者自己的选择。这就意味着，那个自危的自我决定，才是其自危所致结果在法律上的真正原因。可见，这里排除参与他人自危的可归责性，根据仍然在于法律上的原因判断。 686

②关于基于他人的危险同意造成的危害

罗克辛教授针对此类情形所讨论的四个案件中，对三个案件给出的排除归责的结论并不妥当，这包括：摆渡工应乘客要求在暴风雨中摆渡而致乘客落水淹死的案件；司机在乘客强烈要求下违规超速行驶，造成乘客死亡的案件；醉酒者答应聚会同伴坐上自己的汽车，结果因醉驾致同伴死亡的案件。只有艾滋病患者在对方知情的情况下同其发生性关系的案件，罗克辛教授给 687

出对于传染艾滋病的结果排除归责[①]的结论才是可取的。这其中的缘由，仍然只有在因果关系的视角下，才能得到合理说明。

688 前三个案件中，同意他人危险要求的行为人不仅通过作为现实地操控了因果进程，从而导致危害结果的发生，而且其作为有完全责任能力的人，不管他人如何要求，最终都是由其自主决定实施制造禁止性风险的行为，因而不能排除其行为对于结果的原因性。而提出自我危险要求的被害人，由于其自主决定将自己的人身安全交付给制造危险的行为人，其自己当然是有过错的，也因此需要对自己的死亡承担一部分责任（减轻了行为人的责任）。然而，那个因果进程毕竟是由同意被害人要求的行为人所操控，而且在其开启的因果进程中处于完全的支配地位（操纵渡船或者汽车），而被害人的人身安全则处于受其支配的地位。一个基于自主决定操控他人人身安全的人，当然需要为他人的人身安全负责。

689 与此不同的是，在给他人传染艾滋病的事件中，被传染者不仅是在明知危险的情况下完全自主决定接受危险，而且还通过其主动的性行为参与了因果进程，并且其人身安全在因果进程中并非处于受对方支配的状态，其因此需要为其自主决定、自主参与、自主支配的一个危险的因果进程自我负责，或者说，其的自主决定及自主支配才是其感染艾滋病的原因，这就如同那个受人怂恿走上危险冰面的人一样，而那个艾滋病传染者不过是尊重了他的选择。

690 由于罗克辛教授没有从因果关系的角度理解问题，也就难以揭示后一案件同前三个案件在因果关系上的差异，这正是其未能将两类情形的归责判断区分开来的原因所在。

③关于对他人责任范围的分配

691 客观归责理论中的责任分配，是指对一个已经发生的结果，在那些具有条件关系的多个行为中，究竟该由哪个行为人负责的问题。罗克辛教授提出了一个不明所以的说明：构成要件的保护目的在范围上并不包括那种处于他人责任范围中加以防止的结果。人们有理由追问，是根据什么来确定结果的

---

① 我国《刑法》第360条规定了传播性病罪。文中所谓排除归责不是就传播性病罪而言，而是就艾滋病给对方造成身体伤害或者死亡能否构成故意伤害罪或者故意杀人罪而言的。

防范处于何人的责任范围内？从其所举的例子看，这种责任分配的根据，仍然需要从因果关系上去找答案。例如，罗克辛教授认为，一名在外出游泳活动中没有照顾好学生的老师，不应当对水上救生员在营救学生过程中的死亡负责；一个窃贼不应当对追赶他的警察由于翻车事故而丧命的后果负责，却没有给出恰当的理由。这其中的根据，实质上就是一个基于自主决定的原因判断问题。没有照顾好学生的老师，既不能决定也没有支配水上救生员死亡的因果流程；同样，窃贼既不能决定也没有支配警察翻车死亡的因果流程。两者都只是引起结果的条件，而缺乏对于结果的原因性支配，因而不可归责。在另一个例子中，罗克辛教授的分析更是清楚地说明了因果关系具有的决定性：一个行为人的伤害行为造成被害人的伤害后，又由于医生的错误导致被害人死亡的案件中，对于那个先前的伤人者是否要对被害人的死亡负责的问题，他认为，如果被害人是因为医生的错误诊疗造成新的危险而死亡的，则死亡结果不可归责于前面的伤害行为；如果被害人的死亡是前面的伤害行为所生之危险与医生的错误诊疗所生之危险共同作用的结果，则两者皆应对结果负责。显而易见，这其中所依据的归责根据，就是因果关系。

此外，关于震惊性损害和后果性损害的归责问题，也是一个法律上的原 692
因判断问题。这将在下文关于“原因的法律判断”中予以讨论（见边码 705 以下）。

4. 小结

正如学者指出的那样，客观归责理论实际上属于因果理论。[①] 然而，客 693
观归责理论却掩盖了因果关系的法律判断属性，且其赖以立论的范畴，如“客观归责”“构成要件的作用范围”等，不仅缺乏实质内涵，而且过于宽泛，使之泛化为一种犯罪构成要件理论。由于这些空泛的术语并不能实质地提供归责根据，而又遮蔽了因果判断的视角，就难免在归责理据上出现认知偏差。这或许能够解释，传统上深受德国刑法理论影响的日本学界，主流学说何以未能接受客观归责理论。[②]

---

① 参见刘艳红：《客观归责理论：质疑与反思》，载《中外法学》2011 年第 6 期。

② 参见［日］大塚仁：《刑法概说：总论》，冯军译，中国人民大学出版社 2003 年版，第 164 页；［日］山口厚：《刑法总论》，付立庆译，中国人民大学出版社 2018 年版，第 49～52 页。

二、因果判断的原理

（一）因果判断的双层结构

694 刑法上的因果关系判断，其任务是确定作为结果归责之根据的原因。这种原因的认定，需要进行事实层面和规范层面的双层判断。前者是确立因果关系的事实基础，即事实上的条件关系；后者的功能是排除那些在法律评价上缺乏原因性的行为。传统的原因理论，问题就在于没有意识到这种双层结构，而是试图确立一个单一的原因判断标准，以致因果关系的事实认定与法律判断纠缠不清。

695 首先，一个刑法上的因果关系，必须建立在事实性的条件关系之上。对于结果而言，这个条件必须对该结果的发生具有积极作用，即现实地参与了那个导致结果的因果流程，并对因果流程发挥了正向作用。因此，一个缺乏这种条件关系的行为就不可能具有对于结果的原因性。这也意味着，在缺乏通过作为为结果的发生创设风险条件的情况下，一个单纯的不干预因果进程的不作为就不是结果发生的原因。当然，正像“符合法则条件说”已经承认的那样，这个对结果的发生具有作用力的条件，并不能通过某个公式得到证明，而只能通过科学方法和人类生活的经验法则去确定。

696 其次，确定刑法上的原因，还须进一步进行规范层面的判断。正如学者已经认识到的那样，“承认刑法因果关系的规范性的一面，是完成重构因果关系理论任务中重要的一步”①。因为在刑法上为某种结果确定原因，是为了公正的刑事归责奠定基础，而一个事实性条件关系的确定，不足以担当这一任务。例如，一起致人死亡的交通事故，如果从事实性因果关系看，那个被害人的死亡是汽车与被害人的身体在重力作用下的结果。显然，这样的因果关系对于刑法而言是没有意义的。即使我们将判断对象前推至人的行为，所能得到的结论也只能是：汽车驾驶者的驾驶行为和被害人上马路的行为，是那起死亡事故的原因。如果进一步回溯，则汽车制造、道路建设等都会进入原因的范畴。从这种意义上，我们无法确定作为归责根据的原因。这就需要

① 劳东燕：《风险分配与刑法归责：因果关系理论的反思》，载《政法论坛》2010 年第 6 期。

对原因做进一步的法律判断，以便在事实性条件关系的基础上，根据刑法的立法精神，确定那些可以作为刑事归责根据的法律性原因。

其实，这种双层判断的思考方式在相当说中已现端倪，即以条件关系为基础进行“相当性”判断。只是，相当说将“相当性”判断建立在一种概率性评估上而误入歧途。在英美刑法中，因果判断也是一种双层结构，即先确定所谓“事实原因”（actual cause），在此基础上进一步确定所谓“近因”（法定原因）。其中的“事实原因”，采用“必要条件”的判断公式，即适用“若非”或“无之则不然”标准。而“近因”的判断则将原因进一步限定为直接原因，即“造成社会危害直接原因的行为同时也是造成社会危害实质性原因的行为”①。不过，其双层判断中的近因标准并不妥当。将原因限定为近因，一方面，会将间接原因完全排除在刑事责任根据的范围之外，并不可取（见边码701～703）；另一方面，一个在时间上距离结果更近的“事实原因”并不一定是法律意义上的原因。正因如此，所谓近因标准之下，就不得不借助其他标准以为补充，如“微不足道的原因”“介入因素的预见性”“被告人的犯罪心理”“明显安全原则”“自由、故意和明知的人为介入”等。② 然而，这些就事论事的判断根据不仅意味着对近因标准的否定，也意味着判断标准的不确定性。 697

在国内，主张对因果关系需要进行双层判断的见解也不鲜见。陈兴良教授就曾明确地提出，刑法上的因果关系，应当在事实因果关系的基础上，再进行法律上的因果关系的判断。③ 遗憾的是，其所谓“法律上的因果关系”的判断，采纳了“相当性”标准而未能脱离相当说的窠臼。及至后来，鉴于相当说的局限性，陈兴良教授转而接纳了客观归责理论。④ 698

（二）因果关系的事实判断

因果关系的事实判断，就是确定行为与结果之间在事实上的条件关系。 699

---

① ［美］约书亚·德雷斯勒：《美国刑法精解》，王秀梅等译，北京大学出版社2009年版，第167～179页。

② 参见［美］约书亚·德雷斯勒：《美国刑法精解》，王秀梅等译，北京大学出版社2009年版，第173～178页。

③ 参见陈兴良：《本体刑法学》，商务印书馆2001年版，第283～294页。

④ 参见陈兴良：《教义刑法学》，中国人民大学出版社2017年版，第284～333页。

在这里，“符合法则条件说”发展出来的那些具体规则是适用的，故不再赘述。这里只作几点补充说明。

700 第一，事实性条件关系并非如某些学者所言，仅是依赖物理法则进行判断的物理关系①，而是包括物理性条件关系和心理性条件关系两种类型。物理性条件关系遵从的是自然法则，即自然的因果律，其判断依赖于自然科学的方法。心理性条件关系，是指一个因素作用于他人的心理所形成的心理影响关系。虽然人类尚不清楚其中的生物学机制，但人的心理受外界影响早已是人类的常识，也因此，心理影响的判断是遵从人类生活的经验法则。虽然这种心理影响往往难以被证实，但人类生活的经验还是能够使那些显著的心理影响得到普遍的承认。例如，人们并不否认，某人突然的精神失常、癫痫发作可能就是受他人的危险举动或者言语刺激的结果。人们更不会否认的是，一个诈骗案的受害人，是因为听信了骗子的谎言才处分他的财产的。也正是基于人的心理可能受他人影响的经验认识，刑法才会将煽动型犯罪和教唆犯纳入刑罚的范围。因此，行为与受其影响的心理之间以及在心理影响下的举止之间的条件关系，应当得到承认。唯应注意的是，由于心理性条件关系在证明上的困难，刑法上对心理性结果的原因判断应持谨慎态度。

701 第二，事实性条件关系既包括直接的条件关系，也包括间接的条件关系。虽然承认间接的条件关系会造成条件关系在范围上的无限扩张，但将间接的条件关系全部排除出去，会导致过分限缩刑事责任范围的后果。

702 **[例5-1]** 某甲基于滋事的心理，将未熄灭的烟头扔入行进中的轮式拖拉机驾驶室，由于烟头掉进驾驶员某乙的衣领，某乙受到烟头烧灼的刺激，在抖烟头的慌乱中使拖拉机方向失控，撞上路边的电线杆，致电线杆倒下，砸死了行人某丙。

703 这个案件中，某甲是这起事故的真正责任者，但其行为同某丙的死亡之间只存在间接关系。显然，我们不能因为这种关系的间接性，而排除其刑事归责的可能性。至于说承认间接条件关系所致的范围过宽的问题，则需要通过原因的法律判断予以解决。

---

① 参见许玉秀：《当代刑法思潮》，中国民主法制出版社2005年版，第430页。

第三，一个对结果的发生只是起加功作用的因素，也不排除其同结果之间存在的条件关系，哪怕是这个加功因素不出现，结果还会在推迟一段时间后发生，也是如此。例如，张三对李四实施暴力，致李四颅内出血而昏迷。随后，王五又对李四的头部施加暴力，李四随后死亡。事后鉴定表明，王五的暴力加重了李四的脑出血，从而加速了李四的死亡，但即使没有王五的暴力，李四也会因为张三所致的伤害而死亡。此案中，张三和王五的行为同李四的死亡之间，都存在条件关系。对王五来说，虽然说即使没有他的施暴，李四仍然会死亡，但不能否认的是，他的施暴对李四的死亡现实地产生了作用，因而是李四死亡在事实上的原因。同样，张三也不能因为王五的施暴而主张他的行为不是原因，因为他的施暴不仅对李四的死亡发生了实际的作用，而且发挥的是更重要的作用。这里并不存在因果关系的中断，而只存在作用力的叠加。 704

（三）原因行为的法律判断

对因果关系中的原因进行法律判断，是以存在事实性条件关系为基础的规范评价。它要回答的是，根据刑法进行刑事归责的合理需要，依据社会通念，一个同危害结果之间存在条件关系的行为，是不是属于在法律意义上须对该结果负责的原因。这一法律判断的任务，需要通过确立对原因行为的筛选规则得以完成。 705

1. 允许性风险对于结果的非原因性

行为制造风险的允许性，既是一个行为的评价问题，也是因果关系中原因范畴的法律判断问题。如果一个行为仅仅制造了法秩序允许的风险，则行为本身就不具有可非难性，因而即使该行为与某种损害之间存在条件关系，但在社会观念及规范评价上，也不属于可归责的原因行为。前面关于前行为设定保障义务的讨论中所举的事例在这里同样能说明问题：某人在其取得经营权的地方挖了一个鱼塘，另一人失足掉入鱼塘淹死；某人经批准在马路边建造了一幢房子，另一人驾驶汽车失控，撞上该房子而死亡；某人正常驾驶汽车，另一人突然自杀式地跑到车前遭碾轧致死；某个出租车司机将乘客送到目的地，而后该乘客在目的地实施了抢劫行为；某个店主出售给他人一把菜刀，而该买刀人却用刀杀了人。对于此类情形，如果从事实因果的角度看， 706

前一个行为人的行为也是结果得以发生的条件，但从法律评价的角度看，前行为人的行为并不构成作为归责根据的原因：挖鱼塘的行为，不是另一人淹死的原因，原因只在于淹死者的不谨慎；建造房子的行为，以及正常驾驶汽车的行为，不是另一人死于车祸的原因，车祸的原因只在于死者自己的不谨慎或者错误的选择；出租车司机提供承运服务的行为，以及店主卖菜刀的行为，不是随后发生的犯罪案件中被害人法益受损的原因，原因只在于抢劫犯、杀人犯的犯罪行为。

707 允许性风险的非原因性，是建立在人类的信赖关系之上的规范评价。正如前述，由于事物之间的普遍联系性，人的任何行为都可能为他人的行为或者自然因素导致损害结果创造条件。然而，受人类的理智所决定，人们为了满足正常的物质和精神需求而行为时，社会不会苛责行为人避免一切可能的风险。这就需要对涉及风险领域的社会成员进行风险防范的责任分配，并由此建立起各负其责的相互信赖关系：当某人实施一个符合社会规范要求的行为时，总是以其他相关人员也会按照社会要求行事为假设的，就像经营鱼塘的人会信赖其他人能谨慎地避免掉入鱼塘或者那个卖菜刀的人会信赖买刀人不会将菜刀用于杀人一样。因此，在社会观念上，当一个人违背社会要求行事导致某种危害时，他自己的行为才是原因，而那些与之相关的只是制造了允许性风险的行为则不具有法律上的原因性。正是这种蕴含在人类常识、常理中的信赖关系，构成了将允许性风险的制造排除在原因之外的法理基础。如是之故，失主追赶小偷致其死亡的行为和抢劫犯追赶被害人致其死亡的行为，就不能在原因上相同看待。一个追赶小偷的行为，通常不构成那个小偷在逃跑中摔死或者淹死的原因。因为追赶小偷对于小偷在逃跑中摔死或者淹死只是制造了一个允许性风险，因而在法律评价上，小偷死亡的原因在于他自己错误地选择逃跑从而给他自己制造了风险，并因为他自己的不谨慎导致了死亡结果。相反，如果一个抢劫行为人持刀追赶被害人，结果该被害人在慌乱逃跑中失足摔死，则由于抢劫行为制造了法秩序禁止的危险，因而应当视其为这一死亡结果的原因，故抢劫者应承担抢劫致人死亡的刑事责任。

708 行为制造的风险是否被法秩序所允许，不是纯客观方面的判断，有时还需要根据具体情况，结合行为人的主观方面判断之。例如，劝人乘飞机旅行，通常属于允许性风险的范畴，但如果劝人者明知那架飞机上安放了炸弹，仍然劝人乘坐那架飞机，就超越了允许性风险的范畴。在这种情况下，劝人者就是利用他人的原因行为（或者其他自然原因）以及被害人的不明真相，促成了被害人的死亡，因而是死亡结果发生的原因之一。又如，一个遵守交通规则的正常驾驶行为，在因为他人违规而造成的车祸中，通常不是法律意义上的原因，但下述情况就另当别论：行为人以正常车速驾驶汽车即将经过设置了信号灯且处于绿灯通行状态的路口，遇有一行人违章穿越马路，行为人虽然能够制动防止事故，但他发现那个行人是他的仇人，于是维持车速甚至加快了车速（仍未超过限速）造成了事故。在这里，行人的违章穿越当然是事故的原因，而驾驶行为人有意地利用行人的违章行为制造车祸，也是该事故的原因。

2. 禁止性风险的因果支配性

即使一个制造禁止性风险的行为同某一结果之间存在事实性条件关系， 709
也不意味着它就是法律意义上的原因。只有当该行为的风险制造支配性地作用于导致结果的因果进程，才是法律上的原因。

（1）无因果支配的禁止性风险对于结果的非原因性

所谓禁止性风险的因果支配性，是指行为制造的禁止性风险现实地对导 710
致结果的因果进程发挥了支配性作用。如果缺乏这种支配性，制造禁止性风险的行为就不是结果发生的原因。例如，一个汽车驾驶者在超速驾驶一段距离后恢复到正常驾驶，由于行人突然跳到车前，驾驶者来不及制动造成行人死亡的事件中，驾驶者先前的超速虽然为事故的发生创造了时机上的条件，但超速驾驶制造的车辆失控风险并没有在这一事故中发挥作用，因而并非行人的死亡在法律上的原因。申言之，即使没有先前的超速驾驶，行人仍然有可能因为突然跑到车前的举动而死亡。甚至，可以设想一种完全相反的情形：因为驾驶者超速驾驶了一段距离，正好因此避开了那个行人出现在车前的时点并因此避免了一起车祸。这就是说，司机的超速驾驶对于车祸并不具有决定作用，而只是偶然地成为一个事实上的条件因素，真正支配死亡过程的因素，是死者突然跳到车前的行为和汽车驾驶者正常的驾驶行为。由于正常驾驶行为并没有制造禁止性风险，不具有法律上的原因性，因而只有死者自己突然跳到车前的举动才是其死亡的原因。

一个故意杀人未遂案的被害人前往医院疗伤而死于医院火灾的事件中， 711

如果单就火灾事故而言，支配因果进程的，要么是一个故意纵火行为，要么是一个失火行为，要么是电路故障或者其他原因。如果就被害人死于火灾这一特定的因果进程而言，起支配作用的除了火灾原因外，还有就医或者送医行为，申言之，就医或者送医行为虽然没有支配那场火灾，但却现实地支配了被害人死于那场火灾这一特定结果的因果进程。然而，就医或者送医行为具有正常性，并没有制造法秩序禁止的危险，因而不是被害人死于火灾在法律意义上的原因。即使是那个杀人者将受伤的被害人送医以致其死于随后发生的火灾，也是如此。至于其先前的杀人行为对被害人生命制造的危险，既没有支配那场火灾事故，也不具有对于送医行为的支配性，而只是对送医或者就医构成一种条件关系并偶然地与被害人死于火灾相关联，因而不是被害人死于火灾事故在法律意义上的原因。当然，如果杀人者或者其他送医行为人确切地知道那家医院将在随后发生一场火灾（如知道他人的纵火计划），那么他的送医行为就不被法秩序所允许，且现实地支配了被害人死于火灾的因果进程，因而是法律上的原因。不过，这并非仅仅取决于行为人的主观因素。假如，一个伤害案的行为人确切地知道那家医院将在随后发生一场火灾，便抱着被害人受伤后有可能被送往那家医院的念头将被害人打伤，结果被害人受伤后果真被其他人送往那家医院，并死于随后发生的火灾中。在此种情形下，由于前伤害行为并不具有对被害人死于火灾事故的支配性，故即使伤人者有希望被害人死于火灾事故的念头，也不能将被害人的死亡结果归责于伤害行为人。

（2）禁止性风险对于因果进程的间接支配

712 客观归责理论排除“后果性损害”的规则，以及英美刑法中的“近因”规则，实际上是将间接原因排除在法律上的原因范围之外，但这并不妥当。在一个因果链条中，如果前一个因果环节中的结果现实地支配了后一个因果进程，则前一个因果环节中的原因，对于后一个因果环节中的结果也具有原因性。例如，前述那个扔烟头导致交通事故的案件中，扔烟头的行为导致了驾驶员的驾驶失控，而驾驶失控又支配了拖拉机撞击电线杆致人死亡的因果进程，这里存在原因→结果（原因）→结果的因果链条，故前原因对于最后的结果也具有原因性。又如，行为人对被害人实施暴力而致被害人身体伤害，被害人在艰难救助的途中，因失血过多造成的体力不支而掉入路边水渠溺亡。

在这一事件中，由于前面的那个暴力伤害行为造成了被害人的失血过多，而失血过多又导致被害人溺亡，因而存在原因→结果（原因）→结果的因果链条，故暴力伤害行为也是被害人死亡的原因。

与此不同的是，行为人的伤害行为造成了被害人残疾（如视力受损、行 713 动不便），后又受残疾影响遭受了新的损害（伤害或者死亡），则不能将后面的结果归责于前伤害行为。这是因为，残疾人在后来遭受的损害要么是第三人的行为所致，要么是自己的行为所致，即使残疾是其中的一个影响因素，但由于残疾本来就是第三人或者残疾人自己在行为时应谨慎行事的一个客观因素，即在应当如何行动的问题上，残疾因素是第三人或者残疾人在采取行动时应当考虑进去的，如果他无视这种残疾造成的不便而贸然行动，那么就是他现实地支配了包含这个残疾因素的影响在内的因果进程。就此而言，先前的那个伤害行为造成的残疾，只是为第三人或者残疾人自己的错误行为提供了一个条件，而非造成新伤害的原因。

这里尤须注意的是，要把间接因果关系同单纯的条件关系区别开来。例 714 如，在那个受伤者死于医院火灾的事件中，前杀人行为是被害人受伤的原因，但如前所述，被害人受伤的结果对被害人去那家医院就医，以及对于发生火灾都并不具有支配性，起支配作用的是送医（就医）行为和火灾原因，加之送医（就医）行为并没有制造法秩序禁止的危险，不属于被害人死于医院火灾事故在法律意义上的原因，因而并不存在原因→结果（原因）→结果的因果链条，而只存在两个不同的因果进程的关联，即一个因果进程造成的结果，条件性地介入另一个由其他原因制造的因果进程中。这同间接因果关系中，前因果环节的结果又作为法律上的原因支配后一个因果进程是不一样的。

（3）禁止性风险对于精神性损害结果的原因性支配

原因的法律判断并不排除一个行为对于精神性损害结果的原因性（精神 715 性损害原因的可归责性）。一个基于伤害目的的人，对他人年幼的孩子或者精神本来脆弱的人做出具有高度恐惧感的行为，如装扮成恐怖的魔鬼进行突然性的恐吓，或者从楼顶将那个孩子举起假意做出丢下去的举动，结果导致孩子精神失常，那么这样的结果同样应归责于那个作为原因的恐吓行为。因此，客观归责理论将所谓“震惊性损害”一概排除在刑事归责范围之外的主张，并不可取。至于一个医生告知了就诊人其患有癌症，结果患者因此精神失常的事件中，之所以不能将患者精神失常的结果归责于医生，是因为医生的告知行为并没有制造法秩序禁止的风险以及对这种结果的不可预见性。

3. 自主支配下自损、自危行为的自我负责

(1) 自损人自我负责①的一般原理

716 虽然人的行为存在受他人影响的可能性，但对于一个有完全责任能力的人而言，只有他自己才是其行为的实际支配者，亦即只有他自己的决定才是他的行为及其后果的原因。因此，当一个人故意地将自己置于危险之中以致自我损害，甚至故意地自残或者自杀，其结果都只能归属于他自己的意志支配，哪怕在其最终做出决定之前，有他人唆使、挑逗、相约、打赌等可能对他产生影响的行为，也是如此。这便是“自损人自我负责”的基本原理。基于这一原理，一个在他人的挑逗下走上危险冰面的人，一个应约参加危险的摩托车比赛的人，一个明知他人有艾滋病而与之发生性关系的人，以及一个为了在同他人的打赌中赢得一个手电筒而冒险爬上电线杆触摸电线的人，都应当为自己的决定带来的后果自我负责。而那些参与其中的唆使、挑逗、相约、同意、打赌等行为，都不是法律意义上的原因。

717 当然，自损人的自我负责是有条件的。其核心根据在于，自损是自我决定及自主支配的结果，亦即只有真正的自主决定且自我支配，才是自损结果的原因。

718 一个自我负责的自主决定只能出自一个有自主决定能力（责任能力）的人。而一个缺乏责任能力的精神病人或者儿童，在他人的影响下做出的决定，就不能视为法律意义上的自主决定。相反，由于其责任能力的缺乏，他人唆使、挑逗、打赌等行为对他形成了意志上的支配性，也就构成了他采取行动的原因（虽然难以完全证实，但关于责任能力的年龄规定，本身就是法律上的推定），因而对其行为的后果，实施唆使、挑逗、打赌等行为的人就需要承担责任。

719 一个自我负责的自主决定必须建立在了解真相的基础上。如果那个自损者对自己面临的危险并不知晓，而将自己置于危险之中，他就不是在意志上

① 传统上通称“被害人自我负责”。但在这里，并不存在被害，而是自我损害，故称“自损人”更恰当。

接受了那个危险。因此，如果他人利用他对危险的无知，使他将自己置于危险境地，就是违背其意志的，即不是基于他真正的自我决定。此种情况下，那些利用他对危险不明真相的人促使他置于危险之中的行为，才是真正支配了因果进程的原因。

一个自我负责的自主决定，当然不可能是被迫的。这里的被迫，既包括 720
受到他人的胁迫，也包括他人的行为制造危险情势所构成的意志压迫。例如，一个强制他人自杀的行为，当然是他人选择自杀的原因；一个强迫他人走上危险冰面的行为，当然是他人落水遇难的原因；一个持刀追赶他人的抢劫行为，当然是被害人在慌乱中跳入河中以致淹死的原因。当然，这里只是讨论原因问题，而不涉及被害人可能存在的某种过错对行为人责任大小的影响问题。

一个自我负责的自损或者自危，不仅要自主决定，而且应是自主支配了 721
因果流程。当某人基于自主决定，同意或者要求将自己置于具有某种危险的事件之中，但如果并非自我支配危险事态，而是将危险的掌控托付于他人手中，那么掌控危险事态的行为人，就应当对该危险造成的结果负责。例如，乘客要求司机超速驾驶；一位女士同意她的男友驾驶汽车载着她驶过结冰的湖面；实施盗窃的人同意他的同伙用一根不结实的布条将他从楼顶放入居民住户的阳台，如此等等。在此类情形中，如果对方基于那个危险的要求或者同意而采取行动，最终导致提出危险要求或者同意该危险行动的人死亡或者伤害的，这个行动者的行为就因为决定性地支配了因果进程，因而当然是结果发生的原因。因为无论他人如何要求（或者同意），只要不是胁迫，开启因果进程都取决于他自己的决定。这也适用因醉驾导致自愿上车的聚会同伴死亡的案件。虽然一个处于醉态中的同意算不上真正的同意，但其醉态下的同意以及醉驾导致车祸，都是其先前过量饮酒（所谓“原因自由行为”）的结果，且他客观上现实地支配了因果进程，因而是其同伴死亡的原因。与此不同的是，自愿同艾滋病患者发生性关系的人，他不仅在知情的情况下自主决定，而且自我掌控、支配了事件的进程，因而应当对其感染艾滋病的结果自我负责。

（2）职务性自危的原因归属

一个伴随职务行为的危险，可能由一个违法行为所引发，而执行职务的 722

人有可能因此陷入危险并遭受损害。例如，行为人放火引起了一场火灾，前往救火的消防员死于救火的过程中；行为人飞车抢夺后逃跑，开车追缉的巡逻警察死于追缉过程中发生的车祸。此类情形是否适用自我负责规则，需要具体分析，而不能完全接受罗克辛教授的不可归责于违法行为人的结论。

723 从一般意义上讲，一个公职人员接受一项职务，意味着他接受了在履职过程中的风险。然而，这种接受是就其同国家的关系而言，即作为他领取薪金的对价对国家承担的义务。如果把公职人员同国家作为应对灾害或危险的共同体，在面对行为人制造的灾害或者侵害时予以处置，则是基于对社会承担的责任不得已而为之。易言之，是行为人制造危险，迫使国家基于社会责任指派公职人员去处置。因此，不能一般性地把基于职务要求的自危视为真正的自主决定。公职人员在职务行为的场合，受制于国家承担的社会责任，因而其行为不是他个人意志意义上的自主决定。当然，这也不意味着行为人的不法行为都是引起职务性损害后果在法律评价上的原因。例如，追缉抢夺行为人的巡警在追缉途中的死亡，通常就不能归责于该抢夺者。因为，虽然其追缉行为是基于职务要求，但其追缉中的危险则是能自我掌控的，国家也没有要求警察为了追缉一个抢夺犯而置自己的生命安危于不顾（虽然道德上值得褒扬但不值得鼓励）。如果因为他自己在追缉过程中制造了高度危险或者由第三人的违章造成其死亡，则原因在于他自己或者是第三人，而抢夺行为人的逃跑同警察的死亡之间只具有事实性的条件关系。

724 有所不同的是消防员在救火过程中的死亡，其原因的判断需要仔细甄别。如果消防员死于自己的不谨慎，如不小心从云梯上掉下而亡则不能归咎于那个放火行为人；如果消防员是为了挽救火场中他人的生命或者保护其他重大利益，不得已进入火场而牺牲，在法律的评价上就是一个被迫自危的结果，应当归属于放火行为。因为国家承担的社会责任以及他的职务承诺要求他那么做，而且火场中的危险是不受他控制的，因而放火行为对于他的死亡就具有原因性。因此，放火致人死亡的结论，在这里就能成立。

（3）自我负责对于教唆犯的例外

725 上述自我负责的原理，不适用于教唆犯教唆他人犯罪的场合。这是因为，教唆犯有一个确定的犯罪意志，无论其教唆行为是否影响以及在何种程度上影响了被教唆人，从预防犯罪的需要看，其行为本身就具有了刑事政策上的可罚性。至于在犯罪既遂上教唆犯对于实行犯既遂的从属性，也是基于刑事政策的考量所做的法律推定（所谓部分行为全部责任），即一旦实行犯的行为既遂，就推定教唆犯的教唆对被教唆人产生了影响，并因此对于结果的发生发挥了实际的作用。因此，虽然被教唆者也有自主决定能力，但仍不能因此排除对教唆犯的刑事归责。

4. 自然因素的介入不影响对行为的原因评价

当动物或者其他自然因素介入由行为人制造的因果进程时，并不会导致 726
因果关系的中断或者责任减轻。例如，行为人以谋杀之目的将被害人推下悬崖而致被害人昏迷，而后被害人被棕熊咬死。再如，行为人对被害人行凶，致被害人受伤，而后被害人因伤口感染细菌，得败血症不治身亡。此类情形下，由于行为人的行为对被害人死亡发挥了作用，故不属于因果关系的中断。不仅如此，由于动物和细菌都不属于刑法归责意义上的原因，行为人的责任也不会因为动物或者细菌的介入得以减轻，这对于行为人而言并非不公平。因为行为人制造他人的死亡结果，总是要借助某种自然条件，即便前一个案件中的行为人将他人推下悬崖直接致死，也是借助了悬崖等自然条件的作用力。棕熊以及后一案件中的细菌，也同其他自然因素一样，不过是行为人制造结果的一个自然条件。因此，对于被害人的死亡结果，应全部归责于行为人。

与此不同的是，当一个自然因素不取决于行为人的过错而导致结果时， 727
一个对于结果具有条件关系的行为，就不是法律意义上的原因。例如，在马车夫因瞌睡走错道使乘客遭到雷击的事件中，马车夫走错道就不是乘客的死亡在法律上的原因。因为，任何人在那个时点经过那里，都会遭到同样的结果，而无关过错行为是否存在的评价。严格地说，此种情况下，是行为偶然地介入一个自然的因果进程中，而非自然因素介入行为人制造的因果进程中。

第二节　不纯正不作为犯的因果学说述评

不纯正不作为犯是否具有对于危害结果的原因性，是刑法学中长期争论 728
不休的问题。由于传统理论的视角局限于此类犯罪中的不作为同结果之间的关系，因而无论是因果关系否定论还是因果关系肯定论，都未能对此提供恰当的说明。

一、防果条件说述评

（一）防果条件说述要

729 防果条件说是大陆法系当代刑法学关于不纯正不作为犯的因果关系的通说，这一理论不是从促成因果进程的事实关系，而是从不干预因果进程的规范评价上看待不纯正不作为犯对于结果的原因性。

1. 对事实性因果关系的否定

730 对于不纯正不作为犯，学界曾经致力于说明其如同作为犯一样，也具有同危害结果之间在事实上的因果性，并且，这个有待证明的因果性是存在于一个真实的作用力之中。在为此做出的不同努力中，最受关注者，是由冯·布里（v. Buri）提出的“干扰理论”。“根据这个理论，不作为的因果性应当存在于对行为冲动的压制之中，并且作为排除了阻碍结果发生的因素（行动的意志）而真正造成了结果。”① 析言之，在不作为的场合，作为义务人本来具有通过实施被期待的行为以防止结果发生的意志冲动，行为人之所以选择不作为，就是通过其意志压制了这种行为冲动，那么这种对行为冲动的意志性压制，就排除了阻碍结果发生的行动意志，因而是导致结果发生的原因。显然，“干扰理论”将因果性的判断完全导向了行为人的主观意志，从而混淆了客观上的因果关系和主观故意的问题，而且，对于过失的不作为而言，所谓对作为之冲动的意志性压制，更无从谈起，因而无法自圆其说。

731 作为当今主流观点的防果条件说，已经完全放弃了从现实作用力的意义上说明不作为的因果性的努力。这是因为，“作为存在范畴的因果关系，要求一个能够带来力量消耗的事实上的能量源，而在不作为情况下正是欠缺这一点（不努力就一事无成‘ex nihilo nihil fit’）”②。对此，韦尔策尔论证道，

---

① ［德］克劳斯·罗克辛：《德国刑法学总论：犯罪行为的特别表现形式》（第2卷），王世洲译，法律出版社2013年版，第482页。

② ［德］汉斯·海因里希·耶赛克、［德］托马斯·魏根特：《德国刑法教科书：总论》，徐久生译，中国法制出版社2001年版，第742页。

“不作为行为人不会因为他造成了符合行为构成的结果而受到刑罚，而是因为他没有阻止其发生……不作为作为一个行为的不实施，是完全不会造成什么的”[①]。阿明·考夫曼亦言，“不作为本身，绝不可能是原因”，他针对相反的观点指出，“这种原因性一点都不是真的，而仅仅是存在于思维中的”。[②]这样的认识已经成为当代刑法学的主流。今天，在缺乏现实作用力的意义上，主流理论完全否定了不作为犯的因果关系。[③]

如果单就不作为缺乏对于引发结果的作用力而言，上述否定事实性因果关系的见解是成立的。正如前述，因果关系必须建立在事实性条件关系的基础上：一个事实上的原因，必须是结果得以发生的条件，即现实地对那个引起结果的因果进程发挥了积极作用。但就不作为本身而言，则在事实上没有现实地促成因果进程，也就不存在事实层面的原因性。因此，单就不作为而言，其对于结果的发生的确缺乏事实层面上的原因力。 732

然而，这里面临的一个根本性问题是，否定不纯正不作为犯的因果关系，也就否定了此类犯罪对危害结果负责的正当基础。因为不纯正不作为犯在刑法上与作为的结果犯同等处置，恰恰在于两者具有相同的结果制造，故只有确定了不纯正不作为犯对于危害结果的原因性，才能将该结果归责于行为人。这也是不纯正不作为犯与纯正不作为犯之间最重要的区别。[④] 733

2. 视防果不作为为原因

由于不作为本身缺乏对于引发结果在事实上的原因力，当代刑法理论为确立对不纯正不作为犯予以结果归责的正当根据，转而从规范评价上说明不纯正不作为犯对于结果的原因性。 734

这种规范评价是基于以下认识：对于法学的思考方法而言，自然科学的 735

---

① ［德］克劳斯·罗克辛：《德国刑法学总论：犯罪行为的特别表现形式》（第 2 卷），王世洲译，法律出版社 2013 年版，第 482 页。

② ［德］克劳斯·罗克辛：《德国刑法学总论：犯罪行为的特别表现形式》（第 2 卷），王世洲译，法律出版社 2013 年版，第 482 页。

③ 参见［德］汉斯·海因里希·耶赛克、［德］托马斯·魏根特：《德国刑法教科书：总论》，徐久生译，中国法制出版社 2001 年版，第 741 ~ 742 页；［德］克劳斯·罗克辛：《德国刑法学总论：犯罪行为的特别表现形式》（第 2 卷），王世洲译，法律出版社 2013 年版，第 482 页。

④ 不作为的行为犯是纯粹的义务犯，其可罚根据在于违背法律要求的作为义务，而非因为其造成了某种危害结果。即使刑法对某些不作为的行为犯设置了“后果”条件，但该后果是被当作客观处罚条件设置的，因而无须进行因果关系的判断。

因果概念不起决定作用，在法律规定不纯正不作为犯的场合，其需要具备的因果关系，不是力学意义上的因果关系，而是只取决于不作为人的可能的行为是否能够避免结果的发生，即如果实施被要求的行为能够避免结果的发生，则不作为与已经发生的结果之间，就存在法律上的联系，即因果联系。①

736 这样的认识意味着，不仅那些引起了结果的条件同结果之间存在因果关系，而且那些能防止结果却不予防止的不作为也具有对于结果的原因性。恩吉施基于因果关系的条件说，对此提出了如下论证：“对这样一个本来根据自然法则……会防止（遭到指责的）结果的行为的不实施，在法律上正是与这个结果相联系的，并且因此可以看成是对这个结果有原因性的。”② 这其中依凭的逻辑是，“结果不仅会通过那些对其起积极性促进作用的条件产生，而且也会通过那些阻止结果发生因素的缺乏而产生。也就是说，在可能的情况下，一个病人的死亡，不仅是因为他身患重病，而且也是因为他没有去看医生”③。一言以蔽之，不实施可能防止结果的行为，也是发生该结果的原因。

737 基于上述认识，主流刑法理论得出的结论是，判断因果关系的条件公式，既适用于作为，也适用于不作为。所不同的只在于：对于作为，条件关系的公式是，“如果不实施被禁止的行为，结果就不会发生”；对于不作为，条件关系的公式则是，“如果实施被期待的作为，结果就不会发生”。这种从防果条件上理解的不作为对于结果发生的原因性，乃是当今德国学界的普遍共识。在日本学界，主流观点也是从能防止而不防止危害结果的意义上，看待不纯正不作为犯的因果关系的。④

738 国内学者在论及此类犯罪的因果关系时，也多从防果条件的意义上看待

---

① 参见［德］汉斯·海因里希·耶赛克、［德］托马斯·魏根特：《德国刑法教科书：总论》，徐久生译，中国法制出版社 2001 年版，第 742 页。

② ［德］克劳斯·罗克辛：《德国刑法学总论：犯罪行为的特别表现形式》（第 2 卷），王世洲译，法律出版社 2013 年版，第 482 页。

③ ［德］克劳斯·罗克辛：《德国刑法学总论：犯罪行为的特别表现形式》（第 2 卷），王世洲译，法律出版社 2013 年版，第 482 页。

④ 参见［日］大塚仁：《刑法概说：总论》，冯军译，中国人民大学出版社 2003 年版，第 176 页；［日］大谷实：《刑法总论》，黎宏译，法律出版社 2003 年版，第 173 页；［日］山口厚：《刑法总论》，付立庆译，中国人民大学出版社 2018 年版，第 77～78 页。

不作为的原因性。黄荣坚教授的如下论证具有代表性："刑法上的因果关系概念的目的在于确立行为人的行为对于结果发生的避免（控制）可能性，并且从此建立刑罚的正当性基础。因此，因果关系的确认方式就是：假设行为人做了其他的行为选择，那么是不是结果就不会发生？不管是作为而犯罪还是不作为而犯罪，标准都是如此。在作为犯的情况下，如果行为人换一个行为选择，不为事实上已经存在的行为（作为），结果就不会发生，因此我们说此一行为（作为）和结果之间有因果关系。在不作为犯的情况下，如果行为人也换一个行为选择，放弃事实上的不作为，采取一定的作为，结果就不会发生，因此我们也说此一行为（不作为）和结果之间有因果关系。"①

总之，在防果条件说看来，不纯正不作为犯对于结果的原因性在于不作 739
为人对于结果的不防止。

3. 因果关系的假定性判断

由于不作为并不具有引起结果的作用力，其对于结果的原因性无法在事 740
实层面上得到证明，防果条件说因此并不试图从正面证明不作为同结果之间的因果关系，而是将不作为的因果判断导向防果可能性判断。其逻辑是，当一个被期待的作为能够起到防止结果的作用时，对其不作为就应当视为结果发生的原因；反之，即使行为人实施了那个作为，也不能有效防止结果的发生，则应当否定其原因性。因此，未实施的作为是否有可能防止结果，就成为因果判断的焦点。然而，可能性永远是一个程度问题，究竟多大程度的可能性能够导致对于结果的归责，乃成为理论及实务上的难题。

德国实务界和主流理论奉行所谓"十拿九稳"（高度可能性，有时是较 741
高可能性）的判断标准，即根据事后的审查，如果那个应当的作为能"十拿九稳"地防止结果发生，就能将随后发生的结果归责于不作为；反之，如果行为人即使选择了作为，也不能"十拿九稳"地避免结果的发生，就不应当对之后发生的结果负责。② 有德国学者通过举例对此作了形象的论证："例如，如果父母不给重病的孩子请医生诊治，那么，根据主流理论，他们就只

---

① 黄荣坚：《基础刑法学》（下），中国人民大学出版社 2009 年版，第 461 页。

② 参见［德］克劳斯·罗克辛：《德国刑法学总论：犯罪行为的特别表现形式》（第 2 卷），王世洲译，法律出版社 2013 年版，第 484～488 页。

有在医生的治疗本来‘十拿九稳’地能够救治孩子时，才需要对孩子的死亡负责；反之，在孩子患的是死亡率很高的疾病时，父母从一开始就可以放弃延请医生了。”①

742 上述判断标准带来的一个问题是，一旦因为不符合“十拿九稳”的标准而否定了不作为对于结果的可归责性，就可能导致刑事归责的漏洞。比如，一个医生没有对病人采取必要的救治措施，难道能够因为不能肯定其医疗措施能“十拿九稳”地救治病人而否定其责任吗？为了填补这一漏洞，理论上将未遂犯的概念转用于此，即主张对那些被否定了原因性的不作为，适用未遂犯的罚则。比如，对那个没有为病重的孩子去请医生的父亲而言，如果医生即使赶到现场，也存在病人会已经死亡的可能性或者无论如何也不具有将病人活着送到医院的把握性时，就只能作为未遂的杀人加以处罚。② 这意味着，对于不纯正不作为犯而言，那个义务性作为对有效防止危害结果的可能性程度成为区分犯罪既遂与未遂的标准。这就又引出了关于既遂标准的争议话题。

（二）防果条件说反思

743 防果条件说将可能防止结果的作为视为防果条件，进而将这种防果条件的缺失看作结果发生的原因，完全偏离了因果判断的轨道，有悖于前述因果判断的基本原理。

1. 将规范上的作为义务混同于事实上的条件关系

744 因果原理中的条件关系，是基于事实层面的关系判断。而一个事实性的条件关系，并不是依赖“如果该事实不存在，结果就不会发生”的判断公式得到确证的。正如“符合法则条件说”揭示的那样，只有当我们知道该事实对于结果的发生起了作用，才能说“如果该事实不存在，结果就不会发生”。相反，如果我们不知道该事实同结果之间在事实上的关联，就无从判断“如果该事实不存在，结果到底会不会发生”。因此，按照“符合法则条件说”，

---

① ［德］克劳斯·罗克辛：《德国刑法学总论：犯罪行为的特别表现形式》（第2卷），王世洲译，法律出版社2013年版，第486页。

② 参见［德］克劳斯·罗克辛：《德国刑法学总论：犯罪行为的特别表现形式》（第2卷），王世洲译，法律出版社2013年版，第487页。

所谓条件关系，是根据自然法则并通过科学方法进行具体判断得出的结论。显然，这种条件关系，是以客观事实为根据的判断。此乃当代刑法学上因果理论的共识。

而所谓防果条件，并非如恩吉施所言，是以“自然法则”为根据的条件 745
判断，而是基于社会规范所做的评价，亦即一个被社会期待的作为，才是防果条件。换言之，人们将某个作为视为防果条件，完全是基于社会对那个作为的义务性期待。假如撇开这种规范上的义务要求，单从事实关系看，所谓防果条件就会扩及全体社会成员。因为，如果撇开“应当作为”这一规范评价，单纯从事实上把人的作为当作防果条件，我们能得到的逻辑结论就是：任何人的作为都是防果条件；任何人对防止结果无所作为，都是结果发生的原因。但显然，我们不会把任何人的作为都看作防果条件，而只是把特定义务人的作为视为防果条件。例如，我们只是基于作为义务的期待，把那个特定的父母哺育自己婴儿的作为，视为防止该婴儿死亡的条件，而不是把其他不特定的人的哺育行为视为防止该婴儿死亡的条件。同样地，我们只能把因为职务承诺而具有保障义务者的扳道岔行为视为防止火车事故的条件，而不是把其他任何人相同的作为视为防止火车事故的条件。可见，所谓防果条件，完全是规范评价而非事实判断。

这表明，与因果原理中基于科学判断和经验法则的事实性条件关系不同， 746
所谓防果条件，属于规范评价，故两者具有完全不同的属性。防果条件说实际上是将属于规范评价范畴的作为义务混同于属于事实范畴的条件关系，无异于张冠李戴。正因如此，防果条件说就难免自相矛盾。其一，在讨论因果原理时，包括防果条件说的主张者在内，无一不把事实性条件关系作为因果判断的事实根据，但在面对不纯正不作为犯时，持防果条件说者却又认为基于自然科学的因果（事实性因果）概念对于刑法上的因果关系不起决定作用，这显然自相矛盾。其二，按当代刑法学的共识，条件关系不是依赖于条件排除公式得到说明的，而是根据客观事实并通过科学方法和经验法则予以具体证明的，这也是防果条件说的主张者所认同的。但在面对不纯正不作为犯时，防果条件说中的防果条件，又是依赖一个假定的条件排除公式得到说明的，而那个假定的条件关系（“如果实施被期待的作为，结果就不会发生”），根本就不是对已经发生的事实的判断，而是对一个未曾发生的事实的假设（假定实施了被期待的作为）。如此，那个被认为没有实际意义且存在逻辑漏洞的条件公式，又在防果条件的原因性说明中“借尸还魂”了。这种自相矛盾的认识，正反映了将防果条件视同为因果条件必将遭遇的理论困境。

2. 将防果条件混同于因果条件

747 因果原理中事实上的因果条件，是对于结果的发生具有现实作用力的积极条件，亦即只有当一个因素对造成一个结果具有积极促进作用时，才能视其为该结果发生的原因。此乃刑法上因果理论的基本共识：无论是条件说、相当说抑或客观归责理论，在因果原理中讨论因果条件时，无一例外都是从这种积极作用力的意义上来看待条件关系的。

748 然而，防果条件说中的“防果条件”的作用方向不是促进因果进程，而是通过消解因果流程中的条件因素对于因果进程的作用力阻碍因果进程。这种反向作用，意味着防果条件与因果条件属于两个完全不同的范畴：因果条件处于因果链条中，并现实地作用于因果进程；防果条件则处于因果流程之外，与该因果流程缺乏事实上的关联。从逻辑关系看，防果与因果实为对立的范畴，两者处于完全相反的地位，如果将防果条件视为因果条件，无异于将“盾”视为“矛”一样不可理喻。其实，当我们使用“防果条件”这一说法时，本身就意味着它处于因果范畴之外。而将处于因果流程之外的因素视为因果流程中的原因，违背基本的思维规律。这就是说，所谓“如果实施被期待的作为，结果就不会发生”的条件公式，根本就不是因果关系的判断，而是因果关系之外的防果可能性判断。这两种判断有着完全不同的任务：事实性因果判断的任务是确定那些促成了因果进程的事实因素；防果可能性判断的任务是确定一个假设的作为能否有效地干预一个已经开启的因果进程，并最终防止结果的发生。防果条件说将防果条件与因果条件相提并论，实属偷换概念。

749 将防果条件混同于因果条件，就会在逻辑上导致因果判断的虚无化。因为，如果把一个不作为对于结果的不防止当作结果发生的原因，那么，逻辑上的结论就是，不作为的认定就是原因的认定：对于一个已经发生的结果而言，只要我们把对该结果的不防止当作原因，那么，不防止结果（不作为）对于结果的原因性就在观念上得到了确证，而无须其他证明。但这样的结论完全偏离了因果判断的逻辑。因果判断的任务在于，证明一个行为同那个已经发生的结果之间存在能够让我们将该结果归责于那个行为的因果性。这种因果性在事实性条件关系的层面上，不是仅仅基于我们的观念，而是以客观上的联系为基础的。但在防果条件说那里，防果不作为被视为结果发生的原因，仅仅是基于一种规范评价，而并不依赖于任何客观事实上的联系，这就意味着，防果不作为对于结果的原因性是不证自明的。如此，因果判断就成为多余。

3. 将防果可能性混同于因果现实性

为了避免因果判断的虚无化，防果条件说试图诉诸防果可能性标准来说 750
明防果不作为对于结果发生的原因性。这里存在的问题是对“现实性”与“可能性”这两个不同范畴的混淆。

在哲学上，现实性与可能性处于两个不同的领域，前者指向已经存在的 751
事实，处于既存的领域；后者是向现实转化的某种趋势，尚处于未然的领域。因果关系是已经发生的事实，属于现实的范畴。刑法上因果判断的任务，首先就是要确定已经发生的行为与结果之间是否存在现实的条件关系，而非确定行为导致结果的可能性。与此不同，一个假定的作为所具有的防果可能性，并非处于现实的领域，而是处于未然的领域。只有当那个作为事实上有效地防止了结果的发生，防果可能性才转化为现实性；否则，无论防果可能性程度有多高，也只是一种可能性，而非现实性。然而，一旦作为义务人通过其作为将防果可能性转化现实性，即有效地防止了结果的发生，也就无所谓针对结果的刑事归责了，甚至，不作为本身也被否定了。可见，以防果可能性为标准来证明不作为对于结果的原因性，完全偏离了因果判断的逻辑。其症结所在，就是前述对于防果条件与因果条件这两种对立性条件的混同。对于因果条件而言，条件关系的现实化意味着其已经现实地促成了结果的发生，因而存在对于结果予以归责的根据。对于防果条件而言，条件关系的现实化意味着其已经有效地防止了结果的发生，因而不存在结果归责的可能性。总之，所谓防果可能性，要么转化为有效防果的现实性，从而否定不作为；要么永远是一种假设（所谓“假定的因果关系”），处于可能性的范畴。“假定的因果关系”之谓，本身就意味着因果关系的非现实性及虚假性。

其实，正如作为犯中制造结果的可能性不同于因果性一样，防果可能性 752
（哪怕高度可能性）判断根本就不是因果判断，“因为这里缺少行为人的行为与结果之间的实际的因果关系”①。也因此，对于德国学界将风险升高理论转用于不作为，试图以不作为未降低结果发生的风险作为因果根据的主张，耶赛克和魏根特持否定态度。在他们看来，将防果可能性作为对结果归责的根据，实际上是放弃了对不作为的因果性的证明，而且把制造结果的侵害犯的不法构成曲解为危险犯的不法构成，同时也损害了“罪疑有利被告”的原则。在这个意义上，情况与作为的场合完全不同：在通过作为造成结果的场合，行为的因果性是确定的；而对于不作为而言，以未降低风险作为对结果予以归责的根据，就意味着以扩展刑事责任的方式替代了因果判断。②

4. 背离犯罪既遂与未遂判断的基本原理

753 如果一个未作为的作为义务人，即使通过其作为也不能“十拿九稳”地防止结果的发生，那么按照防果条件说的因果判断标准，就应当否定其对于结果的责任。如此，一个医生不对患者采取救治措施，就能够以无法保证手术会“十拿九稳”的成功为由，无须对其不予施救的行为负责了。同样，父亲没有为其患病的幼儿请医生，就能够以其幼儿所患之病的死亡率很高为由，无须对其不请医生的行为负责了。显然，这样的结论违背常理。为了堵塞漏洞，防果条件说将未遂犯的罚则转用于此，主张对此类情形按未遂犯处罚。这看似解决了问题，实则是用一个错误掩饰另一个错误。

754 犯罪既遂与未遂的判断，亦即犯罪完成与否的判断，应当基于法律评价的视角，而非行为人的视角。③ 其实质标准，是行为是否造成罪刑规范所意图防止的法益危害结果。④ 比如，故意伤害罪的既遂，在于造成罪刑规范所意图防止的损害他人人身健康（重伤或轻伤）的结果；非法拘禁罪的既遂，在于发生罪刑规范所意图防止的人身自由被剥夺的结果；盗窃罪、诈骗罪的

---

① ［德］汉斯·海因里希·耶赛克、［德］托马斯·魏根特：《德国刑法教科书：总论》，徐久生译，中国法制出版社2001年版，第744页。

② 参见［德］克劳斯·罗克辛：《德国刑法学总论：犯罪行为的特别表现形式》（第2卷），王世洲译，法律出版社2013年版，第485页。

③ 这两种视角得出的结论可能是一致的，也可能不一致。结论一致的情形如通常情况下，故意杀人罪的完成，无论从行为人的视角还是从法律评价的视角，其判断标准都是被害人的死亡。结论不一致的情形如，杀人行为人误把张三当作李四杀害，从行为人的角度看，其杀害李四的目的并未得逞，但从法律评价的角度看，其犯罪行为已经完成。对于中文语境中的既遂与未遂，应注意其语义上的误导性，即让人从行为人的角度看待犯罪完成与否。

④ 参见刘之雄：《犯罪既遂论》，中国人民公安大学出版社2003年版，第84页。

既遂，在于发生罪刑规范所意图防止的财产利益脱离财产权利人实际控制之结果。因此，犯罪既遂的成立建立在两个事实性条件之上：一是特定的法益危害结果已经发生；二是该结果与法益侵害行为之间存在因果关系。这就是说，犯罪既遂以因果关系的确证为前提。

如果把防果不作为当作结果发生的原因，那么逻辑上的结论就应当是， 755
只要作为义务人不作为（未干预因果进程），且危害结果事实上已经发生，就属于犯罪既遂，而无关防果可能性程度的判断。这就如同作为犯一样，只要行为事实上造成了危害结果，就属于犯罪既遂，而无论事前该行为造成危害结果的可能性有多大，都不会影响既遂的判断。比如，行为人远距离向被害人抛石头，虽然砸中的可能性不大，但只要砸中并造成被害人的伤害结果，就属于故意伤害的既遂。然而，防果条件说却偏离了犯罪既遂判断的原理，将防止危害结果的高度可能性（或较高可能性）作为犯罪既遂的判断标准，导致作为犯与不纯正不作为犯之间在犯罪既遂标准上的不一致，殊为不当。不仅如此，这样的既遂标准还会陷司法于困境之中。因为在结果已经发生（结果未通过作为被防止）的情况下，所谓防止结果的高度可能性就只能是假设，而不可能在客观事实的意义上被证明。

5. 不纯正不作为犯与纯正不作为犯的界限混淆

把防果条件视同为因果条件，进而把防果不作为视为结果发生的原因， 756
所导致的结果就是，全部的不作为犯都能够被解释为不纯正不作为犯，从而导致两者之间的界限混淆。比如，一个医生，如果他不对病人采取必要的救治措施，那么他要么是杀人的既遂（“十拿九稳”地能保命），要么是杀人的未遂（不能“十拿九稳”地保命）；一个正在执行职务的警察，如果他见死不救，那么他的不作为同样能够被解释为杀人的既遂或未遂；一个消防员，如果他不遵从命令去救火，那么他的不作为就能被解释为放火罪的既遂或未遂；一个儿子，如果不愿意将他年老患病的父亲送到医院救治，以致其父亲死亡，那么他也构成故意杀人罪的既遂或未遂。如此，纯正不作为犯同不纯正不作为犯之间的界限就被混淆了。

6. 总结

上述表明，防果条件说基于一个错误的起点而陷入“连环套”的错误之 757
中：由于将防果条件与因果条件这两个对立的范畴相混同，从而错误地将防果不作为当作结果发生的原因；又由于所谓防果不作为的原因性并非基于事实性因果条件关系的判断，而完全是一种规范评价，导致因果判断在逻辑上的虚无化（不作为的认定就意味着原因的认定）；为了克服这一虚无化问题，又错误地将防果可能性程度（高度可能性）当作因果判断的标准，从而混淆可能性与现实性两个不同的范畴，并且逻辑地将那些即使是作为也不能“十拿九稳”地防止结果的不作为排除在刑事归责的范围之外，导致刑事归责的漏洞；为了填补这种漏洞，又不得不将未遂犯概念引入其中，使假设的防果可能程度成为犯罪既遂与未遂的判断标准，从而违背犯罪既遂与未遂判断的基本原理，也导致因果判断与既遂、未遂判断的合一。最终的结局是，不纯正不作为犯与不作为犯之间的界限混淆。

二、义务型因果说述评

758 鉴于既有的因果理论未能自洽地将因果原理运用于不纯正不作为犯的因果判断，劳东燕教授别有新意地提出了解构因果原理统一性的理论方案。[①]按其主张，刑法上存在四种不同的因果类型，应分别采用不同的标准进行归责判断。其中的所谓“义务型因果”及其归责根据，就是针对不作为的结果归责提出的理论主张，不妨称之为“义务型因果说”。由于义务型因果说嵌入在因果类型化归责的整体方案中，故对义务型因果说的述评，还须置于对劳东燕教授的因果类型化及其归责方案的述评之中。

（一）因果类型化归责方案述要[②]

1. 因果类型的划分及其归因根据

759 劳东燕教授认为，由归因层面存在论基础的差异入手，有必要从支配与义务两大维度去把握刑法中的结果归责类型。除主流理论认可的造成型因果、引起型因果与义务型因果的类型外，由疫学因果与风险升高代表的概率提升型因果，应视为新的归责类型。因此，刑法上的因果关系应区分为四种具体类型：造成型因果、引起型因果、义务型因果和概率提升型因果。

---

① 参见劳东燕：《事实因果与刑法中的结果归责》，载《中国法学》2015 年第 2 期。

② 参见劳东燕：《事实因果与刑法中的结果归责》，载《中国法学》2015 年第 2 期。

“造成型因果代表的是因果概念的中心内容，它意味着作为主体的行为人使用积极力量去干预或者介入一个本来能够正常发展的事件过程……直接创设针对法益的风险。”在造成型因果中，行为与结果之间的支配性关联始终是归责判断的重心所在。“无论是身体性的有形支配还是主观的意思支配，都以存在论上的具体事实为基础，此种意义上的支配指的是现实的支配，而非潜在的支配或支配可能性。” 760

引起型因果指的是，“结果被归责于行为人，不是因为其行为直接操控了因果流程，而是因为它为介入者实施危害提供了行动理由或制造了机会”。引起型因果的归责包括三种情形：一是，教唆与帮助行为产生的共犯责任；二是，某些特殊的故意犯罪，如刑法规定的滥用职权罪、违规发放贷款罪、非法出租、出借枪支罪及违法发放林木采伐许可证罪等；三是，过失的作为犯罪中，危害结果由介入因素直接造成的场合，即行为人违反注意规范的作为，仅仅为第三方造成危害结果提供机会或便利，比如在建造房屋时偷工减料，致使房屋未达到规定的抗震标准，突发地震时房屋因未达标准而倒塌，致多人伤亡的情形。 761

义务型因果是所谓不作为犯的因果类型。就不作为而言，“导致结果发生的因果流程并非不作为开启，而是由独立于不作为或被期待的作为之外的情状所引发。不作为的行为人并没有操纵因果的发展流程，而只是对既有的因果发展历程不予干预，听任潜在的危险转变为现实的危害”。因此，不作为的因果性并不以积极的能量投入为条件，而是仅仅限制在不作为与结果之间的合法则关系上。这意味着义务型因果中，不作为并不具有对结果的支配关系，“作为义务的概念提供了因果联系的替代，违背分配救助的义务便足以将危害归因于行为人”。 762

概率提升型因果，是基于疫学因果关系说与风险升高理论提出的概念。疫学因果，“涉及的绝非单纯的证明法则上逻辑严谨性的放松，更牵涉实体法上因果关系认定标准降低的问题”。“根据风险升高理论，如果从事后判断看，违反注意规范的行为实质性地升高了危害结果出现的风险，即使无法证明行为的不法部分与危害结果之间存在‘非 P 则非 Q’的关系，也应将结果归责于行为人。”“归因层面适用风险升高理论的实质，是以概率提升取代条件公式的要求，即只要不法行为实质性地提高了危害结果出现的概率，即可 763

肯定存在归因层面的事实因果关联。”

2. 类型思维视角下归责判断的差异化

764 上述因果类型的划分，目的在于消解因果判断标准的统一性，实现因果判断标准的差别化处理，从而为不同因果类型的结果归责提供不同的解决方案。而其差别化方案是以类型学提倡的类型思维为理论根据。

765 在劳东燕教授看来，“传统理论对结果归责标准的统一性假定，明显是受概念法学思维的影响”，但概念思维不足以全面把握生活世界中的各种表现形态，这使类型学的思考方式在法学方法中受到重视。“在类型学的建构之下，各个类型之间不仅在要素组合方式上有所不同，甚至作为基本成份的要素构成都可能存在差别。类型正是借助于其要素的可变性，借着若干要素的加入或居于重要地位，使一种类型可以交错地过渡到另一种类型，并据此形成‘类型系列’。”“相比于概念，类型更容易灵活、妥当地处理生活素材，消解概念所带来的僵化与封闭。”“从类型学的角度而言，刑法中的结果归责可抽离出两个基本参数：一是支配力（或支配可能性）；二是归责的有效性。这两个参数不仅存在有无的问题，还涉及程度的问题。从法治国的要求来看，支配力（或支配可能性）的存在构成归责的必要前提与公正性基础。”刑法中的结果归责，“要求同时具备支配力（或支配可能性）与归责的有效性；在二者缺一的场合，归责要么有失公正，要么根本无益”。“依照类型学的构建逻辑，如果支配力因素极强，则在归责有效性相对微弱的情况下也可考虑归责；反之，如果支配力（或支配可能性）极弱，则只有在归责有效性极强之场合才应允许归责。”基于上述认识，前述四种因果类型的归责根据被区别对待。

766 “造成型因果中，现实的支配力最高，故归责有效性较弱时也足以肯定结果归责。对结果的强大的支配力，使得造成型因果成为受制约最少的归责类型。一旦肯定行为‘造成’结果的发生，行为人原则上便需对结果负责。”

767 “引起型因果中，现实的支配力减弱，故有必要以相对强大的归责有效性因素做补强。在归责带来的益处并不明显的场合，应得出排除归责的结论，以此来限定其适用范围。”

768 “义务型因果中，现实的支配力归于零（只是具有支配可能性），距离作为刑法归责核心类型的造成型因果的形象最远，故需要最为强大的归责有效性因素来填补。相应地，其适用范围也应受到最为严格的限定，仅限处于保证人地位的行为人。”

“概率提升型因果的归责，不宜全面铺开，尤其是不应考虑在不作为犯 769
中适用。这一类型作为对造成型因果的归责空隙的弥补，有其合理性。毕竟，如果行为通过对导致结果的因果流程的直接作用，实质性提高了结果出现的机率，则从其支配力程度考虑，在辅之以强大的归责有效性的场合，应可肯定结果归责。对引起型因果而言，若是让其与概率提升型因果相结合，鉴于行为对结果存在现实的作用力，肯定归责勉强也算合理。但不作为犯中，不作为对结果的支配力为零，允许在概率提升的情况下归责，无异于是说微弱的支配可能性即足以满足归责的事实基础。这一步跨得太远，即便从类型学的角度，如此拓展结果归责的范围也难言正当。”

3. 不同因果类型归责的具体判断

对于四种因果类型在归责判断上的差异化，劳东燕教授是通过对所谓 770
“归责判断的细部规则”的不同处理得以体现的。

“造成型因果的归责是以行为对因果流程的支配为基础，相应地，如果 771
支配被阻断，便可排除结果归责。”因此，“对造成型因果的案件，关键是考察对因果流程的支配是否掌控在行为人手中”。传统因果理论上所谓回溯禁止、因果流程重大偏异、异常性与不可预见性等“细部规则”，本质上都是排除行为的支配性。“在介入第三人自愿行为或出现异常的、不可预见的介入因素，或者因果流程存在重大偏异的场合，实质上是表明，行为人对于导致结果发生的因果流程丧失了支配。”同样，“声称被害人自我答责，是在表明行为人缺乏对因果流程的支配”。

“引起型因果的归责以对结果存在现实作用力为条件；若要排除结果归 772
责，需使行为之于结果的作用效果归于终结。在引起型因果的归责中，由于不以支配的获得作为归责基础，介入他人的自愿行为或其他异常的、不可预见的因素，或者因果流程出现重大偏异，对归责的判断往往并无影响。”“相应地，包括回溯禁止、因果流程重大偏异、异常性与不可预见性在内的规则均无从适用。”“在引起型因果的归责判断中，信赖原则有其适用的价值。”“此外，注意规范的保护目的思想，在引起型因果的归责类型中具有更为重要的意义。”

773 “义务型因果的归责判断中，单是否定支配的存在或是消除行为之于结果的现实作用效果，都不足以否定结果归责。要排除结果归责，只有在行为人对法益不再负有保护义务，或者导致结果产生的危险本身并不处于保护义务的范围才有可能。”“在这一归责类型中，结果的具体产生方式并不重要，关键是保护义务的性质与范围。包括禁止溯及、因果流程重大偏异、异常性与不可预见性在内的规则，都无法绝对地产生排除结果归责的效果。”“至于被害人自我答责，这一规则在义务型因果的归责类型中一般没有适用的余地。”

774 “概率提升型因果的归责，以行为是否实质性地提升结果出现的风险为基础。要排除结果归责，仅否定支配的存在还不够，还必须进一步消除提升风险的效果才可以。只有当结果的出现并非源自行为人所提升的风险的实现，而是源于另一种独立的风险，才能产生排除结果归责的效果。”

（二）因果类型化归责方案及义务型因果说评析

775 劳东燕教授的因果类型化归责方案，试图建构一种区别化对待的评价机制，来解决归因与归责判断的难题。然其理论方案存在诸多可质疑之处，其中的义务型因果概念亦难言合理。

1. 因果类型的划分根据存疑

776 将刑法上的因果关系划分为造成型因果、引起型因果、义务型因果和概率提升型因果，存在逻辑上的划分根据不确定、不统一的问题。不仅义务型因果和概率提升型因果不成其为独立的因果类型，而且造成型因果与引起型因果的划分也难成立。

777 首先，“义务型因果”类型难以成立。如前所述，因果关系以存在事实性条件关系为前提，而对于一个单纯的不作为而言，不可能成为引发某一结果的现实条件，因而根本就无因果关系可言。所谓义务型因果与造成型因果、引起型因果根本不能相提并论，因为“造成”也好，“引起”也罢，皆指向行为与结果之间的关系；然所谓“义务”，所指向的则是一种规范期待，根本无关行为与结果之间的因果关系，故所谓“义务型因果”并非一种因果类型。正如持论者已经认识到的那样，不作为对于结果的发生毫无支配力可言。既然如此，不作为又如何能成为结果发生的原因？至于持论者用“支配可能性”替代“支配”视其为不作为的归因根据，实为偷换概念。其一，“支配”与“支配可能性”分属于“实然”与“未然”两个完全不同的领域，而因果关系属于“实然”范畴，不能用“可能性”判断替代“现实性”判断。其二，对于不作为而言，所谓“支配可能性”是指作为义务人如果作为的话，具有阻断因果进程从而避免结果发生的可能性，这其中的“支配”同原因对于结果的“支配”具有完全不同的意义：前者是阻碍性“支配”，后者是原因性支配。因果关系中的“支配”是指已经现实化的原因性支配，而阻碍性支配则是处于因果进程之外的力量对于原因力的消解，不属于因果关系的范畴（见边码747、748）。

其次，所谓概率提升型因果也非一种同造成型因果相并列的因果类型。778
无论是疫学因果，还是基于危险升高的结果归责，其特殊性所涉及的是因果关系中事实性条件关系该如何证明的问题。就疫学因果而言，鉴于其在科学鉴定上的特殊困难性，理论上允许采取事实推论的方法予以证明，以降低检控方在因果关系上的证明负担。就其证明对象而言，仍然是因果关系中的事实性条件关系，并无特殊性可言。与此类似，根据风险提高理论所做的结果归责判断，同样是一种因果证明上的推论。其遵从的逻辑是，如果行为违反规则，并因此升高了造成结果的风险，就推定这种升高风险的行为同随后发生的结果之间存在事实上的条件关系。[①] 比如，汽车驾驶人未保持同骑车人之间足够的安全距离，骑车人因为醉酒失去平衡而遭到汽车碰撞后死亡，根据风险提高理论，由于汽车驾驶人未保持安全距离因而提高了造成事故的危险，就应当对该死亡结果负责；哪怕从当时的情势看，即使汽车驾驶人保持了安全距离，那个醉酒的骑车人很可能还是会遭到同样的结果，也不影响将结果归责于汽车驾驶人（见边码673）。在这里，归责判断乃是基于疑罪从有的推论，而其推论的对象也是行为的违规因素同结果之间的条件关系。因此，所谓概率提升型因果，除了证明方法、证明程度上的特殊性，并无其他将其作为一种独立因果类型的根据。从逻辑上讲，对事物的分类，要求同一逻辑层次上分类根据的同一，否则，就会导致子项相容的错误。而所谓概率提升

---

① 风险提高理论中的结果归责，实际上是用风险升高的判断替代了因果判断，遵从的是有罪推定的逻辑，其合理性存疑，也因此成为理论上的争议话题。

型因果同其他因果类型之间的划分，显然是采用了不同根据，因而违反了划分标准应具同一性的要求。

779 最后，造成型因果与引起型因果的划分，也难以圆说。按照持论者的表述，造成型因果是行为人的行为“直接支配”了造成结果的因果流程，其现实的支配力高；而引起型因果“只是为介入者实施危害提供了行动理由或制造了机会”，其现实的支配力减弱。在这里，划分根据不甚明了：是直接因果与间接因果的区别？抑或支配程度的区别？又或者是支配对象的区别？但无论做何种解释，其结论都难言合理。在现实中，任何现象（结果）的发生，都是一系列因素相互作用的结果。而在刑法学上，所有这些相互作用的因素，都是事实层面上结果发生的原因（条件），这便是条件理论的要旨。条件说之所以成为刑法学上判断事实性因果关系的共识，乃是因为刑法要将责任落实到个别行为之上，而非整体性原因之上，因而需要首先确定某一行为与结果的发生之间存在事实性条件关系，其要务是确定条件关系的有无，而无论这种条件关系是直接还是间接。因为即使是一个间接的条件关系，也不排除结果归责的可能性。正如前述那个向轮式拖拉机驾驶室抛烟头导致驾驶员错误操作而造成道路交通事故的案件（见边码 702）所表明的那样，一个行为对于结果的发生究竟是起直接作用还是间接作用，并不具有对于结果归责的决定意义。同样，一个“造成型因果”并不一定比“引起型因果”更具可归责性。例如，行为人将被害人推倒在马路上，恰遇汽车驾驶者驾驶汽车经过此地，驾驶人因避让不及将被害人轧死。此种情形下，驾驶人的驾驶行为“直接操控”了致人死亡的因果流程，而推倒被害人的行为乃是为驾驶人“提供机会”的“引起行为”，然而，恰恰是这一所谓“引起行为”而非驾驶人的“造成行为”成为归责对象。或许有人会争辩说，这一事件中的汽车驾驶行为是“引起行为”而非“造成行为”，但这样的说法无非是基于结论的需要所做的观念性虚构。从事实层面看，显然是那个汽车驾驶者驾驶汽车轧死了被害人，即直接操控了导致死亡的因果进程，而那个推人者只是操控了致人倒地的因果进程，而倒地并非致死的直接原因。可见，就确定事实性条件关系的有无而言，所谓造成型因果与引起型因果的划分，既困难，也无实益。至于劳东燕教授所列举的三种引起型因果类型，下面分别作简要分析。

780 就教唆行为而言，其共犯责任并非完全建立在因果法则上，而是预防犯罪的刑事政策使然。这可以结合煽动型犯罪的立法理解之。对于煽动型犯罪，刑法都是将其作为行为犯设置的，既不以发生某种结果为不法要件，也不以发生某种结果作为区分犯罪既遂与未遂的根据，故不属于结果犯的结果归责类型。何以如此，乃因为因果法则并不适用于此类犯罪：一方面，煽动行为与被煽动者的行为之间是否存在因果关系，是无法从客观上得到证明的；另一方面，如果被煽动者是一个有责任能力的人，就应当为自己的行为选择负责。教唆犯的归责原理与煽动型犯罪类似，其归责根据在于教唆行为本身的不法，而不取决于其教唆效果。当然，被教唆者是否实施被教唆的犯罪以及犯罪是否完成，会影响教唆犯的刑事责任程度。不过，这种影响并非建立在真实的因果判断上，而是基于一种严厉刑事政策的法律推定。[①] 因为即使被教唆者实施了被教唆的犯罪，也不一定是教唆的结果。只是，法律为了预防犯罪的需要，将被教唆者的犯罪行为“算作”教唆的结果。

781 再看被归入引起型因果类型的所谓“特殊的故意犯罪”，如滥用职权罪、违规发放贷款罪、非法出租、出借枪支罪及违法发放林木采伐许可证罪等。正如前述，这些犯罪并非结果犯，其中的“后果”既非不法行为自身的结果，也不具有范围上的确定性，实际上已经逾越了不法构成的范畴，刑法只是将其作为一种附加的刑罚条件设置的（客观处罚条件），因而有别于结果犯的结果（见边码 437 以下）。正如持论者已经认识到的那样，“此类犯罪虽也以具体结果的出现作为成立要件，但其中的结果通常由与其并无犯意联络的第三人行为直接导致，因果流程的发展超出行为人操控的范围”[②]。易言之，此类犯罪中，不法行为虽同法定“后果”之间存在一定的关联，但并非该后果在法律意义上的原因。因此，结果犯的结果归责应遵从的因果法则和罪责原则并不适用于此类“后果”。正因如此，司法实务并不对此类后果进行法律上的原因判断和罪责判断，而刑法理论通常也不将此类犯罪及其后果

---

① 严格意义上的法律推定，产生证明责任倒置的效果，即控方不承担证明责任，但允许辩方进行反驳并就其反驳予以证明。刑法关于巨额财产来源不明罪的规定，就是如此。而此处的“法律推定”不存在反驳的余地，因而实为一条实体法规则，就像刑法规定已满 16 周岁的人具有刑事责任能力一样。

② 劳东燕：《事实因果与刑法中的结果归责》，载《中国法学》2015 年第 2 期。

纳入因果理论的对象范围。

782 至于过失的作为犯中，危害结果由介入因素直接造成的场合，从持论者所举案例看，实属多因一果的因果关系。比如，行为人在建造房屋时偷工减料，致使房屋未达到规定的抗震标准，后因地震时房屋未达标而造成人身伤亡的情形中，行为人的偷工减料行为无疑是造成人身伤亡的原因之一，其归因判断并不因所谓介入因素而与造成型因果有别，也不会因为存在介入因素而提升其归责门槛。

783 总之，因果判断在事实层面上的任务，是确定行为与结果之间的条件关系：如果存在条件关系，就具备了结果归责的客观事实基础；如果缺乏这种条件关系，就无因果关系可言，也就不存在结果归责的可能性。因此，因果判断中的事实性条件关系，只存在有或无的判断，而无其他区别归因根据的分类之余地。

2. 归因与归责标准的失据

784 劳东燕教授借鉴了客观归责理论中归因与归责的分析架构，将“支配力”和“归责的有效性”视为结果归责的两个基本要素，认为刑法中的结果归责，“要求同时具备支配力（或支配可能性）与归责的有效性；在二者缺一的场合，归责要么有失公正，要么根本无益”①。然而，在其理论方案中，这两个要素都缺乏明确性。何谓支配力，它是否有别于条件说中的条件关系，在该理论方案中并未予以说明。从持论者对条件说的质疑态度看，两者似乎有所差异；但其所谓支配概念，又将造成型因果与引起型因果纳入其中，认为它们“均要求行为对结果的出现贡献积极的、现实的作用力，故可以从支配的维度予以解说”，如此，所谓支配又似乎无异于条件关系。对于“归责的有效性”，劳东燕教授的解释是，“归责的有效性则涉及评价主体所追求的好处或价值，包括规范的目的与政策方面的考虑，它为归责的成立提供功利性的基础……归责有效性的判断，主要考虑行为所影响的法益主体的范围、法益的重要程度、预防的效果，以及对个体自由造成的限制等因素”②。在这里，“归责的有效性”既缺乏确定的内涵，又没有具体的判断标准，实难堪

① 劳东燕：《事实因果与刑法中的结果归责》，载《中国法学》2015 年第 2 期。
② 劳东燕：《事实因果与刑法中的结果归责》，载《中国法学》2015 年第 2 期。

当结果归责的基本要素之角色。

更重要的是，该理论方案对于不同因果类型的归责分析中，其所言的 785
“归责的有效性”这一基本要素杳无踪影，其结果归责的判断根据，皆聚焦于支配力的强弱及其同所谓“细部规则”的关系。而所谓“细部规则”，在持论者看来，当属“支配力”判断（归因判断）的范畴。因为，“回溯禁止、因果流程重大偏异、异常性与不可预见性等规则，本质上都是在处理支配有无的问题。在介入第三人自愿行为或出现异常的、不可预见的介入因素，或者因果流程存在重大偏异的场合，实质上是表明，行为人对于导致结果发生的因果流程丧失了支配”①。同样，“声称被害人自我答责，是在表明行为人缺乏对因果流程的支配”。然而，“支配力”同“细部规则”之间的关系，又是该理论框架的归属点，且被置于“支配力”同“归责的有效性”这两个“基本要素”之间互动关系的主题之下，实际上是用“细部规则”的运用分析取代了“归责的有效性”分析。这似有模糊“支配力”判断与“归责的有效性”判断之嫌，也使得“归责的有效性”在其类型化的具体分析中完全让位于“支配力”的判断，并因此得出了以支配力为归责之核心根据的结论：“对造成型因果的案件，关键是考察对因果流程的支配是否掌控在行为人手中”；“对引起型因果的案件，关键是考察行为贡献的作用效果是否完全被消除”；“对概率提升型因果的案件，关键是考察行为是否实际上提升了结果出现的危险”；而对义务型因果的案件，“关键是考察导致结果产生的危险是否处于保护义务的管辖范围之内”，因为，“作为义务的概念提供了因果联系的替代，违背分配救助的义务便足以将危害归因于行为人”②。如此，一个以二维判断（归因和归责的有效性）为出发点的理论架构，最终得出的是一维判断（归因）的结论。

3. 基本立场与结论之间的不协调

劳东燕教授将支配力和归责的有效性视为相互影响的两个变量：“原则 786
上，对结果的作用力程度越大，归责所受的制约或阻碍便越少，相应地，行为人越可能被要求对结果负责。”换言之，“如果支配力因素极强，则在归责

① 劳东燕：《事实因果与刑法中的结果归责》，载《中国法学》2015 年第 2 期。
② 劳东燕：《事实因果与刑法中的结果归责》，载《中国法学》2015 年第 2 期。

有效性相对微弱的情况下也可考虑归责；反之，如果支配力（或支配可能性）极弱，则只有在归责有效性极强之场合才应允许归责”。此乃其理论方案中所持的基本立场。然而，在其对不同因果类型的具体分析中，却得出了与这一基本立场不一致的结论。

787 这首先体现在“造成型因果”与“引起型因果”的归责判断上。按其逻辑，造成型因果具有最强的支配力，相应地，其归责的有效性程度就要求最低；相对而言，引起型因果的支配力减弱，就应当要求更高程度的归责有效性。然而，该理论方案在讨论“细部规则”在不同归责类型中的运用时，却得出了相反的结论：对于造成型因果的归责，要受到“回溯禁止、因果流程重大偏异、异常性与不可预见性、被害人自我负责”等诸多规则的限制；相反，对于引起型因果的归责，这些限制性规则“就没有适用的余地”，因为对于引起型因果而言，“仅仅阻断支配本身并不足以排除结果归责”。这就是说，造成型因果因为其支配力强，其归责的要求就更多、更严格；引起型因果因为其支配力弱，其归责的要求也随之降低。这显然同其基本立场之间存在矛盾。

788 那么，是否还有其他“细部规则”可以说明引起型因果的“归责的有效性”要求高于造成型因果呢？劳东燕教授特别提到了“信赖原则”和“注意规范的保护目的”对引起型因果中归责判断所具有的意义；相反，“在造成型因果的归责类型中，适用信赖原则几乎没有意义”，而“注意规范保护目的的这种限定功能，在造成型因果的归责中，其意义就小得多”。但这样的论证难以成立。比如，汽车驾驶人正常驾驶汽车，但因某个行人突然横穿马路而遭汽车撞死。这一“造成型因果”事件中，之所以不能将行人的死亡结果归责于汽车驾驶人，信赖原则就为其提供理论支撑。其实，信赖原则乃是维护正常社会秩序和心理安宁的一般原则，普遍适用于社会生活的各个领域，而非仅仅适用于所谓引起型因果的归责判断。同样，“注意规范的保护目的”这一目的论解释的根据在刑法领域也具有普遍适用性，而非只是对“引起型因果”的归责判断有重要意义。比如客观归责理论基于“规范保护目的”对归责范围的限缩，恰恰被主要适用于所谓“造成型因果”的归责判断。

789 在“义务型因果”的归责判断中，也同样存在基本立场与结论之间的矛盾。按理说，由于“义务型因果中，现实的支配力归于零（只是具有支配可能性)”，就应当要求最高程度的“归责有效性”，亦即其“归责的有效性”应具备更多条件，受到最多限制。然与此相反的结论是，那些用于限制“支配维度”归责类型的“细部规则”，全都不具有对“义务型因果”在归责判断上的制约功能。对义务型因果而言，其唯一的归责条件（也是归因条件）就是行为人存在作为义务。“换言之，就义务型因果的归责而言，在存在保护义务的前提下，只要能够肯定实际因果流程中导致结果出现的危险处于保护义务管辖的范围，则即便结果的发生是介入他人的故意行为或异常的因果流程导致，也不能产生排除归责的效果。”[①] 这意味着义务型因果中“归责的有效性”要求实际上被降低了。不过，在劳东燕教授看来，由于义务型因果中缺乏支配力，因此才要求行为人具有作为义务，也就是说，存在“作为义务”这一要求，乃是义务型因果中“归责的有效性”程度具有更高要求的体现。然而，且不说“作为义务”在该理论方案中的功能是“一身二任”的，既是归因的基准，又是“归责的有效性”根据，这使基本立场上要求的二维判断最终变成了一维判断，亦即在其他因果类型中的双重要求在这里变成了单一要求（标准的降低）；更重要的是，对不作为的不法而言，违反“作为义务”乃是行为不法的基本要求，这正如通过作为的不法中，违反“禁止命令”乃是其行为不法的基本要求一样。众所周知，无论是违法的作为还是不作为，都是对规范性命令的违反：作为违反“不得为”的命令（消极义务），不作为违反“必须作为”的命令（积极义务）。因此，无论是作为者还是不作为者，都是刑法上的义务主体。这就是说，确定行为人的“作为义务”同确定行为人的“不得为的义务”具有刑法评价上相同的意义。这表明，对于不作为而言，确定行为人具有“作为义务”，并不意味着提升了结果归责的门槛。如果说，对一个由作为构成的结果犯而言，仅仅是根据行为违反“不得为的义务”尚不足以进行结果归责，而是还需要证明行为与结果之间的因果关系，那么，对一个由不作为构成的结果犯而言，为什么仅仅根据行为人违反“作为义务”就能进行结果归责呢？而且，为什么违反“作为义务”还能被视为“归责的有效性”具有更高要求的根据？在这里，结论已经不言自明了。

---

① 劳东燕：《事实因果与刑法中的结果归责》，载《中国法学》2015 年第 2 期。

4. 作为义务与因果关系的混同

790 对于不作为的因果关系，劳东燕教授是通过“义务型因果”概念予以说明的。在其看来，不作为本身并不具有因果支配性，因为，“导致结果发生的因果流程并非不作为开启，而是由独立于不作为或被期待的作为之外的情状所引发。不作为的行为人并没有操纵因果的发展流程，而只是对既有的因果发展历程不予干预，听任潜在的危险转变为现实的危害”。因而，“无论采取何种因果概念，一个对既有因果流程消极地不予干预的行为，难以认定为具有支配”①。既然缺乏因果支配性，又如何能将结果归责于不作为呢？这被视为“义务型因果”的特殊性所在：“作为义务的概念提供了因果联系的替代，违背分配救助的义务便足以将危害归因于行为人。”② 这意味着：“归因层面事实因果的判断往往与行为归责的判断合二为一。只要肯定存在作为义务，便可径行认定行为的危险创造关联，即是否制造危险的判断通过甄别作为义务的有无来完成。同时，这也满足了归因的标准。”③

791 这种用“作为义务”的确定替代“因果关系”认定的主张，比防果条件说走得更远。众所周知，作为义务是法律意义上的“不作为”得以成立的前提条件：缺乏作为义务，就不存在法律上的不作为。故确定作为义务的意义，只在于认定不作为。而因果关系的判断，在于确定行为对于结果的原因性，其意义在于提供将结果归责于行为的根据。因此，“作为义务”的确定同“因果关系”的认定具有完全不同的意义，不能用前者替代后者。否则，对于不作为的结果归责就将因为缺乏因果根据而失去正当性。前面关于不法的作为和不作为同样违反规范命令的分析，也能够为此提供注解。

792 不仅如此，将“作为义务”与“因果关系”混为一谈，将完全模糊不纯正不作为犯同纯正不作为犯之间的界限。因为，存在作为义务也是纯正不作为犯的显著特征及成立条件，这就意味着这两类犯罪之间的界限就难以划清了。比如，一个不采取必要措施救治病人的医生，究竟是构成医疗事故罪还是构成故意杀人罪？一个违抗命令不去救火的消防员，究竟是构成渎职罪还

---

① 劳东燕：《事实因果与刑法中的结果归责》，载《中国法学》2015 年第 2 期。
② 劳东燕：《事实因果与刑法中的结果归责》，载《中国法学》2015 年第 2 期。
③ 劳东燕：《事实因果与刑法中的结果归责》，载《中国法学》2015 年第 2 期。

是构成放火罪？一个奉命处理交通事故却见危不救的警察，究竟是构成渎职罪还是构成故意杀人罪？一个明知校舍存在安全隐患却置之不理的学校负责人，对之后因为暴风雨袭击所致的校舍坍塌事故，究竟是承担教育设施重大责任事故罪的责任，还是承担以危险方法危害公共安全罪的责任？显然，此类事件中的责任人都具有作为义务，如果作为义务的认定可以替代因果关系的认定，那么此类不作为，就都可以解读为具有归因根据的结果犯，并据此追究其不纯正不作为犯的刑事责任。但这样的结论显失妥当。

用作为义务替代因果认定的主张，症结在于将刑法上针对不作为犯的义 793
务型归责同结果犯的结果归责混为一谈。结果犯的归责根据在于行为的结果制造，故须适用因果法则对其进行结果归责。而纯正不作为犯的归责根据只在于行为人对作为义务命令的违反，即不作为的行为非价。至于罪刑规范对纯正不作为犯设置的“后果”条件，如丢失枪支不报罪、教育设施重大安全事故罪、消防责任事故罪、玩忽职守罪中要求的后果，则超越了不法构成的范畴，乃是刑法附加的“客观处罚条件”，其意义仅仅是限缩不法行为的处罚范围，而无关不法构成的评价。正因如此，此类作为客观处罚条件的后果，既不要求行为人对其具有故意或过失，也无须进行因果判断（见边码 438 以下）。

上述表明，劳东燕教授提出的因果类型化归责方案及其中的义务型因果 794
说，并非一个成功的理论方案。

第三节 不纯正不作为犯的因果性

刑法只能要求行为人对自己的行为及其结果承担刑事责任，这既是常理， 795
也是罪责自负原则的应有之义。因此，要将某一危害结果归责于某个行为人，须以其行为同该结果之间存在因果关系为必要。对于不纯正不作为犯予以结果归责，同样如此。而其因果关系的合理证明，乃是揭示其何以能够被刑法等置于作为的结果犯的关键所在。

一、不纯正不作为犯的因果构造

796 同作为的结果犯一样，不纯正不作为犯的因果关系也需要分别从事实性条件关系和法律评价两个方面予以双重判断，但不纯正不作为犯对于结果的原因性又有其独特构造。

797 在作为犯的因果关系中，原因的判断根据是单一的，即不法作为独立地构成原因判断的根据，亦即在因果判断的双层结构中，不法作为既是条件关系的判断根据，又是原因的法律判断的对象。

798 但不纯正不作为犯对于危害结果的原因性，则不是单纯地以那个不作为为根据，而是需要在通过作为的风险设定（风险制造或者风险承诺）与通过不作为的原因设定的关联评价中得以确定。易言之，不纯正不作为犯的危害结果，乃是通过作为的风险设定与风险防控不作为相结合共同作用的结果。其中，风险防控不作为是不法的根据，也是法律意义上导致结果发生的原因；但不作为对于结果的原因性又是以通过作为的风险设定为基础的。也就是说，这个设定风险的作为虽然处于不纯正不作为犯的不法范畴之外，但却是不作为具有原因性的必要条件。比如，一个护士在给患者注射抗生素时没有做过敏试验致使患者因抗生素过敏而死亡，从法律上说就应当将患者的死亡归咎于该护士的不作为（未做过敏试验），但显然，如果该护士不对患者注射抗生素，那么不做过敏试验就不可能成为患者死亡的原因。同样，如果［例3-4］中的铁路扳道工许某没有接受工作任务（无风险承诺），那么其不扳道岔就不可能被视为发生列车相撞事故的原因。

799 在这种原因性的关联评价中，通过作为的风险设定构成了不作为导致危害结果的前提条件，也是因果判断原理中事实性条件关系的判断根据。同作为犯中的条件关系具有的客观事实属性一样，这种条件关系也是建立在事实基础之上的能够以经验证明的现实性关联。正是在此基础上，才能进一步从规范评价上判断不作为在法律意义上的原因性，这也使对不纯正不作为犯予以结果归责具备了坚实的事实基础，而非像传统理论那样单纯地从规范评价的角度去臆造一个“假定的因果关系”。

800 上述原因根据的双重性，也是不纯正不作为犯区别于作为犯的重要特征。如果一个作为本身就具有违法性并由其开启了导致结果的因果进程，而无须依赖于不作为进行违法评价，那么支配这一因果进程的不法作为，就是该结果的原因，从而构成作为犯。例如，假定卫某自始就是以致男孩死亡为目的，将男孩放入深井后离去，那么其将男孩放入深井的行为本身就具有了杀人性质，因此应认定为作为犯。至于其后不予施救的行为，则不再具有不法构成的评价功能，而只涉及犯罪是否中止的问题：施救仅仅是犯罪中止的一种表现。过失犯罪也是如此，如果一个过失的作为支配了导致结果的因果进程，那么无论行为人是否有施救可能以及是否施救，都应当将危害结果归责于那个不法的作为，而不存在构成不纯正不作为犯的余地。这正是刑法将交通肇事后的逃逸致人死亡评价为加重情节的法理所在。

以作为的风险设定为前提的不作为对于结果的原因性，也是不纯正不作 801
为犯区别于纯正不作为犯的重要特征。在纯正不作为犯中，并不存在通过作为的风险创设及由此设定的保障义务，其作为义务只是基于法律的要求。比如纳税义务（逃税罪的义务根据），子女对父母的赡养义务以及夫妻之间的扶助义务（遗弃罪的义务根据），报告教育设施安全隐患的义务（教育设施重大安全事故罪的义务根据）等，都是由法律赋予的义务。义务人不履行这种义务，所需要承担的是单纯的义务违反责任，而非结果责任。这正是纯正不作为犯无须进行因果判断的原因所在。

总之，不纯正不作为犯的因果关系也需要进行事实性条件关系和法律评 802
价的双层判断：首先根据是否存在通过作为的风险制造或者风险承诺，进行事实性条件关系的判断；其次再从规范评价上进一步判断风险防控不作为的原因性。不过，前一个层面的判断已经在“保障义务的自我设定”这一主题下完成了，也就是说，保障义务的自我设定根据同因果判断中的条件关系判断是合二为一的，因而不再赘述。因此，本节除了对不纯正不作为犯的因果结构予以一般性说明外，主要聚焦于不作为的原因性判断以及原因不作为与施救不作为的区分。

二、不作为的原因性判断

（一）对允许性风险的防范不作为不具有原因性

由前述允许性风险不设定保障义务所决定，对允许性风险的不予防范不 803

具有对于结果的原因性。在［例4－2］（见边码548）中，规范停车的卡车司机没有义务去防止不谨慎的摩托车手撞上卡车，因而其未采取措施防止他人撞车就不具有对于结果的原因性；而且，在摩托车手因撞车受伤后，卡车司机的不予施救，也不是摩托车手死亡的原因。同样，正当防卫行为人在必要限度内造成不法侵害人伤害的情形下，就不能将不予施救当作不法侵害人随后死亡的原因。总之，在制造允许性风险的情况下，无论是制造风险的作为还是之后的不作为都不具有对于结果的原因性。

（二）不作为对于因果进程的原因性支配

804 通过作为的风险制造或者风险承诺对保障义务的设定，就意味着设定了保障人通过掌控风险对于因果进程的支配关系，也即通过风险防控的作为或者不作为支配涉及风险的事态走向。如果保障人正确地履行风险防控的保障义务，那么潜在的风险就不致转化为现实的造成结果的因果流程。反之，如果保障人不履行或者不充分地履行其保障义务，一旦潜在的风险转化为现实的因果流程，那么保障人的不作为就具有了逻辑上的原因性，也就是通过对处于其掌控中的风险的防控不作为支配了因果进程。就像卫某用绳索将男孩放入矿井中后掌控了男孩的生死一样，其不作为正是男孩死于矿井中的原因（见边码482）。同样，扳道工许某正是基于通过接受工作任务（风险承诺）掌控了列车在经过道岔时的行进方向，并通过不作为现实地支配了列车的行进方向以致列车相撞的事故。这种基于通过作为的风险制造或者风险承诺的不作为在规范逻辑上所具有的原因性是毋庸置疑的。

805 不过，这种基于规范逻辑的原因性判断并非具有无条件的当然性，而是必须建立在下述基础上，即保障义务人的不作为对于导致结果的因果进程具有现实的原因性支配，易言之，只有当保障义务人通过其风险防控不作为操控了导致结果的因果进程时，其不作为才具有原因性。否则，就应当排除对不作为的结果归责。在客观归责理论中讨论的下述两例可以说明之。

806 **［例5－2］**一家画笔厂的厂长没有遵照规定采取消毒措施，就将进口的山羊毛交给工人加工，结果4名女工被感染炭疽杆菌而死亡。但后来的调查表明，那个厂长未执行的消毒措施，对当时尚缺乏认识的这种杆菌并无作用。

[例5-3] 一名牙医为一位女士施行拔牙术，虽然事前该女士告知其自己有心脏病，但牙医并没有谨慎地请内科医生会诊，而径行对其施行全身麻醉，结果那位女士死于心脏衰竭。事后查明，即使经过内科检查，该女士的心脏问题也发现不了，而只能是使其死亡的时间因为内科检查而延迟。 807

在山羊毛案中，导致工人死亡的炭疽杆菌并不在当时的消毒措施可以杀灭的范围之内，也就是说，这种杆菌所具有的危险并不受画笔厂的厂长在消毒上的作为或者不作为所左右，也就意味着厂长的不作为不可能现实地参与对因果进程的支配，因而该不作为并非导致工人死亡的原因。 808

在牙医案中，即使牙医谨慎地要求女士去做了内科检查，也无法发现该女士的心脏问题，就表明这种心脏问题对于施行麻醉术的危险并不处于牙医掌控的范围中，也即牙医在术前检查上的作为或者不作为都不会对随后的因果进程发生影响，因而其在术前检查上的不作为就不具有原因性。 809

针对上述事例所否定的，只是不作为对于结果的原因性，即不能将那个已经发生的结果归责于不作为，而不是否定不作为的成立。厂长的不消毒以及牙医不按规定做术前检查，当然是应予谴责的不作为，只是在过失犯的场合，这种对结果不具有原因性的不作为并不构成刑法上的不法。 810

（三）自主支配下自损、自危行为的自我负责

前述自主支配下自损、自危行为的自我负责的一般原理（见边码716以下）同样适用于不纯正不作为犯。申言之，一个具有责任能力的人在知道自己将要采取的行动可能面临的危险或者可能遭到的后果，却仍然自愿地采取该行动，并且自主地支配了自损、自危的因果进程，那么由此导致的损害或者险境就应当归咎于他自己的自我决定及自主支配，哪怕他人以某种方式参与其中也是如此。就像前面所举的事例那样，一个在他人的挑逗下走上危险冰面的人，一个应约参加危险摩托车比赛的人，一个明知他人有艾滋病而与之发生性关系的人，或者一个为了在同他人的打赌中赢得一个手电筒而冒险爬上电线杆触摸电线的人，都应当为自己的决定带来的后果自我负责。毕竟，他自己才是是否行动的决定者，也就是说他的自主决定才是他采取行动的真正原因，而他通过自己的行为自主地支配因果进程则构成了他身处险境或者 811

遭到损害的原因。在此过程中，其他人的相约、唆使、挑逗、同意、打赌等参与行为，都不具有决定性的意义。因此，这些参与者既不需要就其参与性作为对他人的自损、自危结果负责，也不因为其参与性作为而设定保障义务，从而也就排除了因为不对自损、自危者施以援手而构成不纯正不作为犯的可能性。在这里，排除作为和不作为的原因性的原理也是一致的。即使是认为此类见危不救有必要予以刑法规制，也只能是在见危不救的通常意义上，通过设置纯正不作为犯的罪刑规范予以规制，而不能与不纯正不作为犯混为一谈。

812 在因果判断原理中讨论的职务性自危的归责原理对不纯正不作为犯而言也是相同的。假如，当警察在驾车追缉飞车抢夺者的过程中因不慎而身负重伤后，那个抢夺行为人不采取救助措施，以致该警察因失血性休克而死亡的，就不能因为其对受伤后的警察置之不理而承担不纯正不作为犯的结果责任。而与此不同的是，如果职务性自危具有被迫性，就像奉命赴火场的消防员在处置因放火或者失火的火情时必须身处险境那样，一旦这种不得已的自危转化成实际损害，那么这种损害就应当归责于放火或者失火行为人。不过这种情况当属作为犯，哪怕是那个放火或者失火行为人在现场却见危不救也是如此。

三、施救不作为的非原因性

（一）施救不作为与原因不作为的区别

813 一个单纯不阻止结果发生的不作为不具有对于结果的原因性，因而不构成结果归责的根据。这就需要把原因不作为同施救不作为加以区别，两者的差异如下：首先，原因不作为是基于行为人对自己制造的禁止性风险的防控不作为，或者是在基于承诺而设定了对风险防控的支配关系下的风险防控不作为；而施救不作为则是对他人制造或者自然因素导致的因果流程的干预不作为，其既不以行为人自己的风险制造为条件，也不是建立在通过承诺取得对风险防控的支配性基础之上。其次，在原因不作为的场合，行为人未履行的作为义务是通过作为避免潜在风险转化为现实的因果流程，因而行为人的不作为被视为开启因果进程的原因；而在施救不作为的场合，那个导致结果的因果流程已经现实地由他人或者自然因素所开启，不作为者的作为义务则是积极地干预这个已经开启的因果流程以避免结果的最终发生。上述差异意味着，原因不作为乃是作为因果关系中的原因要素处于因果环节中；而施救不作为则超出了因果环节的范畴，或者说那个被期待但未履行的作为只是一个可能的干扰因果进程的外在因素处于因果范畴之外。基于这种差异，我们得以将不纯正不作为犯同纯正不作为犯以及同非罪的不作为加以区别。

（二）亲属之间的施救不作为

1. 父母对子女的施救不作为

如前所述，父母生育子女在创造子女生命的同时也一并创设了子女出生后一段时期内无法独立生存的风险，并因此设定了其保障子女生存直到其获得起码的生存能力为止的保障义务（见边码 557 以下）。这一根据也划定了原因不作为的边界，即父母不对子女的生存提供基本保障才构成子女人身损害上的原因不作为。而保障子女生存的基本保障义务包含两项内容：一是为缺乏基本生存能力的子女提供维持生命的物质供给；二是保障对危险还懵懂无知的子女免于陷入危及人身安全的危险之中。如果父母能履行这两种保障义务却不履行，导致子女死亡或者人身伤害的，就应当对这一结果承担不纯正不作为犯的刑事责任。 814

反之，如果父母的不作为超出上述保障义务的范畴，哪怕子女遭受不测，父母的不作为也不属于对于子女人身损害的原因不作为，而只具有因为施救不作为而构成遗弃罪的可能性。如果子女面临的危险并非因为父母的疏于管理，而是由于父母不可掌控的因素所致的情形即属之。比如，子女在遭受他人不法侵害时，父母未予阻止的，就属于施救不作为而非原因不作为，因而不应对由他人的不法侵害对子女造成的危害结果承担不纯正不作为犯的责任，而只存在构成纯正不作为犯（遗弃罪）的可能性。那种将父母不阻止他人侵害子女的不作为视为不作为的共犯的认识，不具合理性（见边码 996 以下）。 815

父母对于生病的子女不予送医的不作为，通常属于施救不作为而非原因不作为。因为疾病是父母无法掌控的危险因素，或者说父母不具有对于子女疾病的支配性。面对疾病，父母所能做的只能是帮助子女治病，而送医或者其他帮助治疗行为恰恰只具有施救性，因此，不予送医之类的不作为属于施 816

救不作为，而非支配因果进程的原因不作为。毕竟，子女生病的风险同子女出生时不能独立生存的风险不可相提并论，后者是随着出生而必定存在的。而疾病所致的生存危险则并非父母的生育行为所制造，故父母不送医的不作为就缺乏原因性，而是属于不尽法定抚养义务的纯正不作为。

817 基于相同的道理，子女因不可掌控的其他原因而遭遇危险时，父母不予救助的不作为也属于施救不作为。比如，子女因遭遇地震而身处险境中，父母不予救助的不作为对于随后发生的损害就不具有原因性，而是施救不作为。再如，一个上学的孩子在放学途中擅自下河游泳而陷于溺水的险境中，如果其父亲恰好路过该处发现了孩子遭遇的危险，却由于某种内心的原因不予施救的，也属于施救不作为。因为孩子在放学途中下河游泳遭遇危险是其父亲无法掌握的，或者说，孩子身陷险境既非父母的生育行为所创设，也非其父母疏于防范所造成，故其不作为对于孩子的溺水而亡并不具有原因性。

818 随着子女的基本生存能力的逐步获得，父母对子女生存的保障义务也会逐步解除。如果就提供子女生存所需的物质保障而言，父母的保障义务在子女获得基本的自我求生能力之后就不再持续，此后父母对子女的义务就属于家庭成员之间的扶养义务（法定义务），父母对这种法定义务的不作为就只具有虐待或者遗弃的性质。比如，处于叛逆期的少年子女逃离家庭后流落街头，如果其父母对此置之不理，即使该少年遭遇不测，也不承担不纯正不作为犯的刑事责任，而只能审查其构成纯正不作为犯的可能性。就父母保障子女避免陷入危险的义务而言，则需要结合危险的类型，根据子女是否已经具备对该类危险的认知能力，来判断父母是否仍然具有保障子女避免该类危险的义务。

2. 子女（孙子女）对父母（祖父母）的施救不作为

819 子女的出生完全是被动的，并不存在通过作为创设父母的人身危险性，因而也就不存在对父母人身安全的保障义务的设定。这意味着，有责任能力的子女对父母只承担法定的扶养义务。因此，子女对于身处险境的父母不予救助，以致其父母人身受到伤害或者死亡的情形下，除非危险是由子女的行为所制造，否则子女的不作为就不具有原因性，而是属于施救不作为。也就是说，应完全排除因为父（母）子（女）关系而对子女不救助父母的不作为认定为不纯正不作为犯的可能性。孙子女对祖父母也是如此。

3. 配偶之间的施救不作为

正如前文所述，夫妻之间缔结婚姻关系，并不构成一项风险承诺（见边码 623）。夫妻之间的相互扶助义务是由法律规定的，而不取决于婚姻当事人的承诺。即使在结婚时配偶之间做出了相互保护的承诺，也不属于法律上的风险承诺。因为结婚的双方都是有责任能力的人，各自都有对自身权益自我负责的能力，而结婚并不会导致婚姻关系的某一方解除对自身权益的自我负责。因此，夫妻之间相互扶助的法定义务以及结婚时的承诺并不会导致任何意义上的风险创设或者风险提升。这样理解也是基于对婚姻关系当事人人格的基本尊重，即各自应当把对方当作一个独立的、能妥善管理自身事务的人格体对待。因此，扶助义务的意义只在于，当对方处于困境时帮助对方摆脱困境。这有两层含义：一是对已经处于实际困境中的对方采取适当的扶助措施，如照顾瘫痪在床的配偶；二是对一个已经开启的异常因果进程予以积极的干预，避免有害结果的发生，如将已经生病或者受伤的对方送医救治，以避免更严重后果的发生。但无论哪种情形，都意味着夫妻间的扶助义务只具有降低风险的意义。如果夫妻一方违背相互扶助的义务，就只是意味着其没有履行帮助对方降低风险的义务，而非创设或者提升了风险。从因果支配的角度看，夫妻一方身处困境，是其他原因支配的结果，而与缔结婚姻毫无关系。因此，夫妻之间违背相互扶助义务的不作为，并不能成为结果归责的根据，而只能成为纯正不作为犯的归责根据。当然，如果是夫妻一方通过作为给对方的人身安全制造了潜在风险，而后又对风险管控不作为的，则另当别论。 820

4. 兄弟姐妹之间的施救不作为

兄弟姐妹之间的血亲关系对于他们自己而言也是被动地形成的，相互之间既缺乏风险制造，也不存在风险承诺，而只是基于家庭成员的关系承担法定的相互扶助的义务，因此，他们之间的见危不救不具有对于损害结果的原因性，而是基于家庭成员关系的施救不作为，因而通常只具有构成纯正不作为犯的可能性。 821

例外的是，一个具有刑事责任能力的兄长（姐姐）在接受其父母照看幼年弟妹的托付后，却疏于看护，放任年幼的弟妹死亡的，就具有成立不纯正不作为犯的可能性。只不过，对此种情况下不作为的结果归责，其根据不在 822

于兄弟姊妹关系，而在于基于风险承诺的保障义务的设定，就如同保姆或者邻居受托照看他人幼年孩子一样。

（三）职业上的施救不作为

823 一项职业上的义务如果只在于干预已经开始的因果进程或者阻止他人的不法行为造成危害，那么对这种义务的不作为就属于施救不作为。例如，对于接受任务处理交通事故的警察而言，如果其没有对交通事故的被害人采取安排送医等适当的救助措施，就属于施救不作为，只能承担纯正不作为的义务违反责任，即玩忽职守的责任，而不应对被害人随后的死亡承担不纯正不作为犯的结果责任。因为对于被害人的死亡而言，开启、支配因果进程的是交通肇事行为，而非交警接受任务的承诺和之后的不作为。因而不能把交警的不作为视为被害人死亡的原因。同理，一个受命去处理家庭暴力事件的警察对施暴者的暴力行为不予制止，或者一个缉私官员对他人的走私活动不予查禁，或者一个税务官对他人的偷税漏税视而不见，或者一个环保官员对正在发生的环境污染放任不管等诸如此类职务上的不作为，都属于施救不作为，应排除其构成不纯正不作为犯的可能性。

824 对于接受了患者诊疗请求的医生而言，即使其消极地不予治疗，通常也属于施救不作为，故即使患者病情加重甚至死亡的，也应当评价为医疗事故（纯正不作为），而不应评价为不纯正不作为犯，因为开启、支配患者死亡结果之因果进程的是疾病，而非医生的接诊行为及之后的不作为。当然，如果医生通过作为制造了新的风险，其后对这种风险的防控不作为则另当别论。例如，外科医生在手术中途，因某种原因置已经被切开了器官的病人于不顾，如果该手术对患者之后的死亡发挥了作用，那么医生对患者的死亡就应当承担结果责任。又或者，医生故意对患者以假治疗拖延病程，用以排除其他治疗可能性，以致患者因不能得到有效治疗而死亡的，也应当对该结果承担刑事责任。不过，后一种情形应当属于通过欺骗手段危害他人人身安全的作为犯。

（四）基于契约义务的施救不作为

825 同职业上的施救不作为一样，如果一个契约上的义务在于单纯地阻止由他人或者自然因素开启的因果进程，那么义务人的不作为就是施救不作为。在涉及人身安全保护的领域，保镖对其雇主在遭遇人身危险时的保护不作为即具有典型性。此外，由于保姆的义务可能会涉及人身安全保护，因而在关于契约义务及其不作为的讨论中受到关注。下面以保姆对雇主家的家庭成员不予救助的不作为为对象分析之。

保姆对受雇家庭的成员不予施救所具有的法律意义不能一概而论，而应 826
根据其承担的义务内容判断之。首先，超越保姆义务范围的见危不救属于道义上的不作为，应排除在刑事归责的范围之外。其次，要根据保姆照顾的不同对象区分原因不作为与施救不作为。

［**例5－4**］严某在雇主家做居家保姆期间，雇主突发脑溢血，不省人事。 827
严某想到雇主对自己有过性骚扰并因此产生矛盾，就没有采取施救措施。等到雇主的家人下班回家时，雇主已经死亡。

此例中，严某在合同上的义务只限于家庭生活事务，雇主的人身健康及 828
安全风险并不在其保护范围之内，因而其对雇主不予施救就不属于法律上的不作为，而只具有道义上的可责难性。这就如同一个路人看见一个小孩溺水时不予救助一样，除非法律将此类见危不救规定为犯罪，否则就应排除其刑事责任。

［**例5－5**］保姆孔某给雇主家1岁的孩子洗澡时，其男友打来电话，便 829
将孩子置于澡盆中去客厅接电话。待其打完电话再去看孩子时，发现孩子已经溺死于澡盆中。

此例中孔某的不作为，对于孩子的死亡而言就属于原因不作为，应追究 830
其不纯正不作为犯的结果责任。其不作为具有原因性的根据是双重的：其一，孔某受托照顾幼年孩子，就是一种风险承诺，由此就接管了孩子的父母对孩子的照护义务，使自己居于保障孩子人身安全的保障人地位；其二，孔某将幼儿置于澡盆中，制造了一个潜在风险，而她对这一风险的疏于防范就逻辑地使潜在风险现实化为一个异常的因果流程。当然，即使没有后一个根据，仅根据孔某对孩子父母责任的接管，也足以认定其对孩子疏于照顾而致其死亡所具有的原因性。比如，假定那个保姆孔某应约去打牌，结果无人看护的孩子去浴缸中玩水而淹死，那么基于孔某的风险承诺，其不作为仍然是孩子死亡的原因。

831 **[例5-6]** 保姆曹某受雇主之托，照顾生活在异地的雇主的老母亲。因老人已是高龄，行动不便而产生轻生念头，遂用水果刀割断手腕血管。曹某发现后，想到可以乘机摆脱这份繁重的工作，就没有采取施救措施，放任老人死亡。

832 此例中曹某的不作为属于施救不作为。显而易见，老人的死亡是老人自杀所致，而非曹某的不作为所致。曹某的不作为在于没有干预那个由老人自杀开启的因果进程，故属于施救不作为。有必要特别指出，保姆不救助受其照顾的老人，同不救助受其照顾的小孩应区别对待。这是因为，照顾小孩的保姆是接管了小孩父母对小孩人身安全的保障义务，故其对小孩人身安全保障的不作为就具有了同小孩父母的不作为相同的意义和性质。如前所述，由于父母创设了子女不能独立生存的风险，故其对幼年子女不提供生存保障或者不注意避免子女陷入险境的不作为，对于因此造成的结果而言，就属于原因不作为。这意味着接管小孩父母责任的保姆在小孩人身安全保障上的不作为也具有了相同的原因性。与此不同，受雇照顾老人（或病人）的保姆只是部分地接管了老人的家庭成员的义务。正如前述，家庭成员之间的扶养义务具有法定性，这种法定义务的不作为对于家庭成员遭受的人身损害而言并不具有原因性。这意味着，保姆对其接管的照顾老人的义务的不作为，对于老人因自损、自危造成的结果而言，就不具有原因性，而是属于施救不作为，因而只具有构成遗弃罪的可能性。①

① 《刑法》第261条规定："对于年老、年幼、患病或者其他没有独立生活能力的人，负有扶养义务而拒绝扶养，情节恶劣的，处五年以下有期徒刑、拘役或者管制。"其中的扶养义务，不限于家庭成员之间，也包含基于契约、政府福利制度产生的扶养义务，如养老院、保育院、保姆等对其扶养对象的扶养义务。从完善刑法的角度看，设置独立的"业务遗弃罪"，可以避免不必要的争议。

第六章　不纯正不作为犯的故意与过失

内容提要

犯罪故意，是行为人对其不法行为的认知与意愿。对结果犯而言，行为人对其不法行为的故意逻辑地包含了对行为结果的故意。从认知要素看，故意意味着行为人对其行为性质（法益危害性及其他决定行为性质的因素）的认知，也就是对决定不法行为性质的全部事实性要素及规范性要素具有认知。而那些不决定行为性质的罪量要素以及客观处罚条件则不是故意的认知对象。 833

不纯正不作为犯的故意，是指行为人对其通过不作为危害法益的认知与意愿。由于不纯正不作为犯限于纯粹的结果犯，故其定性要素中并不涉及行为的方式、时间、地点等因素，因而其故意的认知要素并不包含这些因素。不纯正不作为犯的认知要素包括对保障义务的认知，以及对不作为及其法益危害性的认知。至于作为可能性则并非其认知要素，行为人是否有作为可能性涉及的是不可抗力这一责任排除事由。 834

认定不纯正不作为犯的故意，需要把不作为的不法故意同事前犯意及事后态度区别开来，这需要合理确定不作为的起点与终点。不作为的不法并没有一个可以通过外部举动观察的“着手”，而只能进行当为而不为的规范判断。不作为不法的终点取决于不作为者应予以防控的危险是否仍然在致害的因果过程中发挥作用：如果该危险仍然在因果进程中发挥致害作用，那么行为人的风险防控义务就仍在继续，其不采取措施阻止这种危险致害的不作为，就属于风险防控不作为； 835

反之，就意味着风险防控义务的终结，此后的施救不作为及其主观态度不是认定犯罪故意的根据。

836 同故意一样，过失的基本对象是行为，即行为的过失。一个过失行为，也就是因缺乏必要谨慎而失当的行为，因而是行为失当与主观过错的统一：一方面，过失意味着行为偏离了法秩序的要求；另一方面，行为失当又是由于行为人缺乏应有的谨慎造成的。其中，行为犯的过失（主要指纯正不作为犯的过失）是纯粹的行为过失，而不涉及行为结果。其内涵是，行为人对其行为背离法秩序的要求未尽必要的注意义务。结果犯的过失实质上是对行为危险的过失，即行为人对其应予避免的造成法益危害结果的行为危险，未尽必要的谨慎注意义务。

837 不纯正不作为犯的过失，是就风险防控不作为而言的，其实质内涵就是行为人对其不作为造成法益危害结果的危险性缺乏应有的谨慎。也就是说，如果行为人因缺乏这种应有的谨慎而没有履行风险防控的保障义务，就是一个过失的不作为。一旦这个过失的不作为导致了符合不法构成的结果，一个不作为的过失犯罪就得以成立。至于风险防控不作为的过失开启因果进程后，行为人对因果进程的干预不能以及行为人事后的不予施救，都不影响过失的判断。一个不作为的过失可能转化为故意，即行为人最初的风险防控不作为是出于过失，但在由此导致的因果进程中，那个应予以防控的危险持续地发挥着致害作用，而行为人在此过程中对危险的进一步致害持希望或者放任态度，就意味着其主观上从过失向故意的转化。

第一节　故意的法理与不纯正不作为犯的故意

一、犯罪故意的对象与内涵

838 我国《刑法》第 14 条第 1 款规定：“明知自己的行为会发生危害社会的结果，并且希望或者放任这种结果发生，因而构成犯罪的，是故意犯罪。”这一规定为犯罪故意的界定提供了基本的规范依据，然而，其合理内涵并不能在对法条进行望文生义地语词解释中获得。因此，对于犯罪故意的合理解读有必要作为一个基础性问题予以讨论。

（一）犯罪故意的对象

在我国刑法的规定中，故意的对象指向了危害结果：故意就是对造成危害结果的故意。这样的界定是建立在传统刑法主要针对结果犯立法的认识基础上。对于现代刑法中大量的行为犯而言，从发生危害结果的意义上理解犯罪故意就说不通了。比如非法持有枪支罪，其主观上只要求“未经许可持有枪支”的行为故意，而非要求发生某种危害结果的故意。再如丢失枪支不报罪，其故意就仅限于丢失公务用枪的事实不及时报告，而非造成某种结果的故意。 839

故意的基本对象其实是行为。当人们使用“故意行为”这一说法时，就已然表明了故意的指向：故意就是行为人对自己行为的认知与意志。“故意犯罪”也是如此，因为犯罪也是一种行为，故所谓“犯罪故意”就是实施刑法所禁止的不法行为的故意。这既是常识，也是域外刑法理论的通常见解。大陆法系刑法理论中的故意概念，就是围绕“行为构成”展开的。① 840

在结果犯中，所谓对危害结果的故意，实际上统一于不法行为的故意之中，更准确地说，是不法行为故意的逻辑内涵。比如，故意杀人罪中所谓杀人的故意，就是剥夺他人生命的故意，也就是造成他人死亡结果的行为故意。盗窃罪中的盗窃故意，就是通过窃取非法转移财产占有的故意。非法拘禁罪中的非法拘禁故意，就是非法剥夺他人人身自由的故意。可见，结果犯中的行为故意已经逻辑地包含了行为的结果因素。因此，即使是结果犯的故意，也应当着眼于不法行为故意的角度予以解读。 841

尤须指出，只有从不法行为故意的角度，才能恰当处理结果犯的行为结果与其他故意犯罪中作为附加条件（客观处罚条件）的后果。后者超越了故意的范畴，无关犯罪故意的认定。比如丢失枪支不报罪中的“造成严重后果”就不属于故意的对象，也就是说，丢失枪支不报罪的犯罪故意并不要求“造成严重后果”的故意。何以如此？这就需要从不法行为故意的角度予以 842

---

① 参见［德］克劳斯·罗克辛：《德国刑法学总论：犯罪原理的基础构造》（第1卷），王世洲译，法律出版社2005年版，第328页。

解读。申言之，该罪中的不法行为故意，是“丢失公务用枪不及时报告”的故意，这一行为（不作为）故意中并不以某种结果因素为其逻辑内涵，故所谓“造成严重后果”就被排除在不法行为的故意之外。因此，只有从不法行为的角度，而非单纯从结果的角度，才能对犯罪故意予以合理界定。

（二）犯罪故意的实质内涵

843 进一步的问题是，不法行为的故意该如何理解？也就是说，行为人对其行为具有怎样的认知，才具有不法行为的故意？

844 大陆法系刑法理论对此是通过法定的行为构成要素加以说明的，认为故意的对象是不法行为全部的客观构成要素，包括法律所要求的事实性要素和规范性要素。[①] 也就是说，行为人只有认识到行为构成的全部客观要素而行为的，就具备不法行为的故意，否则，就属于对行为构成的认识错误，排除故意。不过，这里面临的一个问题是，该如何界定不法行为的客观构成要件？是不是罪刑规范所描述的全部客观因素都属于客观构成要件？理论上给出的答案是，应当区分不法构成要件与客观处罚条件，只有不法构成要件才是故意的对象，而客观处罚条件则超越了故意的范畴。如此，不法行为的构成要件与客观处罚条件的区分，就成为解读犯罪故意内涵的关键。然而，这两者之间的界限划分，是迄今为止仍然争论不休的问题。[②] 这也意味着，在大陆法系刑法理论中，不法故意的基本内涵仍然是一个悬而未决的问题。其实，区分不法构成要件与客观处罚条件并非解决问题的关键所在，因为即使是解决了不法构成要件与客观处罚条件的区别问题，并将客观处罚条件排除在故意的对象之外，人们还是有理由质疑，难道除客观处罚条件之外的其他不法构成要件都是故意的对象吗？正如后述所表明的那样，答案是否定的（见边码 850 以下）。

845 国内的刑法理论通常并不就不法故意予以内涵上的一般说明，而是在对故意的认知因素的说明中，讨论故意的认知范围问题。按流行的见解，故意

---

① 参见［德］汉斯·海因里希·耶赛克、［德］托马斯·魏根特：《德国刑法教科书：总论》，徐久生译，中国法制出版社 2001 年版，第 356 页。

② 参见［德］克劳斯·罗克辛：《德国刑法学总论：犯罪原理的基础构造》（第 1 卷），王世洲译，法律出版社 2005 年版，第 690 ~ 700 页；梁根林：《刑法总论问题论要》，北京大学出版社 2018 年版，第 299 ~ 310 页。

所需要认知的内容包括：对行为本身的认识，对行为结果的认识，对其他犯罪构成要件要素事实（方法、对象、时间、地点等）的认识。[①] 其存在的问题是：一是，由于客观处罚条件概念的阙如，使得客观处罚条件被混同于所谓客观构成要件，并被逻辑地纳入故意的认知范畴中。二是，把行为结果、方法、对象、时间、地点等同行为并列为故意的认知内容，不仅误解了它们之间的逻辑关系，而且抽空了行为认知的内容。

其实，通过要素罗列的方式，无助于准确理解犯罪故意的内涵，重要的 846
是要揭示不法故意的实质。只有明了其实质内涵，才能准确界定其认知要素的范围。一个不法行为的故意，必须建立在对行为性质具有认知的基础上。这种行为性质，不是指行为的违法性质或者犯罪性质，而是指作为行为的非价判断根据的社会意义，即立法上作为犯罪化根据的社会意义内容——对某种特定价值的危害性。因此，从根本上说，行为人不法行为的故意，就是通过其行为危害刑法保护的特定价值（法益）的故意，即对其行为危害刑法保护的法益的认知与意愿（希望或者放任）。比如，对于故意伤害罪而言，故意的内涵就是损害他人身体健康；对于放火罪而言，故意的内涵就是放火危害公共安全；对于非法拘禁罪而言，故意的内涵就是剥夺他人人身自由；对于扰乱法庭秩序罪而言，故意的内涵就是干扰法庭审判。

需要指出，行为犯罪化的根据并不限于对某种利益或价值的直接侵害， 847
有些行为被刑法犯罪化，只在于其具有损害某种现实利益或价值的可能性，因而其不法内涵并不要求对该种现实利益或价值的直接侵害。对于这类故意犯罪而言，故意所须认知的行为性质，就只能从行为据以犯罪化的规范根据上去理解，而不要求对损害某种利益的现实可能性具有认识。比如非法持有枪支罪，其实质的犯罪化根据是行为可能对他人人身、财产等合法权益（所谓公共安全）构成的危险，但在立法上，这种危险只是作为立法理由的一种抽象推定，而非作为犯罪要素，因而非法持有枪支罪的故意就无须认定行为人具有危害他人人身、财产等合法权益的故意，只要行为人认识到是未经允许地持有枪支这一行为意义即可。

---

① 参见高铭暄等撰稿：《刑法学》，北京大学出版社 2017 年版，第 108 页；贾宇主编：《刑法学：总论》（上册），高等教育出版社 2019 年版，第 165～166 页。

848 如果借用“方法论的法益”概念，不妨将犯罪故意学术性地表述为危害法益的故意。方法论的法益说与现实论的法益说，是对法益的两种理解。① 现实论的法益说将法益限定为人们现实的生活利益，理论上所谓的侵害犯与危险犯，就是基于现实论的法益说所做的划分。诸如故意杀人罪、盗窃罪之类直接侵害他人现实生活利益的犯罪，就是所谓的侵害犯；诸如危险驾驶罪、非法持有枪支罪之类只对现实生活利益构成现实或者潜在危险的犯罪，就是所谓的危险犯。方法论的法益说，则是基于罪刑规范的直接目的界定法益，也就是将罪刑规范要达成的政策性目的当作法益。比如，非法持有枪支罪立法的直接目的，是实现国家对枪支在法律制度内的有效管控，更具体地说，是维护枪支只能经国家批准而持有的政策有效性，故非法持有枪支罪立法的保护法益，就是枪支须经国家批准才能持有的枪支管控制度。这意味着，在方法论的法益观下，所有的犯罪都是侵害犯，正像非法持有枪支侵害了枪支持有管理制度，以及危险驾驶罪侵害了安全驾驶管理制度一样。在刑法教义学上，一个具有逻辑一致性和解释便利性的法益概念，当属方法论的法益，也就是将法益作为《刑法》分则中罪刑规范保护的现实利益或者制度目标的代称。这意味着其功能是工具性的，既用以指代所谓侵害犯的立法所保护的某种现实的生活利益和价值，也用以指代某些罪刑规范直接保护的观念性价值或制度性价值。比如侮辱尸体罪立法所保护的尊重死者尊严的社会伦理，遗弃罪立法所保护的抚养家庭成员的责任，非法持有枪支罪立法所直接保护的枪支持有管理制度。基于这种意义上的法益概念，我们就可以将犯罪故意的内涵表述为危害特定法益的故意。《刑法》第 14 条第 1 款中所谓“危害社会”的认知，就应当在这一意义上理解之，而非超法律的某种社会危害性认知。

849 还需要指出，有些不法行为类型的犯罪化根据不仅在于其法益危害性，还取决于行为方式，使得法益危害及其方式共同成为行为性质的界定因素。因此，以特定方式危害特定法益就成为其不法内涵。对于此类犯罪，其所谓故意，就是以特定方式危害特定法益的故意，盗窃罪、诈骗罪、抢夺罪、抢

① 参见［意］杜里奥·帕多瓦尼：《意大利刑法学原理》，陈忠林译，法律出版社 1998 年版，第 77 ~ 81 页。

劫罪、敲诈勒索罪等占有型侵犯财产罪就是如此。刑法对此类犯罪做行为方式的限定，意义不仅仅是区分此罪与彼罪，更重要的是区分罪与非罪。因为，如果单从法益损害即造成他人财产利益损失的角度看，除了刑事违法行为，民事违约、不当得利、民事欺诈等民事违法行为同样会造成他人的财产损失，甚至是巨额财产损失。因此，把刑法上的侵犯财产罪同民事违法行为加以区分，不能仅仅以损害他人财产利益为根据，还需同时以造成财物损失的行为方式为根据，或者说，刑法是基于损害财产利益的行为方式圈定了一个有别于民事违法行为的犯罪圈——刑法规定的抢劫、盗窃、抢夺、诈骗等行为方式，一同发挥界分刑事违法与民事违法的功能。因此，侵犯财产罪的行为性质不单指行为对财产利益的损害，还指以特定的行为方式侵害财产权益。因此，此类犯罪的故意，就应当限定为以相应的行为方式侵害他人财产权益的故意。

（三）犯罪故意的认知要素

犯罪故意的实质内涵，为确定故意的认知要素提供了核心根据：凡是关 850
乎不法行为性质的因素，就是犯罪故意的成立所须认知的要素；也只有决定不法行为性质的因素，才是犯罪故意所须认知的要素。因此，有必要对罪刑规范所规定的各种要素予以功能识别。刑法设置的各种犯罪评价要素，从其功能意义上可分为三类，即罪质要素、罪量要素和附加处罚条件。

罪质要素，就是对不法行为的性质具有决定意义的要素，如果缺乏该要 851
素，也就从性质上否定了不法行为。这意味着对该要素的认知，乃是行为人认知其不法行为性质的必要条件，因而成为犯罪故意的认知要素。比如，一个不知道是“他人财物”（行为对象）而拿走的行为人，就不可能意识到侵害他人财产利益，因而就不具有盗窃罪的故意；一个不知道自己是在禁渔区（行为地点）捕捞水产品的行为人，就不可能认识到其行为侵害国家保护水产资源的管理制度，因而就不具有违法捕捞水产品的故意；一个误认为他人同意而未意识到自己是窃取（行为手段）了他人财物的行为人，也就是没有认识到其行为侵犯他人财产权益的性质，因而就不具有盗窃罪的故意。所有这些决定行为人理解其行为性质的要素，皆属于犯罪故意的认知要素。

罪量要素，是指刑法从不法行为的可罚性程度上用以区分罪与非罪的要 852

素。从立法技术层面看，罪量要素有两类：一类是具体化的特定要素，如“数额较大”“在公共场所（扒窃）”“多次（盗窃）”等；另一类是综合性评价要素，如“情节严重”“情节恶劣”等（我国《刑法》第13条中的但书内容，也是关于综合性评价要素的规定）。无论是前者还是后者，都只涉及不法行为的可罚性程度评价，而不决定不法行为的基本性质。由于犯罪故意的成立并不要求行为人认识到其不法行为达到了犯罪的程度，故罪量要素不是犯罪故意的认知要素，也就无关不法故意的认定。在传统刑法理论中，将那些特定的罪量要素（如数额较大、多次等）同罪质要素不加区分地统称为犯罪构成要件，并且将所谓客观构成要件笼统地纳入犯罪故意的认知范畴，导致在犯罪故意认知要素上的认识混乱。

853 附加处罚条件，是刑法为限缩刑罚范围对某些不法行为予以犯罪化所设置的超出该不法类型自身范畴的条件，它包括附加的主观条件（理论上所谓“主观的超过要素”）和附加的客观条件（理论上所谓“客观处罚条件”）。前者如刑法对走私淫秽物品罪设置的“以牟利或者传播为目的”，就不是走私淫秽物品行为自身的目的（实为动机）。也就是说，即使缺乏该种目的，走私淫秽物品的不法行为照样成立，因而不属于该种不法行为构成的范畴。刑法设置这一主观条件，只是为了限缩走私淫秽物品的处罚范围，因此对于附加的主观条件，应注意其同犯罪故意的区分。后者如刑法对丢失枪支不报罪设置的“造成严重后果”，由于这种后果并非“丢失枪支不及时报告”这一不作为自身的后果，而是由其他人的作为所造成，因而超出了该不法构成的范畴，应排除在犯罪故意的认知要素之外。

854 需要指出，决定不法行为性质的犯罪要素包含事实性要素和规范性要素，它们都是犯罪故意的认知要素。因此，对其中规范性要素的认知欠缺，也否定犯罪故意的成立。比如，走私淫秽物品罪的故意，就需要认识到走私物品的淫秽性；侮辱罪的故意，就需要认识到行为对于他人的侮辱性。尤须指出，刑法中设置了大量以法律为评价依据的规范性要素，如“禁渔区”“禁渔期”“珍贵动物”“国家重点保护的植物”“证据”“枪支”“违反国家规定”等，都须依据相关的法律规定得以判断，属于法规范性要素。这些决定行为性质的法规范性要素也是犯罪故意的认知要素。唯应注意，不能把行为人对此类法规范性要素的认识同抽象的违法性认识混为一谈。[①] 对法规范性要素的认识，其认知内容是具有特定内涵的规范意义；而违法性认识的内容是行为不被法律所允许，而不一定与罪刑规范设置的法规范性要素相关。比如，对于盗窃枪支罪而言，"枪支"这一法规范性要素乃是犯罪故意的认知要素，行为人对这一要素的认知与违法性认识不能相提并论。例如，盗窃行为人盗窃他人的一个公文包，却意外发现公文包里面有一支手枪，虽然行为人明知其盗窃行为的违法性，但由于缺乏对"枪支"这一法规范性要素的认识，因而缺乏盗窃枪支罪的故意。这表明，决定犯罪故意成立与否的认知要素，是法规范性要素而非抽象的违法性。违法性认识以及违法认识的可能性，都不能作为有无罪责的评价根据。[②]

二、不纯正不作为犯的故意

一个故意的不纯正不作为犯，当然要求主观上具有不法故意，但由于其 855
因果构造和行为形式的特殊性，其不法故意需要专门研究。

（一）故意的对象

不纯正不作为犯的因果构造中，其原因性是在通过作为的风险设定和通 856
过不作为设定因果进程的关联评价中得以确定的，但这种双重的评价根据并不意味着其故意的对象也具有双重性。正如前文所述，其因果构造中的风险制造或者风险承诺的作为，并非不法评价的对象，因而也就不属于犯罪故意的对象。换言之，一个基于犯罪故意的作为所造成的危害结果，就应当归属于这个故意的不法作为，从而成立作为犯，而非构成不纯正不作为犯。例如，假如那个将男孩放入深井中的卫某是基于杀害男孩的意图，以让其下井拾煤渣为名，将男孩骗下深井后任其死亡的，就是以作为方式实施的故意杀人。因此，不纯正不作为犯的犯罪故意，是单就其风险防控不作为而言的，即通过其风险防控不作为造成法益危害结果的故意。此乃区分故意的不纯正不作

① 参见刘之雄：《违法性认识错误与构成要件认识的界分——以法规范性要素认识错误为焦点》，载《法学评论》2020 年第 5 期。

② 参见刘之雄：《违法性认识的刑法学理论异化与常识回归——基于解读犯罪故意实质内涵的分析》，载《法商研究》2019 年第 4 期。

为犯同故意的作为犯的关键所在。

（二）故意的要素

1. 认知要素

857 由于不纯正不作为犯限于纯粹的结果犯（任意手段犯），其可罚根据在于行为的结果制造，故其定性要素中并不涉及行为的具体方式、时间、地点等因素，因而其故意的认知要素并不包含这些因素。但其认知要素究竟如何界定，理论上尚存争议。

（1）对保障义务的认知

858 对不纯正不作为犯而言，通过风险制造或者风险承诺产生保障义务是不作为得以成立的前提，因而也是其不法构成的规范性要素。相应地，一个不作为的故意，当以对保障义务的认知为必要。如果不作为之行为人没有意识到自己的保障义务，当然就没有不作为的故意可言。比如，行为人因为忘记了已经调整的值班时间而没有去履行职务，就由于缺乏对作为义务的认知，而排除其不法故意。同样，一个父亲由于并不知道那个落水的幼童是自己的孩子，因而未采取施救措施的，就因为其缺乏对保障义务的认识而排除其不法故意，此即所谓构成要件认识错误阻却故意的情形之一。

859 通常而言，行为人对其保障义务的认知，是基于对自己的风险制造或者风险承诺的认知而自然形成的，亦即只要行为人对其行为的风险制造或者风险承诺有认识，就意味着对其风险防控义务有认知。一个在道路上施工的人，当然知道其行为对道路交通安全造成的风险并因此具有防控该风险的保障义务；一个担任风险管理职务的人，当然知道其风险承诺中所担负的保障义务；一个通过契约做出风险承诺的人，当然知道自己承诺的风险防控义务，如此等等。因此，行为人对这种源于自身风险创设的作为义务的认知，通常只需要根据其对自身风险创设行为的认知予以常识性推定就够了，而无须特别证明。如果行为人确实没意识到自己的风险防控作为义务，则需要由其承担相应的证明责任。

860 需要指出一种不恰当的主张，就是将行为人对保障义务的认识视为违法性认识，并基于大陆法系三阶层犯罪论体系而将其排除在不法故意的认知范畴之外，而视其为责任要素，并因此将行为人对保障义务的认识错误，视为只是影响责任而非阻却故意的违法性认识错误。[①] 这种主张实际上混淆了行为人对规范性要素的认识与违法性认识的界限。[②] 与不法行为的规范性要素认识不同，违法性认识既非故意的要素，也非所谓责任要素。“不知违法不免责”，乃是刑法学应当坚守的信条。[③]

（2）对不作为及其法益危害性的认知

由于不作为乃是不纯正不作为犯中不法评价的核心对象，故对于不纯正 861
不作为犯而言，所谓不法行为，就是风险防控不作为；所谓不法行为的故意，也就是风险防控不作为的故意。这意味着不纯正不作为犯的故意，乃以行为人对其风险防控不作为的认识为其核心认知内容。那种认为行为人只需要认识构成要件事实，而不作为的认识并非不纯正不作为犯的故意要素的主张，[④] 实不足取。须知，对不纯正不作为犯而言，不作为乃是其不法构成的基本要件；离开了对不作为的认知，何来对不法构成要件的认知可言？因此，如果行为人缺乏不作为的认知，所谓不作为的不法故意自然不能成立。比如，铁道路口的看守员由于沉浸在手机游戏中，加之游戏声音的干扰，没有注意到轨道铃声，因而未及时放下道口栏杆，造成道口交通事故的，就因为缺乏不作为的意识而排除其不法故意。

有必要重申，不法故意的实质是危害法益的故意。对于不纯正不作为犯 862
而言，所谓对不作为的认知，其实质内涵就是指行为人意识到其风险防控不作为对于造成法益危害的认识，也就是意识到其不作为具有造成法益危害结果的危险性。因此，行为人对不作为的法益危害性的认知欠缺，将阻却故意的成立。例如前述卫某将男孩置于深井中的案件，假如卫某误认为男孩有能力自行爬上来，便恶作剧地自行离开，结果男孩在攀爬过程中摔伤而不得救，

---

① 参见［日］野村稔：《刑法总论》，全其理、何力译，法律出版社 2001 年版，第 196、311 页。

② 关于违法性认识错误与构成要件认识错误的区分，参见刘之雄：《违法性认识错误与构成要件认识的界分——以法规范性要素认识错误为焦点》，载《法学评论》2020 年第 5 期。

③ 参见刘之雄：《违法性认识的刑法学理论异化与常识回归——基于解读犯罪故意实质内涵的分析》，载《法商研究》2019 年第 4 期；刘之雄：《违法性认识错误与构成要件认识的界分——以法规范性要素认识错误为焦点》，载《法学评论》2020 年第 5 期。

④ 参见［日］日高义博：《不作为犯的理论》，王树平译，中国人民公安大学出版社 1992 年版，第 132～133 页。

此种情形下，虽然卫某有不作为的故意，但由于卫某对其不作为的法益危害性欠缺认识，因而应排除其犯罪故意。

（3）作为可能性的地位及其认识错误问题

863 不纯正不作为犯的故意，是否要求行为人具有对作为可能性的认识，是刑法学上的争议问题。理论上对此有三种立场。

864 一是否定说。在持否定立场的阿明·考夫曼和韦尔策尔看来，对于不纯正不作为犯的故意责任而言，只要不作为者对救助法益的途径和手段“能够认识”就够了，而无须对作为可能性的明确认知。如果面对一个不幸事件时，不作为者事实上并没有去想自己如何能够予以阻止，那么他正好是在“无意识地”不作为，因为对他来说，这个事件的后果是无所谓的或者是他所期望的。因此，即使是一个无意识的不作为，也应当在故意犯罪的刑罚框架内加以处罚。否则，将会鼓励社会上无所谓与麻木不仁的态度。[①] 日本学者日高义博也持有相同立场。[②] 为了证明这一主张，阿明·考夫曼举了以下案例予以说明。[③]

865 **［例6-1］** 对妻子早生厌烦而不想继续共同生活的丈夫，丝毫不考虑能否救助激流中的妻子或怎样救助，庆幸自己可以自由了并能得到遗产，而放任不管。

866 **［例6-2］** 汽车司机不考虑能否救助由于自己的过失撞到沟里的被害人或怎样才能救助，他巴不得这个唯一的知情者死了才好。

867 在考夫曼看来，上述两例均属于故意犯罪，但行为人并没有推敲自己的作为可能性，因而缺乏对作为可能性的明确认识。如果把行为可能性的认识当作故意的认识要素，就无法对案例中的不作为人以故意犯罪予以处罚。[④]

868 二是肯定说。按照主流观点，作为可能性乃是不纯正不作为犯的客观构

---

① ［德］克劳斯·罗克辛：《德国刑法学总论：犯罪行为的特别表现形式》（第2卷），王世洲译，法律出版社2013年版，第515页。

② 参见［日］日高义博：《不作为犯的理论》，王树平译，中国人民公安大学出版社1992年版，第132~133页。

③ 参见［日］日高义博：《不作为犯的理论》，王树平译，中国人民公安大学出版社1992年版，第128~129页。

④ 参见［日］日高义博：《不作为犯的理论》，王树平译，中国人民公安大学出版社1992年版，第128~129页。

成要素，而不法构成的客观要素皆是主观故意的认识对象。因此，在德国学界，“主流观点认为，不作为犯罪的行为人通常不仅完全认识到了符合构成要件的事实以及自己行为的可能，而且还有意识地放弃了这种可能”[①]。在国内，也有学者对此持肯定态度：“作为可能性既然是不作为犯客观方面的构成要件，那么，关于作为可能性的错误就是一种事实错误，应阻却故意的成立。”[②] 下述案例被德国学者用来说明这种主张的合理性，并反驳否定说。[③]

［**例6－3**］某保姆把受托照顾的幼儿一人丢在她家，待其返回时，已发生火灾，一楼及楼梯都燃起火来。从火势看，她感到难以对幼儿施救，因而非常悲伤和不安。但实际上，如果把梯子搬到房子内侧的阳台处，是可以进屋救出孩子的。只是，她在焦虑中没有想到这个方法。 869

在肯定论者看来，此例中的保姆因缺乏对作为可能性的认识，应否定其犯罪故意。而如果按照否定说，虽然保姆对可能的施救措施缺乏认识，但却能够认识，且其缺乏履行作为义务的决心，就会得出构成故意的不纯正不作为犯的错误结论。不过，持否定立场的日高义博对这种质疑并不认同。他认为，此例中的保姆认识到孩子处于危险状态的事实，就已具备故意的认知要素，只是由于其缺少实现构成要件的意志而排除其故意。[④] 对于这两种不同的解读，学界提出了如下问题：在作为义务人缺乏作为可能性认识时，故意的成立是否完全取决于作为义务人的态度（意志因素）？不过，上述两种立场没有就此展开深度交锋。 870

三是折中说。持折中说者认为前两种观点皆有偏颇之处，因而主张：不纯正不作为犯的故意，“不要求行为人对客观上存在作为可能性有积极的认识，原则上，只要行为人认识到自身的保证人地位和客观的作为必要性就可以成立犯罪的故意（包括直接故意和间接故意），但是，如果行为人对‘没 871

---

① ［德］冈特·施特拉腾韦特、［德］洛塔尔·库伦：《刑法总论Ⅰ——犯罪论》，杨萌译，法律出版社2006年版，第381页。

② 刘明祥：《刑法中错误论》，中国检察出版社2004年版，第312页。

③ 参见［日］日高义博：《不作为犯的理论》，王树平译，中国人民公安大学出版社1992年版，第130页。

④ 参见［日］日高义博：《不作为犯的理论》，王树平译，中国人民公安大学出版社1992年版，第133～134页。

有作为可能性’有积极的认识，则应当阻却故意的成立”①。不过，折中说的主张者对其主张也心存疑虑。因为，“这种观点与‘作为可能性是不作为犯罪的客观构成要件要素’和‘犯罪构成要件内容是故意的认识范围’的犯罪论基础原理是否相冲突，还值得进一步研究”②。

872 上述争议涉及的问题较为复杂，需要仔细辨析。

873 在对问题予以实质性探讨之前，首先要指出的是，被否定论者用来证明其立场的例子，并不构成不纯正不作为犯，因而并不能说明问题。[例6-1]中丈夫的不作为属于遗弃，其可罚根据并非结果制造（本无结果制造），而是对法定的扶养义务的违反，因而属于纯正不作为。而纯正不作为犯属于行为犯，其所谓故意，就是指违反作为义务的故意。对于遗弃罪而言，其故意就是指不尽扶养义务的故意，而不是指造成结果的故意，因而其故意的内涵并不包含通过作为避免结果的可能性的认知。因此，一个对处于险境的妻子无动于衷的丈夫，显然具有不作为的不法故意。

874 要说明不纯正不作为犯的故意是否以作为可能性的认识为必要，需要先弄清作为可能性的地位问题，即作为可能性是否属于不纯正不作为犯的客观构成要件？肯定论是因为将作为可能性视为不纯正不作为犯的客观构成要件，从而将其纳入故意的认知范畴。而否定说一方面将作为可能性当作不纯正不作为犯的构成要件，另一方面又不以作为可能性为故意的认知要素，难以自圆其说。那么，作为可能性究竟是不是不纯正不作为犯的构成要件呢？结论应当是否定的。

875 所谓作为可能性，有两层内涵：其一，义务人有作为的行动可能性。如果义务人因为失去人身自由或者因病陷入神志不清的状态等原因，当然就不存在作为可能性。其二，作为义务人具有通过其作为有效防止危害结果的可能性。如果作为义务人即使通过其作为努力，也无法避免危害结果的发生，也是缺乏作为可能性。作为可能性的丧失，当然要排除对于结果的归责，但这并不意味着作为可能性是不纯正不作为犯的客观构成要件。事实上，缺乏作为可能性属于不可抗力的范畴，因而是排除主观罪责的事由。正像作为义

---

① 刘士心：《不纯正不作为犯研究》，人民出版社2008年版，第226页。

② 刘士心：《不纯正不作为犯研究》，人民出版社2008年版，第226页。

务人因为身体被捆绑而无法作为，或者像列车司机在采取制动措施后也无法避免列车被泥石流撞击那样，乃是排除主观罪责的根据，而非否定不法的客观要件。传统理论把缺乏作为可能性这种排除主观罪责的根据（所谓主观的消极要件），当作客观构成要件（所谓积极的客观要件），实属张冠李戴。

既然作为可能性的缺乏属于不可抗力，那么，就应当根据不可抗力的原 876
理来处理对缺乏作为可能性的认知问题。如果事实上具有作为可能性，而作为义务人误认为缺乏作为可能性因而放弃作为的，就应当排除其故意罪责，只追究其过失责任。如果事实上存在作为可能性，而作为义务人却根本不考虑是否有作为可能性且通过不作为积极追求或者放任危害结果的发生，就应承担故意责任。因此，不纯正不作为犯的故意并不以保障义务人对作为可能性的明确认知为必要。只有当作为义务人对“没有作为可能性”形成了明确认识时，才能将其当作排除故意罪责的根据。这与不可抗力作为排除主观罪责的消极要素的地位具有一致性。简言之，“作为可能性”并非故意的认知要素；但“缺乏作为可能性”的明确认知，可成为排除故意罪责的根据。

2. 意志要素

不纯正不作为犯的故意，其意志要素并无特殊性可言，即同样要求行为 877
人对其行为的法益危害持希望或者放任态度。申言之，由于不纯正不作为犯属于结果犯，且其不法行为表现为不作为，故其犯罪故意的意志要素就是，行为人希望或者放任其不作为造成法益危害结果，就像前述那个铁路扳道工故意不扳道岔，希望或者放任发生列车相撞事故一样。

然而，理论上也存在否定这种意志要素并因此否定不纯正不作为犯的故 878
意之主张。阿明·考夫曼和韦尔策尔从他们主张的目的理论出发，将意志行为视为一种对因果过程的目的性操纵，而这种目的性的因果操纵只有在作为的情况下才是可能的；一个缺乏原因力的不作为就不是对因果过程的目的性操纵，因此，不作为的故意就不可能存在。[①] 但这种主张并不可取。首先，故意及其意志要素并不以因果操纵为必要，否则，就意味着对行为犯（尤其是纯正不作为犯）的故意的否定。其次，前述已经表明，不纯正不作为犯也

---

① 参见［德］克劳斯·罗克辛：《德国刑法学总论：犯罪行为的特别表现形式》（第2卷），王世洲译，法律出版社2013年版，第514页。

具有因果支配，即在由风险制造或者风险承诺设定保障义务的前提下，通过风险防控不作为设定并支配导致结果的因果流程，故所谓不作为无因果操纵之说并不成立。最后，无论是作为还是不作为，都是行为人的选择，而选择就是一种意志性决定。因此，同作为一样，不作为也是意志支配的结果。

879 鉴于否定不纯正不作为犯的故意及其意志要素，存在导致故意犯与过失犯的界限混淆之疑虑，阿明·考夫曼提出了区分两者的标准，即根据是否存在“实施命令行为的决心”区分故意犯与过失犯：只要行为人缺少“实施命令行为的决心”，就承担故意犯的罪责；如果行为人有“实施命令行为的决心”并实施了命令行为，但最终失败的情形，就是过失犯。① 但这种试图撇开意志支配的解释，不过是一种文字游戏罢了。照此逻辑，人们也能将故意的作为犯解释为“缺少不实施禁止行为的决心”，并据此否定其犯罪故意。实际上，所谓“缺少决心”所要表达的仍然是一种态度（意志），只不过是一种隐讳的、不清晰的甚至是不那么恰当的表达。其一，其表达的判断标准模糊了直接故意与间接故意的界限。因为只要承认直接故意与间接故意的区别，就必须借助于希望与放任这两种意志因素加以区分，而所谓“缺少实施命令行为的决心”并不具有这种区分功能。其二，这样的表达也会导致故意犯与过失犯的界限混淆，因为一个“缺少实施命令行为的决心”的不作为，完全有可能是过失。比如，作为义务人在值班时因为瞌睡而“缺少实施命令行为的决心”，就只能是不作为的过失而非故意。

880 需要强调，不作为的故意，必须从实质内涵上解读其意志因素，即通过不作为危害特定法益的希望或者放任态度，而不仅是不采取风险防控措施的故意。对一个出门遛狗而没有采取防范措施的人来说，其不采取防控措施的故意，并不等同于伤害他人的不法故意；同样，一个母亲不喂养她的幼儿的故意，不等同于杀害其幼儿的故意。只有当保障义务人具有希望或者放任其不作为造成法益危害结果时，才有不纯正不作为犯的不法故意可言。

---

① 参见［日］日高义博：《不作为犯的理论》，王树平译，中国人民公安大学出版社 1992 年版，第 136 页。

（三）不作为的不法故意与事前犯意及事后态度

一个不法行为的故意，只能是行为人在不法行为时支配其行为的心理。 881
对于不纯正不作为犯而言，其不法故意就是指行为人在不作为时通过不作为危害法益的故意，因而应区别于行为人的事前犯意和事后态度。

1. 不作为的不法故意与事前犯意

不言而喻，不作为的故意只存在于不作为之时。因此，行为人在不作为 882
之前试图通过不作为危害法益的意图应当属于事前犯意，而非不作为的犯罪故意。例如，一个铁路扳道工在去值班之时或者值班之前就产生了通过不扳道岔制造事故的想法，就属于事前犯意。假如他抱着这种意图去值班，但在其实施不扳道岔的不作为之前又因其意图败露或者因其他原因被领导从值班岗位上撤下，或者在该扳道岔之时又打消了其犯意，就不能认定其存在不纯正不作为犯的犯罪故意，并据此认定其构成犯罪未遂或者犯罪中止。因为事实上，该扳道工并不存在不法的不作为，甚至也不存在不法不作为的犯罪预备行为。至于其不作为之前的想法，只是事前的犯罪欲念，不同于支配不作为的犯罪故意。这就如同一个意图杀人的人只是产生了杀人的想法，而没有付诸杀人的作为一样。还要说明的是，不能把扳道工怀揣犯罪欲念去值班的举动视为一个不法的作为，因为其接受工作任务去值班是一个正常举动，该举动本身并不具有可谴责性。这就如同一个想借上班之机杀害同事的人一样，我们不会将其去上班的行为评价为犯罪行为，应予责难的是行为人在上班时的不作为或者杀人行为。

不作为不法的起点，并没有一个可以通过外部举动观察的“着手”，而 883
只能进行“当为而不为”的规范判断。比如，在道路上施工之时没有采取相应的安全防护措施，就意味着其不作为起始于施工之时。养狗的主人在出门遛狗时，没有对狗采取必要的约束措施，那么其不作为就起始于出门遛狗之时。对一个铁道路口的看守人员而言，其不作为开始于其值班过程中轨道铃声响起后必须放下铁道栏杆而没有放下之时。对一个扳道工而言，其不作为开始于其值班过程中必须扳而没有扳道岔之时。

如果一个预防性的保障义务存在于通过作为的风险制造之前，那么其不 884
作为的不法故意还需要同其后的风险制造故意做关联性判断。例如，一名护士在为患者注射有过敏风险的抗生素之前就有通过做皮试避免风险的保障义务，但其不做过敏试验的故意并不等同于不作为的不法故意。假如该护士因为负面情绪并不打算为患者注射抗生素，那么其不做过敏试验就不存在导致危害结果的可能性，因而也就不存在不纯正不作为犯的不法故意。同样，在山羊毛案中，如果工厂主没有打算将那批羊毛交付工人加工，那么他不对羊毛消毒就不存在不作为的不法故意。而且，即使是该工厂主打算将那批羊毛交付工人加工，也不能仅仅根据其不消毒的故意认定不纯正不作为犯的故意，只有当其具有通过不消毒造成法益危害的故意时，才能认定不纯正不作为犯的故意。一个单纯不消毒的故意只能当作认定纯正不作为的根据。

2. 不作为的不法故意与事后态度

885 认定不纯正不作为犯的主观罪过，需要对不法的不作为与事后的施救不作为加以区分，在此基础上将不作为的不法故意与事后不予施救的主观态度区别开来，以免错误地将过失犯的事后态度当作认定犯罪故意的根据。换言之，如果行为人的风险防控不作为不是出于危害法益的故意，而是基于轻率态度或者疏忽心理，那么对由此导致的结果就只能承担过失责任，即使行为人在事后对危害结果持漠视态度，不采取积极措施防止结果的进一步扩大，也不能据此认定为故意犯罪。例如，一个在道路上施工的人，出于轻信不会导致交通事故的轻率态度未采取必要的防护措施，造成交通事故的，就只能对此承担过失责任。即使在事故发生后，行为人不对事故中的被害人采取送医等救护措施，也不能根据这种施救不作为及其放任心理认定为不作为的故意犯罪。申言之，这里存在两种意义上的不作为及其主观态度：一是防止发生交通事故的风险防范不作为及其主观态度；二是因前一种不作为导致交通事故后的施救不作为及其主观态度。只有前一种不作为及其主观态度才是认定主观罪过的基本根据；而施救不作为及其主观态度则已经超出了不法构成的范畴，不能当作认定主观罪过的根据。也就是说，无论行为人事后是否施救，那个在事后进一步扩大的危害结果都只能归责于那个过失的不作为。这就如同一个通过作为实施的犯罪一样，其不法作为在开启一个因果进程之后，行为人不采取干预措施避免危害结果发生的，只能以该不法作为为定罪根据，而不是以未阻止危害结果的发生为定罪根据。例如，一个杀人行为人或者一个伤害行为人在致人重伤后不予施救的，那么被害人死亡的结果归责根据仍然是那个不法的作为，而非之后的施救不作为。相反，如果行为人在不法作为之后，又通过积极施救避免了死亡结果的，则对于杀人行为人而言，就属于中止犯；对于伤害行为人而言，就避免了适用伤害致人死亡的加重法定刑。同样，对于不纯正不作为犯而言，如果行为人在事后采取积极施救措施避免了严重结果的发生，比如道路施工者将事故中的伤者及时送医从而避免了严重后果，也就否定了其过失犯罪的构成。总之，无论是作为的不法还是不作为的不法，行为人事后的不予施救，只是没有消除不法行为的负面影响，并不构成一个独立的不法，故不予施救只能评价为事后态度。

进一步的问题是，风险防控不作为与事后的施救不作为的界限如何具体 886
划分？其中的关键在于，不作为者应予以防控的危险是否仍然在致害的因果过程中发挥作用：如果应予以防控的危险仍然在因果进程中发挥致害的作用，那么行为人的风险防控义务就仍在继续，其不采取措施阻止这种危险致害的不作为，就属于风险防控不作为；如果那个应予以防控的危险已经不能对致害的因果进程发挥作用，也就意味着风险防控义务的终结，此后的施救不作为及其主观态度不是认定犯罪故意的根据。例如，遛狗人未对狗采取约束措施，致使发生狗伤人的事件中，狗伤人的整个过程，都处于遛狗人的风险防控范围，故在此过程中，如果遛狗人对狗伤人未予阻止，就属于风险防控不作为。如果遛狗人因为疏于防范致使其狗咬伤了人，而遛狗人对受伤者不予施救，则属于施救不作为。因此，如果在狗伤人的过程中，遛狗人放任或者希望发生伤人的结果，就具备了不纯正不作为犯的故意。如果遛狗人是在发现狗已经造成他人的伤害结果后，不对受伤者予以施救，就是施救不作为，故而即使伤者伤情恶化及至死亡，也不应追究其故意犯罪的责任，而只能将这种结果归责于过失的风险防控不作为。

第二节　过失的法理与不纯正不作为犯的过失

一、过失理论的演进

过失的法理，是一个尚待深入发掘的领域。过失的内涵及其判断标准， 887

乃至过失的体系地位，在刑法理论的演进中呈现出不同面貌，并因此形成了不同的理论主张。

（一）传统的过失论

888 传统理论将过失犯的危害结果作为过失的对象，将过失责任理解为纯粹的结果责任，实为结果过失论。因此，结果的可避免性成为过失的焦点：行为人能够避免结果但未避免的，就具有对于结果的过失。而结果的可避免性，又主要是由行为人对于结果的可预见性决定的：一个在行为人能力范围内能够预见的结果，只要尽到注意义务，就是可避免的；如果由于行为人的疏忽没有预见或者因为轻率没有对结果的发生作正确的判断，从而未避免结果发生的，就具有过失，除非结果的发生是因为不可抗力。这意味着，排除过失的根据限于两种：一是对结果不能预见的意外事件；二是无法阻止结果发生的不可抗力。如此，一个过失的不法，就建立在以下基准上：行为在客观上造成了法益损害结果；行为人对该结果的发生能够预见且并非不可抗力。

889 我国《刑法》第 15 条第 1 款规定："应当预见自己的行为可能发生危害社会的结果，因为疏忽大意而没有预见，或者已经预见而轻信能够避免，以致发生这种结果的，是过失犯罪。"《刑法》第 16 条规定："行为在客观上虽然造成了损害结果，但是不是出于故意或者过失，而是由于不能抗拒或者不能预见的原因所引起的，不是犯罪。"基于上述规定，我国学界和司法实务界通常将过失的判断基准聚焦于行为人对危害结果的预见可能性，在很大程度上体现了传统的过失观。

890 这种传统理论面临的最主要质疑，是过分扩张了过失犯的范围。因为，一个造成法益损害结果且行为人能够对此预见的行为，并不一定是一个过失的不法。事实上，在具有社会适当性的行为中，存在大量造成法益损害且主观上能够预见的情形。就像在拳击、球赛等具有身体对抗性的体育运动中那样，造成身体伤害甚至死亡等结果，并非不可预见，但在社会观念中，体育运动造成可预见的法益损害的并非都是过失的不法。同样，在交通领域，驾驶机动车造成交通事故的可能性，当然是能够预见的，但这种可预见性并不能构成过失的充分根据。只有当驾驶行为逾越了法秩序的界限，一个过失的交通肇事才具有成立的可能性。事实上，随着科学技术的不断发展和人类生产、生活领域的不断拓展，风险越来越广泛地进入人类活动的领域。危险品的生产和使用、科学试验和技术发明、医疗急救、工程建设，以及其他领域中广泛存在的危险性，都很难说是不能预见的，但我们并不能将那些能够预见的损害事件全都评价为过失。可见，传统过失论并不能为过失提供周延的法理根据。

（二）双重过失论

1. 基本立场

在大陆法系，聚焦于结果非价的传统过失论已经失去影响力，取而代之 891
的主流理论赋予了过失以双重内涵，即主张过失需要根据双重标准决定之。[①]一方面，过失首先是一个行为评价问题，即为了避免法秩序所防止的法益侵害，客观上应该要求什么样的行为。只有当行为违反法秩序要求的谨慎注意义务时，才有过失可言。相反，一个完全不存异议的行为即使造成了法益损害，也不能满足过失的不法构成。这意味着，过失的不法不仅仅是基于法益损害的结果非价，行为本身对法秩序的偏离（行为非价），也是过失不法的根据。另一方面，要根据行为人的人格和能力状况，考虑能否要求行为人为此等适法的行为，以避免不被允许的危险和结果。据此，在大陆法系三阶层的犯罪论框架中，过失是需要分别根据两个标准、通过两个阶层的判断得以最终确定的。“在构成要件阶层，针对过失要素，需要考察的是：在相应的生活领域中，认真且有洞察力的相关人员，在该行为情况下，本来是否能够和必须认识到该风险。而直到罪责阶层，才考察：按照标准人格（Maßstabsfigur）的相应要求，具体的行为人当时是否有能力认识到该风险，并对之加以避免。故而，这样的判断过程推出了两阶层的过失模式：在这一两阶层模式中，在构成要件的框架上判断是否成立客观的过失，而在罪责框架内考察是否具备主观的过失。”[②]

在日本学界，这种双重标准的过失理论被冠以“新过失论”之名。新过 892

① 参见［德］汉斯·海因里希·耶赛克、［德］托马斯·魏根特：《德国刑法教科书：总论》，徐久生译，中国法制出版社2001年版，第677页。

② 参见［德］乌尔斯·金德霍伊泽尔：《刑法总论教科书》，蔡桂生译，北京大学出版社2015年版，第328页。

失论是将过失作为对注意义务的违反来把握的，其中的注意义务，包括结果回避义务和结果预见义务。也就是说，如果应当预见到自己的行为造成结果并且应当避免这一结果，而没有尽到这两种注意义务而造成结果的，才成立过失犯。其中的违反结果回避义务，是根据行为偏离社会生活所要求的行为标准（违反基准行为的遵守义务）进行判断的，属于构成要件的范畴。而违反结果预见义务，是根据行为人对结果的预见可能性进行判断的（有结果预见可能性就有结果预见义务），属于罪责的范畴。①

2. 双重过失的判断

（1）构成要件过失的判断

893 构成要件阶层的过失判断，是以行为的危险与结果制造为对象，以客观注意义务的违反为内容的评价。其评价根据是法秩序对社会成员的一般要求，而不涉及行为人个体的认识和能力，故称客观的过失。根据主流见解，过失犯并不严格区分客观的构成要件和主观的构成要件。② 也因此，在构成要件阶层，过失的判断是在构成要件符合性判断中一体完成的。至于这种过失的具体内涵和判断方法，理论上存在不同认识，其中包括以下三种有影响力的主张。

894 第一种主张是，构成要件过失包含“违反客观注意义务”（行为过失）和“结果的发生、引起及其预见可能性”（结果过失）两个要件。①“客观注意义务的违反”，是根据违反“内在的注意”（内在的谨慎）和违反“外在的注意”（外在的谨慎）得到具体说明的。所谓内在的注意，是指对行为造成法益危险的认识和评价。如果行为人对行为的危险缺乏应有的认识，就是对内在的注意义务的违反。所谓外在的注意，是指基于对危险的认识可能性所产生的避免发生构成要件结果而应当采取适当行为（作为或不作为）的义务，亦即行为人要么是不实施行为以避免危险，要么是采取适当措施避免危

① 参见［日］佐伯仁志：《刑法总论的思之道·乐之道》，于佳佳译，中国政法大学出版社 2017 年版，第 243 页；［日］山口厚：《刑法总论》，付立庆译，中国人民大学出版社 2018 年版，第 240～243 页。

② 参见［德］克劳斯·罗克辛：《德国刑法学总论：犯罪原理的基础构造》（第 1 卷），王世洲译，法律出版社 2005 年版，第 729 页。

险。[1] 简言之，内在的谨慎就是认出危险，外在的谨慎就是消除危险。[2] 这里的谨慎注意义务，是就法秩序对社会成员的一般要求而言，因而其判断采用一般人标准（客观标准）：内在的注意义务，以“行为人所属的社会生活领域里认真的和谨慎的人”是否应当认识为标准；外在的注意义务，是以“认真的和谨慎的人”基于“事前”考察所应有的选择为标准。[3] ②“结果的发生、引起及其预见可能性”这一要件中，除“结果的发生”以及“引起结果”这一因果判断之外，“引发结果的预见可能性”直接与过失相关联。这种预见可能性，是指行为人对“结果的具体形态以及因果过程的本质要素，应当是可以预见的”，“这里，对可预见性起决定作用的是客观标准，该客观标准是以在社会生活领域里作为认真的和谨慎的成员的行为人的认识能力、判断能力及其关于因果关系的知识制定的”。[4] 这一主张意味着，所谓客观的过失，是需要经过三个步骤予以判断的：第一步是根据客观标准判断行为人是否违反内在的注意义务（是否应当认识到行为的危险）；第二步是根据客观标准判断行为人是否违反外在的注意义务（对采取适当行为是否缺乏注意）；第三步是根据客观标准判断行为人是否具有对结果的预见可能性。

第二种主张是，将“内在的谨慎”和“外在的谨慎”义务违反作为构成 895
要件过失的双重要素，即根据“合乎谨慎的可预见性”和“合乎谨慎的可避免性”这两个方面判断是否具备构成要件过失。前者是指，行为人的举止与结果之间的因果流程在本质上的可认识性；后者是指，行为人根据在具备谨慎态度时风险所具有的可认识性而采取相应举止，以避免设置能引发结果的原因。[5] 在日本学界，与此类似的观点是：“所谓结果回避义务，实际上是不得实施过失犯的实行行为的义务，是所谓外部性注意义务。它不外乎是为了

---

① 参见［德］汉斯·海因里希·耶赛克、［德］托马斯·魏根特：《德国刑法教科书：总论》，徐久生译，中国法制出版社 2001 年版，第 691 ~ 699 页。

② 参见［德］乌尔斯·金德霍伊泽尔：《刑法总论教科书》，蔡桂生译，北京大学出版社 2015 年版，第 330 页。

③ 参见［德］汉斯·海因里希·耶赛克、［德］托马斯·魏根特：《德国刑法教科书：总论》，徐久生译，中国法制出版社 2001 年版，第 693、698 页。

④ 参见［德］汉斯·海因里希·耶赛克、［德］托马斯·魏根特：《德国刑法教科书：总论》，徐久生译，中国法制出版社 2001 年版，第 705 页。

⑤ 参见［德］乌尔斯·金德霍伊泽尔：《刑法总论教科书》，蔡桂生译，北京大学出版社 2015 年版，第 329 ~ 333 页。

使犯罪结果不发生，应该实施必要的一定的作为或不作为的义务。而本来的注意义务，应该是以行为人的内心态度为对象的内部性注意义务。因为所谓不注意本来是以行为人虽然应该并且能够使其意识充分紧张却没有使其紧张这种内心态度为基础的观念，所以，注意义务也必须被理解为应该保持一定内心态度的义务。”① 这里的谨慎义务，也是根据一般人标准（客观标准）予以判断的。这种观点下，“内在的谨慎”与“引发结果的可预见性”就合二为一了。如此，构成要件过失的判断就缩减为两步：第一步，根据客观标准，行为人是否违反内在的谨慎义务，即对自己的行为引发结果具有合乎谨慎的可预见性；第二步，基于这种可预见性，行为人是否违反外在的谨慎义务，即是否合乎谨慎地采取了相应举止，以避免设置能引发结果的原因。

896 第三种主张是，将构成要件过失置于客观归责理论的分析框架中，即根据客观归责条件判断过失犯的构成要件过失。因为，“一个被归责于客观行为构成的结果，就是过失地造成的，不需要其他的标准。实际上，在损害谨慎义务的特征之后，隐藏着各种归责的因素，比一种一般性条款更精确地表示着过失的条件”②。因此，根据客观归责理论，就足以为过失提供具体的判断标准。首先，当行为人并没有创设任何在法律上有重要意义的危险时，就完全缺乏谨慎义务的违反。其次，如果行为人的行为创设的危险是在法秩序允许的范围内，也不存在对谨慎义务的损害。最后，当一个人仅仅对他人故意的自危、自损做出贡献，或者能够以信赖原则为根据的地方，也缺乏对谨慎义务的损害。相对这种更为具体的客观归责条件，所谓损害谨慎义务不仅更加含糊，而且是多余的。此外，诸如可预见性和可避免性等特征，也是如此。总之，一个过失的不法构成，是无须在客观归责理论之外获得其他标准的。③

（2）责任过失的判断

897 在责任阶层，过失要素是以行为人的个人能力为根据的判断。除责任能

① ［日］大塚仁：《刑法概说：总论》，冯军译，中国人民大学出版社 2003 年版，第 205 页。

② ［德］克劳斯·罗克辛：《德国刑法学总论：犯罪原理的基础构造》（第 1 卷），王世洲译，法律出版社 2005 年版，第 715 页。

③ 参见［德］克劳斯·罗克辛：《德国刑法学总论：犯罪原理的基础构造》（第 1 卷），王世洲译，法律出版社 2005 年版，第 715 页。

力等基础性责任要素外，过失的责任非难还取决于行为人能够认识和实现根据客观标准向他提出的注意义务的个人能力（主观标准）。这里要判断的是，按照行为人的个人能力，行为人是否具有对客观注意义务的认识可能性与履行可能性。在衡量个人能力时，起决定性作用的并非社会交往范围内谨慎的和认真的社会成员的能力（客观标准），而是行为人自己在智力、经验及知识方面所具有的水平（主观标准）。其具体的思考方式是，在年龄、智力和理解力等诸方面与行为人相当的“他人”，如果处于与行为人同样的位置和处境，根据我们的经验，有能力满足为回避构成要件该当结果而提出的内在的和外在的注意要求。因此，如果是因为身体缺陷、知识不足、经验欠缺、年龄增长导致身体衰退，以及存在行为人无法解决的特殊情景下的困难，就应当排除责任非难。例外的是，如果行为人实施了一个他缺乏必要的知识和能力的行为，也应当对行为人追究过失责任（接受责任，接受性过失）。①

3. 评析

双重过失论试图通过增加过失的要素来限缩过失犯的范围，以此克服传 898
统过失论存在的过分扩张过失犯范围的缺陷，其理论初衷应予肯定。然而，双重过失论将过失分解为客观过失与主观过失，分别采用不同的标准在两个不同的阶层进行分离判断的理论模式，建立在德国古典犯罪论体系中因果行为论的基础上，并不可取。

源自德国的阶层犯罪论体系，是借助于自然科学的观念和方法创立的。 899
这一体系初创时（古典体系），犯罪被视为犹如自然物一样的存在，因而该体系中的构成要件是一个纯客观的事实范畴。其中的行为被视为能造成外部改变的身体运动，而不包含任何主观的要素及评价性要素（因果的行为概念）。而故意、过失被视为一种心理事实，与行为相割裂，被置于罪责阶层。随着刑法学研究的深入，人们认识到犯罪并非一个存在论意义上的事实体，而是一个评价性概念，即对于行为的非价判断。刑法学的犯罪论原理也因此发生了巨大变化，其总体特征是从犯罪认知的存在论向评价取向的规范论的转向。这对古典的犯罪论体系带来的一个重要改变，就是在构成要件中，不

① ［德］汉斯·海因里希·耶赛克、［德］托马斯·魏根特：《德国刑法教科书：总论》，徐久生译，中国法制出版社 2001 年版，第 713 ~ 715 页。

仅规范性要素被发现，而且主观要素得到承认。因为，如果不借助主观要素，一个不法的行为构成就不可能得到确证。比如，一个举起枪支的外部举动，能否判断为符合故意杀人罪的构成要件，如果不结合行为人的主观故意内容，就不可能得出结论。因此，故意必须作为故意犯的主观构成要件看待，成为理论共识。

900 然而，因果行为论的影响仍然残存于双重过失论中：所谓“主观的过失”仍然被作为罪责要素，与不法行为的构成要件相分离；构成要件中只涉及“客观的过失”。实际上，所谓“客观的过失”是一个难以圆说的范畴：其评价对象本来是客观行为，然而其评价内容又是以行为危险的可认识性及可避免性为内容的注意义务的违反，似乎又指向了行为的主观方面。同样不能理解的是：注意义务的违反是以一个虚构的“标准人格”为根据而非以行为人的能力为根据的判断。另外，既然在罪责阶层要根据行为人自身的能力判断主观的过失，那么在构成要件阶层根据“标准人格”所作的过失判断还有何意义？

901 其实，构成要件中的过失判断，不过是要确定行为的过错性。而一个过错行为并非纯客观的判断，正如人们已经认识到的那样（下述一元过失论），一个过失的不法构成，是不可能在脱离行为人基于自身能力的认识可能性和可避免性评价的情况下得以确认的，这正如故意犯的不法构成不可能在脱离故意的情况下得到确认一样。事实上，过失只能在客观与主观的相互支撑中、在法秩序的要求与行为人能力的动态调适中予以整体的判断。此为后话。

（三）一元过失论

902 鉴于双重过失论存在的问题，学界提出了单一阶层判断模式的过失理论（单级理论）。其基本立场是，过失当属于过失犯的构成要件要素，应当在构成要件阶层一体化判断。为表达便利，笔者以“一元过失论”称谓之。其要旨如下：

903 第一，过失应纳入构成要件的范畴，也就是主张单一阶层的过失模式。这一结论是在同故意犯的比较中得出的。随着刑法学上的犯罪理论从本体论向规范论转向，人们认识到，一个故意的不法构成必须依赖于故意这一主观要素得以界定。因此，故意犯的故意从古典体系中的责任范畴前移至构成要件阶层。与故意相对应，过失也应当纳入构成要件的范畴，亦即将过失犯中所应具备的对风险的认识可能性、可避免性都放在构成要件阶层予以考察。[①]因为，“将意识到能够避免（=故意）实现构成要件，却仍实现构成要件，认定为（犯罪）行为的主观方面，而将保持谨慎便能够认识到可以避免实现构成要件，却仍然实现构成要件，认定为罪责的要素，是互相矛盾的。更确切地说，实施相应行为以避免结果的能力的所有主观要素，均属于主观的构成要件”。“如果人们认为过失之中具有和故意相对应的要素（针对结果的可认识性和可避免性这一要素），那么，人们就必须将这种在谨慎之下进行预见和避免的能力，（与故意犯相对应地）放到构成要件之中”[②]。

第二，过失的判断采取“个别的可避免性”标准。根据这一主张，在判 904
断行为人是否违反谨慎义务时，并不需要求助于虚拟的具备平均认识水平的标准人格；行为人应有怎样的谨慎，需要考虑的是行为人自身在事实上的认识能力。[③] 因为，基于所谓“标准人格”的过失判断，既可能干预过宽，也可能干预不够。一方面，如果要求行为人尽到超出其自身能力的注意义务，则该标准会干预过宽。比如，司机因为他未意识到的后期脑硬化所致的反应能力受损，导致于他而言不能避免的事故，如果按照“标准人格”，他就具备了构成要件过失并因此成立过失的不法。但这样的不法评价并不妥当，因为法律始终只要求人们为可能之事。另一方面，如果对一个具有特殊知识的人仍然适用“标准人格”，就可能导致干预不够的效果。比如，对一个医术精湛的外科名医而言，就不能说他只有义务使用一般外科医生能够使用的技术和技巧。[④] 因此，“在过失犯罪里，确定一个‘正确的’、在法律上无可指责的、如果与其偏离就会满足构成要件的行为时，不仅必须考虑一般规范，还必须考虑到行为人的行为可能。换言之，过失结果犯的犯罪构成要件里，

① 参见［德］乌尔斯·金德霍伊泽尔：《刑法总论教科书》，蔡桂生译，北京大学出版社2015年版，第328～329页。

② ［德］乌尔斯·金德霍伊泽尔：《刑法总论教科书》，蔡桂生译，北京大学出版社2015年版，第340～341页。

③ 参见［德］乌尔斯·金德霍伊泽尔：《刑法总论教科书》，蔡桂生译，北京大学出版社2015年版，第341～342页。

④ 参见［德］冈特·施特拉腾韦特、［德］洛塔尔·库伦：《刑法总论Ⅰ——犯罪论》，杨萌译，法律出版社2006年版，第402～403页。

除了导致结果发生，（还）包括违反了按照行为人个人能力而确定的义务”[①]。

905 第三，根据“个别的可避免性”判断过失，并不意味着过失的判断无须任何标准。在这里，“还需要确定，行为人在具体认识和能力上到底还必须保持多大程度的谨慎”[②]，亦即，法秩序对那个具体的行为人按其能力有怎样的谨慎义务期待？例如，汽车修理师 X 的汽车被一只貂在夜间损坏了刹车软管，结果次日清晨 X 驾车上班途中因刹车失灵，导致了致人伤害的事故。从能力上看，作为汽车修理师，若 X 在开车前全面检查了汽车，无疑很容易发现刹车软管的损坏，但问题是，法律上是否期待 X 做这种全面的检查？显然，这并不能根据 X 的个人能力得出答案，因为法律不会因为他具备修理汽车的知识和能力而要求他每天开车前全面检查汽车。“这样，为了确定这里的谨慎义务，就又需要相应生活领域之中认真且有洞察力的参加者这一标准人格了。只是这一标准人格具有的并非虚拟的平均认识水平，他具备的而是该个别行为人在具体行为情况下的认识和能力。”[③] 换言之，这里要判断的是，如果在能力上与行为人相当的其他人也处于同行为人行为时一样的处境，根据我们的经验，法秩序会要求他具有何种程度的谨慎？在这种思考模式下，“个别的可避免性”判断是在个人能力与法秩序的要求相结合中进行的。

906 第四，在上述基础上，过失犯的其他归责条件与故意犯无异。如避免法益危害的可控制性、制造法秩序禁止的危险等，是故意犯和过失犯共同的归责基础，而非过失犯独有的过失要素。[④]

907 相比双重过失论，一元过失论更为深刻地洞察了过失判断中规范预期与行为人主观能力之间不可割裂的联系，其据此提出的过失判断根据更具合理性。不过，对于一元过失论的理论方案及其对双重过失论的批评，双重过失论者做了如下回应：从得出的结论看，两种理论之间的差异并不显著。因为，

---

① ［德］冈特·施特拉腾韦特、［德］洛塔尔·库伦：《刑法总论Ⅰ——犯罪论》，杨萌译，法律出版社 2006 年版，第 404 页。

② ［德］乌尔斯·金德霍伊泽尔：《刑法总论教科书》，蔡桂生译，北京大学出版社 2015 年版，第 342 页。

③ ［德］乌尔斯·金德霍伊泽尔：《刑法总论教科书》，蔡桂生译，北京大学出版社 2015 年版，第 342 页。

④ 参见［德］冈特·施特拉腾韦特、［德］洛塔尔·库伦：《刑法总论Ⅰ——犯罪论》，杨萌译，法律出版社 2006 年版，第 404～407 页。

如果行为人的能力在平均水平以下，那么无论是通过否定其构成要件过失还是通过否定其责任过失，都会导致刑事可罚性的排除。差异只在于，行为人具有高于平均水平的过剩能力并因而能够避免法益损害却没有避免的情形，如果根据双重过失论，就会基于平均水平（客观标准）否定其构成要件符合性。然而，为了避免法益侵害，行为人的过剩能力也是应当加以利用的。鉴于此，双重过失论者提出了以下调和方案：应当根据“以下”来进行一般化，根据“以上”来进行个别化。[①] 但这样的调和，意味着对二阶层过失构架方案的否定。

需要补充说明的是，除双重过失论与一元过失论之外，还有一种较为独 908
特的主张是将过失作为三阶层的共同要素：“过失首先被类型化，是构成要件的要素，同时也是违法性的要素，并且也是责任的要素。结果预见义务与结果回避义务互相结合，形成过失犯的注意义务，只有分别尽到了这些义务，才能说遵守了注意义务，所以，必须在构成要件符合性、违法性、责任的各阶段，赋予两者以位置。”[②] 这就是说，包含结果预见义务与结果回避义务的注意义务违反，既是过失犯的构成要件要素，又是违法性要素和责任要素。如此，过失在三阶层犯罪论体系中的阶层划分就失去了意义。产生上述分歧，症结在于大陆法系三阶层犯罪论体系构造的失当。[③]

二、过失的基本原理

（一）过失的对象与内涵

1. 过失的对象

对于过失犯罪，刑法通常以发生特定的危害结果作为刑事归责的条件。 909
这导致了传统过失论对于过失的误解，即以危害结果作为过失的对象，从而将过失界定为行为人对于其行为造成危害结果的疏忽或者轻率态度。

---

① 参见［德］克劳斯·罗克辛：《德国刑法学总论：犯罪原理的基础构造》（第1卷），王世洲译，法律出版社2005年版，第724～725页。

② ［日］大塚仁：《刑法概说：总论》，冯军译，中国人民大学出版社2003年版，第204页。

③ 对于德国的阶层犯罪论体系的批判性分析，参见刘之雄：《阶层犯罪论的阶层崩塌与犯罪论的应然逻辑》，载《法商研究》2022年第5期。

910 过失，其实是指行为的过失，是对行为所反映的行为人人格态度的评价，故其基本对象是行为。这可以从以下几个方面来理解：

911 首先，行为是犯罪的核心范畴，无论是故意犯罪还是过失犯罪，都是以行为为对象的评价。正如故意犯罪中故意的对象是行为一样，过失犯罪中过失的对象也是行为，唯此，才有“过失行为”之说。至于过失犯的结果，不过是过失行为所致之客观效果。因此，过失犯的结果归责，当以行为过失为必要。

912 其次，一个行为是否具有过失，并不取决于该行为导致了实际的危害结果，而是取决于行为人对其行为缺乏应有谨慎的人格态度。一方面，一个过失行为并不以造成危害结果为必要。例如，一个在脚手架上施工的建筑工人不慎将施工工具碰落，虽然没有砸中下面的人员，但其行为仍然是有过失的。同样，一个铁道路口的看守人员在值班时打瞌睡，以致轨道铃响后没有放下道口栏杆，虽然没有造成交通事故，但其仍然具有不作为的过失。另一方面，一个行为虽然造成了某种损害结果，但如果该行为本身并无不当，就没有行为过失可言。比如，搏击比赛中合乎规则的行为即使造成人身伤害的，也没有过失可言。同样，科学试验中因难以掌控的技术因素造成损害的，也应当否定过失。可见，行为人对行为结果的过失，必须在行为过失的评价中得以确定。因此，对于过失结果犯而言，刑法上的过失虽以结果归责为指向，但其评价根据则以行为过失为重心。

913 最后，过失犯不限于结果犯，也有过失行为犯。例如，《德国刑法典》第 163 条规定的过失虚伪陈述、虚伪保证代替宣誓罪，就是典型的过失行为犯。[①] 正如下文所述，我国刑法中也有过失行为犯的规定（见边码 919）。对于过失行为犯而言，以结果为对象的过失概念是不可接受的。

2. 过失的内涵

914 一个过失行为，也就是因缺乏必要谨慎而失当的行为，其所谓过失，就是指行为人对法秩序要求的谨慎行为义务的违反。这意味着，过失并非只是

① 参见［德］汉斯·海因里希·耶赛克、［德］托马斯·魏根特：《德国刑法教科书：总论》，徐久生译，中国法制出版社 2001 年版，第 680 页；［德］冈特·施特拉腾韦特、［德］洛塔尔·库伦：《刑法总论 I——犯罪论》，杨萌译，法律出版社 2006 年版，第 400 页。

根据预见可能性得以界定的，而是行为失当与主观过错的统一：一方面，过失意味着行为偏离了法秩序的要求；另一方面，行为失当又是由于行为人缺乏应有谨慎的人格态度造成的。

行为违反谨慎义务，建立在下列前提条件之上： 915

第一，违反谨慎义务，以行为人具有谨慎能力为前提。因此，一个缺乏 916
刑事责任能力的人就没有过失可言。[①] 另外，即使是一个具备刑事责任能力的人，遵守谨慎义务也有赖于他的个人能力。如果行为人缺乏在特定情境中合理应对处境的谨慎能力，也没有过失可言。这将在下述结果犯的过失部分有所讨论。

第二，违反谨慎义务，以行为人具备谨慎行为的客观条件为前提。如果 917
由于不可抗力导致无法履行义务或者由于不可抗力致使行为人无法避免行为的危险的，就不存在过失。

第三，违反谨慎义务，以行为背离法秩序的要求为基础。如果一个行为 918
处在法律允许的范围内，无论是否造成某种损害，也无论行为人对这种损害能否预见，都不存在过失。例如，追赶小偷致其在逃跑中摔死或者溺水的，就不存在法律意义上的过失。行为背离法秩序要求，对于过失行为犯而言，就是违反法律上的行为准则；对于过失结果犯而言，就是制造法秩序禁止的危险。

（二）行为犯的过失

1. 我国刑法中的过失行为犯

我国刑法中的过失行为犯，限于纯正不作为犯，主要存在于渎职类犯罪 919
中。例如，下列罪刑规范中就包含以不作为形式构成的过失行为犯：《刑法》第 397 条关于玩忽职守罪的规定；《刑法》第 406 条关于国家机关工作人员签订、履行合同失职被骗罪的规定；《刑法》第 408 条关于环境监管失职罪的规定；《刑法》第 408 条之一关于食品、药品监管渎职罪的规定；《刑法》第 409 条关于传染病防治失职罪的规定；《刑法》第 412 条第 2 款关于商检失职

---

① 由此可见，大陆法系三阶层犯罪论体系的失当，即先在构成要件阶层确认一个过失的行为构成，最后在责任阶层再根据是否具有刑事责任能力确定罪责，这无疑违背了犯罪认知的基本规律。

罪的规定；《刑法》第413条第2款关于动植物检疫失职罪的规定；《刑法》第419条关于失职造成珍贵文物损毁、流失罪的规定等。

920 这类犯罪具有以下共同特征：其一，行为表现为职务上的不作为，即未履行监督管理职责。其二，主观上既包含故意，也包含过失，即所谓“混合罪过”。例如玩忽职守罪，既可以是由故意地不履行职责构成，也可以是由过失地不履行职责构成。其三，以发生特定的后果作为承担刑事责任的附加条件（客观处罚条件）。例如，玩忽职守罪，刑法以“致使公共财产、国家和人民利益遭受重大损失”作为承担刑事责任的附加条件；对于国家机关工作人员签订、履行合同失职被骗罪，刑法以“致使国家利益遭受重大损失”作为承担刑事责任的附加条件。不妨重申，虽然刑法为此类犯罪设置了刑事归责的后果条件，但不能据此将此类犯罪视为结果犯。因为刑法设置的此类后果，并不处于不法行为构成的范畴之内，不属于不法行为的结果，而是刑法为了限缩刑事责任范围而附加的客观条件，即所谓客观处罚条件（见边码483以下）。

2. 过失行为犯的过失判断

921 行为犯的过失，是纯粹的行为过失，而不涉及行为结果。其内涵是，行为人对其行为背离法秩序的要求未尽必要的注意义务。换言之，如果一个行为是因为缺乏应有的谨慎而偏离法秩序要求的，就是有过失的，至于刑法所设置的作为客观处罚条件的后果，则不属于过失评价的对象，亦即无论行为人对于法定的附加后果是否有所认识以及是否具有认识可能性，都不影响对不法行为的过失评价。

922 就我国刑法上不作为的过失渎职犯罪而言，过失就是指行为人对自己职务不作为的过失，即由于缺乏应有的谨慎而失职。这种过失的认定，是以行为人的职务要求为根据的，而不存在适用个别化标准的余地。因为一项职务，是对全体履职者的共同要求，而承担某种职务的人，正常情况下都是具有履职能力的。如果缺乏必要的履职能力，按要求就不应当担当该项职务，因此，即使是行为人缺乏必要的履职能力而失职的，也存在所谓“接受过失”。同时，职务要求具有平等性，不会因为某个职务承担者的能力更强而对他提出额外的要求。当然，如果职务担当者能做出高于基本要求的更多贡献，无疑是应当褒扬的，但就刑事责任而言，不能因为某个人没有做出额外的贡献而苛责于他。因此，职务性过失的标准是统一的。这意味着，一个违反职务要求的不作为，通常就是一个过失行为，而无须进行个别化甄别。

因此，能够否定不作为的职务过失的只有两种情形：一是突发精神障碍 923
导致刑事责任能力的丧失而无法履职；二是因为严重疾病以及其他不可抗力因素导致无法履职。

（三）结果犯的过失

我国《刑法》第 15 条关于过失犯罪的规定，所针对的实际上是过失结 924
果犯。相对于过失行为犯，过失结果犯的过失判断要复杂得多。

1. 实质内涵

对结果犯而言，法律所关注的不是行为本身（作为或不作为），而是行 925
为导致法益损害的危险。因此，结果犯的过失，实质上是对行为危险的过失，即行为人对其应予避免的行为危险未尽必要的谨慎注意义务。

行为的危险也就是造成法益危害结果的危险，故在过失结果犯中，行为 926
人对行为危险的过失与对法益危害结果的过失具有统一性，更准确地说，两者具有相同的内涵：行为人对其行为危害法益的危险的不注意，也就是对行为可能造成危害结果的不注意。这意味着，对行为危险的过失逻辑地涵摄了对行为结果的过失。因此，并不需要对结果犯的行为过失与结果过失进行分别判断。甚至，行为过失与结果过失的区分也是没有意义的。

2. 注意义务的范围

（1）允许性风险的排除

正如前文所述，人类生活中的风险无处不在，只要人的行为进入社会领 927
域，就总会伴随着或多或少的致害风险。但人类不可能因此无所作为，人们所应当做的是将行为的风险控制在可接受的范围内，因此，法律并不对社会生活中所有的行为危险予以规制。这意味着，并非各种行为危险都在谨慎注意的范围内，只有那些不被法秩序允许的行为危险，才是过失的对象。这就需要把那些法秩序允许的风险排除在注意义务的范围之外。

首先，伴随于人类正常生活中并不常见的行为风险，不在谨慎注意义务 928
的范围内。例如，喂养小孩时，不排除食物进入气管导致窒息的危险，但人类不可能因此禁止给小孩喂食，法律也不能要求人们喂养小孩时完全避免小孩因进食而窒息的危险。故行为具有的此类危险，通常不构成行为人违反谨慎义务的根据。

929 其次，人类生活中某些必要的行为领域虽然存在风险，但风险致害的程度通常有限，因而能为社会所接受，并因此不受刑法上谨慎义务的规制。比如在正常的游戏或者竞技体育中，总会伴随一定的风险，但人类不能因此禁止从事体育、游戏活动，而只能对伴随于此类活动中的风险让步。因此，参与体育运动或者游戏活动者，对正常活动过程中存在的风险及其造成的损害，通常就不存在对谨慎义务的违反。

930 最后，对那些具有较高危险性但对人类生活又很重要的行为领域，人类需要进行利弊权衡，通过行为规则将危险控制在一个可以容忍的范围内。例如，在道路交通领域，机械化、电气化的交通对人类社会生活和社会发展极为重要，但同时又具有较大的风险，这就需要在交通工具的利用与危险的控制之间寻找平衡点，通过法律明定行为规范，将交通风险控制在可接受的范围内。在这样的行为领域，如果行为风险处于法秩序允许的范围内（允许性风险），就不存在对谨慎义务的违反。相反，如果行为风险超出了社会能容忍的界限（禁止性风险），就构成行为人违反谨慎义务的根据。

（2）注意义务的分配

931 在多人参与的行为领域，注意义务的范围还涉及各参与人之间的义务分配，即不能要求某一方参与人对当属于其他参与方的注意事项承担注意义务，从而加重其注意义务的负担。也就是说，当行为人已经履行其注意义务的情况下，不能因为其他人的不注意导致损害而承担过失责任。

932 对此，刑法学通常是在“信赖原则”的范畴下予以讨论的。根据这一在德国的交通刑法领域发展出来的原则，一个在交通中符合规定而行为的人，在不存在对相反的认识的具体依据时，就可以相信其他人像他一样实施符合规定的行为。例如，在十字路口具有先行权的人，就不需要考虑会与其他汽车相撞而降低自己的速度，因为他会信赖其他人也能遵守交通规则，尊重他的先行权；如果他的信赖落空而导致了车祸，那么过失就只存在于那个没有尊重先行权的人的行为中。① 实际上，现代化的交通，就是建立在这种信赖

① 参见［德］克劳斯·罗克辛：《德国刑法学总论：犯罪原理的基础构造》（第1卷），王世洲译，法律出版社2005年版，第717页。

原理之上，否则，整个现代化的交通系统将陷入失序状态甚至瘫痪。

信赖原则不只适用于交通领域，而是可以广泛适用于多人参与的行为领 933
域。甚至在不知情地为他人的故意犯罪提供了帮助的场合，信赖原则也可以为排除过失提供法理根据。比如，行为人应他人请求给他人提供了日常用的刀具、打火机等物品，却被他人用于犯罪的，如果行为人对此并不知情，就可以根据信赖原则排除过失责任。①

不过，信赖原则的适用是有限制的：如果出现不能被信赖的情形，而行 934
为人对此能够认知且有条件避免危险的情况下，信赖原则就不再是排除过失的充分理由。例如，当一群年幼的孩子在马路边嬉戏玩耍时，对一个汽车驾驶人来说，就失去了信赖的基础，因而就应当超越基于信赖的一般规则，尽更多避免危险的注意义务。否则，就不排除承担过失责任的可能。

3. 判断标准

违反谨慎义务的判断，要同时考虑两个因素：一是社会规范；二是行为 935
人的谨慎能力。但这并不意味着要根据两个不同的标准予以阶层式的判断，而是将两者结合起来，确立以行为人能力为基准的类型人标准予以一体化判断。

社会规范包括法律规范、行业规范、技术规范以及社会生活的交往规范， 936
这些规范就是为了将危险控制在社会能允许的范围内所制定或者根据常识、常理、常情形成的。因此，对行为危险应有的谨慎注意首先就体现在遵守这些行为规范的谨慎态度上。例如，参与道路交通的人，对于避免交通危险的谨慎义务就要求他遵守交通规则；为病人施行手术的医生，对于避免医疗事故的谨慎义务就要求他遵守医疗技术规范。如果行为人违反此类行为规范，通常就意味着对行为可能存在的危险缺乏应有的谨慎。

在这里，社会规范为最终的过失判断提供了基准。如果没有行为规范的 937
一般指引，谨慎注意义务的违反是无从判断的。就像那个没有发现自己的汽车刹车软管被貂损坏而开车上路的汽车修理师一样，要判断其是否违反谨慎义务，首先要考虑的是，法律是否会要求人们（哪怕是一个汽车修理师）在

① 参见［德］克劳斯·罗克辛：《德国刑法学总论：犯罪原理的基础构造》（第1卷），王世洲译，法律出版社2005年版，第718～719页。

每次开车前都对汽车的安全系统做全面检查，而不是单纯考虑行为人有没有检修汽车刹车软管的能力。如果结论是否定的，通常也就否定了行为的过失。

938 然而，社会规范对社会成员的一般要求并不能直接决定行为人的过失。对一个特定的行为人而言，法秩序不会只是简单地根据一般规则对他提出谨慎注意要求，而是需要结合他的个人能力判断之。一方面，如果行为人缺乏一般规则所要求的谨慎能力，法律就应当相应放宽谨慎注意的要求，而不应当强人所难。另一方面，如果行为人在某个领域具有特别知识、经验和能力，即超越通常所要求的避免危险的过剩能力，法秩序也会要求他将这种能力运用到对危险的谨慎注意中。从划分禁止性风险与允许性风险的角度看，一个在谨慎能力内应予避免的危险就属于禁止性风险，而超越谨慎能力所能够注意避免的危险就属于允许性风险。这意味着，禁止性风险与允许性风险并非纯客观的范畴，而是需要结合行为人的谨慎能力判断的。

939 谨慎能力中最基本的就是对行为危险性的预见能力。如果危险对于行为人来说不具有可预见性，就超出了谨慎义务的范围并因此排除过失。需要强调的是，这里的可预见性是具体化的可预见性，即行为情景中具体危险的可预见性，而非抽象危险的可预见性。因为对一个抽象危险来说，譬如驾驶汽车有造成车祸的危险，骑摩托车有撞人的危险，采矿有塌方的危险等，总是可以预见的，因而有别于具体危险的可预见性。

940 谨慎能力的缺乏还可以是缺乏适当处置危险的能力，即在面临危险时缺乏通过适当反应避免危险转化为实害的能力。当然，这种能力的缺乏得以排除过失是有前提的，那就是，行为人对危险的发生没有过错。如果行为人知道或者应当知道自己能力不足，而又实施可能存在危险的行为（危险的接受）发生危险的，就存在对危险的接受过失，故其对危险处置能力的缺乏并不能构成否定过失的根据。

941 需要指出，由于每一个个体都是独特的，因而要对特定的行为人予以个人能力上的真正的个别化甄别就根本不具有可能性。一种现实可行的方式，就是基于类型人标准的判断。其思考方式是：对于那些与行为人在知识、经验、应急反应等能力方面类似的人（相同类型的人），法秩序对他在处于行为人行为的情境时，会有怎样的谨慎注意的期待。因此，判断行为人是否违反谨慎义务，是以法秩序的谨慎要求为根据的，而法秩序的谨慎要求又是根据行为人所属类型人的谨慎能力为基准的。

（四）疏忽大意与过于自信

疏忽大意与过于自信是过失的两种类型。 942

1. 疏忽大意

疏忽大意，又称无意识的过失，是指行为人对违反行为的谨慎注意义务的无意识，即没有意识到自己的行为背离法秩序的要求或者没有意识到自己的行为具有的禁止性危险。 943

对于过失行为犯而言，疏忽大意是行为人对其行为违反法秩序要求的无意识。就我国刑法上的监督过失而言，疏忽大意就是对监管职务的忘却，通常不难判断。 944

对于过失结果犯而言，疏忽大意是行为人对自己的作为或不作为制造禁止性危险的无意识，即对自己的行为可能造成法益危害结果的危险性应当预见而没有预见。这里的“应当预见”，需要根据前述谨慎注意义务的范围和标准予以判断。 945

2. 过于自信

过于自信，又称轻率或者有认识的过失，是指行为人对其行为的失当或者行为的禁止性危险已经有所预见但轻信能够避免。通常，过于自信与过失行为犯无缘，而主要存在于过失结果犯中，即因为缺乏应有的谨慎而对行为造成法益危害结果的危险性认识不足。 946

过于自信的判断难题，是其同间接故意的界限划分。对此，刑法学上出现了多种学说。国内的通说是采取双重判断标准，即分别从认识因素和意志因素两个方面确立划分两者的标准。在认识因素上，两者对发生危害结果的可能性是否转化为现实性有不同的认识：间接故意是认识到这种可能性会转化为现实性；过于自信则相信这种可能性不会转化为现实性。[1] 或者说，两者认识的程度不同：间接故意是“认识到发生危害结果的可能性极大”；过 947

① 参见高铭暄、马克昌主编：《刑法学》，北京大学出版社、高等教育出版社2017年版，第115页。

于自信“所预见到的结果发生的可能性，只是一种概率较小的抽象的可能性”。① 在意志因素上，两者对发生危害结果的态度不同：间接故意对发生危害结果是持听之任之的放任态度；而过于自信对危害结果是持希望其不发生的否定态度。② 上述理论主张存在的一个突出问题是，分别对认识因素和意志因素进行分离式判断难免陷入困境。因为，由于心理的复杂性，认识因素与意志因素之间并非一定是正相关的关系，完全有可能出现一方面对发生危害结果的现实可能性存在认识，另一方面又对危害结果持否定态度的情形；或者相反，虽然认为行为的危险性小，但对发生结果持无所谓的态度。此类情形下，基于双重标准的分离式判断就无所适从了。

948 在大陆法系出现的各种学说，建立在两种不同的立场上：一种是无视意志因素的立场；另一种是侧重意志因素的立场。在无视意志因素的立场上形成的一种有影响力的主张是“可能性说”。按照这一理论，如果行为人在采取行为时，从行为情状和因果上的合乎法律性中，可以知道构成要件的实现是具体的可能的，就是出于故意的。根据这一标准，就可以说明为什么故意行为需要比过失行为更具有可罚性：故意的行为人在行为时就认识到某构成要件之实现的具体风险已经存在，而且他不相信构成要件的不实现，却仍然继续行事。而过失的行为人则不然，他是错误地估算了相应的案件事实情况，从而相信构成要件不会实现。这表明，故意犯罪在法忠诚上的“赤字”更为严重。③ 在侧重意志因素的立场上形成的一种有影响力的主张是容忍说。按照这一理论，当行为人认真算计了一种行为构成实现的可能性，但是为了追求自己的目标仍然继续行为，因此容忍了这种（管他是好是坏）构成要件的实现的，就应当肯定其间接故意。与此相对，行为人虽然预见了结果出现的可能性，但他不仅没有认真对待，也不是容忍了这种结果，而是轻率地相信了结果不会发生，那么他就是过于自信的过失。④

---

① 参见贾宇主编：《刑法学：总论》（上册），高等教育出版社 2019 年版，第 179 页。

② 参见高铭暄、马克昌主编：《刑法学》，北京大学出版社、高等教育出版社 2017 年版，第 115 页；贾宇主编：《刑法学：总论》（上册），高等教育出版社 2019 年版，第 179 ~ 180 页。

③ 参见［德］乌尔斯·金德霍伊泽尔：《刑法总论教科书》，蔡桂生译，北京大学出版社 2015 年版，第 143 ~ 148 页。

④ 参见［德］克劳斯·罗克辛：《德国刑法学总论：犯罪原理的基础构造》（第 1 卷），王世洲译，法律出版社 2005 年版，第 293 页。

这两种罪过心理之间界限划分的困难性，源于罪过心理的高度复杂性同过于简单、过于抽象的罪过类型划分之间存在的难以弥合的鸿沟。面对高度复杂的罪过心理的各种细微差异，任何关于两者的划分标准的公式化的语言描述都是苍白的。因此，与其陷入在寻找普适标准的泥淖中，不如现实地讨论合理判断罪过类型的认识论、方法论立场。 949

首先，区分故意和过失，需要将认识因素与意志因素关联起来予以总体评价。任何只强调意志因素或者只关注认识因素的主张，都难以为合理认定故意和过失提供周全的方案。 950

其次，无论是认识因素还是意志因素，在故意与过失之间并非呈现为黑白分明的图景，而是属于在两者之间具有过渡性的范畴。这就如同白天和夜晚，虽然人们都明白无误地清楚两者的意涵，但如果要在黎明或者黄昏时分在两者之间划出一条清晰的界限，则不具有可能性。就认识因素而言，对行为危险程度的认识，永远是一个概率大小的问题，而非认识到现实可能性与认识到非现实可能性的区别。人们也不可能在概率上按照百分比划出一条中间线（如50%），用以区分故意和过失。就意志因素而言，在典型的放任发生结果与典型的有意避免结果之间，也存在一个难以判断的灰色地带。因此，任何试图对两个因素在故意与过失之间简单划线的做法，都不切实际。 951

再次，认识因素和意志因素是两个相互关联的因素，不能将其作为两个并列的根据分别确立判断标准，而应当将两者作为两个相互影响的变量，结合起来综合认定故意和过失。其中，行为人对危险的认识程度通常能够对行为人的意志因素（对结果的态度）提供支撑和说明，因而往往具有主导性。通常而言，如果行为人认识到行为的高度危险性或者较高程度的危险性而又决意行为的，就应当认定为故意；如果行为人认识到的危险性程度极小，通常应认定为过失；如果行为人对行为危险的认识程度处于高低之间的灰色地带，就应当更多考虑反映行为人态度的事实因素，比如，行为人是否采取了一定的避免结果发生的措施，行为人在因果进程中以及在结果发生时对结果的态度等。需要指出，由于行为人对危险的认识程度是不可见的，因而只能是基于客观事实的推测，推测的事实根据包括各种说明客观危险性的因素以及各种避免结果发生的有利因素或者不利因素。当然，这种推测应当是基于事前的视角，以行为人认识能力为基准（类型人标准）的推测。 952

953 最后，故意和过失并非纯事实性的心理概念，而是以行为人人格态度的可非难性为指向的评价性范畴。区分故意和过失，就是着眼于反映在行为之中的行为人主观恶性程度。因此，区分故意与过失，难免会有道德情感参与其中。这并非司法实务中应予完全清除的因素，而应当成为司法者的自觉，即对此有清醒的意识并合理利用之。在这里，刑法的谦抑原则也应发挥作用，那就是在故意与过失之间实难抉择时，“避重就轻”是更为可取的选择。

三、不纯正不作为犯的过失

954 前面关于过失结果犯的原理性分析，同样适用于不纯正不作为犯。因此，下面只对不纯正不作为犯的过失判断应注意的特别问题予以讨论。

（一）前提问题：过失犯中不作为犯与作为犯的区分

955 长期以来，不纯正不作为犯的过失处于刑法理论的边沿地带。即使是研究不纯正不作为犯的专著，也往往对其过失问题不予关注，甚至明确将过失犯罪排除在研究范围之外。① 理论上有限的讨论也通常不对不纯正不作为犯与纯正不行为犯在过失问题上加以区分，而是笼统地对不作为犯的过失做一般性说明。这种状况，在一定程度上与过失犯中是否有必要区分作为犯与不作为犯的问题有关。因此，过失犯中是否存在作为与不作为的区分以及是否需要对两者加以区分，是需要首先讨论的问题。

956 有一种具有一定代表性的见解是，在过失犯中区分作为犯与不作为犯没有特别的意义。理由是：过失犯的行为并非出于危害法益的故意，只要行为人所追求的是法律所不禁止的目的，其行为的实施就具有一定的积极意义，因而就应当在一定限度内考虑保障实施该行为的自由。在此意义上，通常就不能强求完全禁止行为的实施，取而代之的是要求行为人采取措施，以控制或消除由行为所带来的发生结果的危险，这就是结果回避义务的内容。在这一点上，过失犯的注意义务与不作为犯中的作为义务是同样的义务。这样，在是否成立过失犯的案件中，结果回避义务的内容，不是去控制做出行为本

---

① 参见［日］日高义博：《不作为犯的理论》，王树平译，中国人民公安大学出版社 1992 年版，第 43 页。

身，而是只要将行为的危险性降低到通常情况下不可能再导致结果的程度。[①]这样的见解意味着，过失犯都是违反作为义务的不作为犯。

957 但上述见解殊为不妥。其症结在于混淆了行为的表现形式与主观上的注意义务违反这两个不同的范畴，一个行为是违反禁止性期待还是违反义务性期待，是从行为的客观面对行为表现形式的判断。这同行为人主观上违反注意义务不可相提并论。就后者而言，既可以是对禁止性期待的注意义务违反（客观上违反禁止规范，主观上违反遵守禁止规范的注意义务），也可以是对义务性期待的注意义务违反（客观上违反作为命令，主观上违反遵守作为命令的注意义务）。因此，过失犯罪虽然在主观上都是违反注意义务，但客观上既可以是作为（违反禁止规范），也可以是不作为（违反义务规范），而不能将过失犯都归入不作为犯。例如，在道路交通路口闯红灯而引发重大交通事故的行为，在客观上就属于违反禁止性规范的作为，而行为人主观上违反了法律要求的谨慎注意义务，应当属于过失作为犯。再如，行为人在同他人争执推搡中将对方推倒在地，不料对方头部碰到地面上的砖头导致死亡，其行为无疑属于违反禁止性规范的作为，而其主观上是出于违反谨慎注意义务的过失，因而属于过失作为犯。

958 区分过失犯中的作为犯与不作为犯，意义在于确定过失评价的对象。如前所述，一个不法的作为所致的危害结果只能归责于该不法作为，而不存在认定不纯正不作为犯的余地。故对于过失作为犯而言，其过失的评价对象只能是作为。但对于过失的不作为犯而言，过失的评价对象则是不作为。例如，在根据市政规划组织的管线改造工程中，施工负责人金某组织工人在路边挖深沟进行管线施工，但他为图“省事”，没有在施工现场设置防护栏。其间，魏某在夜间骑自行车路过工地时，因看不清道路而跌入深沟摔死。这一事件中，过失评价的对象并非在路边挖深沟这一作为，因为该作为并不违反禁止性规范，而是未设置防护栏这一违反义务性规范的不作为。正因如此，我们才能单就不采取安全防护措施的施工组织者追究过失责任，而不是对组织、参与挖深沟的行为主体追究过失责任。

---

① 参见［日］山口厚：《刑法总论》，付立庆译，中国人民大学出版社 2018 年版，第 245～246 页。

（二）过失的对象：风险防控不作为

959 同不纯正不作为犯的故意一样，不纯正不作为犯的过失也是就风险防控不作为而言的，而不以施救不作为为对象。也就是说，如果行为人因缺乏应有的谨慎而没有履行风险防控的保障义务，就是一个过失的不作为。一旦这个过失的不作为导致了符合法定要件的结果，一个不作为的过失犯罪就得以成立。至于风险防控不作为的过失开启因果进程后，行为人对因果进程的干预不能以及行为人事后的不予施救，都不影响过失的判断。

960 首先，风险防控不作为的过失开启因果进程后，即使行为人无法通过积极的干预以阻断因果进程的，也不能据此否定不作为的过失。例如，铁路扳道工因为疏忽未及时扳道岔致使列车驶入错误的轨道后，虽然他试图设法避免列车相撞的结果却无能为力，但这种因果进程干预的不能，不能成为否定过失的根据。在这里，成为过失的判断根据的，是风险防控不作为的过失，而不受因果干预不能的影响。

961 其次，风险防控不作为的过失开启因果进程后，如果那个应予以防控的危险已经失去对结果的支配性，那么行为人不予施救的放任态度不影响过失的成立。例如，广告主因为疏忽，对年久失修的广告牌不予加固，广告牌因锈蚀脱落致人伤害后，广告主却对伤者放任不管，以致伤者未得到及时救治而死亡的，就不能因为广告主对伤者未予施救的放任态度而认定为具有杀人的故意，而只能根据其风险防控不作为的过失定性为过失犯罪。这同一个作为的过失开启因果进程后消极地不干预因果进程的情形在罪过判断上具有一致性。就像一个因为过失导致交通事故后对伤者不予施救而逃逸的情形那样，不能因为行为人在交通肇事后对被害人死亡进程的故意不干预而认定其具有杀人的故意。

（三）过失的实质内涵与具体表现

962 不纯正不作为犯中风险防控不作为的过失，是就不作为具有导致法益危害结果的危险而言的，即指由于不作为造成法益危害结果的过失。这就是说，即使不作为者未采取风险防控措施是出于故意，但如果其对不作为造成危害结果缺乏故意，而是基于疏忽大意或者过于自信而不作为的，就应当认定为过失。

从这一实质意义上理解，不纯正不作为犯的过失有下述两种表现。 963

一是对风险防控义务的疏忽。这又包括两种具体的情形：其一，对风险防控义务的忘却，即义务人由于缺乏必要的谨慎而没有意识到自己的风险防控义务以致疏于作为义务的履行。比如由于饮酒过度、瞌睡、沉溺于娱乐活动等，以致忘记了自己的保障义务，从而导致风险防控义务的不履行。其二，对风险防控义务的认识错误，这是指义务人错误地认为风险不处于自己的保障义务范围内以致没有履行作为义务。比如，狗的主人误认为那条正在咬人的狗是别人家的狗，以致没有阻止自家的狗对他人的伤害。 964

二是对能否避免危害结果的轻率。这也包括两种具体的情形：其一，是对危害结果能避免的轻信，即义务人虽然意识到自己的风险防控义务，但由于缺乏应有的谨慎而轻信其不作为不至于导致危害结果的发生，以致懈怠于保障义务的履行。例如，前述在道路边进行管线施工而不采取防护措施的案件中，施工负责人金某的心态就是如此：他虽然意识到在工地旁设置防护栏以避免安全风险的义务，但却轻信不采取措施也不至于造成严重后果，以致为图“省事”而懈怠于采取必要的防护措施。在这里，金某对于不采取防护措施虽具有故意，但这种故意并非以危害法益为内容，不能据此认定为犯罪的故意。就危害法益而言，金某只具有过于自信的过失。其二，是由于缺乏应有的谨慎而对本来能避免的危害结果误认为不能避免。例如，父母误认为早产的婴儿不可能存活，因而放弃哺育，但实际上，如果采取适当的哺育及保暖措施，该婴儿可保生命无虞。 965

（四）过失向故意的转化

在下述情况下，一个不作为的过失可能转化为故意：行为人最初的风险防控不作为是出于过失，但在由此导致的因果进程中，那个应予以防控的危险持续地发挥着致害作用，其间，如果行为人对进一步的致害持希望或者放任态度，就意味着其主观上从过失向故意的转化。就如前述那个遛狗人一样，其最初可能是因为疏于防范没有对狗采取约束措施，及至其狗开始咬人之后，那个遛狗人发现被咬者是其仇人，因而不阻止狗对他人的进一步伤害，那么其原先不作为的过失就转化成后来的不作为的故意，因此，应当对狗进一步伤害的结果承担故意不法的责任。 966

第七章　不纯正不作为犯的共同参与

内容提要

967 犯罪参与应区分共同犯罪与非共同犯罪。我国刑法关于共同犯罪立法的功能意义在于确定多人参与同一犯罪的责任主体范围，同时根据“部分行为全部责任”的共同责任原则以及各共同犯罪人在共同犯罪中的具体作用确定其刑事责任，以实现合理定罪与合理施刑的目的。鉴于此，我国刑法上的共同犯罪应限于故意的同质性共同犯罪，将异质性犯罪参与及过失的犯罪参与纳入共同犯罪的范畴并无实益。

968 不纯正不作为犯的帮助参与分为“由不纯正不作为犯构成的帮助犯”和“对不纯正不作为犯的帮助犯”两种类型。就前者而言，应当将不作为的帮助同单纯的不阻止犯罪加以区别。一个帮助行为，必须是对实行犯罪具有加功作用，即为实行犯罪做出了贡献。而一个不阻止犯罪的不作为只是没有使犯罪受到干扰（使犯罪更困难），而非加功于犯罪（使犯罪更容易），因此通常不具有帮助性质。在共同犯罪实行过限的场合，先前的犯罪参与人对实行过限不予制止的，也应排除构成不作为的帮助犯的可能性。通常情况下，由不作为构成的帮助犯是基于共谋的不作为帮助。不过，在没有共谋的情况下，如果作为义务人故意通过其不作为为他人实施犯罪提供条件（使犯罪更容易）的，具有构成片面帮助犯的可能性。就“对不纯正不作为犯的帮助犯”而言，需要把为不作为者提供“精神帮助”的教唆犯同帮助犯区别开来。由于不作为者的犯罪意志是在一个不作为中实现的，这个不作为并不需要他人的帮助就足以完成，因为行为人只要不作为就够了，而无须借助其他条件。因此，对不纯正不作为犯的帮助通常是出现在帮助不作为者逃避法律追究的情形中。

数个不作为之间成立共同正犯，须以犯意联络（通谋）为条件。在缺乏犯意联络的情况下，各个不作为人都只是不履行自己的作为义务，而不是通过协作性地相互加功实施犯罪，因而不存在客观上的犯罪共同性，而只存在犯罪的同时性。在由不纯正不作为犯与作为犯构成的共同犯罪中，虽然作为者与不作为者构成共同正犯的情形并不常见，但不排除由不作为与作为共同主导因果进程从而构成共同正犯的可能性。 969

教唆他人通过不作为造成法益危害结果的，构成不纯正不作为犯的教唆犯。此外，对不纯正不作为犯的帮助犯或教唆犯的教唆也能构成不纯正不作为犯的教唆犯。教唆故意限于直接故意，所谓间接故意的教唆是不成立的。教唆只能表现为通过语言或者肢体语言积极地促使他人形成犯罪意图或者强化他人的犯罪意志，因而不存在由不作为构成教唆犯的可能性。 970

第一节 犯罪参与的类型与形式

一、犯罪参与的类型

数人参与犯罪既可能涉及共同犯罪，也可能不属于共同犯罪，这取决于犯罪参与行为是否具有同质性以及参与行为的罪过类型。只有故意地参与同质的犯罪，才可能构成我国刑法上的共同犯罪。 971

（一）同质性参与和异质性参与

同质性参与是指犯罪参与行为的不法性质相同，即数人的行为适用同一个不法构成。异质性参与是指参与者以性质有别的行为参与到同一个不法事件中。例如在一起抢劫案中，不明真相的第三者以伤害的故意加入其中，同抢劫者一起对被害人实施“伤害行为”并造成了重伤结果，由于第三者不具有帮助抢劫的故意，因而不构成抢劫罪的共同犯罪，而只能认定为故意伤害 972

罪，属于异质性参与。同质性的犯罪参与构成共同犯罪没有疑义，但异质性参与是否属于共同犯罪则是理论上的争议话题。

973 按照“犯罪共同说”，共同犯罪必须具有犯罪上的共同性，即只有共同实施性质相同的犯罪，才成立共同犯罪，而异质性参与不属于共同犯罪。按照“部分犯罪共同说”，在异质参与的情况下，虽然行为的整体性质有别，但可能存在部分行为的同质，这种部分同质的行为应认定为共同犯罪。例如，甲、乙二人分别以杀人的故意和伤害的故意加害于被害人，就只能在共同伤害的意义上成立共同犯罪。按照“行为共同说”，共同犯罪仅以数人共同实施了行为为必要，而不要求共同实施了特定的犯罪，因此，包括“对向犯”在内的异质性参与也属于共同犯罪。①

974 如果撇开立法精神不论，上述三种主张难言对错，也无从取舍。然而，共同犯罪的界定并非文字游戏，而必须回到其在立法的功能意义上解读之。在我国刑法上，关于共同犯罪立法的意义在于：其一，确定共同犯罪的责任人，即明确在何种条件下的不法应当纳入共同犯罪的评价范畴，并确定承担共同犯罪责任的主体范围。其二，合理评价共同犯罪中各责任主体的刑事责任，即一方面根据“部分行为全部责任”的原理就共同犯罪造成的危害全面评价各参与人的刑事责任，另一方面又根据各参与人的行为在共同犯罪中的具体作用评价其责任程度，以实现刑罚上的区别对待。就上述功能意义而言，“犯罪共同说”更具合理性。因为，确定共同犯罪的责任主体范围以及各主体共同的刑事责任，显然是就数人参与同一犯罪而言的。反之，如果数人的犯罪参与行为在性质上各不相同，就应当各自分别承担自身不法行为的刑事责任，而非适用“部分行为全部责任”这一共同犯罪的责任原则，也无须区分犯罪的主从问题，因而不属于共同犯罪的评价范畴。

975 “行为共同说”以数人的行为之间存在事实上的共同性或关联性为根据界定共同犯罪，这在共同行为的事实意义上是成立的，但从刑法关于共同犯罪立法的功能意义上看则是无益的。比如将行贿与受贿视为共同犯罪就不具有法律上的意义，因为行贿者与受贿者的刑事责任各不相同，并不存在就两者之间从共同犯罪人的角度评价其刑事责任的余地。否则，根据“部分行为

---

① 参见张明楷：《刑法学》，法律出版社 2016 年版，第 393 页。

全部责任”的共犯责任原理，行贿人还得同时承担受贿的刑事责任，而受贿人也得同时承担行贿的刑事责任。甚至，这种主张还可能将不可罚的参与行为逻辑地纳入共同犯罪的范畴中。比如，购买淫秽物品的行为，同贩卖淫秽物品牟利的行为之间也具有“行为共同性”，因而在“行为共同说”的逻辑上，这种购买行为就是贩卖淫秽物品牟利罪的共同犯罪行为。但这样的结论显然违背立法精神。

“部分犯罪共同说”也不可取。首先，所谓“部分重合行为”并不具有 976
同质性，如基于杀人故意的加害行为同基于伤害故意的加害行为在性质上各不相同，两者之间根本不存在“共同故意伤害”的重合，也就不可能成立故意伤害罪的共同犯罪。无论如何，一个杀人行为不能与伤害行为相提并论。其次，此类共同参与的刑事责任应当根据参与行为的性质分别评价，而不存在按照“部分行为全部责任”予以评价的余地，即使两种异质的行为共同造成了危害结果也是如此。比如，在抢劫案中，不知情的第三者出于伤害的故意中途加入对被害人的施暴并共同造成了被害人的重伤，也只需从客观上确定双方的暴力行为对重伤结果所起的作用大小，而无须从共同犯罪人（主犯、从犯）的意义上评价其刑事责任。

有必要特别说明的是“对向犯”。有学者认为，“对向犯”包括四种情 977
形：一是双方的罪名和法定刑相同，如重婚罪、代替考试罪。二是双方的罪名不同但法定刑相同，例如出售、购买假币罪，虽然出售行为与购买行为分别构成两种犯罪，但二者的法定刑相同。三是双方的罪名和法定刑都不相同，如行贿与受贿之间就是如此。四是只处罚一方的行为（片面对向犯），例如贩卖淫秽物品牟利罪，只处罚贩卖者而不处罚购买者。[①] 前三种情形中，只有同质的对向犯属于刑法上的共同犯罪。在第二种、第三种情形下，对向行为之间虽然具有相互参与的协同性，但由于两种对向行为之间的犯罪性质各异，行为人只能各自承担自身不法的刑事责任，而不存在共同责任的负担问题，因而不属于法律意义上的共同犯罪。至于第四种情形，严格地说，不应当纳入“对向犯”的范畴。因为“对向犯”意味着双方行为的不法性，如果有一方的行为不具有可罚性，那么双方就只具有行为对向性，而不是“对向

---

① 参见张明楷：《刑法学》，法律出版社 2021 年版，第 501 页。

犯”。比如在一起重婚案中，有配偶的一方隐瞒已婚的事实又与他人结婚的，那么对那个不知情的结婚者而言，就是一个受害者，而不是对向犯。如果将“对向犯”扩张到不可罚的行为范畴，这一术语也就丧失了其应有的学术意义。

978 另外，有必要就学术上对“犯罪共同说”提出的如下质疑做必要的回应：“根据这一观点，A 以杀人的故意、B 以伤害的故意向 X 开枪射击，只能查明 X 因为中了 A 或者 B 射击的一发子弹死亡，但不能查明该子弹具体由谁的枪支所射出时，A 只能成立故意杀人未遂，B 也只能成立故意伤害未遂（如果刑法不处罚故意伤害未遂，则充其量成立暴行罪；如刑法没有规定暴行罪，则不成立犯罪）。这样的结论虽然严格限定了共同正犯的成立范围，但却没有考虑法益侵害的事实。”① 这一质疑本身就是存疑的。首先，A 以杀人的故意、B 以伤害的故意向 X 开枪射击的情形是否具有共同性（哪怕是行为共同性）是存疑的。因为，如果二人没有通谋且各怀不同的故意同时向 X 射击，当属于同时犯，而非共同犯罪。其次，不同的枪支（即使是同类枪支）射出的子弹是可以通过弹道痕迹鉴定予以确认的，通常不存在无法确定是由谁射击所致的问题。再次，即使真的出现了无法确定是谁的射击致死的情形，也属于程序法上的证明问题，应当适用程序法上的规则处理之，不能为了解决程序上的问题而扩张共同犯罪的范围。最后，也是至关重要的是，即使按照“行为共同说”将上述情形视为共同犯罪（但其实是同时犯），也不能使问题得到合理解决。试想，假如导致 X 死亡的那颗子弹是由 B 射出，如果按照“行为共同说”，A 就因为“共同犯罪”需要对 B 导致 X 的死亡结果承担杀人既遂的刑事责任，这对于 A 来说是否公平？反之，假如导致 X 死亡的那颗子弹是由 A 射出，那么 B 也会因为“共同犯罪”需要对 A 导致 X 的死亡结果承担故意伤害致人死亡的刑事责任，这对于 B 来说同样不公平。在这里，持论者显然遵循了“疑罪从有”的定罪逻辑，不仅违背了刑事程序法的基本原理，也偏离了罪刑均衡原则和罪责自负原则的基本要求。

（二）故意参与和过失参与

979 故意参与，是指基于犯罪的故意与他人参与同一犯罪。过失参与是指基

① 张明楷：《刑法学》，法律出版社 2016 年版，第 393 页。

于过失参与他人的过失或者故意犯罪中。根据我国刑法的规定，只有基于共同犯罪的故意实施的共同犯罪行为才构成共同犯罪，而过失性参与他人犯罪的则超出了共同犯罪的范畴。

这并不是否定过失行为参与他人犯罪的客观可能性，而只是将过失参与 980
他人犯罪的行为排除在法定的共同犯罪的评价范围之外。事实上，数人的过失行为共同造成危害结果的情形，以及通过过失行为介入他人的故意之中或者某一过失行为被他人故意利用来实现犯罪目的的情形都是客观存在的，但这些情形都不属于我国刑法上的共同犯罪。对于过失不法行为与故意不法行为共同作用造成法益危害的情形而言，由于主观罪过的差异决定了两种行为之间的异质性以及各行为人刑事责任的差异，因而不可能构成共同犯罪。对于共同过失犯罪而言，各犯罪人的刑事责任完全可以根据其过失对造成危害结果发挥的作用评价之，既不能适用“部分行为全部责任”的共同责任原理，也无须借助共同犯罪及共同犯罪人种类划分的原理确定各行为人的刑事责任，因而我国刑法未将其纳入共同犯罪的范畴具有合理性。

在学界，有人认为承认“过失的共同正犯”具有合理性，并认为对“过 981
失的共同正犯”也应当适用“部分实行全部责任”的原则。为了说明承认“过失的共同正犯”具有实践意义，持论者设想了下述情形：“甲与乙两人相约在一阳台上，选中离阳台 8.5 米左右处一个树干上的废瓷瓶为目标比赛枪法（共用一支 JW－20 型半自动步枪）。两人轮流各射击子弹 3 发，均未打中，但其中一发子弹穿过树林，将离阳台 100 余米的行人丙打死。只有承认过失的共同正犯，才能追究甲与乙的责任。”① 这样的主张并无实益，其论据也不足为凭。如果说是因为对“过失的共同正犯”也需要适用“部分实行全部责任”，因而有必要将其纳入共同犯罪的范畴，那么对过失犯罪如何适用“部分实行全部责任”的原则，就是难以理喻的。同样不能理解的是，为什么只有承认“过失的共同正犯”并纳入共同犯罪的范畴才能合理确定共同过失犯的刑事责任？至于其通过举例所做的论证，同其质疑“犯罪共同说”的例证一样，也是遵循了“疑罪从有”的定罪逻辑。在这一逻辑之下，事例中的甲和乙必有一人会不幸地因为“部分实行”而为另一人的过失致人死亡承

① 张明楷：《刑法学》，法律出版社 2016 年版，第 399 页。

担“全部责任”。如此，法律的公正性就存疑了。

（三）各方共同参与和片面参与

982 各方共同参与，是指参与犯罪的数人都是基于同他方共同实施同一犯罪的故意而参与犯罪，即各方参与人的行为都符合共同犯罪的特征。

983 片面参与，是指只有部分行为人是基于同他方共同实施同一犯罪的故意参与到他人的犯罪中，而他方行为人则缺乏共同犯罪故意的情形。例如，甲行为人为了帮助乙行为人顺利实施杀人行为，在乙并不知情的情况下暗中给被害人使绊子。此种情形下，对于单方参与行为而言，就是理论上所谓的“片面共犯”。对于“片面共犯”，应按照共同犯罪的原理追究其刑事责任。而对于其他缺乏共同犯罪故意的犯罪行为人，则应当按照单独犯罪追究其刑事责任。

984 需要指出，追究“片面共犯”者的共同犯罪的刑事责任，并不违反共同犯罪的一般原理。须知，共同犯罪所需要具备的主观特征是“共同犯罪的故意”，而不是各方“共同的犯罪故意”。也就是说，只要犯罪参与者具有同他人共同实施同一犯罪的故意，就具备了共同犯罪的主观特征，在这一故意支配下参与犯罪的行为就是共同犯罪行为。因此，共同犯罪的成立在主观上并不取决于各方犯罪人是否“共同具有”共同犯罪的故意。

二、共同犯罪中的犯罪参与形式

985 就共同犯罪而言，参与犯罪的形式包括实行性参与、帮助性参与、教唆性参与和组织性参与。不过，不同国家的刑法对犯罪参与形式的规定以及对不同参与形式在刑事责任评价上的规定不尽相同。我国刑法关于共同犯罪的规定中，对犯罪参与形式明确规定了“起辅助作用”“教唆”“起组织、领导作用”的犯罪参与形式，加上《刑法》分则中各罪刑规范对犯罪实行行为的明文规定，意味着在共同犯罪的情况下，实行性参与乃是犯罪参与的基本形式。因此，我国刑法上法定的犯罪参与形式包含了实行性参与、辅助性参与、教唆性参与和组织性参与，理论上的任务是合理解读这些犯罪参与形式对于犯罪评价的意义及其判断标准。

（一）犯罪参与形式在共同犯罪中的意义

在法律和理论上明确共同犯罪中犯罪参与的形式，具有以下两方面的意义。 986

一是明确共同犯罪行为以及共同犯罪中责任主体的范围。如果说共同犯 987
罪的主客观特征揭示了共同犯罪的基本内涵，那么共同犯罪的参与形式则是对共同犯罪行为及其主体在范围上的界定。这两方面相结合，为共同犯罪人的认定提供根据。易言之，凡是基于共同犯罪的故意通过实行、辅助、教唆或者组织领导的形式参与犯罪的，皆属于共同犯罪行为，其行为主体就是共同犯罪人。从《刑法》总则与《刑法》分则之间的关系看，可以说《刑法》总则关于共同犯罪中辅助、教唆、组织领导这三种犯罪参与形式的规定，乃是对《刑法》分则中罪刑规范的补充性注解。也就是说，罪刑规范所规制的不法行为不限于实行行为，也包括共同犯罪中的辅助、教唆和组织行为。比如，《刑法》分则规定的故意杀人罪，不仅指故意杀人的实行行为，也包括故意杀人的帮助、教唆、组织行为。就此而言，大陆法系刑法理论将共犯（以及犯罪的未完成形态）视为有别于《刑法》分则规定的不法构成的所谓“修正的构成要件”，并不可取。

二是对刑事责任程度的评价意义。不同的犯罪参与形式在共同犯罪中的 988
作用不尽一致，因此，刑法在规定共同犯罪人的刑事责任时通常会将其作为一个重要根据。例如，德国刑法将共同犯罪的参与人区分为实行人、教唆人和帮助人，对其中的教唆犯与实行犯在刑罚上是予以同等对待，而对于帮助犯则予以减轻处罚，而且将未遂的帮助完全排除在刑事可罚的范围之外。[①] 日本刑法规定：对于帮助正犯的从犯（帮助犯），按正犯之刑减轻处罚。对于教唆者，如果是教唆他人实行犯罪的，判处正犯的刑罚；如果是教唆帮助犯的，判断从犯的刑罚。[②] 在这样的立法背景下，区分正犯（实行犯）与帮助犯，对于决定共同犯罪人的刑事责任就具有重要意义。与德国、日本的立

---

① 参见《德国刑法典》，徐久生、庄敬华译，中国法制出版社 2000 年版，第 49 ~ 50 页；［德］克劳斯·罗克辛：《德国刑法学总论：犯罪行为的特别表现形式》（第 2 卷），王世洲译，法律出版社 2013 年版，第 7、98、144 页。

② 参见《日本刑法典》，张明楷译，法律出版社 1998 年版，第 25 ~ 26 页；［日］西田典之：《共犯理论的展开》，江溯、李世阳译，中国法制出版社 2017 年版，第 11 页。

法不同，我国刑法将共同犯罪人分为主犯、从犯、胁从犯和教唆犯，其刑事责任程度主要是以犯罪参与人的行为在共同犯罪中的作用为评价根据，同时也兼顾了犯罪参与形式及参与犯罪是否自愿的因素。就犯罪参与形式而言，根据我国刑法的规定，对于在犯罪中起辅助作用的（帮助犯），应当从轻、减轻处罚或者免除处罚；对于犯罪集团的组织领导者，应当按照集团所犯的全部罪行处罚。这意味着在我国刑法中，犯罪参与形式对刑事责任程度的影响相对有限。

（二）犯罪参与形式的界分

1. 犯罪参与形式的界分难题

989 不同的犯罪参与形式之间的界限很难说是绝对的，也就意味着犯罪参与形式的界分并不是一件容易的事。比如，向实行者传授犯罪方法的行为（帮助）很可能带有某种程度的教唆性质，或者，教唆者在教唆他人犯罪的同时，也可能一并传授了犯罪方法。再如，犯罪的组织者很可能也是犯罪的教唆者。不过，此类交叉所造成的困扰不难解决。一种被普遍接受的方案是“就高不就低”：如果犯罪参与行为兼具教唆与帮助的性质，就适用教唆犯的规定；如果犯罪参与行为兼具组织与教唆的性质，就适用组织犯（或主犯）的规定。

990 真正的难题是实行（正犯）与帮助（狭义共犯）之间的界限划分，这对于那些在刑法上基于三分法（实行人、教唆人、帮助人）确定刑事责任程度的国家（如德国、日本）而言，问题尤为突出。一方面，实行与帮助之间的界限本来就难以划分。比如，我们可以想象一下，在一起数人参与的杀人案中，除了那个持刀行凶者（或者开枪者等）可以肯定是实行人之外，一个抱住被害人身体不让其反抗的参与人，一个用衣物堵住被害人嘴巴不让其呼救的参与人，一个在行动开始时堵住房门不让被害人脱身的参与人，一个在门外望风的参与人等诸如此类的参与人，究竟是实行犯还是帮助犯，在人们的观念中就很难达成一致，争议的结果很可能是得出需要区分“广义的实行”与“狭义的实行”之类无助于解决问题的结论。另一方面，一旦以实行和帮助的区分作为确定刑事责任程度的根据，就会使问题更为复杂。比如，没有动手甚至不在现场的犯罪主谋者究竟是认定为实行犯还是认定为帮助犯，就成为难题。显然，这个主谋者是为实行者提供精神上的支持和行动方案，其自身的行为超出了实行的范畴。然而，如果因此将其纳入帮助人的范畴，适用比实行人更轻缓的刑罚，则显属不当。在德国引发争议的一起溺婴案（澡盆案）中，姐姐接受妹妹的请求，将妹妹刚生出的婴儿溺死在澡盆中，原审判决将姐姐认定为实行犯，但帝国法院认为姐姐没有积极追求将杀害婴儿作为自己的犯罪，而只是具有单纯地援助其妹妹的犯罪之意思，因而具有认定为谋杀罪之帮助犯的余地，因此发回重审。[①]

正是在这样的立法背景下，实行与帮助的区分成为一个无法忽视又难以 991
解决的问题。为此，学界提出了多种理论方案。在德国，除了“主观理论”和“行为控制理论”这两种主要的学说相互竞争之外，还有为数众多的其他主张，而司法判决通常采用一种“规范的联合理论”。[②] 这些不同的主张各有其视角和功能诉求，但基本主旨都是协调犯罪参与形式与刑事责任程度评价之间的关系问题。不过，由立法缺陷导致的问题，最终还得通过立法完善加以解决。

2. 犯罪参与形式的界分难题在我国刑法上的消解

共同犯罪中实行与帮助的区分，在我国刑法上并不具有特别重要的意义， 992
因为我国刑法是以犯罪参与行为在共同犯罪中所起作用的大小作为评判共同犯罪人的刑事责任程度的基本根据，而非简单地根据实行与帮助的参与形式决定刑罚的轻重。《刑法》第 27 条规定：“在共同犯罪中起次要或者辅助作用的，是从犯。对于从犯，应当从轻、减轻处罚或者免除处罚。”这一规定逻辑地将共同犯罪中的实行行为区分为起主要作用的与起次要作用的两类，将其中起次要作用的实行行为同起辅助作用的帮助行为一并纳入从犯的范畴，作为从宽处罚的情节。这一规定既承认了实行与帮助在刑事责任评价上的差异，又没有将这种差异绝对化，从而基本上消解了两者的划分同刑事责任程度评价之间的协调难题。比如，在数人参与的杀人案中，抱住被害人身体不

① 参见［日］西田典之：《共犯理论的展开》，江溯、李世阳译，中国法制出版社 2017 年版，第 95 页；［德］克劳斯·罗克辛：《德国刑法学总论：犯罪行为的特别表现形式》（第 2 卷），王世洲译，法律出版社 2013 年版，第 18～19 页。

② 参见［德］克劳斯·罗克辛：《德国刑法学总论：犯罪行为的特别表现形式》（第 2 卷），王世洲译，法律出版社 2013 年版，第 10～18 页。

让其反抗的参与人，用衣物堵住被害人嘴巴不让其呼救的参与人，在行动开始时堵住房门不让被害人脱身的参与人，以及在门外望风的参与人究竟是实行人还是帮助人，对于决定其刑事责任程度就不再是至关重要的了。因为，即使认为他是一个实行人，但只要他在共同犯罪中所起的作用是次要的，那么在刑罚上也是与起辅助作用者同等对待。而在共同犯罪中所起作用的大小总是相对而言的，这就给予了司法机关根据案件情况予以合理评价的空间。

993 在这样的立法背景下，我国学界无须跟随域外的刑法理论陷入区别实行犯（正犯）与帮助犯的理论纷争之中。另外，我国刑法关于教唆犯的刑罚规定，以及关于犯罪集团的首要分子及其他犯罪组织者的刑罚规定都体现出立法上的合理性。因此，犯罪参与形式的划分在我国刑法学上只具有一般的指向意义，理论上没有必要节外生枝地过分关注犯罪参与形式的严格界定。

第二节　不纯正不作为犯的帮助参与

994 一个不作为，是否能够为他人犯罪提供帮助从而成立由不纯正不作为犯构成的帮助犯？或者，一个作为能否为不纯正不作为犯提供帮助，从而成立不纯正不作为犯的帮助犯？前者属于“由不纯正不作为犯构成的帮助犯”，后者属于“对不纯正不作为犯的帮助犯”。

一、由不纯正不作为犯构成的帮助犯

995 在展开对这一主题的分析之前，有必要对其予以限定说明。所谓由不纯正不作为犯构成的帮助犯，是指由不纯正不作为犯对作为的结果犯提供帮助而言。首先，不存在由不作为对另一个不作为提供帮助的可能性，即使在共谋的情况下，两个不作为犯之间也只具有成立共同正犯的可能性，这将在下一节中予以分析。其次，结果犯与行为犯属于两种不同的不法类型，因而不存在由不纯正不作为犯为一个行为犯提供帮助从而构成共同犯罪的可能性。

（一）因不阻止他人犯罪而构成帮助犯

996 在传统学说中，一个具有特定关系的义务人不阻止他人犯罪的不作为，

常常被视为由不纯正不作为犯构成的帮助犯。例如，一个母亲不去阻止第三人杀害自己的孩子，被视为对杀人行为的帮助。[①] 一个父亲放任其 14 岁的儿子实施盗窃行为，被视为盗窃的帮助犯。[②] 一个父亲对自己子女的乱伦行为不加干涉，或者一个保安对一个应当制止的盗窃袖手旁观而放任其发生的，被认为属于不作为的帮助而应受到刑罚。[③] 一个丈夫在家中不阻止他人对妻子的毒打和强奸，或者警察不及时阻止他人对一名年轻女孩的伤害，被视为构成不作为的帮助犯。[④]

上述认识是以传统的保障人理论（或作为义务理论）为根据的：母亲因为母子关系而居于对其孩子人身安全的保障人地位（法益无助性的照料义务），故其在孩子遭受人身伤害时的不作为就是对不法侵害人的帮助；父亲因为父子关系而居于监督其子女行为的保障人地位（危险源的监管义务），故其对孩子的盗窃或者乱伦行为不予干预的不作为，就是对其不法行为的帮助；保安以及警察因为其职务上的承担而居于保护法益或者监管危险源的保障人地位，故其对盗窃或者伤害行为的不作为，就是对盗窃或者伤害行为的帮助；丈夫由于家庭成员关系或者紧密生活共同体关系而居于对妻子人身安全的保障人地位，故其在妻子遭受暴力、强奸时的不予干预就是对暴力和强奸行为的帮助。 997

此类认识在学界的广泛流行，对我国司法实务产生了一定影响。例如，“情夫虐童案”的司法判决就是基于此类认识。在该案中，被告人刘某利（女）与被告人赵某飞未婚同居期间，由于刘某利未满 2 周岁的儿子刘某某哭闹，遭到赵某飞以扇耳光、用透明胶带捆绑、用烟头烫等方式的虐待，而刘某利均未予阻止。2015 年 9 月 18 日晚，赵某飞用浴巾将刘某某捆作一团，提住其腰部将刘某某头朝下倒立在床边约半个小时左右，致刘某某重伤，构成一级伤残。对于此案，法官认定刘某利同赵某飞构成故意伤害罪的共 998

---

① 参见［日］佐伯仁志：《刑法总论的思之道 · 乐之道》，于佳佳译，中国政法大学出版社 2017 年版，第 364 页。

② 参见［日］西田典之：《共犯理论的展开》，江溯、李世阳译，中国法制出版社 2017 年版，第 183 页。

③ 参见［德］克劳斯 · 罗克辛：《德国刑法学总论：犯罪行为的特别表现形式》（第 2 卷），王世洲译，法律出版社 2013 年版，第 505 ~ 506 页。

④ 参见黎宏等：《不作为犯研究的新展开》，北京大学出版社 2022 年版，第 190 ~ 191、222 页。

同犯罪，对赵某飞以主犯判处无期徒刑，对刘某利以从犯判处 10 年有期徒刑。①

999 然而，上述认识及其结论实际上是让一个并没有参与犯罪的人对他人的犯罪及其结果承担刑事责任，不仅违反了共同犯罪的基本原理，也有悖于罪责自负原则。其症结所在，就是将“不阻止犯罪”同“帮助犯罪”混为一谈。正如前文所述，不纯正不作为犯的不作为限于原因不作为，而不包括单纯的救助不作为（见边码 813 以下）。一个不阻止犯罪的不作为，既没有加功于他人的犯罪，且对于法益遭受犯罪侵害也不具有任何意义上的原因性，应排除在原因行为的范畴之外。无论如何，一个只是不阻止他人犯罪的不作为在社会通念上不可能是他人犯罪的原因。即使那个不作为者具有保护法益或者阻止犯罪的义务，也只能就其义务违反承担纯正不作为犯的责任，而不能简单地将其不阻止犯罪同帮助犯罪相提并论，并据此追究其共同犯罪的刑事责任。

1000 其实，将不阻止犯罪同帮助犯罪区别对待，已经明确体现在我国《刑法》分则的规定之中。例如，《刑法》第 404 条规定的徇私舞弊不征、少征税款罪，实际上就是对逃税违法犯罪行为的放任；《刑法》第 408 条规定的环境监管失职罪，就包含了对污染环境不法行为的放任不管；《刑法》第 408 条之一规定的食品、药品监管渎职罪，就包含了对生产、销售有毒有害食品或者其他不符合食品安全标准的食品的不法行为以及生产、销售假药、劣药行为的放任；《刑法》第 411 条规定的放纵走私罪，也就是对走私违法犯罪的不予制止；《刑法》第 414 条规定的放纵制售伪劣商品犯罪行为罪，显然包含了对正在生产、销售伪劣商品的犯罪行为不予制止、处理的不作为；《刑法》第 416 条第 1 款规定的不解救被拐卖、绑架妇女、儿童罪，也包含了对拐卖、绑架妇女、儿童犯罪以及对收买被拐卖的妇女、儿童犯罪行为的不予制止。另外，《刑法》第 397 条规定的玩忽职守罪当然包括执行职务的警察对犯罪行为不予制止的玩忽职守。这些规定足以表明，不阻止他人犯罪的职务不作为，应当独立评价为纯正不作为犯，而不属于帮助他人犯罪的共同犯罪行为。基于同样的道理，《刑法》第 261 条规定的遗弃罪就逻辑地包含

① 参见黎宏等：《不作为犯研究的新展开》，北京大学出版社 2022 年版，第 163～164 页。

了负有扶养义务的人对遭受犯罪侵害而陷入无助状态（无独立生活能力）的扶养对象不予救助的不作为。因此，应当将扶养义务人对遭受犯罪侵害的扶养对象不予救助（包括通过阻止犯罪的救助）的不作为同帮助犯罪人侵害扶养对象的共同犯罪行为区别开来。在前述“情夫虐童案”中，刘某利并没有实施任何帮助赵某飞伤害其儿子的行为，而是没有对处于危难中的儿子履行救助义务，因而其可罚根据在于对扶养义务的违反，当以遗弃罪论处。

（二）因不阻止实行过限而构成帮助犯

1. 理论争议

在共同犯罪中，部分共同犯罪人超出共谋范围另行实施了其他犯罪行为 1001
的情形，属于共同犯罪中的“实行过限”。在实行过限的情况下，其他知情的共同犯罪人可否因为未予阻止过限犯罪行为而需要对过限犯罪承担帮助犯的刑事责任？学界对此有三种不同的主张，即否定说、肯定说和有限肯定说。

否定说是学界和实务界的主流见解。在立法上具有代表性的是《俄罗斯 1002
联邦刑法典》的规定。[①] 我国刑法对此并无明确规定，但学界及实务界的主流见解是，根据共同犯罪的原理，由于其他共同犯罪人对过限犯罪缺乏共同犯罪的故意及共同犯罪的行为，应否定其构成共犯的可能性。[②] 这意味着在否定论者的视角下，其他共同犯罪人不阻止实行过限的不作为并不具有帮助犯罪的性质。另有人以不作为犯的成立条件为视角，以其他共同犯罪人对实行过限人不负监督义务为由，排除其承担不作为之责的可能性。[③]

持肯定说者则认为，虽然其他共同犯罪人没有亲手实施过限犯罪，但若 1003
对过限犯罪是知情的，即表明其主观上对该过限犯罪行为持容忍态度，也应当对此承担刑事责任。[④] 还有人从“精神支持”的角度为肯定说提供论据，

---

① 《俄罗斯联邦刑法典》第 36 条规定：“实行犯实施不属于其他共同犯罪人故意之内的犯罪，是实行犯的过度行为。对实行犯的过度行为，其他共同犯罪人不负刑事责任。”参见《俄罗斯联邦刑法典》，黄道秀译，中国法制出版社 2004 年版，第 13～14 页。

② 参见贾宇主编：《刑法学：总论》（上卷），高等教育出版社 2019 年版，第 235～236 页；高铭暄、马克昌主编：《刑法学》，北京大学出版社、高等教育出版社 2017 年版，第 167 页。

③ 参见聂昭伟、吴郁槐：《共同犯罪中的实行过限与一体转化》，载《人民司法》2009 年第 4 期。

④ 参见陈兴良：《论共同犯罪中的实行过限》，载《法学杂志》1989 年第 6 期。

认为其他共同犯罪人无论表面上是作为还是不作为，都会对过限实行人产生精神支持或鼓励，同时对被害人造成心理压力，也说明其主观上对过限犯罪持积极追求或放任的心态，因而构成临时起意的共同犯罪。[①]

1004 有限肯定说是以其他知情的共同犯罪人是否对过限犯罪存在阻止义务为根据来判断其不作为是否构成对过限犯罪的帮助犯。至于阻止犯罪的作为义务之根据，有学者从“先前行为”的视角做了论证，即根据先前的共同犯罪行为是否属于“先前行为”来判断其是否有阻止过限犯罪的作为义务。在持论者看来，参与共同犯罪的行为人对他人实施过限犯罪是否具有认识可能性不影响作为义务的判断，判断“先前行为”及其产生的作为义务，关键在于共犯行为的客观方面。这又需要对“监督危险源的先前行为类型”和“保护法益的先前行为类型”分别判断之。就“监督危险源的先前行为类型”而言，“若共犯人的共犯行为类型性地引发了实行犯实施新的犯罪，则该共犯行为即先前行为，共犯人必须因此承担阻止新的犯罪的义务。这里，义务存否的关键在于确定共犯行为与过限行为是否存在‘类型性的引发’关系”[②]。这种“类型性的引发”关系首先取决于法益关联度，“若共犯行为与过限犯罪所侵害的法益之间并无关联性，则不应认为共犯人有结果回避义务”。“其次，若上述判断得出肯定结论，再考虑共犯人的行为是否‘促使’过限行为发生，即是否为该行为的发生提供了较大的可能性。”[③] 后者的判断又要考虑两个因素：一是，“共犯行为侵害法益的程度是否严重。从客观上说，共犯行为本身越严重，过限犯罪发生的可能性也越大。”二是，“共犯行为客观上是否起到引导过限行为发生的作用。即使共犯行为侵犯法益的程度并不非常严重，但当该行为本身的一些特质客观上促使实行犯实施更严重的犯罪时，共犯人的作为义务也应成立。例如，共犯人虽然实施了较轻的暴力，但其通过言语或者行为攻击的方式，令实行犯产生强奸被害人的故意，对此也就肯定共犯人有阻止强奸的作为义务。再如，在共同殴打过程中，乙通过演示殴打方式、为甲的殴打行为叫好等做法，促使甲决意实施更长时间的殴打等行

① 参见赵丰琳、史宝伦：《共犯过限的司法认定》，载《法律适用》2000 年第 8 期。

② 姚诗：《先前行为与实行过限下知情共犯人的刑事责任》，载《法学研究》2013 年第 5 期。

③ 姚诗：《先前行为与实行过限下知情共犯人的刑事责任》，载《法学研究》2013 年第 5 期。

为，甚至产生杀害被害人的意图进而杀死被害人的，即使乙只参与了部分时段的殴打，也要承担阻止被害人死亡的作为义务。”① 就“保护法益的先前行为类型”而言，“当共犯人使被害人陷入无法抵抗侵害的状态，而实行犯利用该状态实施新的犯罪时，共犯人的行为即符合保护法益的先前行为类型，应对被害人承担保护义务。例如，甲、乙二人共同入室抢劫，甲将被害人丙女的手脚捆绑住，乙则在一旁搜索。若乙又打算强奸丙女，由于甲捆绑丙的行为使丙陷入无法反抗乙之强奸的状态，因此甲有义务阻止乙的行为”②。

2. 笔者观点

无论是基于罪责自负的原则，还是基于共同犯罪以及因果判断的原理， 1005
都应当将不阻止过限犯罪的不作为排除在帮助犯之外。

首先，对过限犯罪的容忍不构成认定帮助的根据。因为对犯罪的容忍只 1006
是一种不具可罚性的主观态度。且不说容忍，哪怕是对他人犯罪持希望的态度，也不具有法律上的可罚性。退一步说，即使将容忍理解为主客观方面对犯罪的放任，那么这种容忍也不具有任何对犯罪的帮助意义。

其次，不阻止犯罪不等于“精神支持”。一种精神支持总是要通过语言 1007
或者其他举动被给予、被感知，如果某个人对于他人犯罪虽不予以阻止，但也没有出手相助，那么他的袖手旁观就既不存在对犯罪的客观帮助，也不存在对犯罪人主观上的支持或鼓励。常识告诉我们，一个“在场”的事实以及一个“观看”的事实不意味着对犯罪行为的鼓励，更不意味着对犯罪行为的帮助。哪怕那个在场观看的人面带喜悦或者眼含欣慰，也只是他心情的流露，而不能据此认定为对犯罪的帮助。

再次，先前的共同犯罪行为也不构成认定“不作为的帮助”的根据。一 1008
个共同犯罪必须是共同犯罪的主观故意与客观行为的统一，也就是说，只有在共同犯罪的故意支配下参与犯罪的行为才是共同犯罪行为（包括帮助行为）。就共同犯罪中的过限犯罪而言，其他共同犯罪人先前的犯罪行为即使在客观上为过限犯罪提供了便利，但由于行为人主观上并不是基于帮助过限犯罪的故意，因而不属于过限犯罪的帮助行为。进一步的问题是，如果先前

① 姚诗：《先前行为与实行过限下知情共犯人的刑事责任》，载《法学研究》2013 年第 5 期。
② 姚诗：《先前行为与实行过限下知情共犯人的刑事责任》，载《法学研究》2013 年第 5 期。

参与犯罪的行为为过限犯罪提供了客观上的便利，例如，先前参与伤害被害人的行为使过限的强奸犯罪更容易得手，那么是否因此使先前参与人产生保障义务从而使得其对过限犯罪的不予阻止具有了帮助性质呢？答案仍然是否定的。这里的关键在于，不能在时点上错位地把客观上提供了便利的先前行为同之后不阻止过限犯罪的故意相嫁接。申言之，共同犯罪的主观故意与客观行为的统一性也要求时点上的统一性，即一个犯罪的帮助行为必须是基于行为时的帮助犯罪的故意，而一个基于帮助故意的帮助行为必须是具有客观帮助作用的行为。这就要求我们从时点上对共同犯罪中先前的参与行为和之后的不阻止过限犯罪的故意加以区隔。就先前参与犯罪的行为而言，即使其在客观上为过限犯罪提供了某种便利，但由于行为时缺乏（参与过限）共同犯罪的故意，因而不属于过限犯罪的帮助行为。就之后不阻止过限犯罪的不作为而言，无论先前参与者主观上持何种态度，由于不作为不可能在客观上对过限犯罪发挥帮助作用，当然不可能成立帮助犯。

1009 最后，从因果关系的角度看，过限犯罪人实施过限犯罪的原因只在于他自己的犯罪欲念，而其他共同犯罪人的先前参与行为以及之后的不予阻止都不具有对过限犯罪的任何原因性支配，因而不应当对过限犯罪造成的危害承担刑事责任。这既是结果归责原理的当然结论，也是罪责自负原则的应有之义。

1010 有必要补充说明基于传统的“先前行为”理论提出的“有限肯定说”在论证逻辑上存在的问题。第一，持论者将先前的共犯行为区分为“监督危险源的先前行为类型”和“保护法益的先前行为类型”，认为这两种类型产生作为义务的条件各不相同，前者要求先前行为与过限行为之间存在类型性的引起与被引起的关系，后者则不要求具备这种关联。[①] 这意味着两者的区分具有重要意义。然而，对于先前的共同犯罪行为而言，这两种类型的区分本身就难以成立。假如说先前参与人对他人实施过限犯罪负有防范义务，那么这种义务总是双向的，或者说是一体两面的，即阻止过限犯罪人侵害法益（监督危险源）的义务，同时也就是保护法益免遭不法侵害的义务，因而根

① 参见姚诗：《先前行为与实行过限下知情共犯人的刑事责任》，载《法学研究》2013 年第 5 期。

本不存在先前犯罪要么只是单纯产生阻止犯罪的义务，要么只是单纯产生保护法益的义务的可能性。不妨根据持论者所举的例子分析之。被当作“监督危险源的先前行为类型”的一个例子是，两被告人 B 和 W 经商议对被害人实施严重的殴打行为，其间，W 又决定实施更严重的侵害行为并最终杀死了被害人。鉴于 W 是在 B 共同实施严重暴力的情况下“顺势而为”地实施了杀人行为，B 因此要承担结果回避义务。被当作“保护法益的先前行为类型”的例子是，甲、乙二人共同入室抢劫，甲将被害人丙女的手脚捆绑住，若乙在搜索钱财后又强奸丙女，由于甲的先前行为使丙女处于无法反抗的状态，故甲有义务阻止乙的强奸行为。这两个案例中，假定 B 和甲具有作为义务的话，那么他们的作为义务内容及其根据并无所谓类型上的差异。对 B 而言，所谓“结果回避义务”，就是保障被害人免遭过限行为人 W 杀害的义务，其内容是阻止犯罪与保护被害人生命法益的统一。对甲而言，持论者得出的结论就是“应承担阻止乙的义务”，即所谓监督危险源的义务，而非单纯保护法益的义务。可见，持论者对先前行为的类型划分不过是一种观念上的虚构，也就意味着其主张建立在一个不真实的逻辑前提下。第二，对于“监督危险源的先前行为类型”，持论者认为是否承担结果回避义务取决于过限行为与共犯行为在法益侵害上的关联度，若无关联，就否定结果回避义务，但这种关联的内涵（何谓关联）和程度（究竟是有无关联的判断还是关联程度大小的判断）都是不清楚的。第三，持论者将先前共犯行为的严重程度当作“类型性的引起”过限犯罪的判断根据，是对过限犯罪人犯罪原因的误解。事实上，无论先前的共犯行为是否严重，都不是过限犯罪人犯罪的原因，换言之，过限犯罪人是否实施过限犯罪并不取决于先前的共犯行为的严重程度。人类并不存在这样的经验逻辑：如果共犯行为的程度严重，就会或者通常会引起实行犯实施过限犯罪；反之，就不会或者通常不会引起过限犯罪。第四，持论者认为在共犯行为侵害法益不严重的情况下，如果共犯行为人“通过语言或者行为攻击的方式”（如演示、叫好）令实行犯产生过限犯罪故意，共犯人的作为义务也能成立。在这里，持论者将作为的帮助（或教唆）与不阻止犯罪的所谓“不作为的帮助”混为一谈了。

总之，过限犯罪的刑事责任只能由过限行为人自己承担，其他共同犯罪 1011
人对过限犯罪的不予阻止，不构成对过限犯罪承担刑事责任的根据。

（三）由不纯正不作为犯构成帮助犯的两种情形

1012 帮助犯的成立，必须以故意为他人犯罪提供现实帮助为根据。所谓对犯罪的帮助，也就是对犯罪做出积极贡献，即加功于犯罪的实行。这种加功既可以是为犯罪提供客观上的便利或者助力，也可以是为犯罪人实施犯罪提供精神支持。就不纯正不作为犯而言，成立帮助犯限于下述两种情形。

1. 基于共谋的不作为帮助

1013 一个作为义务人通过事先共谋与他人形成共同犯罪的故意，而后通过不作为为犯罪实行人提供便利的情形，就属于基于共谋的不作为帮助。例如，某公司负责仓库安保的保安甲同其好友乙共谋窃取公司财物，商定在甲当班时，由乙潜入公司仓库行窃，甲则佯装不知任由乙窃取财物，之后两人依计而行的情形即属之。

1014 需说明的是，此种情形下的共谋无疑是作为，但这种共谋乃是共同犯罪的预备行为，而正是这种具有犯罪预备性质的共谋行为为共同犯罪人实施犯罪提供了精神上的支持，并因此使得其后的不作为具有了帮助性质。这就是说，其中的共谋行为是认定共同犯罪的核心根据，并对之后的不作为是否具有帮助性质具有决定意义。也因此，即使缺乏后面的不作为，那个共谋行为仍然能为帮助犯的成立提供根据。例如，假定前例中的保安甲同其好友乙商定盗窃计划后，因公司临时调整值班人员，甲因此未能在计划盗窃的时间值班，而乙仍然去实施了盗窃行为，那么甲先前的共谋行为仍然具有帮助的性质，并因此承担相应的责任。就此而言，此种情形下所谓不作为的帮助是以一个预备性作为为前提的。

2. 片面的不作为帮助

1015 由不作为构成片面的共犯（帮助犯）是有可能的，重要的是要把片面的不作为帮助同非共同犯罪的不作为区别开来。这种区别可在下述事例的对比中得到说明。

1016 **［例 7－1］** 某公司仓库管理员甲无意中得知其堂弟盗窃该公司财物的计划后，便在其堂弟计划盗窃的当天下班时有意不对仓库门上锁。其堂弟得以顺利进入仓库窃取了财物。

［例7－2］某公司仓库管理员乙在值班时，发现其堂弟翻越窗户进入仓库行窃，因考虑到堂弟家境困难，便没有声张。其堂弟顺利地窃取了财物。 1017

［例7－3］某公司仓库管理员丙在下班时忘记锁上仓库门，在回家后无意中得知其堂弟计划当晚盗窃该公司财物的意图，他突然意识到自己没有锁上仓库门，但却基于放任心理没有回去锁门。其堂弟当晚进入该仓库窃取了财物。 1018

上述事例中，甲的不作为构成盗窃罪的帮助犯。从客观上看，甲通过不锁仓库门这一不作为现实地为其堂弟的盗窃行为做出了贡献；从主观上看，甲的不作为是出于明确的帮助其堂弟顺利实施盗窃行为的故意，因而完全符合共同犯罪的基本特征。而从其不作为发挥的作用看，只具有帮助的意义，因而属于对盗窃行为的不作为的帮助犯（片面共犯）。 1019

与甲通过不锁仓库门为其堂弟实施盗窃创造便利不同，乙在发现其堂弟入库盗窃后的不予声张属于单纯的干预不作为，而非对盗窃行为的帮助。须知，一个帮助他人犯罪的行为，必须为他人实施犯罪创造便利，即"必须使正犯者的实行行为变得更容易"；[①] 而一个不阻止他人犯罪的不作为只是没有使犯罪受到干扰，而非在原有的基础上使犯罪更加容易。因此，不能将不阻止犯罪与帮助犯罪混为一谈。 1020

丙的不作为也不构成盗窃行为的帮助犯。首先，尽管丙未锁上仓库门的不作为在客观上为其堂弟实施盗窃提供了便利，但该不作为是由于疏忽，而非出于帮助盗窃的故意，因而不符合共同犯罪的成立要件。其次，当其得知其堂弟的盗窃意图并意识到自己忘记锁门的疏忽后，虽然他在可以通过回去锁门以消除因疏忽造成的盗窃便利条件的情况下却选择了放任不管，但这种对消除便利条件的不作为并不具有为盗窃进一步创造便利的作用，申言之，为实施盗窃创造便利的是先前那个因疏忽未锁门的不作为，而后面那个不去消除便利条件的不作为并没有为实施盗窃增加更多的便利性，因而不属于帮助。这里有必要重申，不能把前面那个不作为（不锁门）为犯罪创造便利的客观事实同后面那个不作为（不去消除便利条件）时的放任态度进行时间上 1021

① 参见［日］大塚仁：《刑法概说：总论》，冯军译，中国人民大学出版社2003年版，第273页。

的错位嫁接，当作认定帮助犯的主客观根据。

二、对不纯正不作为犯的帮助犯

（一）学说概览

1022 对于不纯正不作为犯，是否可能通过作为构成其帮助犯，是学界关注不多却存在争议的问题。就涉及这一问题的文献而言，通常对此持肯定态度。有德国学者明确指出，“毫无疑问，可以通过积极行为教唆实施不作为犯罪或者对不作为犯罪提供帮助”①。在日本，有学者指出“有关帮助不作为犯之正犯是否可能之问题，几乎所有的学说均采肯定之见解。依精神上支援欲行不作为者，可使作为义务容易不履行，故积极说是妥当的”②。不过，在持肯定态度的学者中，对于帮助的形式以及帮助犯与正犯的界分又存在认识分歧。

1023 就帮助的形式而言，学界存在无形帮助说（精神帮助说）与帮助形式不限说的认识分歧。无形帮助说将对不作为犯的帮助限于无形的精神帮助，而否定通过物理性（身体性）方式进行有形帮助的可能性。前述川端博的观点即属之。帮助形式不限说则同时认可精神帮助与有形帮助的可能性，在持该观点的德国、日本学者看来，当不作为的正犯者决意实施不作为的犯罪时，为了排除自身救助法益的可能性而破坏救助工具，则其他人就可以对此进行有形的帮助。有日本学者举了如下例子说明之：当妻子落水时，其丈夫抱着希望妻子溺水而亡的心态袖手旁观，而他的情人则破坏了唯一能够用于救助的小船，这一破坏行为就属于有形的帮助。③ 国内也有学者全面肯定无形帮助与有形帮助的可能性，后者如协助保证人离开救助现场、毁坏救助工具、帮助不作为者制造假象以逃避作为义务等，“甚至，在笔者看来，在司法实务中，与坚定不作为意志的精神帮助相比，有形的帮助往往具有更为现实的危害性，因而比精神帮助更具可罚性”④。还有人通过下述事例说明之：当家

① ［德］冈特·施特拉腾韦特、［德］洛塔尔·库伦：《刑法总论Ⅰ——犯罪论》，杨萌译，法律出版社2006年版，第395页。

② ［日］川端博：《刑法总论二十五讲》，余振华译，中国政法大学出版社2003年版，第32页。

③ 参见刘凌梅：《帮助犯研究》，武汉大学出版社2003年版，第116～117页。

④ 刘士心：《不纯正不作为犯研究》，人民出版社2008年版，第285页。

里的煤气管道发生煤气泄漏时，母亲基于杀害其婴儿的想法对在房间里睡觉的婴儿放任不管，如果第三者基于帮助那个母亲的故意将通风口堵住，结果导致婴儿死亡，那么第三者的行为就是有形的帮助。[①]

关于对不纯正不作为犯的帮助犯的范围，还涉及参与不作为犯罪的帮助 1024
犯与实行犯（正犯）之间的区别问题。这也是德、日刑法学上的难题，学者们对此各抒己见，争执不下。比如，一个对不作为犯的犯罪决意予以激励的行为，究竟是正犯行为还是帮助行为，按照不同的学说就会得出不同的结论。甚至，那个引起学界广泛关注的"澡盆案"中，姐姐应妹妹的请求溺死其婴儿的行为究竟是实行行为还是帮助行为，在学术上也争论不休。不过，鉴于我国刑法已经通过立法合理消解了区分实行犯与帮助犯的难题，这里将回避对这一问题的讨论。

（二）关于精神帮助

从事实层面上看，通过作为对不纯正不作为犯的行为人提供精神上的支 1025
持以帮助其形成犯罪决意，当然是可能的。然而，在刑法规定了教唆犯的背景下，所谓精神帮助应当属于教唆的范畴，因为精神帮助的内涵，无非是帮助犯罪人形成犯罪决意或者强化其犯罪决意，也就是通常意义上的教唆。

那么在刑法规定了教唆犯的情况下，为什么刑法理论会提出精神帮助这 1026
一概念呢？这是否意味着精神帮助有别于教唆呢？这一问题的答案，还得从国外的立法中去寻找。以德国为例，刑法规定对教唆犯与实行犯在刑罚上同等对待，而帮助犯则在刑罚上予以减轻处罚。在如此的立法背景下，为了保证刑罚适用的合理性，刑法理论就不得不根据教唆行为影响实行犯的程度区分教唆与精神帮助（心理性帮助），也就是将那些对实行犯影响程度有限的教唆行为从教唆犯中分离出来，纳入帮助犯的范畴，从而形成了精神帮助的概念。因此，德国刑法学上的教唆是狭义的。按照德国学者的理解，只有当唆使行为构成了实行犯决定实施犯罪的原因才属于教唆，也就是说，如果被唆使者自己已经做出了犯罪的决定，就不能成为教唆的对象。而精神帮助的

---

① 参见刘凌梅：《帮助犯研究》，武汉大学出版社 2003 年版，第 117 页。

作用则只是强化犯罪实行人的犯罪意志。[①] 然而，这种理论上的区分在司法实务中就是一个难解的问题，面对形形色色的教唆行为，要准确认定它是不是实行犯形成犯罪决意的原因无疑是困难的，甚至在逻辑上根本是不可能的。因为真实的情况是，一个实施犯罪的决定总是取决于实行人自己，而不是受唆使者控制，除非是失去意志自由的被强迫（这要么不可能存在，要么不具有罪责）。当然，这并不是说唆使行为不会对实行犯的犯罪意志产生影响，而是说这种影响永远只是外因，且其影响永远只存在程度大小的差异，而不存在原因与非原因之别。其实，刑法惩罚教唆行为，并不是建立在真实的因果逻辑上，而是基于预防犯罪的需要所作的一种具有（客观上的）严格责任意味的刑事政策推定，这种推定是关于心理影响可能性的推定，而不同于严格意义上的因果推定。

1027 我国《刑法》第 29 条第 1 款第 1 句规定，“教唆他人犯罪的，应当按照他在共同犯罪中所起的作用处罚”。另外，刑法还对教唆不满 14 周岁的人犯罪以及教唆未遂的情形分别作了从重处罚和从宽处罚的规定。这就从立法上很好地化解了德国刑法由于立法不当造成的难题。因此，在我国刑法学上区分教唆与精神帮助是无益的，故帮助犯意义上的精神帮助概念应予否弃。

1028 唯应注意的是，需要把技术性心理帮助（传授犯罪方法）同教唆加以区别。如果行为人仅仅只是为已经决定犯罪的实行犯提供犯罪技术、方法上的帮助，而没有强化实行犯的犯意的言行，应当属于帮助犯而非教唆犯。对于参与不纯正不作为犯的帮助来说，单纯提供技术性帮助也是可能的，比如传授如何在犯罪中伪造现场以逃避刑事追究的方法。

（三）关于有形帮助

1029 有形帮助并非一个规范性范畴，而是用以区别于精神帮助的一个具有宽泛指向性的术语，学术上也有“身体性帮助”[②] 之谓。但无论采取何种称谓，

---

① 参见［德］克劳斯·罗克辛：《德国刑法学总论：犯罪行为的特别表现形式》（第 2 卷），王世洲译，法律出版社 2013 年版，第 114、149 页。

② 参见［德］克劳斯·罗克辛：《德国刑法学总论：犯罪行为的特别表现形式》（第 2 卷），王世洲译，法律出版社 2013 年版，第 149 页。

都没有必要严格定义之。鉴于我国刑法上的精神帮助被纳入教唆犯的范畴，故这里的“有形帮助”就是泛指除教唆之外的帮助行为，也就是帮助犯的同义语。

对于不纯正不作为犯而言，其犯罪意志的实现通常不需要借助于他人的 1030
帮助。因为对不作为者来说，其犯罪意志是在一个不作为中实现的，也就是说他只要不作为就够了，而这个不作为通常是无须外在帮助的。比如一个意图饿死自己婴儿的母亲只要不喂食就够了，而不需要借助于他人通过作为的帮助。

但这并不意味着就没有帮助此类犯罪从而成立帮助犯的余地，只是对不 1031
纯正不作为犯的帮助通常出现在帮助不作为者逃避法律追究的情形中。比如基于事前通谋的为不作为者作假证明或者参与伪造现场以帮助其逃避追究等行为，就构成对不作为犯罪的帮助。

认定不纯正不作为犯的帮助犯，需要注意其与非共同犯罪行为的区别。 1032
例如，在一男子不救落水的妻子的事件中，假定该男子构成不作为的故意杀人罪（当然，这一结论不成立），他的情人通过破坏唯一可以用于救助的小船以防该男子救助的举动，就不属于对不纯正不作为犯的帮助。对于该男子来说，他的犯罪意志的实现并不需要借助于对小船的破坏，无论该小船存在与否，他只要不施救就够了，因而他的情人对小船的破坏并不构成对他的不作为的帮助。就他的情人而言，她破坏小船并非为了帮助该男子的不作为，而是为了防止该男子或者其他人利用小船去施救，因而并无共同犯罪的故意可言，故应当独立定罪。在煤气泄漏案中，假定希望其婴儿因煤气中毒而死亡的母亲构成不作为的故意杀人罪（撇开这一结论是否妥当不论），堵住通气口的第三人的行为同样不属于不纯正不作为犯的帮助，而是独立地构成作为的故意杀人罪。

第三节 不纯正不作为犯的其他参与形式

一、不纯正不作为犯的共同正犯

（一）由共同不作为构成的共同正犯

1033 学术上将危害同一法益的数个不作为之间的关系区分为两种情形：其一，数个不作为者都可以各自独立地通过履行其作为义务避免危害结果的发生，譬如一个婴儿的父母各自都可以通过承担哺育婴儿的义务来避免婴儿的死亡。其二，数个不作为者的作为义务对于避免危害结果来说具有协同性，即只有各义务人都履行了作为义务，才能保证避免危害结果的发生。比如铁道上的扳道工与信号员之间的作为义务就具有协同性，即只有两者都正确地履行了作为义务，才能确保列车不至于驶入错误轨道造成交通事故。按照通常的见解，对后一种情况下的共同不作为构成共同正犯不存疑义，但对前一种情形能否成立共同正犯则存在认识分歧。①

1034 其实，上述区分对于不作为的共同正犯的成立与否并不具有决定性的意义。单就客观方面而言，数个作为义务之间的协同性，不意味着数个不作为之间的协同性；恰恰相反，如果结果的避免有赖于数个作为义务的协同，则意味着造成危害结果不需要数个不作为的协作。比如，无论是扳道工不扳道岔还是信号员不发出扳道岔的信号都可能造成列车相撞的事故，而不需要两个不作为者的协作。相反的是，在数个作为义务不存在协作关系的情况下，需要共同的作为义务人同时不作为才能造成危害结果，但这并不是说这种情况下共同的作为义务人的不作为就当然成立共同正犯。从主观方面看，我国刑法上的共同犯罪以具有共同犯罪的故意为要件，因此无论是哪种情形的不作为都需要在具备共同犯罪故意的情况下，才可能成立共同正犯。

1035 数个不作为之间成立共同正犯，必须以犯意联络（通谋）为条件。首先，这是因为，在缺乏犯意联络的情况下，各个不作为人都只是不履行自己

① 参见刘士心：《不纯正不作为犯研究》，人民出版社 2008 年版，第 265 ~ 266 页。

的作为义务，而不是通过相互加功协作性地实施犯罪，因而不存在客观上的犯罪共同性，而只存在犯罪的同时性。其次，刑法关于共同犯罪立法的意义之一，在于根据犯罪参与人在犯罪中的作用合理确定其相应的刑事责任，而对于数个不作为人而言，如果他们是在缺乏犯意联络的情况下各自不履行作为义务，就不存在共同参与下的责任分配问题，而是各自就其不作为分别承担刑事责任。比如，夫妻二人闹离婚，双方都不愿意照管年幼的孩子，假如其孩子因无人照顾而饿死，那么夫妻二人应各自承担不作为造成孩子死亡的责任，而无关共同犯罪的责任评价。基于上述两个原因，即使是不作为人在不作为时的确存在同其他义务人一同不作为以造成危害结果的想法，也因为缺乏客观上相互加功的协同性以及不存在基于共同犯罪原理的责任分配问题，就没有必要也不应当将其认定为共同犯罪。何况，在缺乏犯意联络的情况下，不作为者内心的“共同不作为的故意”在司法上也无从认定。因为对于不作为的正犯而言，并不存在一个有形的实行行为，故所谓“共同不作为的故意”不可能从共同实行的客观联系上予以合理推定。

（二）由不作为与作为构成的共同正犯

讨论由不作为与作为构成的共同正犯，就无法完全绕开正犯与帮助犯的 1036
区别问题。尽管我国刑法已经通过立法在很大程度上消解了这两者划分的难题，但对于由不作为与作为构成的共同犯罪而言，辨别其中的不作为或者作为究竟是正犯还是帮助犯仍然具有现实意义。如果认为不作为只能构成帮助犯或从犯，那么对参与犯罪的不作为者就应当按照起辅助作用的共犯从轻、减轻处罚或者免除处罚。而如果说其中的作为者和不作为者都有可能成立正犯或者帮助犯，那就涉及正犯与帮助犯的区别问题。为免繁复，这里不对德、日刑法理论中关于区分实行犯与帮助犯的形形色色的学说予以述评，而仅就我国刑法中“起辅助作用”的帮助犯与正犯的区别问题做基本分析。

共同正犯与帮助犯的区别，取决于行为人的作为或者不作为是否对犯罪 1037
的因果进程起主导作用，亦即，行为人的犯罪行为在共同犯罪中独自或者与他人共同对犯罪的因果进程起主导作用的，就是正犯；虽然参与犯罪，但未在共同犯罪中对因果进程发挥主导作用的是帮助犯。对因果进程的主导有两种方式：一是通过自己的行为支配或者参与支配因果进程；二是作为组织者、主谋者指挥他人开启因果进程。

1038 犯罪行为在共同犯罪中是否对因果进程起主导作用，并不取决于行为形式是作为还是不作为。不仅一个作为能够在共同犯罪中对因果进程起主导作用（就像［例7－1］中甲的堂弟实施盗窃行为那样，见边码1016），而且一个不作为也完全能够在共同犯罪中主导因果进程。比如通过不扳道岔制造列车相撞事故的不作为就主导了因果进程，而经事前通谋为其犯罪行为制造假象的作为则居于辅助性地位。

1039 问题是，在由不作为与作为构成的共同犯罪中，是否存在由作为与不作为成立共同正犯的情形？也就是说，在共同犯罪中，是否有可能由作为者与不作为者通过他们的作为与不作为共同主导犯罪的因果进程？学界对这一问题在认识上的分歧甚大，但相关的讨论都是围绕共同正犯与帮助犯的区别问题展开的，且通常是将不纯正不作为犯与纯正不作为犯不加区分地予以讨论。笔者认为，一个不纯正不作为犯与作为犯共同主导因果进程从而构成共同正犯的情形虽然罕见，但不排除其可能性。假设，在一起锅炉爆炸事件中，负责给锅炉加温的人同负责监管锅炉压力的人共谋，由前者持续不断地给锅炉过度加温，后者则在锅炉压力超出限值时不予减压，从而造成了锅炉爆炸的安全事故，此种情形中的作为与不作为就共同主导了事件的因果进程，属于由作为与不作为构成的共同正犯，而不存在正犯与帮助犯之别。

二、不纯正不作为犯的教唆

（一）对不纯正不作为犯的教唆

1040 教唆他人通过不作为造成法益危害结果从而构成不纯正不作为犯的教唆犯，自然是不成疑问的。比如，一个男士教唆他的已经做了母亲的情人放弃对婴儿的哺育以致该婴儿饿死，就构成该位母亲通过不作为杀人的教唆犯。此外，对不纯正不作为犯的帮助犯或教唆犯的教唆（间接教唆）也能构成不纯正不作为犯的教唆犯。

1041 唯应指出，教唆犯在主观上的罪过形式应限于直接故意。鉴于学界对此存在认识分歧，这里有必要做简要分析。长期以来，承认间接故意的教唆是刑法学界的主流见解。在德国学界及司法判例的主流认知中，“教唆犯必须是故意行为，间接故意即可”①。日本学者认为，“教唆犯的故意也可以是未必的故意”②。在国内，承认出于间接故意的教唆也是常见的主张。③ 有别于这种主流见解，有学者强调，“教唆者教唆他人从事犯罪行为，必须具有促使被教唆人的行为既遂的教唆既遂故意，始可认定具有教唆故意……因为无论是被教唆的正犯或者是从事教唆的教唆犯，均属从事破坏构成要件所保护法益的参与者，主观上都必须对该法益的破坏有所认知与意欲”④。这一表述虽未明确将教唆犯的故意限定为直接故意，但其中“促使……的故意”以及“认知与意欲”的表述已然表明其将教唆故意限于直接故意。

1042

虽然间接故意的教唆在学术上被广泛承认，却鲜有对其作具体分析及论证者。然而，这并非一个毫无疑义的问题。首先，从语义上看，一个间接故意的教唆是难以成立的。因为“教唆”在语义上只能是一个目的行为，即目的性地使他人形成犯罪意志并实施犯罪行为。而间接故意的特征是，行为人意识到其行为可能产生的后果，而对该可能的后果持无所谓的放任态度，这种放任态度决定了其行为缺乏教唆的性质。其次，从现实上看，一个对诱发他人犯罪意图持放任态度的言行被认定为教唆犯是难以想象的。比如讲述一个色情故事，介绍一个犯罪事件，指出某个单位在财产安全保障上的漏洞，讲授某种犯罪的犯罪人心理等言行，都不能排除诱发他人犯罪欲念的可能性，而讲述者主观上完全有可能对此持放任态度。此种情形下，如果听者果真产生了犯罪意图并付诸于行动，司法机关断不会将那个诱发犯罪念头的讲述人认定为教唆犯。最后，教唆犯的成立要求教唆故意具有明确性，即对所教唆的不法构成有明确的故意。在德国的一个司法判例中，A 对一名在其家中担任女仆的 B 说：“你太笨了，不会利用这个机会秘密地挣钱。”帝国法院以无

---

① ［德］汉斯·海因里希·耶赛克、［德］托马斯·魏根特：《德国刑法教科书：总论》，徐久生译，中国法制出版社 2001 年版，第 832 页。

② ［日］大塚仁：《刑法概说：总论》，冯军译，中国人民大学出版社 2003 年版，第 265 页。

③ 参见贾宇主编：《刑法学：总论》（上册），高等教育出版社 2019 年版，第 250 页；高铭暄、马克昌主编：《刑法学》，北京大学出版社、高等教育出版社 2017 年版，第 178 页；冯军、肖中华主编：《刑法总论》，中国人民大学出版社 2011 年版，第 365 页；曲新久：《刑法学》，中国政法大学出版社 2009 年版，第 154 页。

④ 林山田：《刑法通论》（下册），北京大学出版社 2012 年版，第 63 页。

法确定A所指示的行为究竟涉及何种行为构成为由否定A成立教唆。[①] 然而，这种明确性要求不能仅仅局限于认知因素，还应当要求态度（意志因素）的明确性，即意图促使他人犯罪的明确性。否则，就无所谓教唆。例如，甲对乙讲述其所供职单位在财产安全保障上存在漏洞，容易让盗窃犯得手的实情时，即使已经明确地意识到可能诱发乙实施盗窃的意图，但只要其没有明确促使乙行窃的态度，就不属于对盗窃的教唆。这种明确性要求也就意味着对间接故意教唆的否定。其实，从司法实务的角度看，认知因素与意志因素并非绝然分离的两个因素，而是司法判断中相互影响的两个变量。一个明确的教唆他人实施何种犯罪的教唆故意，必须是教唆内容认知上的明确性与教唆态度上的明确性的统一。

（二）由不作为构成教唆犯的可能性之否定

1043 在常识上，一个不作为不可能构成对他人犯罪的教唆，这也是刑法学的主流认识。但在学界，也存在与此相左的主张，因而有必要讨论之。

1044 承认不作为的教唆，以兹安（Zahn）的主张为开端。他于20世纪初就谈到不作为的动机提供问题，对“动机提供”赋予了和教唆同样的意义，并因此肯定了不作为的教唆。但他并没有对动机提供予以具体说明，只是认为不作为的教唆须以不作为者的不作为态度被正犯实行者所认识为条件。[②]

1045 其后，麦格尔（Merkel）也有限地承认了不作为的教唆成立的可能性。他认为，因支配者的沉默、安静而让从属者下定犯罪决心的情况，或者从属者把支配者这种态度理解成了是对犯罪行为的一种推进力的情况下，如果支配者认识到了这种行为并且同意了的话，那么只要他具有结果防止的法律义务，就要作为教唆者或者帮助者来承担责任。[③]

1046 “二战”后，莱温赫姆（Loewenheim）从肯定论的立场对不作为的教唆做了相对具体的研究。他认为，对于教唆的成立而言，只要唤起被教唆者的行为决心并付诸于行为的实行就够了，至于这种教唆的因果性是通过物理性

① 参见高巍：《论教唆故意的明确性》，载《政法论坛》2018年第4期。
② 参见刘瑞瑞：《不作为共犯研究》，广西师范大学出版社2009年版，第173～174页。
③ 参见刘瑞瑞：《不作为共犯研究》，广西师范大学出版社2009年版，第173～174页。

媒介还是通过精神性媒介则不是问题。因此，通过不作为来引诱他人实行一定的行为是可能的。莱温赫姆通过具体事例对不作为能否构成教唆做了类型化说明。第一类是唤起犯罪行为的决心的情形。例如，A 要在车站内的售货亭买烟，在插着钥匙的情况下下车了。A 知道没有驾驶执照的 B 喜欢利用一切机会无证驾驶，并且知道一旦 B 发现了插着钥匙的车就会无证驾驶。A 虽然看到 B 走向了汽车，但由于他希望 B 被处罚，因而什么也没有做。此种情形下，由于是故意地通过不作为唤起他人的犯罪决定，因而属于不作为的教唆。第二类是不阻止行为者下定决心的情形。例如，医生 A 下班回家的途中，想起他一时疏忽忘了锁上放毒药的箱子。他知道他的助手 B 一直在寻找报复其前任男友 C 的机会，因为 A 也希望 C 死掉，所以他没有返回医院锁上箱子，结果 B 看到未上锁的箱子后利用其中的毒药毒杀了 C。此种情形下，虽然犯罪实行者先前已有犯罪意图，但尚未下定决心实施，其最终下定犯罪决心是因果性的以 A 的不作为为基础的，因而该不作为构成教唆。第三类是不消除行为决心的情形。例如，假定那个因为疏忽忘了锁药箱的医生到第二天早上去诊室才发现没有锁上药箱，并且发现毒药不见了。虽然他意识到毒药是被 B 拿走，但没有要求 B 返还毒药，结果 B 将毒药用于毒杀 C。此种情形下，由于 A 不是故意地唤起犯罪人的决心，并且接下来发生的不作为对实行者的行为决心也不是因果性的，因而不属于不作为的教唆，而是正犯或帮助犯。①

在国内，也有个别学者认为存在不作为的教唆。在其看来，“只要是引 1047
起或坚定他人犯罪意图的一切作为和不作为均可成为教唆的手段”，只是，“不作为的教唆者不存在对正犯者制造犯意的可能性，只存在坚定犯意的情况。坚定犯意的教唆即以默认等不作为方式对已经具有犯罪意图尚在犹豫不决的人，而坚定其犯意，促使其实施犯罪的教唆”②。这种不作为的教唆既可针对作为犯，也可针对不作为犯。针对作为犯的不作为的教唆，可用日本学者所举的例子说明之：父亲 A 因为赌博而借了很多钱，债权人 C 来家里讨债时说了很难听的话。A 15 岁的儿子 B 对 C 产生了憎恨，多次同父亲说想要杀

① 参见刘瑞瑞：《不作为共犯研究》，广西师范大学出版社 2009 年版，第 175 ~ 177 页。
② 刘瑞瑞：《不作为共犯研究》，广西师范大学出版社 2009 年版，第 212 页。

了C。某一天，A为了去打野猪而把猎枪装上子弹后放在了起居间。此时C又来了，并像往常一样凶恶无礼。B拿起猎枪对着C，与之对峙。A自始至终看着这一切，并希望B杀了C，因而什么也没有说。B在与C互责一阵子后，看到A没有做任何制止的行为而产生了决定性的杀人意思，扣动扳机杀死了C。这种情况下，A原本有阻止B犯罪的义务，但却制造了坚定B杀人决定的状况，因而能同作为的教唆同等地评价。针对不作为犯的不作为的教唆，事例如下：在山顶的野营地，16岁的少年乙受邻居委托照顾他们两岁的孩子丙，乙在得到了一些报酬之后，接受了这一委托。一直以来乙和其父亲甲就对该邻居家抱有仇恨，总希望他们发生什么不幸。在野营地旁边的小河边，甲和乙正在闲聊时，丙掉到了河里将要淹死了。乙感到庆幸的同时，又受到良心谴责，但在看到甲的态度后，他坚定了决意，放弃了救助的念头，眼看着丙淹死于河中。此种情况下，甲对丙没有保障人义务，只对乙有阻止义务，所以是不作为的教唆。[1]

1048 另外，还有人一方面承认不作为的教唆，另一方面又否定不作为构成的教唆犯的刑事可罚性。其肯定不作为的教唆的理由是：在义务根据上，“在不作为的教唆犯中，教唆者虽然没有最终防止法益侵害结果发生的义务，但是具有防止正犯者产生犯罪决意的义务。比如，国家机关里的纪检书记明知下属工作人员要实施受贿犯罪，就负有及时制止，使其放弃犯罪意图的义务”[2]。从因果关系上看，“在不作为的教唆犯中，行为人对正犯者犯罪意图产生的内在原因力不是‘积极地引起’，而是对正犯者自主犯意产生过程的‘消极地不中断’。因此，不能因为行为人没有实施身体活动就认为没有规范和社会意义的‘教唆行为’发生”[3]。“教唆犯的不作为主要有三种情形：（1）正犯者正在自主地进行意识活动，逐渐形成犯罪的决意，教唆者没有及时制止。（2）正犯者已经形成犯罪决意，教唆者没有在事后积极地打消其犯罪意图，以致犯罪发生。（3）第三者正在对正犯进行犯罪的教唆，行为人没有制止，以致第三者教唆成功。第一种情形表现为正犯者的主观心理活动，

---

① 参见刘瑞瑞：《不作为共犯研究》，广西师范大学出版社2009年版，第213～214页。

② 刘士心：《不纯正不作为犯研究》，人民出版社2008年版，第281～282页。

③ 刘士心：《不纯正不作为犯研究》，人民出版社2008年版，第281～282页。

教唆者很难发现，可以认为因为缺乏作为可能性，而阻却不作为教唆行为的成立。第二种情形中，教唆者对已经形成的犯罪意图的‘事后不消灭’，在规范价值上不能等同于对产生过程的‘事中不中断’，这如同在单独不纯正不作为犯罪中，在构成要件的危害结果发生后，保证人不将法益恢复原状，不能以不作为犯处罚一样。第三种情形中，正犯犯罪意图的产生是第三者故意教唆的结果，行为人的不作为最多是对他人的教唆行为进行了消极的帮助，其违法价值远远低于自己亲自的教唆，不能直接论以教唆犯。”①

以上所述，大体反映了认可“不作为的教唆”的学说状况。梳理这些学 1049
说以及其他肯定论，不难发现其立足点要么是诸如“动机提供”“唤起”之类的实证论，要么是“应当阻止犯意而不阻止”之类的规范论，但无论是基于何种立场的肯定论皆不可接受。

在常识上，教唆只能是一种促使他人为不当行为的积极作为。一个合理 1050
的立法不可能违背常识和常理，故刑法上的教唆就是指故意通过语言或者肢体语言积极地促使他人形成犯罪意图或者强化他人的犯罪意志，因而其表现形式仅限于积极的作为，而不可能是不作为。这种常识的背后自有其道理：一个不消除他人意图的不作为同积极促使他人犯罪的作为之间完全不能相提并论。因为，一个唆使他人犯罪的积极作为，对于犯罪实行行为来说具有法律推定上的原因性，而一个不消除他人犯意的不作为并不具有制造犯意的原因性，而只是未干预犯罪决意的形成。显然，教唆犯的非难根据在于其制造犯意，而绝非在于不干预、不消除他人的犯意。如果将消极地不中断他人的犯罪意图也纳入刑罚的范围，那么在犯罪预防的义务苛责道路上无疑是走得太远了。

那种将“消极地不中断”他人的犯意解释为产生犯意的“原因力”的见 1051
解，实属指鹿为马，不可理喻。至于以所谓“不作为的动机提供”“由不作为唤起他人犯罪的决心”为由来为“不作为的教唆”提供根据的见解，同样不可接受。这并不是完全否定一个不作为对犯罪心理产生微妙影响的可能性，就像“不作为的教唆犯”的肯定论者所举的事例那样，一个不干预他人犯罪的不作为当然是一种态度，且不排除这种态度对犯罪行为人的犯罪意志产生

① 刘士心:《不纯正不作为犯研究》，人民出版社 2008 年版，第 282 ~ 283 页。

一定影响的可能性。比如，在那个无照驾驶案件中，A 在下车时未拔下车钥匙且看到 B 前往他的车上时却不制止，就不仅为 B 的无照驾驶提供了条件，也不排除 B 对 A 的态度心知肚明从而无所顾忌的可能性。再如，那个持猎枪杀人的案件中，15 岁的儿子在持枪对峙中看到他的父亲不予制止，的确有可能对他下决心扣动枪机形成一定的影响。但即便如此，也不能将这种影响视为犯罪行为人决意犯罪的原因。正如前文所述，一个法律上的因果性不能只是单纯建立在条件关系之上，法律上的原因行为必须具有对于因果进程的支配性。显然，一个不作为的态度根本就不具有对于犯罪行为人实施犯罪行为的原因性支配。这同通过积极作为促使他人犯罪的教唆行为完全不能相提并论。如果仅仅根据能够“唤起他人的犯意”的事实和态度追究刑事责任，那么刑事责任的疆界就难以限定了。比如，某人说服一位女士穿着暴露的服饰，结果勾起了一位男士实施强奸行为的色心，那是不是说劝说者就是强奸犯实施犯罪的原因？如果劝说者事先对此有所预料甚至抱有这种期待，那是不是就构成强奸罪的教唆犯？显然，讨论这样的问题是荒谬的。其实，将“不作为的教唆”纳入刑罚范围，要么是将非原因行为当作结果归责的根据，要么是将不干预犯罪的态度当作结果归责的根据，殊为不妥。

1052 刑法谦抑主义不能只是被当作一个空洞的口号，而应当落实到对刑事责任范围的具体解读中。无论是传统理论对于不纯正不作为犯的过分解读，还是部分学者以各不相同的理由将不作为纳入教唆犯的范畴，似乎都是在寻找各种理由扩张刑事责任的范围，而将刑法谦抑主义抛之于脑后。所谓“欲加之罪，何患无辞”用在这里会有过分指责之虞，然于其中又的确有似曾相识之感。

后　记

一

本书的创作缘起于我对犯罪论体系的研究。2020年年初，一场世纪性的疫情在武汉暴发。随着全城封控，生活一下子从喧嚣中安静下来。少了生活中的纷扰，也没有了友人相聚和球场挥拍的欢娱，身心进入一种沉静状态。我向来达观，并不因此而心生不安，加上政府和学校组织的物资供应能保障生活无忧，我得以静下心来清理近年来在学术上的所思所想。在完成早有计划的两篇论文写作后，便着手于犯罪论体系的研究，创作了后来发表于《法商研究》的那篇题为《阶层犯罪论的阶层崩塌与犯罪论的应然逻辑》的论文初稿。在接下来构思关于犯罪论体系的著作时，便遭遇了不纯正不作为犯这一世界性的学术难题。严谨为学的态度决定了我不可能在著作中因循那些难以圆说的传统理论，我只得放下关于犯罪论体系的研究计划，转而着手于不纯正不作为犯的研究。

在此前的教学工作中，我对这一领域浩繁的学术文献和形形色色的疑难问题多有涉猎，自然清楚对这一领域做开创性研究的艰巨性，但我有"穷理"的执着，加上过往的学术积累也让我抱有攻坚克难的信心。于是，我开始了学术生涯中最艰难的一次跋涉。在对这一领域中各种各样的问题进行全面梳理后，因果性便在不纯正不作为犯的题域中凸显出来而成为焦点。然而，"刑法上的因果关系"是刑法学中又一道世界性难题，这意味着在攀登不纯正不作为犯这一学术高峰的征途中还得先翻越因果原理的理论高地。面对这两大刑法学难题中各种“烧脑”的问题带来的“折磨”，我常常离开书房，走出家门，在漫步中寻求释放和灵感。

那时的武汉，早已是春意盎然，疫情的阴霾也渐渐散去。至四月下旬，封控措施解除，但没有学生的校园依旧是那么安静。由于近距离接触仍然是一种忌讳，漫步在校园中，少见行人，更常见到的是在路边觅食的珠颈斑鸠和麻雀，偶尔也能见到从灌木中窜出的黄鼠狼。那段时光，我经常的去处是晓月湖边。晓月湖很小，却有着无限的生机。艳丽的睡莲在水面上露出一脸的娇羞，各色的荷花在碧绿的荷叶间高傲地绽放，黑毛红冠的水鸟如精灵一般在荷叶间时隐时现。偶尔，荷叶上残留的雨水在风中滚落于池水间发出悦耳的声响，应和着不远处传来的几声蛙鸣。湖边的垂柳在春风中摆弄着那已由鹅黄转翠绿的秀色。抬眼所见，便是标志性的双子塔楼。坐在湖边，思绪穿梭在学术与秀色之间，满池的生机给予学术孤旅中的我以轻柔的抚慰。

二

著作几经易稿，至最终完成，已经过去三年有余。封笔之际，我带着一份轻松，不经意间漫步到晓月湖边。时已立秋，但湖中生机依然，只是秀色中有了让人不快的异样：露出水面的植物茎叶上以及池壁上遍布一坨一坨扎眼的猩红色卵块，睡莲的叶片也多有残缺。观察水中，我发现了“罪魁祸首”——遍布湖中大大小小的福寿螺。福寿螺原产于南美洲，由于极强的繁殖力而成为国内寻常可见的物种。短短几年，晓月湖的景致便被这不起眼的外来物种所祸害，不免惋惜。

这种自然界的物种入侵，让我联想到国内法学尤其是刑法学的现状，不由得心生怅然。“近代以来，随着西方列强的入侵及封建王朝的崩溃，源远流长的中华法系被迫中断，代之而起的是西方法律制度和法学理论的引进与借鉴。这决定了中国刑法学在初创时进行域外引进的必然性。从清末师从日本，到民国时对大陆法系刑法制度和学说的借鉴，再到中华人民共和国成立后对苏俄刑法理论的全盘接受，及至当代再关注德国、日本的刑法理论，中国刑法学始终在引进和借鉴中艰难探索。”“如果说一个师从西方的学科，在创立时的域外借鉴理所当然，其合理化探索过程中左顾右盼也无可厚非，那么，在经历反复的借鉴选择和长期的理论、实践积累后的今天，中国刑法学人应直面这样的问题：我们是不是只能宿命地在域外不同的刑法学体系之间做这样或者那样的选择？中国刑法学是否也能为推动犯罪论的合理建构做出自己的贡献?”这是我在那篇有关犯罪论体系的论文结尾处写下的文字。

周光权教授曾于十多年前以“无声的中国刑法学”为题为他的著作写下的“代跋”中，直陈中国刑法学在国际性学术交流活动中处于无声状态的尴尬，反思国内刑法学与德国、日本刑法学之间的隔膜，倡导“跨文化”的刑法学交流。在我看来，中国刑法学的无声不止于国际学术交流，也包括国内的学术研究。看似一派繁荣的国内刑法学研究，基本上是在苏俄刑法学的框架中或者是在德、日刑法学的话语体系中展开。关于刑法学原理的各种争鸣，也多是对域外学术观点的转用、选择或者折中，少有真正属于我们自己的原创性成就。因此，中国刑法学的无声，主要不在于其未能融入“国际性”的话语体系中，或者说，即使我们按照部分学者的主张，接纳以德国刑法学为代表的大陆法系刑法学，也不意味着就有了中国刑法学在国际话语中的声音。易言之，中国刑法学不可能只是在选择性借鉴中发出真正属于自己的声音。

当然，如果真有一个具有普适性的“科学的刑法学”供我们借鉴，则拿来式的借鉴也无可厚非。在部分学者看来，德国刑法学通过阶层构造和犯罪要素的精细化，为保障刑法的合理适用提供了一个精密结构化的思维模式，代表着刑法学的科学化发展方向。然而，这恐怕只是理论工作者一厢情愿的想象。我并不否认德国刑法学的精细化研究所具有的重要意义，也不否认德国刑法学取得的大量研究成果所具有的重要借鉴价值，我也理解刑法学人追求精确化的科学主义情结。毕竟，一个清晰明确且逻辑严密，借助技术手段就可以获得确定无疑的结论的刑法学，总是令人神往的。只是，刑法科学主义所倡导的技术理性并不能解决刑法中的价值判断问题。我在那篇关于犯罪论体系的论文中已经明确指出，德国刑法学初创时具有的唯科学主义基因及其实证主义逻辑，决定了其并不具有借鉴意义上的普适性。

三

不同文明之间的交流互鉴本属正常，也应予提倡。我所反思者，是借鉴中的盲从。在对域外刑法学的借鉴中，有些难以圆说的理论命题和不明所以的术语未经推敲地被引入国内，成为流行的学术话语。比如，将犯罪侵害的

“客体”视为犯罪的构成要件，却不推敲将被害者（客体）作为侵害者（犯罪）的构成要件在逻辑上是否成立，就如同将盾当作矛的构成要件一样。犯罪构成被区分为由刑法分则规定的“基本的犯罪构成”与由刑法总则规定的“修正的犯罪构成”，似乎刑法总则的功能是用来修正刑法分则的。违法性被“精确化”为“形式违法性与实质违法性”以及“主观违法性与客观违法性”，却不深究一个缺乏实质内容的“形式违法性”何以成立，以及一个缺乏规范形式的“实质违法性”又如何存在；也不追问那个离开了客观根据的“主观违法性”以及离开了主观要素的“客观违法性”何以能成立。诸如“短缩的二行为犯”之类不明所以或者词不达意的术语也被不加推敲地引入国内，而不斟酌被指称的不法类型中究竟有没有“二行为”以及“二行为”如何“短缩”。凡此种种，不一而足。

更有甚者，明明中国刑法已经有了明确且合理的规定，理论上仍然要跟随域外的理论步调进行无谓的争论，甚至得出偏离刑法规定的结论。比如，对于放火罪，我国刑法已经明确根据是否造成严重后果分别规定了不同法定刑，因而不再适用刑法总则关于未遂犯的处罚规定，但国内学界仍然根据德国、日本学界提出的所谓“独立燃烧说”“一部毁损说”等主张郑重其事地讨论放火罪的既遂与未遂的区分问题。对于抢夺罪与盗窃罪的关系，由于德国、日本刑法上并无独立的抢夺罪规定，因而其理论和司法实务将那些属于中文语境中的抢夺纳入较之中文语境中的盗窃要更为宽泛的“盗窃”范畴，故其“盗窃罪”的内涵不以秘密窃取为必要，于是国内也有了“盗窃可以是公开进行，而不以秘密窃取为必要”的主张，从而造成界分盗窃罪与抢夺罪的认知混乱以及违背常识的定罪结论。还有本书已经讨论的：明明刑法已经规定了玩忽职守罪、放纵走私罪、放纵制售伪劣商品犯罪行为罪等渎职罪，但仍有不少学者按照域外的主张将不阻止他人犯罪的渎职行为纳入不纯正不作为犯的范畴。

二十年前，我在专著《犯罪既遂论》中对流行于学界的犯罪既遂理论做了系统批判，并明确提出了犯罪既遂判断的实质标准。但时至今日，“构成要件齐备说”这一于法无据、于理不通、于实务无益的犯罪既遂理论依然是国内刑法学教材上常见的主张。在我看来，这并非仅仅因为我位微言轻，更非因为我的批判缺乏力道，真正重要的原因在于该理论源于德国刑法学。前几年，对于部分学者跟随日本、德国学界将违法性认识作为犯罪故意的要素，或者将违法认识的可能性作为罪责要素，我通过两篇论文对这种脱离司法实际也有悖于常理的主张做了批判性分析，明确提出了通过区分违法性认识错误与法规范性要素认识错误以实现合理定罪之目的的路径。但有了过往的经历，我想短期内很可能既没有人站出来同我进行严肃的学术争鸣，也不会改变跟随德国学界的步调。既然刑法的明文规定都可以在这种跟随中被忘却，我个人的学术观点又何足道哉。但我相信时间！

与物种入侵全凭其生存适应能力不同，外来文化则可借由坚船利炮或者经济实力等因素开道，并通过系统性的“心理工程”成功登陆。在法学领域，现代西方社会在科技、经济领域的优势地位及由此成就的强势话语权就在“心理工程”中扮演重要角色。事实上，无论是苏俄刑法学还是德、日刑法学，其体系构造、基本范畴及其理论根基皆存在重大缺陷，国内学界之所以在经历逾一个世纪的左顾右盼后至今仍然徘徊于这两种体系之间而缺乏真正的创见，原因不在于国人的能力，而在于学术自信的丧失以及随之形成的学术惰性。学术自信的丧失，不一定是失败的学术经历所致，也可能是其他领域的失败所产生的心理投射效果。所谓“学术理性”，其实常常是“后果导向”的。就像中华民族曾经落后挨打，自然会引发人文社会领域不同学科各自的原因解释一样。比如法学界，从中西法律制度的对比中寻找中国曾经落后挨打的原因，就曾经甚为流行。只是，由于社会系统的高度复杂性，加上学科视野的局限，人文社会学科要将落后挨打的原因同原因的共生现象加以区分并非易事，甚至有可能南辕北辙。但无论如何，只要形成这种原因性认识，心理上的自我否定就难免了，随之种下的就是不自信的种子。无须讳言，学术自信的缺失不单是刑法学界，也不独是法学界。这种状况，是一个曾经在西方强权面前落后挨打的民族，在面对强势的西方话语体系时，一种挥之不去的自卑情结在学术领域不自觉的延续。

有必要申明，我无意否定多年来学者们在学术领域所做的艰难探索及所取得的大量成果，更要感谢那些域外文献的译介者为国内学者拓展学术视野做出的重要贡献。我意所在，是破除学界对域外学说的迷信和盲从。我深信，一旦同这种迷信和盲从挥手作别，那些学力在我之上的同辈和晚辈当会取得更具价值的学术成就，中国刑法学就会发出真正属于自己的声音。

四

本书的完成，得益于家人的付出与包容。妻子工作之余，在家中默默付出，并为我查找图书文献提供了诸多帮助。本书构思及前期创作阶段，妻子正经历人生中最艰难的心灵痛楚，而愚笨且专注于学问的我却少有顾及。所幸，妻子的勇敢面对和坚毅努力让她完成了一次华丽转身。与此同时，爱女也坚毅地走出了那段青春期的心理阵痛，并帮助父母完成了一次自我认知上的小小革命。于我而言，这是远比完成书稿更为重要的收获。

回首学术人生，虽有不甘，也觉幸运。虽然学不逢时，但我终究赶上了那趟改变人生轨迹的高考恢复班列。虽然只从中专起步，但幸运地遇到了我在刑法学领域的早期引路人——后来投身政界的程康彦老师。他工作上的认真负责、严谨务实，看待法律问题的平民情怀和社会责任感，让我受益良多。在武汉大学求学期间以及在北京大学进修期间，张文教授、储槐植教授、刘明祥教授、莫洪宪教授、林亚刚教授的关心与指点也让我终身不忘。

我个性独立，无意在学术界“入圈”，但我的学术论文有幸得到法学领域重要学刊的认可，这得感谢田国宝主任、白岫云老师、付立庆教授、何荣功教授等学界同仁基于“君子之交”的赏识。如果学刊阵地没有这些“美丰姿少倜傥华夏的子弟”，我那些后来被重要学术平台转载、收录、摘编的论文即使优质也不见得能在有影响力的学刊上面世。

因为“近水楼台”，我得到了中南财经政法大学和母校武汉大学的眷顾。感谢莫洪宪教授、齐文远教授、夏勇教授的关心和帮助！感谢童德华教授、胡向阳教授、苏彩霞教授、何荣功教授等友人长期以来的信任和帮助！感谢正在攻读博士学位的王路阳同学主动为书稿的文字、资料审校工作奉献心力！

我所就职的中南民族大学自然宽和的氛围能让我在工作、学术与生活之间自如地切换节奏，还有法学院领导和同事的包容，能让我保持一种愉悦的工作状态，借此向给予我关心、帮助、包容的同事和领导表达真诚的谢意。

在法学领域一路走来，既感惭愧，也有欣慰。我生性桀骜，又玩性不减，虽所思甚多，但少有动笔，故学术成果有限，愧对四十余年的刑法学之缘。我只做真学问，学术上只言他人所未言，不曾制造文字垃圾；教学上向来兢兢业业，不曾愧对学生，可聊以自慰。

人生不只有工作或学术，还有生活与诗意。诗意无须去远方寻找，只需在生活中品味。人生余年，或品味生活，或仍兼及学问，尚不可知。

刘之雄

2023 年秋于武汉